Henry Gough

Scotland in 1298

Documents Relating to the Campaign of King Edward the First in that Year

Henry Gough

Scotland in 1298
Documents Relating to the Campaign of King Edward the First in that Year

ISBN/EAN: 9783337425500

Printed in Europe, USA, Canada, Australia, Japan

Cover: Foto ©ninafisch / pixelio.de

More available books at **www.hansebooks.com**

SCOTLAND IN 1298.

DOCUMENTS
RELATING TO THE CAMPAIGN OF

KING EDWARD THE FIRST

IN THAT YEAR,

AND ESPECIALLY TO

THE BATTLE OF FALKIRK.

EDITED BY

HENRY GOUGH

OF THE MIDDLE TEMPLE, BARRISTER-AT-LAW.

ALEXANDER GARDNER,

Publisher to Her Majesty the Queen,

PAISLEY, AND 12 PATERNOSTER ROW, LONDON.

1888.

PRINTED BY NICHOLS AND SONS,
25, PARLIAMENT STREET, WESTMINSTER.

To John, Marquess of Bute, K.T., etc.

MY LORD,

THE documents comprifed in the prefent volume relate to the expedition of King Edward I. againft Scotland in the year 1298, and to the battle of Falkirk, which was the principal event in that expedition. As a neceffary introduction to thefe documents I defire to ftate, as clearly and concifely as I can, the facts with which they ftand connected.

At the commencement of the year Edward was in the Netherlands, whither he had gone in the preceding Auguft for the purpofe of affifting his ally, Guy Count of Flanders, in a war which he was then waging againft Philip IV., King of France. Through the mediation of Pope Boniface VIII., not as Pontiff, but as a private perfon, a truce was concluded between France and England in November, 1297.[1] The relations of England and Scotland at this period were hoftile. The King, John de Balliol, was Edward's prifoner, his capital was in poffeffion of the Englifh, and Wallace, who had recently appeared as his country's champion, had during Edward's abfence fignally defeated John de Warren, Earl of Surrey, and the Englifh army, in the neighbourhood of Stirling.[2] With what remained of that army the Earl seems to have taken up his quarters at Berwick-upon-Tweed, and there to have continued for fome months.[3] Berwick (the town, but not the caftle) was taken by the Scots fhortly afterwards, and moft of the north of England was ravaged by Wallace and his forces. The power of England beyond the Tweed was at this time reprefented by Brian FitzAlan, Baron of

King Edward in Flanders.

At war with Scotland.

---

[1] Rymer's *Fœdera* (Record Commission edition), vol. I. pp. 877-882. [2] 11 September, 1297.
[3] Accompt of R. de Dalton, 5 Nov. 1297—6 May 1298, pp. 1-5 in this volume.

iv   *Introduction.*

Bedale, to whom Edward, shortly before his departure, had committed the custody of Scotland,¹ that of Galloway being, a few days afterwards, entrusted to John de Hodleston.² The English governor of Edinburgh was Walter de Huntercumbe.

A campaign resolved upon.

Tidings of the Scottish victories and incursions having reached King Edward, he resolved to take the field in person against those whom he regarded not only as his enemies, but as rebels against his authority.

Soldiers raised in Wales, Salop and Staffordshire, and in Cheshire; also in Lancashire, Yorkshire, Northumberland, Westmoreland and Cumberland.

As early as the 7th of December several writs were issued in the King's name, but in his absence tested at Westminster by his son, directing a large number of foot soldiers (3,900 in all) to be chosen in various districts of Wales, and in the counties of Salop and Stafford, and to be conducted to Durham or Newcastle-upon-Tyne by the quinzaine of St. Hilary (*i.e.* the 27th of January), at the latest, together with 4,000 other footmen who had previously been ordered to be raised in Cheshire. There had been a similar direction as to 3,000 foot raised in Lancashire, as appears by a mandate for their payment dated the 12th of December. It appears, moreover, that infantry were raised in Yorkshire, Northumberland, Westmoreland, and Cumberland. There was also a writ, witnessed by the Treasurer, on the 19th of December, for the payment of 500 horsemen, and eventually of 200 more.

Military tenants summoned.

On the 8th of January, writs, (tested by Edward, the King's son, at Langley), were issued to sixty-eight military tenants of the Crown, stating the King's intention shortly to return to England, and thence to proceed forthwith to Scotland for the deliverance of his adherents there and the putting down of his opponents, and requiring the persons addressed to be ready with horses and arms to accompany him on the expedition.

The Earl of Surrey directed to proceed to Scotland with an army.

On the 22nd of the same month a writ dated at Westminster (the King being still abroad) was addressed to the Earl of Surrey as captain of the intended expedition. It directed him to proceed at once to the seat of war, without waiting for the reinforcements which were even then expected to arrive from Wales.

Edward lands at Sandwich, 14 March.

Edward landed at Sandwich on the 14th of March, and made immediate preparations for his intended expedition.³

Towards the end of the same month Sir William Wallace, Regent of Scot-

---

¹ 14 Aug. 1297. *Fœdera*, vol. I. p. 874.   ² 28 Aug. *Fœdera*, vol. I. p. 877.
³ A. Blair's "Relation," that Edward met the army of Wallace on Stanmore, on 10 March, St. Cuthbert's day, is, of course, entirely unfounded.

Introduction. v

land, held his head-quarters at the Hofpital of Torphichen, the feat of the Lord Prior of Scotland, Sir Alexander de Welles, who had previoufly fworn fealty to Edward, and who fhortly afterwards fell, on the Englifh fide, at Falkirk. On the 29th of March the Regent, by a charter dated at Torphichen, granted to Alexander Scrimgeour, King John's ftandard-bearer, certain lands at Dundee, as a reward for his public fervices.[1] *Wallace at Torphichen.*

On the 30th of March a fecond fet of writs, tefted at Weftminfter, were iffued to the perfons who were addreffed on the 8th of January.[2] They were now directed to be at York by the feaft of Pentecoft. Writs to the like effect were at the fame time fent to Alan de Goldingham, and fixty-eight other military tenants, whofe names were not comprifed in the former writs, and also to William de Beauchamp, Earl of Warwick, and one hundred and fifty-three knights not previoufly fummoned, commanding them to take part in the expedition. As the names of these perfonages are a neceffary part of the hiftory of the campaign, they are given in the prefent volume. *Knights to be at York at Pentecoft, i.e. 25 May.*

On the 8th of April feveral writs, dated at Weftminfter, ordered a large number of foot soldiers to be chofen in various diftricts of Wales, and to be conducted to Edward at Carlifle, duly armed, by the Tuesday after the feaft of St. Barnabas. The total number of thefe forces, including 1,000 men from the county of Chefter, was to be 10,800. The perfons to whom thefe writs were refpectively addreffed, the numbers of the forces to be raifed, and the diftricts within which the recruiting was to be effected, are ftated in the Lift of Documents prefixed to the collection. *Welfh forces to be raifed, and led to Carlifle by 17 June.*

The conftitution of an army, whether in Scotland or in England, during the middle ages, does not feem to have received that attention which its importance as an element in the hiftory of each country calls for.[3] As regards the former country there is greater obfcurity than as regards the latter. In England the *The conftitution of armies at this period.*

---

[1] "Alexandro dicto Skirmifchur . . . datum apud Torpheichyn." There is a fac-fimile of the charter in Anderfon's *Diplomata Scotiæ*.

[2] One, or perhaps two, excepted.

[3] The fubject is treated, to fome extent, in Topham's "Obfervations," prefixed to *Liber Quotidianus Contrarotulatoris Garderobæ*. Londini: 1787. 4°, pp. l.-liv., and as to wages, p. ix. Grofe's *Military Antiquities*, 2 vol., London: 1786-88, 4°; and *The Britifh Army* by Sir James Sibbald D. Scott, Bart. 2 vol. London: 1868, 8°, may alfo be referred to.

vi   *Introduction.*

feudal fyftem fecured to the Sovereign the fervices of a numerous body of knights, who were, by the tenure of their lands, bound to perform active fervice for forty days in every year:[1] and although feudalifm was somewhat differently developed in Scotland, knight-fervice was a recognized inftitution in that realm from an early period. In both countries the ways of military fervice were in many refpects continually changing. In England, towards the clofe of the XIIIth century, the obligation, already referred to, of perfonal fervice for forty days in a year was, it appears, frequently merged in a ftipulation to ferve under the Crown for a term of years with a certain number of followers for a ftated payment; fuch agreement being witneffed by a formal indenture under feal.[2] In the campaign of 1298 the hoft of cavalry, led in its feveral companies by bannerets, was divided (as was ufual at this period) into four battalions, the third of which was commanded by the King himfelf. Befides bannerets the hoft included fimple knights (at a later period termed knights-bachelors), and valets, who appear to have been in rank equal to efquires.[3] Some of thefe feveral claffes were of the Royal Houfehold, others not. It was the practice to apprife the horfes of knights and others at the time when they joined the army, and to pay for fuch of them as were killed or loft in the King's fervice.[4] There were alfo common foldiers, both cavalry and infantry, who feem to have been for the moft part ftipendiaries. Amongft officers we read of *centenarii*, or captains of hundreds, and, amongft the archers at leaft, of others called *vintenarii*, each of whom feems to have been the firft of twenty. Thefe arrangements were all entirely independent of the *poſſe comitatus*, the members of which were only liable to ferve in the event of domeftic commotion or foreign invafion, and were not called upon to leave the kingdom.

As regards the payment of troops, and other expenfes mentioned in this volume, it fhould be obferved that the difference between the value of money in 1300 and 1700, according to the reckoning of Bp. Fleetwood,[5] was as 1 to 15. The depreciation of money fince the latter date has been fuch that in order to bring the various fums mentioned to their prefent value they fhould be multiplied at leaft by 20.

On the 10th of April a writ, tefted at Weftminfter, was iſſued to John Earl

The Englifh army, 1298.

Horfes appraifed.

Value of money.

Writs of 10 April for a conference

---

[1] Blackftone, *Commentaries*, vol. I. p. 409. [2] For inftances of this practice fee pp. 260-264.
[3] "Il femble qu'on ait appelé varlet un gentilhomme, tant qu'il n' étoit pas chevalier." Menage.
[4] *Liber Quot.*, pp. viii. 170-187. [5] *Chronicon Preciofum; or, An Account*, etc. 1707, 8º.

of Surrey, captain of the King's hoft in Scotland.¹ It recites that at the coming or Parliament, to be held at York at feaft of Pentecoft the King propofed to be at York, where he defired to have a Pentecoft. special conference with the Earl and others² upon certain affairs touching himfelf and the kingdom, and that therefore he had commanded the feveral Earls then with the Earl of Surrey³ to be at York on the vigil of the faid feaft, as fecretly as might be, to confer with the King upon the faid affairs; in the meantime leaving their men-at-arms in Berwick (which had been recently recovered by the Englifh) for the fafe keeping of that place. The writ further commanded the Earl to bring with him fuch of the Barons abiding there in his obedience as he fhould think proper, and to come to the King, at the time and place appointed, in the moft fecret manner. Similar writs, but not identical in terms, were at the same time iffued to Roger Bygod, Earl of Norfolk and Marfhal of England, Ralph de Monthermer, then ftyled Earl of Gloucefter and Hertford, Humphrey de Bohun, Earl of Hereford and Effex, Gilbert de Umfravill, Earl of Angus, and Richard FitzAlan, Earl of Arundel.⁴ The Scotch Lords were alfo fummoned, with an intimation that if they did not appear they would be confidered enemies. No writs addreffed to the Spiritualty are on record; but the fheriffs were directed to return a large number of knights, citizens and burgeffes, and did fo accordingly. As only fix of the Peers were fummoned, and of the Spiritual Lords not one, this affembly, though ftyled in the Rolls a Parliament,⁵ was evidently not the Great Council of the nation.

On the 15th of April writs, dated at Fulham, were iffued (1) to the Writs for the purchafe of victuals, fheriff, etc. of Lancafter; (2) to the fheriff, etc. of York; (3) to Peter de etc. 15 April. Molington, as to the county of Lincoln; (4) to the fheriff, etc. of Lincoln; (5) to the fheriffs, etc. of Cornwall, Devon, Gloucefter, Somerfet, and Dorfet; and (6) to the chief officers of Ireland, (John Wagan,⁶ Juftice, Mafter Thomas Cantoke,⁷ Chancellor, William de Eftdene,⁸ Treafurer, and the Barons of the Exchequer at Dublin); regarding the purchafe of wheat, oats, flefh, fifh, and other victuals and neceffaries for the royal army. Some of thefe provifions were ordered to be

---

¹ See p. 95.   ² "Et cum aliis fidelibus noftris."   ³ "In comitiva veftra."
⁴ The Earl of Surrey had a fecond writ, to the fame effect as the firft but in French, dated at Fulham, 13 April.
⁵ The enrolled writs are noted in the margin "De parliamento tenendo apud Ebor.;" but every fuch affembly was then called a Parliament.
⁶ Ufually called Wogan.   ⁷ Bifhop of Emly, 1306-09.   ⁸ Or Effendon.

forwarded without delay to Carlifle, and fome to Berwick. Of Irifh fupplies, amongft which wines are mentioned, as many as poffible were directed to be fent to Carlifle about the feaft of St. John the Baptift, and all the reft about the feaft of St. Peter ad Vincula.¹

Edward's journey northward.

Edward commenced his journey northward in the month of April. On the 20th and 21ft he was at Harrow, and on the 23rd at St. Alban's, where he remained at leaft a week, in accordance with his ufual practice in all his expeditions of vifiting the fhrines of Saints, and other places of devotion.² On the 6th and 7th of May he was at Ely, and on the 9th and 10th at Bury-St.-Edmund's. Halting at Thetford, whence he iffued certain writs referring to the Welfhmen,³ he proceeded to Walfingham, Lincoln, and York, which he muft have reached on the 24th of May, the vigil of the feaft of Pentecoft. On that

Parliament at York, 25 May.

high feftival the Parliament was held, but there is not extant any roll of its proceedings.⁴ It is ftated by hiftorians that the Earls of Hereford and Norfolk afked for a new confirmation of the charters (the Great Charter and the Charter of the Foreft, obtained from Henry III.), which the Earls of Surrey, Warwick, and Gloucefter engaged the King fhould grant. The Scottifh Lords who were fummoned neither appeared nor excufed themfelves. The Exchequer and the Bench were transferred to York on this occafion, and to the frequent removal of the former much of the lofs and confufion in its records is attributed.⁵

Writs for knights to be at Roxburgh on 23 June.

On the 28th of May writs were directed from York to nineteen fheriffs, having authority in twenty-five of the counties of England, requiring them to make proclamation that the perfons within their feveral bailiwicks, who had been previoufly fummoned to be at York on the feaft of Pentecoft, fhould appear with horfes and arms at Roxburgh, on the vigil of St. John the Baptift. A writ of

---

¹ Adam de Brom, the clerk employed on this fervice in Ireland, was the real founder of Oriel College, Oxford.

² In the Wardrobe Accompts of 1299-1300, under the head of "Jocalia," there is a long lift of brooches ("firmacula auri") offered by K. Edward at various fhrines during that year. They are valued at fums varying from 4 marks to £6 6s. 8d. *Liber Quot.* pp. 333-4. Londini: 1787. 4°.

³ See pp. 93, 104.

⁴ *Report touching the Dignity of a Peer of the Realm*, prefented 1819, p. 235. This was the firft of "The Parliaments of York." See the Rev. C. H. Hartfhorne's paper fo entitled, pp. 4-6, in the Archæological Inftitute's *Memoirs* relating to York, 1847.

⁵ Hartfhorne, p. 6. The Roll of Expenfes on removing the Exchequer from London to York is ftill preferved.

Introduction. ix

the fame date was fent to John de Ferlington, requiring his attendance in like manner at Roxburgh on the morrow of the fame feftival.

The King on the fame day iffued a writ to Ralph de Muntjoie and William of York directing them to felect 1,000 foot-men in Lancafhire, and to conduct them to Roxburgh by Wednefday, the morrow of St. John the Baptift. *Edward directs infantry to be raifed in Lancafhire, to be at Roxburgh by 25 June.*

Of the fame date (28th May) is the appointment of Patrick Earl of Dunbar to be captain of the garrifon of Berwick.[1] *Appoints Patrick Earl of Dunbar to the captaincy of Berwick.*

The King quitted York on May the 30th. On the 16th of the following month he was at Durham, and the next day at Kepier, a place adjacent. Before the clofe of June he was at Alnwick. For the fucceeding months it may be convenient to ftate his daily movements, fo far as they appear to be recorded, referving the authorities, and fome further particulars, for the Itinerary of King Edward, now in preparation. *Proceeds northwards.*

It is affirmed by fome Scottifh hiftorians,[2] that a body of Englifh, under the command of Aymer de Valence,[3] landed before this time in the north of Fife. It is added that Wallace attacked and routed them in the foreft of Black Ironfide on the 12th of June, and that, of the Scots, Sir Duncan Balfour, fheriff of Fife, was flain. The event is not mentioned by the Englifh writers, but it feems not unlikely to have occurred. *Aymer de Valence defeated by Wallace at Black Ironfide, 12 June.*

On the 1ft and 2nd of July Edward was at Chillingham, in Northumberland; and on the 3rd, 5th, and 6th, at Roxburgh. Here he found himfelf at the head of a powerful army, which is ftated to have confifted of 8,000 horfe and 80,000 foot, chiefly Irifh and Welfh. From Roxburgh he marched towards the Forth. On the 7th he was at Redpath; on the 9th at Fala and Lauder; on the 10th at Lauder and Dalhoufie, and on the 11th at Braid, about three miles fouth-weft of Edinburgh. His progrefs was interrupted by no hoftile forces, but fcarcity and ficknefs rendered the pofition of his army extremely critical. Being *Edward proceeds to Roxburgh and meets his army. His march towards Edinburgh, etc.*

---

[1] Printed in Stevenfon's *Documents*, vol. II. p. 283. Another document of this date is Edward's prefentation of Nicholas Hailange to the church of Ayr, addreffed to R. Bifhop of Glafgow.

[2] Fordun, *Scotichronicon*, and A. Blair, *Relationes*—both of confiderably later date than the alleged event.

[3] It is remarkable that although this nobleman fucceeded his father and was of full age in 1296, he was not ufually ftyled Earl of Pembroke until after the acceffion of Edward II.

Falk. c

x   *Introduction.*

He halts at Temple-Lifton; and on the moor of Linlithgow. The battle of Falkirk, 22 July.

relieved by the opportune arrival of fome fhips in the Frith, he halted at Temple-Lifton [1] and refrefhed his troops. He was at this place on or before the 15th,[2] and until the 20th.[3] Here he received intelligence that Wallace and the Scots lay concealed in the foreft of Selkirk. The Englifh paffed the night of the 21ft on the moor of Linlithgow, and on the following morning difcovered their opponents drawn up in battle-array behind a morafs. During the night Edward's charger trampled upon him and broke two of his ribs: yet at dawn he led his troops to battle and to victory. The vanguard of the Englifh army was commanded by the Earl of Lincoln, with whom were affociated the Earl of Hereford, Conftable of England, and the Earl of Norfolk, who was alfo Marfhal. The fecond battalion was led by Anthony Bek, the warlike Bifhop of Durham; the third by the King himfelf; and the fourth by the Earl of Surrey.

It is not neceffary to defcribe the battle here. Inftead of attempting to do fo, it will be more confiftent with the character of this volume to collect together fuch of the feveral accounts which have come down to us as are actually or nearly contemporary. Thefe are appended to the prefent Introduction.[4] In this place it is enough to fay that the Scots were defeated with great lofs. Wallace himfelf efcaped, but his martial career was at an end. Neverthelefs, "he had," as a late writer[5] well remarks, "roufed Scotland into life, and even a defeat like Falkirk left her unconquered." Amongft thofe who fell on the Scottifh fide were Sir John Stewart of Bonkill,[6] brother to the Steward, Sir John

---

[1] Now Kirk-Lifton. Here occurred a quarrel between the Englifh and the Welfh, in which eighteen ecclefiaftics of the former nationality were flain. The Englifh revenged the outrage, and the Welfh, or many of them, deferted to the Scots.

[2] On the 15th Dirleton caftle was taken by Bp. Bek.

[3] Auguft 12-14, 16 and 17 are blank in the MS. Itinerary in the Public Record Office.

[4] See pp. xv. et seqq. There is also, at p. 238, an account, printed for the firft time, from a MS. Chronicle.

[5] J. R Green.

[6] Sir John Stewart, who commanded a divifion of the Scottifh army, was the younger brother of James, 7th High Steward of Scotland. His grave is ftill to be feen in the church-yard of Falkirk. It is defcribed as "marked out by a ftone without a name." (R. Forfyth, *The Beauties of Scotland*, vol. III. p. 470. Edinburgh: 1806. 8°.) An inscription has since been added. By his wife Margaret, daughter and heir of Sir Alexander Bonkill of that ilk, he was progenitor of the Darnley or Lenox branch of the Stuarts, of which was Henry Lord Darnley, hufband of Mary Queen of Scots, and anceftor of the Royal Houfe of Stuart of Great Britain.

Introduction.

Graham,[1] and one of the MacDuff family of Fife.[2] Mention is also made of Adam Brown.[3] The only persons of note recorded to have been slain on the English side were Sir Brian le Jay, Master of the English and Scottish Templars, and Sir Alexander de Welles, Prior of Torphichen, the chief Preceptory in Scotland of the Hospitalers.

According to several historians[4] Robert Bruce (father of King Robert) took part in this engagement, fighting, for the last time, on the English side; and upon the whole it seems most likely that he did so.[5] That his brother, Bernard Bruce, was in Edward's army is not disputed.

Robert Bruce (the elder) in the English army.

Edward is next found at Stirling, where he was on the 26th of July, if not before. He was laid up, on account of the accident already mentioned, in the convent of the Black Friars, the castle having been burned by the retreating Scots.

Edward at Stirling.

---

[1] Called by William Wallace his "Right Hand." Over his grave at Falkirk a monument was erected with an inscription which has been from time to time renewed, and an English version added. Recently it stood thus:—

"Mente manuque potens et Vallae fidus Achates,
Conditur hic Gramus, bello interfectus ab Anglis.
xxii. Julii, anno. 1298."

"Heir lyes Sir John the Grame, baith wight and wise,
Ane of the chiefs who reskewit Scotland thrice.
Ane better knight not to the world was lent,
Nor was gude Grame of truth and hardiment."

Forsyth, *The Beauties of Scotland*, vol. III. p. 469 ; R. and W. Chambers, *The Gazetteer of Scotland*, vol. I. p. 421. Edinburgh : 1832. 8°. The latter copy reads "Valli," and there are other slight variations. The men of Bute who fell in this great battle are now commemorated by a handsome granite cross in the church-yard.

[2] MacDuff, whose Christian name was probably Duncan, is believed to have been great-uncle of Duncan, the young Earl of Fife. It has been said that he was the 11th Earl, but Lord Hailes's note (*Annals of Scotland*, vol. I., p. 445. Edinburgh: 1819. 8°) sufficiently proves this statement to be an error.

[3] Some account of his descendants will be found in *The General Armory*, by Sir J. Bernard Burke, C.B., Ulster King-of-Arms. [4] Wyntoun, Fordun, Bower.

[5] On 8 June, 1298, he had a safe-conduct, dated at Kirkham, on going with Edward to Scotland (*Rotuli Scotiae*, vol. I. p. 51). His name does not appear in the Roll of Commanders on the English side ; but neither do those of Sir Bernard Bruce, Sir Brian le Jay, and the Prior of Torphichen. Another fact which has been regarded as disproving that he was in the English army, is that his castle of Lochmaben was besieged and taken by Edward early in September ;

xii   *Introduction.*

Here he remained until the 9th of Auguſt,¹ on which day he went to Torphichen, returning to Stirling on Sunday, the 10th.² On the 11th, and thence to the 17th or 18th, he was at Abercorn; on the 19th at Braid; on the 20th at the ſame place and at Glencorſe; and on the 21ſt at Linton-Roderick. On the 26th, perhaps earlier, he was at Ayr, where he appears to have remained until the 31ſt, or poſſibly the day following.³ That the burning of the Barns of Ayr probably took place on the evening of the 25th has been ſhewn in your Lordſhip's lecture on that ſubject.

At Ayr. The burning of the Barns.

Feſtivities in London.

There can be no doubt that intelligence of the battle of Falkirk ſpeedily reached London, and that the news was received with exultation. We are told that "In the year 1298⁴ for victorie obtained by Edward the Firſt againſt the Scots, every Company" of London, "according to their ſeverall trade, made their ſeveral ſhew, but ſpecially the Fiſhmongers,⁵ which, in a ſolemn proceſſion, paſſed through the city, having amongſt other pageants and ſhewes foure ſturgeons guilt, caried on foure horſes; then foure ſalmons of ſilver on foure horſes; and after them ſixe and fortie armed knights riding on horſes, made like luces⁶ of the ſea; and then one repreſenting Saint Magnes, (becauſe it was upon Saint Magnes day⁷), with a thouſand horſemen, etc." There is ſome doubt

---

but it is poſſible that he was then regarded by the Engliſh as a deſerter. (On this point may be conſulted the Rev. William Graham's *Lochmaben Five Hundred Years Ago.* Edinburgh, 1865. 8⁰, pp. 34, 35, 156, 185.) A ſtronger eppoſing fact is that in 1299 Bruce was choſen one of the three Regents of Scotland.

¹ Auguſt 3 is blank in the MS. Itinerary, as are alſo Aug. 16, 18, and 22-25.

² On the 9th John de Kingſton, then in charge of Edinburgh caſtle, writes to Walter Biſhop of Cheſter, Lord Treaſurer, cautioning him as to the ſuſpected fidelity of Sir Simon Fraſer. (Stevenson's *Documents,* vol. II. p. 301.)

³ Horſes belonging to the Engliſh army died at Ayr on the 27th and 29th.

⁴ Stowe's *Annales,* continued by A. Munday, p. 148. London: 1618, fol. This account is cited by W. Herbert, in *The Hiſtory of the Twelve Great Livery Companies of London,* vol. I., p. 89. London: 1837. 8⁰.

⁵ There were at this period two ſeparate Companies—the Stock-fiſhmongers and the Salt-fiſhmongers. They were united in 1536.

⁶ Miſprinted in ſome editions of Stowe "fluces," and in Strype "fluices." The freſh-water luce, or lucy, is the pike; the ſea-luce is probably the hake.

⁷ There are two days of St. Magnus, viz. 16 April and 19 Auguſt. The pageant muſt, it is believed, have been on the latter. Many of the ancient Fiſhmongers were pariſhioners of St. Magnus by London Bridge.

Introduction.

whether this "riding" was in 1298 or in 1304.¹ In either cafe King Edward was not prefent.²

On the 2nd of September Edward was at "Trofkuer," or "Trefkuer,"³ probably Troqueer, near Dumfries, but in the fhire of Kircudbright. Next day he was at "Tibres"⁴ and Dalgarno.⁵ On the 4th and 5th he was at Lochmaben, where he befieged and took the caftle—the ftronghold of Robert Bruce;⁶ and on the 8th at Carlifle, where he remained for upwards of a fortnight. On the 15th a Parliament or affembly was held here, at which Edward made grants of land in Scotland to his lieges.

<small>Edward's progrefs towards England.</small>

<small>He holds a Parliament at Carlifle, 15 September.</small>

Edward's return to England was neceffitated by the impoffibility of finding provifions for his army. The only advantage which he derived from the campaign was that it afforded him an opportunity of relieving his garrifons in Lothian.

In October, at leaft from the 2nd to the 17th, Edward was again on Scottifh foil at "Gedeworthe," now called Jedburgh. On the 18th and 19th he was at Wark, in Northumberland, but on the day laft named an inftrument was dated at "Gedworthe;" from which it feems that he then recroffed the border. On the 20th he was at Chillingham, after which he circuitoufly proceeded homeward, ftopping for days together at various places by the way.

<small>Edward again in Scotland in October.</small>

The "Falkirk Roll," printed in this volume, is one of the moft important hiftorical documents relating to the battle; and of further intereft as apparently

<small>The Falkirk Roll of Arms.</small>

---

¹ In Herbert's *History*, etc., vol. II. p. 11, it is ftated that in "1298 the Company evinced their great wealth by meeting . . . Edward I. on his return from Scotland." In *London Pageants*, [by the late Mr. J. G. Nichols, F.S.A.] p. 6—London : 1831. 8º—this "riding" is faid—it does not appear on what authority—to have been in 1304, after the capture of Stirling.

² On the latter St. Magnus day in 1298, and on both days in 1304, King Edward was in Scotland.

³ Privy Seal. The name is fomewhat doubtful in the record.

⁴ "Tibres" was a caftle fituated at Penpont, about three miles S.W. of Thornhill, and near the Nith. It is now the home-farm of his Grace the Duke of Buccleuch and Queensberry, which bears the name of Tibbers.

⁵ Dalgarno, formerly a parifh, is now united to Clofeburn.

⁶ About this time Edward granted "the Ifle of Arce" (*i.e.* Ayr) to Thomas Biffet, an Irifh adventurer, an act which caufed great diffatiffaction amongft his own nobility, and led to the defertion at Carlifle of fome of them. (Hemingburgh.) It feems to have been on or about 6-7 Sept. that Edward was entertained by Adam Hert, of Lambruscayt, Cumberland, where confiderable damage was done by the army, for which damage Edward subfequently made compenfation. *Liber Quotid.*, p. 180.

xiv   *Introduction.*

the oldeſt exiſting Roll of Arms which can be exactly dated. I have added to it ſome illuſtrative notes.

The Horſe Rolls.   The two Rolls relating to the horſes belonging to King Edward's army are of conſiderable value, eſpecially on account of the names and dates contained in them.

The Index with which this volume concludes, will, I truſt, render its contents eaſily available for reference.

I have the honor to be,

My Lord,

Your Lordſhip's very faithful and obedient ſervant,

HENRY GOUGH.

Sandcroft, Redhill, Surrey:
Feb. 1887.

Early Accounts of the Campaign of 1298.

BARTHOLOMEW DE COTTON.[1] *Historia Anglicana.*
Edited by H. R. LUARD, M.A. (Rolls Series.) London: 1859. 8°.
pp. 343-4.

EODEM anno dominus Edwardus Rex Angliæ reverfus eft in Angliam de Flandria, circa mediam Quadragefimam, et poft Pafcha fequens fecit vocari omnes milites qui debebant fibi fervitium, et qui non debebant per literas deprecatorias, ut effent ad Pentecoften proximo fequentem cum equis et armis apud Eboracum.

1297-8. K.Edward returns from Flanders and fummons his knights to York at Pentecoft, 1298.

Anno Domini MCC nonagefimo octavo, poft Parliamentum quod erat poft Pentecoften apud Eboracum poft varios tractatus, dominus Edwardus Rex Angliæ cum toto exercitu fuo et magno iter arripuit verfus Scotiam, et ingrediens per fuas dietas, demum venit apud Faukirke, quæ a quibufdam vocatur *la Chapelle de Fayerie,* die fanctæ Mariæ Magdalenæ, ordinavit exercitum fuum in quatuor acies five bella. In prima acie fuerunt XXIII. vexilla Comitum et magnatum. In fecunda viginti tria vexilla. In tertia fuit dominus Rex cum XL. vexillis. In quarta et ultima, quæ dicitur *la reregarde,* fuerunt Comites et magnates cum xx. quinque vexillis.[2] Difpofitis fic turmis et omnibus ad bellum paratis, occurrerunt ei Scoti cum exercitu magno et multitudine maxima Scotorum ad locum prædictum, et, ut dicebatur, habebant equos coopertos mille quingentos et de *hobyns* quingentos, et pedites ducentos fexaginta milia; et commiffum eft prœlium magnum; et ceciderunt in illa die, ut dicebatur, plufquam XL. milia Scotorum, pauci tamen de equitibus, quia cito equites eorum fugerunt. Et cum veniffent Scoti apud Strivelyn, incenderunt villam et caftrum igne, et ducentes fecum incarceratos quos habebant ibidem captivos de Anglia,

Marches to Scotland.

The battle of Falkirk, 22 July.

The Scots, in their retreat, fet fire to Stirling.

---
[1] A monk of Norwich. His Hiftory ends in 1298.
[2] Compare the Falkirk Roll of Arms. The total number of banners, as given on p. 157 of this volume, is the fame as here (111), but the number in each of the four battalions differs from that ftated above.

Edward follows them, etc.

fugerunt ultra mare Scotticum; aliqui difperfi latitabant in diverfis locis. Rex et exercitus ejus infequebantur eos ufque ad Stryvelyn, et trahens ibi moram per aliquod tempus, mifit exercitum ultra mare Scotticum, et deprædati funt patriam, civitates et burgos, et maxima damna Scotis fecerunt, et reverfi funt cum præda magna et multitudine animalium quafi infinita: et Rex cum exercitu fuo reverfus eft in Angliam cum victoria apud Kardoyl. Sed interim multi Scoti cum exercitu fuo congregati funt in quadam patria Scotiæ quæ vocatur Galewey, fed Rex eandem patriam non intravit.[1]

MATTHEW OF WESTMINSTER.[2] *Flores Hiſtoriarum.*

Londini: 1570. fol. p. 411.

Edward at Weſt-minſter 29 March, 1298: a fire there.

He goes to York and holds a Parliament.

The battle of Falkirk.

Sir Brian le Jay, Maſter of the Templars, amongſt the ſlain on the Engliſh ſide.

ANNO gratiæ MCCXCVIII. accedente Rege Angliæ ad Weſtmonaſteriam quarto kal. Aprilis, accenfoque igne vehementi in minori aula palatii, flamma tectorem domus attingens ventoque agitata, abbatiæ vicinæ ædificia cum palatio regio devoravit. Rex inde proficiſcens divertit ſe ad Ebor., ducens ſecum Barones de Scaccario et Juſticiarios de Banco, poſt feſtum S. Trinitatis, Parliamentum cum majoribus populi habiturus. Et inde ſe movens, ſtipatus agmine Comitum, Baronum, et militum copioſo, rebelles Scotos debellare curavit. Porro Scoti, tam toriorati quam laici, in unum cuneum adunati amplius quam ducenta millia virorum, mori aut pugnare fortiter funt inventi. Et commiffum eft bellum terribile in die S. Mariæ Magdalenæ in campo qui dicitur Faukirke. Et ſtatim diſgregati Scoti, ceciderunt ex eis equites ducenti, pedites vero XL M. et amplius, cæteris vero protinus in fugam converſis, pluribus ſe in flumen demergentibus. Ex Anglis quidem ceciderunt Brianus de Jay, Magiſter Templariorum in Anglia, et quidem peditum ferme triginta.

---

[1] Here the Chronicle ends.

[2] Whether there ever was an author of this name is diſputed; but that the paſſage above-cited was written by a monk of Weſtminſter is allowed. The ſubject is diſcuſſed in Sir T. D. Hardy's *Deſcriptive Catalogue of MSS.*, vol. III., 1871, and in a recent volume of *Monumenta Hiſtoria Germaniæ*, 1887.

Campaign of 1298.

WORCESTER PRIORY. *Annales de Wigornia.*[1]

Annales Monastici. Edited by H. R. LUARD, M.A. (Rolls Series.)
5 vol. London: 1864-69. 8°. Vol. IV., pp. 536-7.

SECUNDO idus Martii Rex applicuit apud Doveram,[2] et quinto non. Maii misit oblationem sanctis, scilicet monile aureum et novem candelas ad tumbas et xiv. solidos in argento. . . .
Milites et alii Anglici de Gasconia redierunt. . . .
In hebdomada Pentecostes apud Eboracum omnia quæ prius Baronibus et communitati terræ Rex concessit, non timore territus, sed mera voluntate et sine pretio confirmavit. Et ideo in præsenti meruit amari, et futuris temporibus benedici . . . . Secundo idus Julii exercitus Regis impugnabat castrum de Drillintone, et qui intus fuerant se in crastino reddiderunt. Et xvii. kal. Augusti ad Templum de Lystone, ubi Rex fuit, exercitus remeavit. Et xii. kal. hora nona Rex intelligens inimicos subito venientes, usque ad Lynescu, frænis equorum non depositis, cum exercitu processit, et in armis pernoctavit. Et in crastino, scilicet die Magdalenæ, Rex cum exercitu usque ad horam tertiam equitavit. Et tunc vidit inimicos in montibus et vallibus quasi cc. milia peditum; et mille fuerunt equites æstimati. Et cum Rex festinanter appropinquaret, inimici se infra loca suæ defensioni congrua retraxerunt. Sed Rex per acies bene ordinatas ibi eos jusserat expugnare. Et primus congressus talis fuit quod nunquam inter Christicolas bellum fortius videbatur. Et ultima acies primitus obviavit; et ex illis per æstimationem l. milia ceciderunt præter eos qui in pelago perierunt.

Edward lands 14 March; sends an offering to the saints [at Worcester], 3 May. The English return from Gascony. At York, in Whitsun week, the King confirms the charters. The English army take Dirleton castle, 14-15 July; and, on 16, return to Temple-Liston to the King. On 21 July Edward marches to Linlithgow. The battle of Falkirk, 22 July.

WILLIAM RISHANGER.[3] *Chronica.*

Chronica Monasterii S. Albani. 2. Edited by H. T. RILEY, M.A.
(Rolls Series.) London: 1865. 8°. pp. 185-8.

Rex Angliæ proficiscitur in Scotiam.

INTERIM Rex Angliæ, Scotorum rebelliones, disponens reprimere, et eos ad debitam coercere subjectionem, Parliamentum tenuit Eboraci; vocatisque Scotorum

Edward holds a Parliament at York; visits the shrine of

---

[1] These extend to 1308, with a few entries written later.
[2] This should be Sandwich. See p. 21.
[3] A monk of St. Alban's, and historiographer to Edward I. Ob. c. 1322.

Falk. d

Accounts of the

St. John of Beverley; joins his army at Roxburgh.

majoribus, cum non venirent, suis indixit, ut cum equis et armis parati essent Rokesburgiæ in festo sancti Johannis Baptistæ. Rex interim, visitato sancto Johanne de Beverlaco, rediens Rokesburgiam, invenit ad præfixum terminum exercitum congregatum.

The Earl of Hereford and the Earl Marshal ask for re-confirmation of the charters, which is promised.

Sub eisdem diebus, Comites Herefordiæ et Marescalli, quia confirmatio chartarum fuerat facta in terra aliena, petiverunt, ad majorem securitatem, eas iterum confirmari; spoponderunt autem pro Rege Episcopus Dunelmensis, ac Comites, Johannes Surreyæ, Willelmus Warwici, Radulphus Gloverniæ, quod, obtenta victoria, Rex eas post suum reditum confirmaret.

Edward marches to Temple-Liston. Sends the Bp. of Durham to take the castle of Dirleton, etc.

Proficiscitur deinde Rex, cum exercitu, ad villam quamdam quæ dicitur "Temple Histone," remisitque inde Episcopum Dunelmensem, ad capiendum castrum de Driltone, cum duobus aliis castris, quorum custodes, præter alia mala, invaserant extrema castrorum confinia. Quorum primum cepit Episcopus, custodibus liberis dimissis: reliqua duo capta sunt per novos milites ibi creatos, et incensa.

Awaits the arrival at Berwick of ships with provisions.

Dum Rex apud Temple Histone moraretur cum exercitu, juxta flumen, expectando adventum navium quæ apud Berewycum oneratæ victualibus fuerant, contigit ut, ipsis adverso vento impeditis per mensem, exercitus affligi inciperet inedia atque fame; quo cognito, Scoti maximum coadunant exercitum, sperantes Anglicos, jam fame deficientes, opprimere sine mora. Et ecce! triduo antequam venirent Scoti, naves applicant cum victualibus; quibus distributis, reficiuntur

The Scots approach the English army; which halts for a night [near Lin-lithgow]. The King is injured by a horse.

singuli juxta vota. Rex deinde, audito quod advenirent Scoti, obviam progreditur, et nocte superveniente, in quadam campi planitie cum exercitu armato resedit. In aurora vero, terribilis quidam clamor insonuit; quo excitati omnes, Scotosque in vicino æstimantes, celerius se parant ad pugnam. Dextrarius vero Regis, tumultuoso actus clamore, Regem, jam ascendentem, recalcitrando dejecit, laterique ejus calces posteriores allidens, duas ei costas confregit. Qui nihilominus ascendens equum alterum, progredientem ad prœlium comitari exercitum non

Yet he proceeds to Falkirk. Wallace constructs defences, etc.

omisit. Itaque juxta locum, qui "Fowkirke" dicitur, in die beatæ Mariæ Magdalenæ, Willelmus Waleys construxit sepem inter Scotorum exercitum et Anglorum, longos palos in terram figens, et cum funibus nectens, et cordis, ut ingressum Anglicorum ad suos impediret. Deinde pedestrem Scotorum populum in prima acie collocavit, dicens eis, patria lingua, ita:—"I have browghte yowe to the ryng, hoppe yef ye kunne."[1]

---

[1] This speech is misreported by several writers. See Lord Hailes, *Annals*, vol. I, p. 314. Edinburgh: 1819. 8º.

Campaign of 1298.

Bellum de Fowkirke.

Rex vero, videns difpofitionem Scotorum, juffit Wallenfibus, ut eos aggre- The battle of Falkirk.
derentur.   Sed ipfi, propter inveteratum odium quod gerebant ad Regem, Conduct of the
negotium diftulerunt; credentes quod Scoti, qui multo plures fuere quam Welfh.
Anglici, victoriam reportaffent, et per confequens, ipfi, votorum fuorum effecti
compotes, in Anglicos, cum Scotis, communiter irruiffent, et mala irrogata
jamdudum genti fuæ viriliter vindicaffent.   Cumque eos cunctantes quidam miles
cerneret, fatirice dixit Regi :—

"Rex Edwarde, fidem fi des Wallenfibus, erras,
Ut dederas pridem ; fed eorum diripe terras."

Rex ergo, dato figno prœlii primæ cohorti, irruit in Scotos audacter, fepemque
dirumpit. Congrediuntur igitur ambo exercitus ; fed fugientibus ftatim Scotorum
equitibus, Anglici infequuntur, cædentes et ftragem magnam ingerentes; ut eorum Great flaughter of
qui ceciderunt de Scotis in hoc prœlio numerus æftimetur fexaginta millia the Scots.
exceffiffe.   In principio autem prœlii, Præceptor Militiæ Templi in Anglia, et the Templars, and another, flain on
focius ejus, qui erat Præceptor Scotiæ, Scotorum agmini fe immifcentes, ante alios the Englifh fide.
oppreffi, oppefforum multitudine funt perempti.   Willelmus Waleys et majores Retreat of Wallace.
Scotiæ ab hoc prœlio ad nemora confugerunt.   Poft hæc, vaftata eft villa Sancti tate St. Andrew's.
Andreæ, nemine refiftente.   Exinde per foreftam de Felkirke[1] venerunt Anglici Attack the caftle of
ad caftrum de Are, quod Robertus de Brus fugiens incendit, vacuumque reliquit ; Ayr, which Bruce, quitting, fets on fire.
tranfeuntefque per Vallem[2] Anandiæ, ceperunt caftrum de Lowhmaban. Cum March through
autem Rex veniffet Karleolum, Comites Herefordiæ et Marefcalli, licentia accepta, Annandale, and take the caftle of
ad propria redierunt.   Rex vero primo Dunelmiam, deinde.Tynemutham et inde Lochmaben.
ufque Codingham juxta Beverlacum progreffus, ibidem, ut feftum Natalis Edward proceeds to Carlifle, Durham,
Domini perageret, expectavit. and Cottingham.

WILLIAM RISHANGER.   *Annales Angliæ et Scotiæ.*

Chronica Monafterii S. Albani. 2. pp. 384-8.

DEINDE ingreffus eft Berwicum, et circuivit provinciam Scotiæ, poftea Wallace enters Berwick, and
totam Northumbriam ; et maximum tumultum per provincias faciendo, agros ravages Northumberland.

---

[1] Read "Selkirke."   [2] Written "villam" in the manufcript.

populando, civitates et oppida complanando, incolis omnia sua, tam igne quam
deprædatione, eripiendo. Sic igitur ipso agente, stultitia sua incomposita ipsum
suadente, confluebant ad ipsum omnes Scoti et singuli, utriusque sexus a puberta
ætate usque ad senium; ita ut in brevi tantum haberet exercitum, quantum
nullus princeps secundum eorum opinionem, posset resistere. Ob hoc itaque
tumidum habens animum, cœpit Anglicanos inquietare, et ausus fuit contra
præcipuum dominum suum bella movere, ad suam perniciem, et totius Scotiæ
ignominiosam confusionem. Quod cum Regi Angliæ, Edwardo, nunciatum
fuisset, emensis deinde quinque mensibus, paravit exercitum suum, ut Scotis
obviaret, ut brutalem et præsumptuosam eorum temeritatem attenuaret.

King Edward hearing thereof prepares to meet the Scots.

Quomodo Rex Edwardus paravit se contra Scotos.

1298.

Anno ab Incarnatione Domini millesimo ducentesimo nonagesimo octavo,
qui est annus regni Regis Edwardi vicesimus sextus, idem Rex se paraverat non
inerti cohorte virorum bellatorum, ut audaciam Scotorum opprimeret. Eodem
tempore Paschali apud Berwicum, cum tota fortitudine sua, applicuit.[1] Mox
intravit, absque obstaculo; quia Scoti fugerant, audito Regis adventu, nimio
terrore perculsi. Deinde prosecutus est eos, et in festo Mariæ Magdalenæ proximo
sequenti commisit bellum apud Faukurke. Ibi maximam stragem hostium suorum
commisit, quam non poterant vivi humare, videlicet, fere centum millia.

The battle of Falkirk.

Quomodo Willelmus le Waleis ordinavit exercitum suum in bello.

Willelmus le Waleis construxerat sepem inter exercitum suum et Anglicanos;
longos palos, et non modicos, in terram fixit, et cum funibus et cordis illaqueavit,
ad modum sepis, ut congressum et egressum Anglicanorum impediret. Deinde
convocatis catervis suis, omnem populum pedestrem in primo concursu compellebat
intrare, dicens illis patria lingua;—"Hy have pult[2] ou into a gamen, hoppet yif
ye kunnet,"—quasi dicat,—"Jam introduxi vos in foveam et periculi discrimen,
resilite, si poteritis, ut salvemini."

Wallace arranges his troops.

Ipse autem, non ut princeps, sed ut seductor, aufugit. Nam exercitus,
principe carens, et disciplinæ militaris ignarus, aut ante congressionem dilabitur,
aut in ipso conflictu facile decidet. Valet multum in bellis ducis præsentia, valet

He takes to flight.

---

[1] This statement is unfounded.   [2] Qu. "putt."

Campaign of 1298.

spectata in talibus audacia, valet ufus, et maxime difciplina. Quibus, ut dixi, carens Willelmus le Waleis, et, per confequens, nihil valens, fed populum feducens,[1] —nam facilius eft accipitrem ex milvo fieri, quam ex ruftico fubito eruditum ; et qui profundam doctrinam ei infundit, idem facit ac fi margaritas inter porcos fpargit.

Rex autem, cum vidiffet tantam multitudinem populi pedeftris et inermis, —erant enim in triplo plures Scoti quam Angli, fed fine ordine et armis incedentes,—ftatim Rex juffit Walenfibus, qui cum Rege venerant, fere ad decem millia, ut Scotos expugnarent. Qui nolentes, fed continuo diffugerunt, necdum Scotis nocuerunt, dolum præmeditantes ; femper enim necis parentum fuorum memores, quam idem Rex anno elapfo intulerat, æterno illum habebant odio. Unde tunc temporis fufpicabatur ab Anglicis, quod fi Rex deteriorem partem belli pateretur[1]—Quibus etiam nugis Walenfes incitati, fi fas libito conceffiffet, vindictam fumere niterentur. Mox illis talia præmeditantibus, compefcuit eos miferatio divina, qui non derelinquit fperantes in fe.

Deinde cognita malitia Walenfium, quidam Anglicanus fic Regem affatur ;—

"Rex Edwarde, fidem fi des Walenfibus, erras,
Ut dederas pridem ; fed eorum diripe terras."

Diftulerunt tamen Walenfes ne Scotos expugnarent, donec, Rege triumphante, Scoti undique corruerent, quomodo flores arborum, maturefcente fructu. Tunc ait Rex, "Si Dominus nobifcum, quis contra nos?" Statim Walenfes irruerunt in Scotos, eos profternendo, in tantum, ut terram operirent cadavera eorum, tanquam nix in hyeme. Ceciderunt in illo bello de Scotis fere centum millia, de paupere vulgo. Conceffit ergo Deus fortunam belli fe credentibus, et inenarrabilem contritionem fe contemnentibus.

The Scots flee, and the Welfh troops purfue them.

Rex itaque Edwardus Tertius[2] victor clariffimus extitit : Willelmus Waleis et majores Scotiæ, cum vidiffent fe Regi Angliæ minime refiftere, et tantam ftragem populo fuo accidiffe, mutuo dixerunt, "Recedamus hinc, non enim eft Deus nobifcum." Continuo, cogente timore, fugerunt, et ad oppida et nemora, et ad omnem locum ubi tutum putabant refugium, delituerunt. Mulieres vero, acceptis parvulis fuis et fupellectilibus, per partes maritimas evaferunt. Parato navigio, etiam ingrediuntur mare, tendentes quo fors illas conduceret. Demum cum vela prætendiffent, infurrexerunt venti contrarii, et navigia eorum diffipaverunt, et in ictu oculi infra maria periclitaverunt.

The leaders of the Scots take to flight.

Many of the Scottifh women are fhipwrecked.

---

[1] This fentence is imperfect. [2] In the manufcript "iii." added in red.

Accounts of the

Quomodo Willelmus le Waleis, cum quinque militibus, fugit ad partes Gallicanas.

Wallace crosses over to France.

The King of France [Philip IV.] seizes him, and offers to deliver him to Edward.

Tunc temporis Willelmus le Waleis, cum quinque militibus, partes Gallicanas petiit, petens et postulans aurum a Rege Franciæ; cumque pervenissent ad civitatem Amiens, statim denunciatum est Regi Franciæ, quod inimicus Regis Angliæ illuc adventasset. Mox jussit eum teneri, et sub carcerali custodia observari; quod gratanter et lætissime gentes illius civitatis, scilicet, Amiens, compleverunt, quia multum diligebant Regem. Angliæ. Tunc Rex Franciæ misit epistolam Regi Angliæ, dicens si acceptaret, ut mitteret ei Willelmum le Waleis, conquæstorem Scotiæ. Qui rescripsit, ei multipliciter regratiando, et instantissime postulando, ut permitteret eum, cum suis, apud Amiens sub custodia, ... possessiones suas expenderet.[1] Quod factum est.

Quomodo Edwardus Rex rediit in Angliam, devictis Scotis.

Edward intends to parcel out Scotland among his troops.

Cumque Regi Edwardo Tertio[2] victoria cessisset, Scotis devictis, voluit commilitonibus suis de dicta Scotia portionem dare, uni villam, alteri castellum, et sic de singulis; et ut conjuges de Anglia adducerent, ut ex eis hæredes nascerentur, qui terram illam perpetuo possiderent, et ut nullam commixtionem cum Scotis de cætero ulterius facerent.

He garrisons Stirling castle with troops from Northumberland.

Demum, cum universas provincias Scotiæ Rex Edwardus desponsasset, necnon suæ ditioni[3] subjugasset, munivit castellum de Strivelin militibus Northumbriæ, cum sufficienti sustentatione unius anni. Ipse vero in Angliam repedavit. Digreditur Rex, digrediuntur et proceres, exceptis illis quibus tutela Scotiæ commendabatur.

The castle surrenders to the Scots.

Processu temporis, Scoti prædictum castellum obsidebant diutina obsidione, fodientes circumquaque foveam profundam, introitum et exitum eorum impedientem. Tandem consumptis omnibus victui necessariis, obsessi Anglicani se voluntati Scotorum commiserunt, salvis eis vita et membris, quia sic oportuit esse; cogente necessitate, necnon, Rege Edwardo permittente, oportebat illis aut reddere castellum aut fame mori, quia jam consumpserant vitæ necessaria.

---

[1] The latter part of this passage is evidently imperfect. [2] As before mentioned.
[3] Read "dominationi." The word is written "dedicationi," by inadvertence.

Campaign of 1298.

WILLIAM RISHANGER. *Gesta Edwardi Primi.*

Chronica Monasterii S. Albani. 2. pp. 414-5.

Rex festinavit redire in Angliam.

CUM igitur hujusmodi rumores veraces pervenerunt ad notitiam Domini Regis, festinanter rediit in Angliam, in succursum populo suo fideli. Qui cum venisset, congregavit magnum exercitum, et paravit arma bellica versus Scotiam; quo ibidem accedente, Scoti se ad subterfugium et latebras contulerunt. Alii Domino Regi se reddiderunt, sed Willelmus Walleys, qui postea fuit Londoniis suspensus, cum fratre suo et Comite de Asselles, et multis aliis, latebat. [Edward returns to England; marches towards Scotland. Wallace lies there concealed.]

Sed ante, Willelmus prædictus, clam congregato exercitu, appropiavit ad duo milliaria versus Regem, mandans ut permitteret Scotos in pace, aut se, meliori modo quo possent, defenderent; fuerat autem mane. Statim vero Dominus Rex armavit se, et cum suo exercitu copioso festinavit ad bellum, apud Feukerke in Scotia; ubi fuit maxima multitudo peditum de Scotis interfecta, qui ita densissime, cum lanceis suis protensis et contiguis, constiterunt, quod putarunt eos non posse superari. Sed alii ex parte Regis, post tergum venientes, cuneos statim penetrarunt, eos vincentes. Scoti[1] vero subtraxerunt se, præstolantes partem superatricem, quibus proposuerunt adhærere. Equites vero, a parte Scotorum, qui fuerant quasi pauci, fugerunt. Magister quidem Hospitalis Ierusalem,[2] ibidem qui fuerat in auxilium Regis, fuerat interfectus; ac in eodem loco Rex fixit tentoria pernoctando. Consequenter perambulavit terram, et circuivit eam, qui ad castra et municipia suos deputavit custodes. [Edward hastens to Falkirk. The battle there. A Master of the Hospital of Jerusalem slain.]

Postea rediit in Angliam, *etc.* [Edward returns to England.]

NICHOLAS TRIVET.[3] *Annales.*

Recensuit T. HOG. (English Historical Society.)
Londini: 1845. 8°. pp. 371-3.

REX Edwardus in Angliam veniens, *etc.* Rex Angliæ interim, Scotorum rebelliones reprimere disponens, [*etc., almost exactly as in Rishanger, pp. xvii.-xviii.*] [Edward comes from Flanders.]

---

[1] Apparently an error for "Wallenses."
[2] Sir Alexander de Welles, Preceptor of Torphichen.
[3] Prior of a Dominican Monastery in London. Ob. 1328.

xxiv   *Accounts of the*

The battle of Falkirk.

Itaque juxta locum qui Faukirke dicitur in die beatæ Mariæ Magdalenæ, congrediuntur ambo exercitus, fugientibusque statim Scotorum equitibus, Anglici insequuntur cædentes, et stragem magnam ingerentes ; ut eorum qui ceciderant de Scotis in hoc prœlio numerus existimetur a pluribus viginti millia excessisse. In principio autem prœlii Præceptor Militiæ Templi in Anglia, et socius ejus, qui erat Præceptor Scotiæ, Scotorum agmini se immiscentes ante alios, oppressi eorum multitudine, sunt perempti.

Two Preceptors slain on the English side.

The Scots, in their retreat, set fire to Stirling.
Edward arrives there [25 July], and lies sick, for 15 days, at the Black Friars.
Sends forces to Perth, which is found wasted.
Causes Stirling castle to be repaired.
Proceeds to Abercorn, etc.
The English devastate St. Andrew's, etc.
Edward returns to England.

Scoti, dum a prœlio fugerent, per villam de Strivelin transeuntes, ipsam castrumque pariter succenderunt. Quarta vero die post prœlium commissum, venit Rex ad villam de Strivelin; quam succensam inveniens, ut a læsione sua celerius convalesceret, in domo Fratrum Prædicatorum per dies quindecim moram fecit. Interim vero partem armatorum suorum misit ad villam S. Johannis de Peirt, qui invenientes eam hominibus bonisque aliis vacuam, domibusque incendio conflagratis, revertuntur ad Regem. Exinde Rex castrum de Strivelin reparari fecit, ac victualibus restaurari; posuitque præsidium armatorum. Recuperatis tandem viribus proficiscitur Rex usque Abourcorn juxta Quenesserie, ubi stabant naves quæ victualibus onustæ de Berewico venerant.

Post hæc vastata est villa S. Andreæ, [*etc. almost exactly as in Rishanger, p. xix.*] ibidem Natalis Domini festum peregit. Post quod versus partes regni australes iter suum direxit.

LANERCOST ABBEY.   *Chronicon de Lanercost.*[1]

(Edited by the Rev. J. STEVENSON, for the Bannatyne Club.)
Edinburgi: 1839. 4°. pp. 191-2.

The Scots recover the castles which the English had taken, except Roxburgh, Edinburgh, Stirling, Berwick, and a few others.
Conduct of Wallace.

AUDIENTES autem Scotti tam subitum recessum eorum et insperatum, post Pascha, posuerunt se ad castra Scotiæ, quæ ab Anglicis tenebantur, totis viribus obsidenda, et præ fame in castris castra omnia occupaverunt, præter Rokesburgh, Edenburgh, et Stryvelyn, et Berwyk, et pauca alia; et cum in redditione castrorum promisissent ex pacto Anglicis vitam et membra et securum transitum in terram suam, Willelmus Waleis non tenuit eis fidem.

Interim captæ sunt trugæ inter Regem Franciæ et Regem Angliæ, et rediit

---

[1] By a canon of the Augustinian Abbey of Lanercost, Cumberland. It ends with 1346.

Campaign of 1298.   XXV

Rex in Angliam, et intelligens qualiter Scotti in absentia sua se erexerant, versus Scotiam, collecto exercitu, gressus suos direxit, et cum intrasset terram peragravit eam pro parte. *Edward returns from abroad, and marches into Scotland.*

In festo autem beatæ Mariæ Magdalenæ occurrerunt ei Scotti apud Faukirk cum toto robore suo, duce eorum Willelmo Waleis superius nominato, confidentes maxime, more solito, in peditibus lanceariis, quos in prima acie posuerunt. *The battle of Falkirk, 22 July.* Equites autem armati Angliæ, quorum erat maxima pars exercitus, circueuntes undique transvolverunt eos, et fugientibus cito omnibus equitibus Scotiæ, interfecti sunt de lanceariis et peditibus stantibus et viriliter agentibus sexaginta mille, secundum alios octaginta mille, secundum alios centum mille; nec fuit aliquis nobilis homo ex parte Angliæ interfectus nisi Magister Templariorum cum quinque vel sex armigeris, qui nimis valde et inconsiderate penetraverat cuneum Scotticorum. Devictis autem sic inimicis Regis et regni, processit exercitus Angliæ per unam viam ad mare Scoticanum et rediit per aliam, destruendo ea quæ Scotti ante dimisserant. Hyeme vero ingruente, dimisit Rex magnates Angliæ redire ad propria, et ipsemet cum paucis Marchiam custodivit ad tempus. Sed ante Natale Domini rediit ad partes australes, dimissa custodia in Marchia supradicta. *The Master of the Templars slain, on the English side.* *Edward sends away his followers, and returns to England before Christmas.*

Versus.

Berwike et Dunbar, nec non Variata Capella,[1]
Monstrant quid valeant Scottorum perfida bella.
Princeps absque pare cum sit tuus, Anglia, gaude;
Ardua temptare sub eo securius aude.[2]

WALTER OF HEMINGBURGH.[3] *Chronicon.*

Recensuit H. C. HAMILTON. (English Historical Society.) 2 vol. Londini: 1848-9. 8°. Vol. II., pp. 173-82.

Quomodo festinavit Rex cum exercitu contra Scotos.

ANNO Domini M.CCXCVIII. postquam reversus est Rex a Flandria, statuit Parliamentum suum apud Eborum in festo Pentecostes, præmisitque literas suas *Edward, having come from Flanders, holds*

---

[1] Falkirk (Eglysbryth). Compare p. xv., *la Chapelle de Fayerie*, and p. 238, *ye Fowe Chapel*.
[2] Other similar verses follow, with these titles:—"Commendatio Regis Angliæ;" "De Impietate Scottorum;" and "De Willelmo Waleys." They are of little, if any, historical importance.
[3] Otherwise Hemingford; an Austin Canon of Guisbrough Priory, Yorkshire. Ob. 1347.

Falk.   *e*

xxvi   *Accounts of the*

Parliament at York, to which he calls the magnates of Scotland.

Finding they will not come, Edward, being at Berwick, fummons his knights to Roxburgh.

He vifits the fhrine of St. John of Beverley

The mufter at Roxburgh, 25 June.

Some of the forces fent to Berwick.

The Earl Marfhal and the E. of Hereford afk for a reconfirmation of the charters, which is promifed.

The Englifh march onward, wafting and burning.

At Temple-Lifton Edward receives information about the Scots.

Directs the Bp. of Durham to take the caftle of Dirleton, etc.

ad magnates Scotiæ, ut, fi in fidelitate fua in qua eos dimiferat adhuc perfiftendo manerent, in eodem Parliamento modis omnibus fe abfque ulla excufatione præfentarent; alioquin, omni ambiguitate poftpofita, eos velut hoftes publicos cenferet hoftiliter et cum omni feftinatione expetendos. Cumque non venirent neque mitterent, ordinavit Rex cum optimatibus fuis, qui ibidem occurrerant ei ab urbe de Berewick et in ofculo pacis ab eo fufcepti funt, ut in craftino Nativitatis beati Johannis Baptiftæ apud Rokefburgh cum equis et armis omnes fui fideles convenirent. Interim vero vifitavit Rex fanctum Johannem de Beverlaco, ficut et aliis vicibus in redeundo et eundo facere confuevit. Adveniente itaque Nativitate Baptiftæ, convenerunt omnes in loco nominato; et numeratus Regis exercitus cum Comitibus fuis et Dunolmenfi Epifcopo, tria millia electorum in equis armatis, præter equitantes armatos in equis non armatis, qui numerabantur plufquam quatuor millia electa. De exercitu autem pedeftri non curavit Rex illa vice, eo quod non arctabantur aliqui nifi qui gratis venire voluerunt. Numerati tamen funt pedeftres qui aderant, et inventi funt octoginta millia, qui quafi omnes erant Hibernici et Wallenfes. Multi etiam venerunt poftmodum de Vafconia, circiter quingenti armati in equis optimis et armis pulcherrimis; quorum quidam mittebantur a Rege ad cuftodiendam villam de Berewyck, et manferunt ibi ufque poft commiffum prœlium cum gente Scotorum.

Interim Comites noftri Marefcallus et Herefordenfis, propter quædam audita dubitantes de mutatione voluntatis regiæ in confirmatione cartarum libertatis et foreftæ, eo quod confirmaverat eas in terra aliena, dixerunt fe ulterius procedere non debere nifi major fecuritas fieret et de equitatione foreftæ et de cæteris articulis poftulatis. Verum quia in perfona propria Principem jurare non licet, et eos placare vellet, præcepit Rex et juraverunt in animam ejus Dunolmenfis Epifcopus, Comes de Warena, Comes Gloucestriæ, et Comes Lincolniæ, quod in reditu fuo, obtenta victoria, omnia perimpleret ad votum.

Quo facto, et omnibus ad expeditionem belli præparatis, procefferunt turmatim per modicas dietas vaftantes et incendentes univerfa, neminem tamen invenire poterant qui de Scotorum exercitu informaret eos. Cumque veniffet Rex apud Templehyfton, et moratus ibi fuiffet per dies aliquot, nunciatum eft ei quod Scoti qui erant in præfidio caftri de Drilton cum duobus caftellis finitimis, quæ quidem caftella Rex præterierat, multas agebant prædas, et extrema caftrorum fuorum, dum ad paleas mitterentur, cædebant aliquando. Statimque accito Dunolmenfi Epifcopo, mifit eum ibi ut ea obfideret. Qui cum infultum feciffet ad caftrum de Drilton per dies aliquos refifterunt fortiter, et ex infilientibus

Campaign of 1298.　　　xxvii

paucos peremerunt, deficientibusque ligneis machinis et victualibus eo quod non habebant quod comederent nifi pifas et fabas quas excutiebant in campis, mifit Epifcopus nuncios ad Regem, qui voluntatem ejus expeterent. Et erat miffus ille ftrenuiffimus miles Johannes Marmeduk. Cui dixit Rex, "Revertere," inquit, "et dic Epifcopo quod homo pietatis eft in quantum Epifcopus, non tamen oportet in hoc facto opera pietatis exercere." Et applaudens militi ait, "Tu autem homo crudelis es, et præ nimia crudelitate tua aliquotiens redargui te, eo quod exultando gaudes in mortem inimicorum tuorum. Sed nunc quidem vade, et omnem tuam exerce tyrannidem, nec quidem vituperabo fed laudabo te. Et cave ne faciem meam videas quoufque incendantur illa tria caftra." Cui ille, "Et quomodo hoc faciam, Domine mi Rex, cum fit mihi valde difficile?" Et Rex ad eum, "Vade," inquit, "quia faciens facies, et fidem mihi dabis quod hoc facies." Dataque benedictione, dimifit eum. Et ipfe veniens ad Epifcopum nunciabat ei omnia verba hæc. Interim vifitavit eos Dominus. Venerunt enim eis cum victualibus tres naves onuftæ, unde reaffumptis viribus acrius folito infultum fecerunt, ita quod attoniti caftrenfes dederunt fe poft biduum, falvis fibi bonis, vita et membris. Miffifque novis militibus ad alia caftra, ut fuæ novitatis gloriam exercerent, invenerunt ea vacua, et igni fuccenderunt. Et fic captis et fuccenfis illis tribus caftellis, reverfi funt ad Regem cum gaudio et gloria.

The Bp., his provifions failing, fends Sir John [Fitz] Marmaduke to the King for further orders.
The King's reply.

On the arrival of provifions the caftle is yielded up.
Other caftles are deferted by the Scots.

De Bello de Fawkirk inter Regem et Scotos.

Dum fere per menfem talia gererentur, defecerunt victualia Regi. Non enim venerant naves per mare occidentis, ficut præordinaverat Rex, quia contrarius fuerat eis ventus; venerant tamen quædam cum ducentis doliis vini et victualibus paucis.

Quæ quidem dolia, ftatim, ex præcepto Regis, diftributa funt per exercitum. Dataque funt Wallenfibus duo dolia vini ad refocillandas eorum animas, eo quod valde defecerant et moriebantur glomeratim. Qui cum deguftaffent, continuo inebriati funt; et rixantes cum Anglicis extenderunt manus noxias in chriftos Domini, perimentes ex eis octodecim perfonas, et aliis quamplurimis vulneratis. Quod cum audiffent equeftres turbati funt, et armati continuo procefferunt in mortem eorum, occififque octoginta Wallenfibus reliquos in fugam converterunt. Mane quidem facto dixerunt quidam Regi: "Ecce Wallenfes fupra modum irati propter rixam hefternam fe Scotis conjungere et dare difponunt, nifi per te, O Rex, ad bonum pacis revocentur." Et erat tunc eorum numerus quafi quadraginta millia. Et ait Rex, "Quæ cura fi hoftes hoftibus conjungantur? Uterque enim

Edward awaits the arrival of fhips with provifions.

On receiving fome wine he orders it to be diftributed to the army.
The Welfh get intoxicated, fight with the Englifh, kill 18 prieſts, etc.

80 Welfhmen killed.

eorum hoftis nofter eft; vadant ergo quo voluerint, quoniam, auctore Domino, in uno die vindicabimur de utrifque." Quod cum audiffent illi, fecuti funt Regem, fed tamen a longe. Dicebatur enim quod fi vidiffent Scotos in aliquo prævalere, fe ftatim ipfis conjunxiffent in mortem Anglorum. Diffipavit tamen Dominus imaginationes has. Nam cito poft, cum ingrueret in caftris fames valida, et difpofTuiffet Rex redire ad Edinburgh, ut per mare orientis reciperent victualia, et alia via contra Scotos graderentur, ecce! duo Comites, Patricius fcilicet et de Anegos, die proxima ante feftum Mariæ Magdalenæ fummo diluculo ad Epifcopum Dunolmenfem venientes, et cum eis Epifcopus ftatim ad Regem, ftatuerunt puerum exploratorem coram Rege; qui diceret, "Salve Rex," et Rex ad eum, "Salveris;" et intulit, "Domine mi Rex, exercitus Scotorum et omnes hoftes tui non diftant a te nifi per fex leucas modicas, juxta Faukyrke in forefta de Selkyrk. Et audito hoc quod redire difponis ad Edenburgh, jam ftatuerunt fequi te, et irruere in caftra tua nocte fequenti. vel faltem cædere et diripere extrema caftrorum tuorum." Et ait Rex, "Vivit Dominus qui ufque jam eruit me ab omni anguftia, quia non erit neceffe ut fequantur me, quoniam procedam eis in obviam etiam die hac." Statimque præcepit ut armarentur omnes, nec tamen diceretur quo procedere vellet. Ipfe autem Rex armatus præ cæteris afcendit in equum, et exhortabatur alios ad arma capienda; et ore proprio loquebatur ad eos qui vendebant mercimonia, ut deliberate componerent farcinulas fuas et fequerentur eum, nec expavefcerent. Omnibus itaque præparatis, proceffit Rex hora quafi tertia a loco illo Templehifton, dirigens greffus fuos verfus locum nominatum de Faukirke. Et mirabantur omnes quod mutaffet propofitum, et lente paffimque procedebat abfque feftinatione ulla. Cumque veniffet in mora citra Linlifcoch, pernoctaverunt ibidem, et requiefcebant in terra, componentes fcuta pro cervicalibus et pro lectualibus arma. Equi etiam fui non guftabant quicquam nifi ferrum durum, tenebanturque finguli juxta dominos fuos. Dumque paufaffent modicum, et nox quafi in fuo medio proceffiffet, contigit quod dextrarius Regis incautius a parvo cuftoditus, recalcitrando pedem pofuit fuper ipfum Regem quiefcentem. Et audito hoc, Regem fcilicet effe læfum, ftatim afcendit clamor feditionem fieri, et hoftes effe paratos ad irruendum in eos. Qui continuo paraverunt fe, et ad congrediendum animati funt. Cognita tamen rei ferie, et Regem modicum effe læfum, compatiebantur ei, et requievit fpiritus corum. Statimque afcendente Rege, profecti funt et tranfierunt villam de Linlifcoch in aurora diei. Cumque levaffent oculos, et in oppofitum montem refpexiffent, viderunt in

Campaign of 1298. xxix

supercilio montis lancearios multos. Et credentes ibi esse Scotorum exercitum, *Scottish army,* festinaverunt ascendere per turmas suas, sed tamen ibidem venientes neminem *22 July.* invenerunt. Fixeruntque tentorium ibi, et audierunt missam Magdalenæ Rex et Episcopus, erat enim festum ejusdem diei.

Dumque sacrosancta fierent solemnia, et mutuo se cognoscere possent homines ex clara luce, viderunt nostri Scotos a remotis bella construere, et ordinare se ad pugnam. Statuerunt enim Scoti omnem plebem suam per turmas quatuor, in *How it was* modum circulorum rotundorum, in campo duro, et in latere uno juxta Fawkyrk. *disposed.* In quibus quidem circulis sedebant viri lancearii, cum lanceis suis obliqualiter erectis; conjuncti quidem unusquisque ad alterum, et versis vultibus in circumferentiam circulorum. Inter circulos illos erant spatia quædam intermedia, in quibus statuebantur viri sagittarii. Et in extrema parte retrorsum erant equestres[1] eorum. Cumque, audita missa, Regi nostro talia dicerentur, hæsitavit, et proposuit *Mass said in the* ut tentoria figerent quousque gustassent aliquid homines et jumenta. Non *English army.* enim gustaverant ab hora diei præcedentis tertia. At illi dixerunt ei, "Non est securum hoc, O Rex, quia inter hos duos exercitus non est nisi torrens permodicus." Et ait Rex, "Quid ergo?" et inquiunt; "Equitemus in nomine Domini, quoniam campus noster est et victoria nostra." Et ait Rex, "Fiat ergo sic, in nomine Patris et Filii et Spiritus Sancti." Statimque Comites primæ aciei, *The battle of* scilicet Comes Marescallus, Comes Herfordensis et Comes Lincolniensis, direxerunt *Falkirk.* aciem suam linealiter ad hostes, nescientes lacum intermedium et bituminosum. Quem cum vidissent, circumduxerunt eum versus occidentem, et sic in parte retardati sunt: acies vero secunda, scilicet Dunolmensis Episcopi, quæ constituta fuerat ex xxxvi.[2] vexillariis electis, sciens impedimentum laci illius, tendebat ad orientem ut eum circumduceret. Quam supra modum festinantem, ut primos belli ictus susciperet, cum ipse Episcopus præstolari jussisset usque ad appropinquationem Regis tertiæ aciei, respondit ei ille miles strenuus Radulphus Basset de Drayton,[3] et ait: "Non est tuum, Episcope, docere nos in præsenti de militia, qui te intromittere debes de missa. Vade," quidem inquit, "missam celebrare si velis, quoniam die hac quæ ad militiam pertinent nos omnes faciemus." Festinaveruntque, et primo Scotorum circulo se statim post conjunxerunt; Comites vero prædicti cum acie prima ex parte altera convenerunt. Moxque venientibus nostris,

---

[1] In MS. Lansd. "pedestres."
[2] In the Roll of Arms this number is xxvi. See p. 141.
[3] See p. 136, No. 29.

xxx   *Accounts of the*

fugerunt Scotorum equestres absque ullo gladii ictu, paucis tamen remanentibus,
et hii quidem ad ordinandum circulos pedestrium, qui quidem circuli vocabantur
schiltrouns. Inter quos frater Senescalli Scotiæ,[1] cum ordinasset viros sagittarios
de foresta de Selkyrk, casu ex equo cecidit, et inter eosdem sagittarios occisus est;
circumsteterunt enim eum eidem sagittarii, et cum eo corruerunt homines quidem
elegantis formæ et proceræ staturæ. Peremptis itaque sagittariis, dederunt se nostri
ad Scotos lancearios, qui, ut dictum est, sedebant in circulis cum lanceis obliquatis
et in modum silvæ condensæ. Dumque non possent equestres ingredi præ
multitudine lancearum, percusserunt exteriores et perforaverunt plures lanceis suis.
Sed et pedestres nostri sagittabant eos, et quidam allatis rotundis lapidibus, quorum
erat ibi multitudo copiosa, lapidabant eos. Et sic multis interfectis, et aliis attonitis,
qui in extrema parte circulorum extiterant, recurvabantur in alios reliqui exteriores,
et ingressi sunt equestres vastantes omnia. Corrueruntque ex Scotis in die illa,
præter submersos multos, quorum nescitur numerus, et præter quasi viginti
equestres, quinquaginta millia peditum numeratorum. Erat autem Scotorum
exercitus numeratus, ut dicebant qui capti sunt, quasi mille equestres armati, et
peditum quasi trecenta millia.

Salvavitque Dominus nostros, nec cecidit homo valoris in omni prælio nisi
solus Magister Militiæ Templi,[2] qui in sequendo fugientes in quodam lacu interceptus
est et occisus.

Rex dedit terras quorundam Scotorum magnatibus suis.

Obtenta, ut dictum est, a Scotis victoria, processerunt aliqui ex Comitibus
nostris, insequente postmodum Rege, usque ad Sanctum Andream et villam
Sancti Johannis vastantes omnia; nec erat ex Scotis qui resisteret vel inveniretur
ab eis. Diverteruntque nostri per medium forestæ de Selkyrk usque castellum de
Aree, et invenerunt illud vacuum et incensum; audito enim adventu Regis, fugit
a facie ejus Robertus de Brus junior, et incendit illud castrum quod tenuerat.
Cumque fuisset voluntatis regiæ ut tunc Galwaliam ingrederetur, deficiente tamen
pane defecit et propositum ejus; non enim venerant naves quas credebat, et per
quindecim dies erat in castris fames valida. Reversique sunt per medium Vallis
Anandiæ, et redditum est Regi castellum de Lochmaban, datis vita et membris
hiis qui tenuerunt illud. Interim veniebat ex Hibernia quidam nobilis, Thomas

The Steward's brother slain.

The Master of the Templars slain on the English side.

The English march to St. Andrew's and Perth, waiting the country. Proceeding by the forest of Selkirk to Ayr, they find the castle deserted and burnt, by Robert Bruce the younger. Provisions fail, the ships not arriving. The King takes the castle of Lochmaben.

---

[1] Sir John Stewart. See p. x.   [2] Sir Brian le Jay.

Campaign of 1298.   xxxi

scilicet de Byseth;[1] et in auxilium Scotorum, ut communiter dicebatur. Qui cum applicuisset in insula de Aree,[2] et se dedissent ei incolæ illius, audissetque ab incolis Regem nostrum belli obtinuisse victoriam, misit ad eum nuncios, dicens se venisse in auxilium ejus, et acquisisse jam nomine ipsius eandem insulam de Aree, quam sibi et hæredibus suis ab ipso Rege petiit perpetuis temporibus possidendam; acceptavitque Rex mittentis factum, et petitionem quam fecerat absque consilio Comitum confirmavit. Quod audientes Comites, scilicet Marescallus et Herefordensis, admirati sunt, eo quod promiserat se nihil novi facturum absque eorum assensu et consilio. Et cum esset Rex apud Carliolum petierunt a Rege repatriandi licentiam, allegantes jacturam maximam et fatigationem hominum et equorum, recesseruntque sic; et remansit ibidem Rex cum magnatibus plurimis, tenuitque Parliamentum suum infra octavas Beatæ Virginis, et assignavit et dedit in spe magnatibus suis terras multas magnatum regni Scotiæ, scilicet comitatus Comitibus et baronias Baronibus; Vallem tamen Anandiæ nec Galwaliam, et quosdam comitatus nemini assignavit: sed, ut dicitur, ex causa distulit ne excandescerent Comites qui paulo ante recesserant nec sortiti sunt partem inter pares suos. Quo facto, reversus est Rex usque Dunolmum, volens iter suum dirigere ad partes australes; sed accepto nuncio quod coadunarent se Scoti, reversus est, et fere usque Natale moratus apud Tinemowe; Natale vero tenuit apud Cothingham juxta Beverlacum.

Thomas Bisset obtains from him a grant of the Isle of Aree.

Edward holds a Parliament at Carlisle, in September, and grants lands in Scotland to his magnates.

He returns to England.

HENRY KNIGHTON.[3] *Chronica.*

Twysden, *Historiæ Anglicanæ Scriptores Decem.* Londini: 1652. fol.
col. 2527.   Lib. III., cap. 12.

BIENNALIBUS treugis[4] sic factis et cæteris ad Regis Edwardi votum patratis, rediit Rex Edwardus sub omni celeritate qua potuit festinando ad partes boriales, visitare suos ejus adventum apud Berwyk præstolantes. Et venit cum exercitu grandi apud Rokesburgh, et inde tendens apud Templiston, ibique expectans navigium veniens de Berewyk, set deficiente vento navigium impeditum patiebatur, unde Anglici pro defectu victualium in gravi penuria acti sunt. Quod

Movements of King Edward

He marches to Roxburgh and Temple-Liston. His ships arrive.

---
[1] Or Bisset. "His lands were near Claneboy and the Dufferin in Ulster." Note by Mr. Hamilton.
[2] Not Arran, as often stated, but some place near Ayr.
[3] An Austin canon of Leicester. His Chronicle extends to 1395.
[4] The truce with France, November, 1297.

percipientes Scoti feſtinaverunt congreſſum habere cum eis. Set, juvante Deo, antequam venirent Scoti applicuerunt naves cum omni repletione victualium oneratæ, Anglorum animos in lætitiam vertentes. Tunc Rex direxit ſe verſus Scotos, et tentoria fixit in medio camporum. Et Scoti appropinquantes clamaverunt Anglicos altiſonis vocibus, et gentes noſtræ ſub omni celeritate ſe paraverunt ad pugnam prompti; et cum Rex dextrarium aſcenderet urgens equum calcaribus, fregit duas coſtas ejuſdem, ſet Rex ex hoc non omittens cito alium aſcendit, et ſuos ad bellum hortatur, et blandis ſermonibus conſolatur; ſicque congreſſi ſunt uterque exercitus in die ſanctæ Mariæ Magdalenæ apud Fowchirche. Et ſuit bellum forte nimis; ibique ceciderunt de Scotis mortui numero xxx millia et plures, et Anglici habuerunt victoriam. Inde abeuntes verſus villam Sancti Andreæ, quam devaſtaverunt, et inde procedentes exterminaverunt Selfechirche, veneruntque ad caſtellum de Are, de quo Robertus de Brus fugerat vacuumque reliquerat. Deinde tendunt Anandiam, et poſtea ad Loughmaban, et ſic ad Karliolum, ubi duo Comites Herfordenſis et Mareſchallus capientes licentiam a Rege, redierunt in patriam ſuam. Deinde perrexit Rex apud Tynnemewe. Deinde apud Catynggam, et ibi tenuit Natale Domini.

He meets with an accident.

The battle of Falkirk.

The Engliſh having laid waſte St. Andrew's and Selkirk, capture Ayr, and march through Annandale to Lochmaben, and ſo to Carliſle.

The King reaches Tynemouth, and keeps Chriſtmas at Cottingham.

MEAUX ABBEY.[1]   *Chronicon Monaſterii de Melſa.*

Edited by EDWARD A. BOND. (Rolls Series.) 3 vol. London: 1866-68. 8°.
Vol. II., p. 271.

The battle of Falkirk.

Sir Brian le Jay ſlain.

[REX] a Flandria in Angliam rediens continuo verſus Scociam tendit, et Scottorum vires refrænare conabatur. Scotti quoque e contra cum exercitu totis viribus eidem occurrere proponebant. Factus eſt ergo congreſſus exercituum in die ſanctæ Mariæ Magdalenæ, anno domini 1298, et cæſa ſunt ex Scottis apud Fawkyrk viginti duo millia, pro eo præcipue quod dux Scottorum Willelmus de Walays, et alii magnates Scociæ, viſo vexillo Edwardi Regis Anglorum, dimiſerunt exercitum ſuum ſine capite; et ideo fuit quaſi totus peremptus. De exercitu autem Anglorum probus unicus Brianus de Jay, Magiſter Militiæ Templi in Anglia, tantum corruit, qui perſequendo Willelmum de Walays perimebatur. Deinde Rex Edwardus, dimiſſis exercitibus qui proterviam Scottorum adhuc remanentium refrænarent, in Angliam eſt reverſus.

---

[1] The Ciſtercian Abbey of Meaux, or Meux, in the pariſh of Waghen, co. York, E.R. The Chronicle, at firſt ending in 1396, is continued to 1406. The account of the battle, though not contemporary, deſerves notice for its eſtimate of the ſlain, agreeing more nearly with Trivet's account, and much below the exaggerated ſtatements of other writers.

Chronological List of Documents.

The contractions in thefe documents are generally extended. The exceptions are, (1) a few words fuch as "Dūs," about which there can be no mifunderftanding; and, (2) fome abbreviations which cannot be extended with abfolute certainty. As to thefe notes are added.

		PAGE.
1297.		
July 7.	Indenture between Aymer de Valence and Sir Thomas de Berkeley, for the retainer of the latter with five knights, etc. (Londres.)	260
Oct. 23.	There are writs of this date for levies of infantry from various diftricts, amounting in all to 29,400 men, and as many more as could be induced to ferve (Stevenfon's *Documents*, vol. II. p. 237. Bain's *Calendar*, vol. II. p. 245.)	
Oct. 24.	Letters of protection. (T. Edw. filio R. ap. Weftm.)	14 n
Nov. 5.	Accompt of Ralph de Dalton as to victuals for the Englifh army at Berwick. From this date to 6 May, 1298.	1
	To this fervice he was appointed on 5 Nov. (See p. 271.)	
Nov. 22.	Letters of protection. (T. Edw. filio R. ap. Weftm.)	14
Nov. 26.	Letters of protection. (T. ut fupra.)	14
Dec. 4.	Mandate of the King to the Jufticiary of Ireland and the Treafurer of the Exchequer in Dublin, regarding provifions for the caftle of Carlifle. (T. ut fupra.)	5
Dec. 7.	Writs for raifing infantry in Wales and the counties of Salop, Stafford, and Chefter. (T. ut fupra.)	
	(1.) To John de Blakeburne, keeper of the Earl of Lincoln's lands of "Ros and Rowynoke": 300 men thence.	6
	(2.) To John de Grey and Richard de Mafey: 300 men from the lands of "Maylorfexneche, Hope, and Englefelde," and Robert de Montalt's land "de valle Montis alti."	7
	(3.) To John de Haveringe, Juftice of North Wales: 2,000 men thence.	7
	(4.) To Thomas de Roffale: 1,000 men from the counties of Salop and Stafford.	7
	(5.) To William de la Pole: 300 men from the land of Powys.	8
	(6.) To the Welfhmen of the lands of "Maylorfexnethe, Hope, and Inglefelde," and the valley "de Monte alto," directing them to obey J. de Grey and R. de Mafey.	8
	(7.) To the Welfhmen of Powys, directing them to obey W. de la Pole.	8
	(8.) To the Welfhmen o North Wales, directing them to obey J. de Haveringe.	9

Falk. f

1297

		PAGE.
	(9.) To Hamon de Mafey and Ralph de Vernon, charging them to lead to Durham or Newcaftle by Jan. 27 at the lateft 4,000 men raifed by R. de Grey, juftice of Chefter, in obedience to a former order [—one of the writs of 23 Oct.]	9
	(10.) To all to whom, etc.: the march of the 1000 men of Chester not to prejudice the county.	9
Dec. 10.	Appointment of John Earl of Surrey as captain of the expedition againft the Scots. (T. Edw. filio R. ap. Weftm.).	10
	Commiffion to William le Fraunke to obtain provifions in Yorkfhire and Lincolnfhire. (T. Edw. filio R. ap. Turrim Lond.)	11
Dec. 12.	Letters of protection. (T. ut fupra.)	15
	Letters of attorney. (T. ut fupra.)	53
	Mandate to Walter de Agmondefham, receiver in Yorkfhire and Northumberland, for the payment of the 3,000 foot from Lancafhire. (T. Thefaurario ap. Weftm.)	55
Dec. 14.	Letters of protection. (T. Edw. filio R. ap. Turrim (Lond)	15—16
	Letters for refpite of crown debts. (T. ut fupra.)	54
	Writ to the Justices of the Bench for refpite of pleas affecting John Earl of Surrey. (T. ut fupra.)	56
	Precept to the fheriff of Nottingham and Derby (Lancafhire and Yorkfhire,) to caufe public proclamation to be made, that all bakers and brewers fhould have supplies in readinefs againft the arrival in any town of Welfhmen on their march towards Scotland. (T. ut fupra)	56
	Writs respecting the payment of the Welfhmen, etc. (T. Thes. ap. Weftm.)	
	(1.) Concerning the appointment of John de Borham to pay wages to 3,000 foot of the parts of Snowdon, Bromfield, Yale, etc.	57
	(2.) ——— of Gilbert de Arderne to pay 4,000 foot of Chefhire.	57
	(3.) ——— of Richard de Bifshopeftone to pay 1,000 foot of Salop and Staffordfhire, and 300 of Powyfland.	58
	(4.) Commanding the taxers and collectors of the Ninth in co. Salop to deliver for the payment of wages £350 to John de Borham.	58
	(5.) Commanding the taxers, etc. in co. Derby to deliver £160, and those in co. Warwick, £220, to Gilbert de Arderne, for the wages of the 4,000 foot of Chefhire.	58
	(6.) Commanding the taxers, etc. in co. Stafford to deliver £150 to Richard de Bifshopeftone, for the wages of the 1,300 foot of cos. Salop and Stafford.	58
	(7.) Precept to Richard de Bifshopeston to receive the aforefaid fum of £150, and to account for the fame to Walter de Agmondefham.	62
	Ordinance (not dated) concerning the payment of wages to the divifions before mentioned.	59
Dec. 18.	Writs refpecting the payment of the Welfh and other foot. (T Thes. ap. Weftm.)	
	(1.) Order to Walter de Agmondefham to admit the 100 Welfhmen led by the	

of Documents.   XXXV

		PAGE
1297.	Earl of Hereford and Essex, Constable of England, to wages on their arrival, and to pay them what should then be due.	64
	(2.) Similar order to the same Walter as to the 100 Welshmen led by Roger Earl of Norfolk and Suffolk, and the 100 foot led by Ralph Earl of Gloucester and Hertford.	64
Dec. 19.	Writs respecting the payment of troops. (T. Thes. ap. Westm.)	
	(1.) Precept to Walter de Agmondesham, receiver of Tenths in Yorkshire and Northumberland, as to 11,300 foot of Wales and cos. Salop, Stafford, and Chester, and the pay-clerks.	63
	(2.) Similar precept to Richard de Abyndon, receiver in Cumberland, Westmoreland, and Lancashire.	64
	(3.) Order to W. de Agmondesham for the payment of the cavalry, out of the subsidy granted by the Archbishop, prelates, and clergy of the province of Canterbury, for themselves, bannerets, knights, and others, to the number of 500 harnessed horse for three months (from leaving York), to go against the Scots, the proportions assigned to the Earl of Surrey and several other commanders being mentioned. The same commanders to have wages in respect of 200 more horse.	64
	(4.) Similar order to R. de Abindon, receiver in Cumberland, Westmoreland, and Lancashire.	66
	(5.) Mandate to W. de Agmondesham touching an ordinance made for paying the foot from Yorkshire, Northumberland, Westmoreland, and Cumberland, that their wages should not commence until they had left their counties.	66
	(6) Similar mandate to R. de Abindon.	66
Dec. 20.	Mem. of the delivery of the wages-roll and transcript of writs on this day.	66
Dec. 26.	Letters of protection. (T. Edw. filio R. ap. Langele.)	16
	Letters for respite of crown debts. (T. ut supra.)	54
Dec. 28.	Letters of protection. (T. ut supra.)	16—17
1297-98.		
Jan. 3.	Letters of protection. (T. Edw. filio R. ap. Langele.)	17
	Precept to the sheriffs of Lincoln and York against sending corn abroad, except to the King's adherents in Scotland, Flanders, or Gascony. (T. ut supra.)	66
Jan. 7.	Writ of privy seal as to the marriage of Patrick son and heir of David de Graham deceased, granted to Sir Robert de Felton. (Ap. Gandavum.)	67
Jan. 8.	Letters of protection. (T. Edw. filio R. ap. Langele.)	17
	Writ of summons to attend the King with horses and arms, on his return from abroad, and to be ready to proceed to Scotland. Addressed to 68 military tenants. (T. ut supra.).	68
Jan. 9.	Writ of privy seal for protections. (Ap. Gandavum.)	13
Jan. 11.	Letter of John Earl de Warenne to the Chancellor, seeking letters of protection for some in his company. (Heitfeud.)	12
	Other similar applications (about this time, but not dated).	12—13

xxxvi   *Chronological List*
1297-98.   PAGE.
Jan. 12.   Letters of protection.   (T. Edw. filio R. ap. Langele.)   17
Jan. 13.   Letters of protection.   (T. ut fupra.)   18
Jan. 14.   Letters of protection.   (T. ut fupra.)   18
Jan. 17.   Writ to John Bifhop of Carlifle, as conftable of the caftle there, directing it to be
            repaired.   (T. ut fupra.)   70
Jan. 18.   Letters of protection.   (T. ut fupra.)   18
Jan. 22.   Writ to John de Warenne, Earl of Surrey, captain of the expedition, directing
            him to march towards Scotland, without waiting for the Welfhmen.   (T.
            Edw. filio R. ap. Weftm.)   70
Jan. 23.   Letters of protection.   (T. ut fupra.)   18
Jan. 24.   Letters of protection.   (T. ut fupra.)   19
Jan. 27.   Letters of protection.   (T. Edw. filio R. ap. Langele.)   .   .   19
Jan. 28.   Letters of protection.   (T. Edw. filio R. ap. Weftm.)   .   .   19
            Mandate to the efcheator beyond Trent to deliver money for the fafeguard of the
            northern parts, to be expended at the difcretion of Brian FitzAlan, captain of the
            King's fortifications there.   (T. Thes.)   71
Jan. 29.   Precept to the fheriffs of London to pay money for the expenfes of John de
            Balliol, dwelling in the Tower   (T. Thes.)   .   .   .   72
            Mem. of a like precept concerning the expenfes of John de Balliol and of Edward
            his fon, both in the Tower.   (T. Thes.)   72
Jan. 30.   Mem. of precept to the fheriff to aid in raifing the money due from the clergy of
            York, as mentioned below.   (T. Thes.)   74
            Mandate to John de Lifle, requiring him to expedite the raifing of the fame
            money.   (T. Thes.)   74
Jan. 31.   Mandate to Henry Archbifhop-elect of York, to raife with the utmoft diligence all
            money due to the King from the clergy of his diocefe.   (T. Thes.)   .   73
Feb. 1.   Precept to the fheriff of Cambridge regarding the maintenance of two Scottifh
            prifoners, taken at Dunbar, and confined in Wifbeach caftle.   (T. Thes.)   75
Feb. 2.   Letters of protection.   (T. Edw. filio R. ap. Langele.)   .   .   .   19
Feb. 4.   Letters of protection.   (T. ut fupra.)   20
Feb. 6.   Letters of protection.   (T. ut fupra.)   20
Feb. 8.   Letters of protection.   (T. ut fupra.)   20
Feb. 12.   Letters of protection.   (T. ut fupra.)   20
Feb. 15.   Prefentation to a benefice in England, the patronage of which was forfeited by
            Andrew de Chartres, a Scot.   (T. ut fupra.)   .   .   .   76
Feb. 18.   Mem. concerning the mandate lately given to the keeper of the lands of John
            Earl of Richmond, that all moneys arifing therefrom were thenceforth to be
            delivered to Walter de Agmondefham.   (T. Thes.)   .   .   76
            Precept to the fheriff of York touching the fame moneys, that, inftead of fending
            them to the Exchequer, he was to deliver them to W. de Agmondefham.   (T.
            Thes.)   77

of Documents. xxxvii

		PAGE
1297-98.		
Feb. 20.	Letters of protection. (T. Edw. filio R. ap. Westm.)	20
March 4.	Mandate to the taxers and collectors of the Ninth in Lincolnshire regarding the payment of money for the expedition. (T. Thes.)	78
	Precept to the sheriff of York to pay certain moneys to W. de Agmondesham for the expedition. (T. Thes.)	79
	Mandate to the sheriff of Northumberland to receive Richard de Abindon, and to keep him and the money brought by him safe in the castle of Newcastle. (T. Thes.)	79
March 5.	Precept to the sheriff of York respecting the payment of money for the expedition. (T. Thes.)	80
March 12.	Letters of protection. (T. Edw. filio R. ap. Wengham)	20
March 14.	Mem. "Hic rediit Rex in Angliam."	21
March 15.	Writ of summons for a Council. (T. R. ap. Sandwycum.)	80
March 17.	Letters of protection. (T. R. ap. Cantuar.)	21
	Letter of the King to the Earls and Barons in Scotland. (Canterbyry.)	81
March 21.	Precept to the sheriff of Lincoln to convey the Tenth granted by the Clergy to Newcastle. (T. Thes.)	82
1298.		
March 26.	Letter of John Earl de Warenne to the Chancellor, seeking letters of protection for some in his company. (Berwick.)	12
	Letter of the King to Joan, wife of John Comyn of Badenoch, requiring her to come to him in London. (T. R. ap. Thurroke.)	83
March 29.	Precept to the sheriff of Cumberland about bringing corn for the castle of Carlisle. (T. R. ap. Retherhethe.)	83
March 30.	Writs of summons to attend the King, with horses and arms, at York, on the feast of Pentecost. (T. R. ap. Westm.)	
	(1.) To the 68 military tenants addressed on Jan. 8.	84
	(2.) To 69 other military tenants.	85
	(3.) To 153 other military tenants.	86
	Mandate by writ of privy seal to the Chancellor for the removal of the Exchequer and the King's Bench to York. (Westm.)	89
March 31.	Letters of protection. (T. R. ap. Westm.)	21
April 1.	Letters of protection. (T. ut supra.)	21
April 6.	Letters of protection. (T. ut supra.)	21
April 7.	Letters of protection. (T. ut supra.)	21-22
April 8.	Letters of protection. (T. ut. supra.)	22
	Writs for raising infantry in Wales, etc. to be at Carlisle by June 17. (T. R. ap. Westm.)	
	(1.) To John de Haverynge, Justice of North Wales, and Griffin Loyth: 2,000 foot from the parts of Snowdon.	89
	(2.) To Reginald de Grey, Justice of Chester, and the Earl of Lincoln's bailiff of Ros and Roynoke: 400 foot from those parts.	90

1298.

(3.) To the same Reginald: 300 foot from the parts of Maelor Sasneg, Hope, Englefeld, Driffyncloythe, and Mohautefdale. 90
(4.) To William de Felton, conftable of Beaumaris: 500 foot from Anglefey. . 91
(5.) To the Earl of Surrey's bailiff of Bromfield and Yale: 400 foot from thofe parts. [Renewed on 12 May.] 91
(6.) To Roger de Mortimer and William de la Pole: 600 foot from the parts of Landuho, Mafkyn, Moghelan, and Pool. 91
(7.) To Owen de Montgomery: 600 foot from Edmund de Mortimer's lands of Kery, Cadewy, and Arewoftly. 91
(8.) To Walter de Beyfyn: 1,500 foot from the parts of Brecon, Caer Mahalt, Builth, Hirueryton, Trecaftle, Kidwelly, and Monmouth. . . 92
(9.) To Warin Martyn and Walter de Pederton, lieut. of Robert de Tybetot, Juftice of West Wales: 2,5000 foot from Cardigan, Stratewy, Denet, and Kemeys. 92
(10.) To Henry de Penbrygge and Morgan ap Meredith (bailiffs of the king). 1,000 foot from the parts of Morgannwg. 92
Mem. that the laft writ was afterwards fent to the Earl of Gloucefter and Hertford, who was charged to affift in the premifes. . . . 92
(11.) To Reginald de Grey, Juftice of Chefter: 1,000 foot from that county. [Renewed on 12 May.] 92
(12.) To Thomas le Waleys: 400 foot from the parts of Bergavenny. . . 93
(13.) To Edmund de Mortimer: 600 foot from his lands of Kery, Kedewy, and Arewoftly. 93
(14.) To William de Braofe: 300 foot from his land of Gower. . . . 94
(15.) To Roger de Mortimer: to join with W. de la Pole in raifing men from Lanhudo, etc. as before mentioned (6). 94
(16.) To Roger de Grey, Juftice of Chefter, as to the payment of the troops mentioned in other writs (2 and 3). 94

April 10. Letters of protection. (T. R. ap. Weftm.) 22
Letters of the King to John Earl of Surrey and other magnates at Berwick, requiring their attendance at York, on the eve of Pentecoft. (T. ut fupra.) . 95
Writ to the fheriffs throughout England touching the election of knights of the fhire, citizens, and burgeffes, to attend the King in the Council at York. (T. ut fupra.) 96
April 11. Letters of protection. (T. ut fupra.) 23
April 13. Letters of protection. (T. R. ap. Fulham.) 23
Letter of the King to John Earl of Surrey, and the other Earls, Barons, and knights, at Berwick, requiring their attendance at York, at Pentecoft. (Fulham.) . 97
April 14. Letters of protection. (T. R. ap. Fulham.) 23
April 15. Letters of protection. (T. ut fupra.) 23
Writs to feveral fheriffs, etc., and to the Juticiary, etc., of Ireland, to provide victuals againft the coming of the King towards Scotland. (T. ut fupra.) . 98–101

of Documents.

1298.

Date	Description	Page
April 16.	Letters of protection. (T. ut supra.)	24
April 17.	Letters of protection. (T. ut supra.)	24
April 20.	Letters of protection. (T. R. ap. Harwe.)	25
April 23.	Letters of protection. (T. R. ap. S. Alban.)	25
April 24.	Letters of protection. (T. ut supra.)	25
April 25.	Letters of protection. (T. ut supra.)	25-26
April 26.	Letters of protection. (T. ut supra.)	26
	Mandates to several sheriffs, etc., on behalf of the servants of Henry Earl of Lincoln, sent to obtain provisions for the said Earl on his proceeding to Scotland. (T. ut supra.)	101
April 27.	Letters of protection. (T. ut supra.)	26
April 28.	Letters of protection. (T. ut supra.)	27
April 29.	Precept to the sheriff of York to prepare apartments in the castle for the King's Bench and Exchequer. (T. J. de Cobeham.)	102
May 1.	Letters of protection. (T. R. ap. Dynnesle.)	27
May 2.	Letters of protection. (T. R. ap. Bygrave.)	27
	Letters for respite of crown debts. (T. ut supra.)	55
May 3.	Letters of protection. (T. R. ap. Baffingburn & Harleston.)	28
May 5.	Indenture between Sir Aymer de Valence and Sir Thomas de Berkeley, regarding an accompt for services of the latter in the past, and the mounting, payment, etc. of Sir Thomas, his son Sir Maurice, and their retinue, during this expedition. (Bamptone.)	262
May 6.	Letters of protection. (T. R. ap. Ely.)	28
	Letter of [Reginald de Grey] to the King regarding levies of troops. (Escrite a Cestre.)	103
	This is the date of the close of the Accompt of Ralph de Dalton as to victuals for the English army at Berwick (p. 1).	
May 10.	Letters of protection. (T. R. ap. S. Edm.)	28
May 11.	Letters of protection. (T. R. ap. Culforde.)	28
May 12.	Letter of the King to Walter Bishop of Coventry and Lichfield, Lord Treasurer, with reference to the letter [of May 6] from R. de Grey. (Tetforde.)	103
	Two writs of 8 April were this day renewed at Thetford (p. 93).	29
May 13.	Letters of protection. (T. R. ap. Walsingham.)	
	Precepts to several sheriffs to aid in conducting the rolls and treasure of the Exchequer to York. (T. Thes. ap Westm.)	104-105
May 14.	Letter [of Walter Bishop of Coventry and Lichfield, Lord Treasurer, to John de Langton, Lord Chancellor], seeking letters patent to R. de Grey, for raising troops in Cheshire and Lancashire. (Westm. sub sig. nostro privato.)	106
May 16.	Precept to the sheriffs of London to pay a sum of money to the keeper of the Tower for the expenses of John de Balliol, late King of Scotland, and [Edward] his son dwelling there. (T. Thes.)	106

xl   Chronological Lift

1298.   PAGE.

            Mandate to the Exchequer at Dublin to fend provifions to Carlifle by Midfummer-
            day for the King and his army. (T. Thes.) . . . 107
May 20.   Letters of protection. (T. R. ap. Lincoln.) 29
            Writs directing the Exchequer at Dublin to pay certain fums of money for victuals
            to be provided in Ireland and fent to Carlifle. (T. J. Wogan, C. J. nostro
            Hib., ap. Dublin.) 108
May 22.   Letters of protection. (T. R. ap. Bentele.) 29
May 26.   Letters of protection. (T. R. ap. Ebor.) 29
May 26.   Mandates to thofe charged with the raifing of the Welfhmen, etc., postponing their
            arrival at Carlifle until 25 June. (T. R. ap. Ebor.)
            (1.) To John de Haveringe, Juftice of North Wales, and Griffin Loythe: 2,000
            foot from the parts of Snowdon. 108
            (2.) To Reginald de Grey, Justice of Chester, and the Earl of Lincoln's bailiff
            of Ros and Roynoke : 400 foot from those parts. . . . 109
            (3.) To the same Reginald : 300 foot from Maillor Saysnake, etc. . . 109
            (4.) To William de Felton, conftable of Beaumaris : 500 foot from Anglefey. . 109
            (5.) To the Earl of Surrey's bailiff of Bromfield and Yale : 400 foot from thofe
            parts. 110
            (6.) To Roger de Mortimer and William de la Pole: 600 foot from the parts of
            Landuho, etc. 110
            (7.) To Owen de Montgomery: 600 foot from Edmund de Mortimer's lands of
            Kery, etc. 110
            (8.) To Walter de Beyfyn: 1,500 foot from the parts of Brecon, etc. . . 110
            (9.) To Warin Martyn and Walter de Pederton, lieut. of Robert Tybetot,
            Juftice of Weft Wales: 2,500 foot from Cardigan, etc. . . . 110
            (10.) To Henry de Penbrigge and Morgan ap Meredith : 1,000 foot from
            Morgannwg. 111
            (11.) To Reginald de Grey, Juftice of Chefter : 1,000 foot from that county. . 111
            (12.) To Thomas le Waleys: 400 foot from the parts of Bergavenny. . 111
            (13.) To Richard de Havering, pay-clerk. 111
            (14.) To Richard de Wardington, pay-clerk. 112
May 27.   Letters of protection. (T. R. ap. Ebor.)
May 28.   Letters of protection. (T. ut fupra.) . . . . . .
            Letters of attorney. (T. ut fupra.) 30
            Precepts to 19 sheriffs to make proclamation that the forces proceeding to Scot-   30–33
            land fhould be at Roxburgh on 23 June at the lateft. (T. R. ap. Ebor.)   53
            Summons to John de Ferlington to be at Roxburgh with horses and arms by 25 June.
            (T. ut fupra.) 112
            Writs to Ralph de Montjoie and William of York, and to the sheriff of Lan-
            cafhire, etc. : 1,000 foot of that county to be at Roxburgh by 25 June. (T.   113
            ut fupra.) . . . .

of Documents.

1298.		PAGE.
	Appointment of Patrick Earl of Dunbar as captain of the garrison of Berwick. (T. ut supra.) .	115
	Presentation of Nicholas Haftange to the church of Ayr. (T. ut supra.) .	115
May 29.	Letters of protection. (T. R. ap. Ebor.) .	33–35
May 30.	Note of a writ of summons to York, with horses and arms, at Pentecost. .	113 n
[May ?]	Ordinance for the punishment of those, who, being pressed or elected to serve against the Scots, had deserted or absented themselves from the army, after receiving pay. .	119
June 1.	Letters of protection. (T. R. ap. Wighton.) .	35–36
	Presentation of John de Stokes to the church of Wigton. (T. ut supra.) .	116
	Safe-conduct of Thomas Poft, of Pocklington. (T. ut supra.) .	120
June 2.	Letters of protection. (T. R. ap. Beverlacum.) .	36
June 3.	Letters of protection. (T. ut supra.) .	36–37
June 3.	Mandates to appear before the Barons of the Exchequer, at York. (T. Thes.) .	120–121
	Mandate to the King's bailiff of Holderness to send corn to Berwick. (T. Thes. ap. Ebor.) .	121
June 4.	Letters of protection. (T. R. ap. Suth Dalton) .	37
	Mandate to Henry de Roston, bailiff of Scarborough, to send corn to Newcastle. (T. Thes.) .	122
June 5.	Mandate to Peter de Molington and the sheriff of Lincoln respecting provisions for the army in Scotland. (T. Thes.) .	122
June 7.	Writ of privy seal for protections. (Wilton.)	14
	Letters of protection. (T. R. ap. Wylton.) .	38–39
	Letters of attorney. (T. ut supra.) .	53
	Order for payment of the expenses of the removal of the King's treasure and of the rolls of the Exchequer and King's Bench to York. (T. ut supra.) .	123
June 8.	Letters of protection. (T. R. ap. Kyrkham.) .	39–40
June 10.	Note of a writ ordering money for victuals from Ireland. .	108 n
June 12.	Letters of protection. (T. R. ap. Northalverton & Dunolm.) .	40–43
	Presentation of Robert de Beverley to the church of Carnemoel. Privy seal and patent. (Northalverton.) .	116
	Mandate on behalf of William de Wyght, appointed to provide horses for the King's service. (T. R. ap. Northalverton.) .	123
	Writ of privy seal to the sheriff of Northumberland requiring horses, etc., to be sent to Newcastle by Tuesday the 17th. (Northalverton.) .	124
June 16.	Letters of protection. (T. R. ap. Dunolm.) .	43–44
June 17.	Letters of protection. (T. R. ap. Kypiere.) .	45
June 18.	Letters of protection (T. R. ap. Cestriam, i.e. Chester-le-Street.) .	45
June 20.	Note of a writ ordering money for victuals from Ireland. .	108 n

1298.
June 21. Letters of protection. (T. R. ap. Burnton.) . . 45-46
June 29. Letters of protection. (T. R. ap. Alnewyke.) . . 47-48
 Letters of attorney. (T. ut supra.) 53
 Writ of privy seal to the sheriff of Northumberland directing him to send carpenters and excavators to the King. (Alnewike.) . . 124
June 30. Order of free transit for three vessels laden with corn, which had been detained on their voyage to Berwick. (T. J. de Cobeham ap. Ebor.) . . 125
July 1. Letters of protection. (T. R. ap. Chyvelingham.) . . 48
July 5. Letters of protection. (T. R. ap. *Rokesburghe*.) . . . 48
 The names of places in Scotland are printed in Italics.
July 7. Letters of protection. (T. R. ap. *Redepethe*.) . . 49
July 9. Letters of protection. (T. R. ap. *Loweder*.) . . 49
 Writ of privy seal for letters of attorney. (*Fauelawe*.) . . 52
 Writ of privy seal for letters of attorney. (*Dahvulsy*.) . . 52
July 10. Letters of protection. (T. R. ap. *Dahvlsy*.) . . 49
July 11. Letters of protection. (T. R. ap. *Brade*.) . . . 49-50
 Presentation of Robert de Cotingham to the church of Sanquhar. Privy seal and patent. (*Brade*.) 116-117
July 15. Presentation of John de Benstede to the provostship of St. Andrew's. (T. R. ap. *Lyston Templi*.) . . 117
 Three other patents concerning the same. (T. ut supra.) . . 118
 Mandate to Peter de Molinton, charged to provide corn in Lincolnshire for the army in Scotland. (T. P. Wylughby ten. loc. Thes.) . . 126
July 18. Letters of protection. (T. R. ap. *Temple Lyston*.) . . 50-51
 Mandates on behalf of masters of ships laden with provisions for Scotland (T. ut supra.) 127
July 19. Presentation of Ralph de Manton to the church of Bothwell. Privy seal and patent. (*Lyston Templi*.) . . 118
 Precepts to certain sheriffs in the North for the defence of their counties against the Scots, by means of beacon-fires and otherwise. (T. P. de Wileghby ten. loc. Thes. ap. Ebor.) . . 127
July 20. Note of a writ ordering money for victuals from Ireland . . 108 n
July 22. Roll of Arms of the commanders on the English side at the battle of Falkirk. Two copies, with notes . . . 129-157
 Additional notes thereon, concerning,
 (1.) The Writ of 26 Jan. 25 Edw. I. . 158
 (2.) The Letter of the Barons to the Pope, 1300-1. . 158
 (3.) Rolls of Arms, t. Edw. I. . 159
 Rolls of the Horses of the English army in Scotland. . 160
 (1.) Of the King's Household. . 161

of Documents. xliii

		PAGE
1298.		
	(2.) Not of the King's Household.	206
	Account of the battle of Falkirk, from a Chronicle.	238
	Other narratives will be found in the Early Accounts of the Campaign of 1298.	xv, etc.
July 26.	Presentation of John de Wynton to the church of Stobo. Privy seal and patent. (*Strivelin.*)	239
	Presentation of Geoffrey de Stokes to the church of Douglas. Privy seal and patent. (*Strivelin.*)	239
Aug. 1.	Presentation of Walter de Bedewynde to the church of Kilpatrick. Privy seal and patent. (*Strivelyn.*)	240
Aug. 2.	Letters of protection. (T. R. ap. *Strivelyn.*)	247
	Letters of safe-conduct for Andrew de Waune, conveying provisions to Scotland. (T. ut supra.)	250
Aug. 4.	Writ of privy seal for the presentation of John Boushe to the church of Kynkell. (*Strivelyn.*)	240
	Letters of protection. (T. R. ap. *Strivelyn.*)	247
Aug. 6.	Letters of protection. (T. ut supra.)	248
Aug. 8.	Note of an indenture respecting the delivery of church goods, provisions, etc. at Stirling castle.	250 n
Aug. 9.	Presentation of Robert de Carteret to the church of Monimail. Privy seal and patent. (*Torphighyn.*)	240–241
	In a letter of this date from John de Kingston, constable of Edinburgh castle, to the Lord Treasurer, the writer reports that the Earl of Buchan, the Bishop of St. Andrew's, and other Earls and great Lords had come across the Scottish sea, and were then at Glasgow: he speaks with suspicion of Sir Simon Fraser: and asks that Stirling castle may be victualled. The letter is printed in Stevenson's *Documents*, vol. II. p. 301, and amongst the documents appended to the *Chronicon de Lanercost*, vol. II. p. 508.	
Aug. 10.	Presentation of Walter Bakon to the precentorship of the cathedral of Dunkeld. Privy seal and patent. (*Torfighyn.*)	241
	Writ of privy seal to the Treasurer and the Chamberlains of the Exchequer respecting the victualing of Stirling castle. (*Torfighyn.*)	251
Aug. 11.	Letters of protection. (T. R. ap. *Abercorn.*)	248
Aug. 14.	Letters of protection. (T. ut supra.)	248
Aug. 15.	Presentation of John Boushe to the church of Kynkelle. (T. ut supra.)	240
	Indenture between Sir Aymer de Valence and Sir Thomas de Berkeley, regarding the future wages, etc. of the latter and his retinue in this expedition. (*Aberkorn.*)	264
Aug. 21.	Precept to the sheriff of York to take 60 carts for the King's service, and to find them to Carlisle by the Thursday after the feast of St. Bartholomew. (T. J. de Insula.)	252
Aug. 27.	On this day John de Saint John writes from Langham (Langholm, co. Dumfries) to Ralph de Manton, that the writer and others were so grieved by sickness that	

xliv   *Chronological Lift*

1298.   PAGE.

                they could not be at Roxburgh on the Wednesday after St. Bartholomew's day, as was appointed. He asks that Sir Richard Siward might be paid what was due to him, partly becaufe he was making a houfe at Tibres. (Stevenfon's *Documents*, vol. II. p. 305.)

Sept. 7.   Order to the Keeper of the Wardrobe for a payment. (T. R. ap. Weftm.) [The King was then near Carlisle.] 252
Sept. 8.   Note of letters of fafe-conduct. (Carl.) . . . . . 250 n
Sept. 9.   Prefentation of John de Croffeby to the church of St. Mary in the Foreft of Selkirk. Privy feal and patent. (Karliol.) 241–242
                Prefentation of Robert de Wodehoufe to the church of Ellon. (T. R. ap. Karliol.)   242
Sept. 10.   Writ of privy feal for the amendment of the grant of the provoftfhip of St. Andrew's to John de Benftede. (Carliol.) 117
                Writ of privy feal for the prefentation of Henry de Braundeftone to the church of Forteviot. (Carliol.) 242
                Prefentation of Adam Poueray to the church of Kirktoun. Privy feal and patent. (Karliol.) 242–243
                Writ of privy feal for the prefentation of Henry de Grayftoke (or Crayftock) to the church of Arbuthnot. (Karliol.) 243
Sept. 11.   Prefentation of Thomas de Chelreye to the church of Little Yetholm. Privy feal and patent. (Karliol.) 243
Sept. 12.   Provifions for Scotland: writs of privy feal for payments. (Kardoille.) . 253
Sept. 14.   Letters of protection. (T. R. ap. Karliol.) . . . 248
                On the next day a Parliament was held at Carlifle.
Sept. 16.   Prefentation of William le Rus to the church of Auchtermuchty. Privy feal and patent. (Carliol.) 244
                Writ of privy feal to the Chancellor refpecting the lands and goods of William FitzWarine, taken prifoner by the Scots. (Cardoille.) 253
Sept. 20.   Prefentation of Thomas de Querle to the church of Ratho. Privy feal and patent. (Karliol.) 244
                Writ of privy feal to the Chancellor directing him to iffue letters patent to the men of Cumberland and Westmoreland, on account of an action performed in the year preceding, as promifed on the King's behalf by Henry de Percy and Robert de Clifford. (Cardoyl.) 254
Sept. 25.   Grant to Guy de Beauchamp, Earl of Warwick, of lands in Scotland, late of Geoffrey de Mowbray, and of others, the King's rebels and enemies, to the annual value of 1,000 marks. (Cardoylle.) 255
                Prefentation of Hugh de Burgh to the church of Stonehoufe. Privy feal and patent. (Staynwegges.) 244–245
Sept. 28.   Order to the Keeper of the Wardrobe for a payment. (T. R. ap. *Cyftleton*.)   252
Oct. 3.   Letters of protection. (T. R. ap. *Gedeworthe*.) . . 248

of Documents.   xlv

		PAGE.
1298.		
Oct. 4.	Letters of protection. (T. ut supra.)	248
	These, as well as various documents printed in Rymer's *Fœdera*, Palgrave's *Documents and Records*, vol. I. and Stevenson's *Documents*, vol. II. belong not so much to the history of the campaign of 1298 as to that of the next year.	
Oct. 8.	Safe conduct to William de Montrevel and William Belebuche his merchant, bringing victuals to Scotland. (T. ut supra.)	257
Oct. 10.	Letters of protection. (T. ut supra.)	249
Oct. 16.	Presentation of Robert de Askeby to the church of Eglismaleshou Privy seal and patent. (*Gedeworthe*.)	245
Oct. 17.	Presentation of Walter de Wynton to the church of Tynyngham. Privy seal and patent. (*Gedeworthe*.)	245-246
	Writ of privy seal for the presentation of John de Sandale to the next vacant church of 100 marks or more: (*Jeddeworthe*.)	246
Oct. 18.	Writ of privy seal to Walter Bishop of Coventry and Lichfield, Lord Treasurer, concerning a debt owing to Sir Robert de Tony. (Werke). . .	257
Oct. 20.	Writ of privy seal for the presentation of Robert de Maners to the church of Creich. (Chevelyngham.)	246
Oct. 20.	Letter of Ralph de Manton to the Lord Treasurer, certifying the amount due to Sir Robert de Tony. (Chivelingham.)	258
Oct. 25.	Grant to Walter de Mouncy for his life of all eyries of gentil falcons in the King's demesne lands in Scotland. Privy seal and patent. (Dunolm.) . .	258
Nov. 12.	Letters of protection. (T. R. ap. Dunolm.)	249
Nov. 15.	Writ of privy seal to the Chancellor's deputies commanding them to bring the great seal to the King. (Fynkhale.)	259
Nov. 19.	Letters of protection. (T. R. ap. Novum Castrum super Tynam.) . .	249
Temp. Edw. II.	Accompt of Walter de Agmondesham (rendered by his executor) for money received in the parts of Northumberland	265
1312-13.	Further accompt of the same Walter de Agmondesham. . . .	269
1312-14.	Accompt of Ralph de Dalton for money raised for the purchase of corn in Yorkshire, in 25 and 26 Edw. I. (1297-98.)	271-274
	From the Pipe Rolls, 6 and 7 Edw. II. On the Roll for the former year the writ next mentioned is recited. The Roll therefore must have been made up at or after the end of July 1315.	
1315. July 29.	Mandate to the Treasurer and Barons of the Exchequer directing the accompt of R. de Dalton to be audited, and justice to be done. (T. R. ap. Langele.) Recited. . .	271

POSTSCRIPT.

On reaching the conclusion of this long extended work, it may be proper to observe that its materials were fought for and obtained, often with great labour, before the publication of any part of the excellent and truly valuable *Calendar of Documents relating to Scotland, preserved in Her Majesty's Public Record Office, London*, edited by Mr. Joseph Bain, F.S A. Scot. etc , the first volume of which was published in 1881, and the second (including the period of Falkirk) in 1884. To the never-failing kindness of Mr. Bain, the editor of this volume has often been indebted, as well as to the courtesy of gentlemen officially connected with the Public Record Office. He has received valuable help from several others, amongst whom he desires to mention especially the Rev. W. D. Macray, M.A., F.S.A., of the Bodleian Library. And he owes very much—more than he can easily express—to the professional learning and experience of Mr. John A. C. Vincent, to whom he is indebted for much laborious research, many valuable suggestions, numerous transcripts, and also for the comparison of the proof sheets with the original records.

April, 1888.   H. G.

ERRATA.

P. 8, l. 3. Read "Novum"
P. 8, l. 9. Read "Willelmo"
P. 14, note, l. 5. For "quod" read "quos"
P. 14, note, l. 6. Read "Willelmum"
P. 17, l. 13. Read "profecturus"
P. 36, note ⁸, l. 7. For "the captain" read "grandson of the captain"
P. 38, l. 1. Dele the first comma.
P. 56, note. Read "Fœdera"
P. 61, l. 15. Read "xiij s." And in the margin "13s."
P. 61, margin, l. 30. Read "Staffordie"
P. 69, l. 2. Read "Erlaueston"
P. 72, l. 2. Read "debitam"
P. 72, l. 11. Read "recipientes"
P. 81, l. 22. Read "Garenne en"
P. 90, note. Read "¹ and ²"
P. 100, l. 9. For "poterint" read "poterunt"
P. 105, l. 8. Read "Maij"
P. 110, margin, l. 26. Read "and 300 from Trecastle"
P. 128, l. 3 from bottom. For "¹" read "²"
P. 136, l. 18. Read "queue fourchée"
P. 136, l. 35. Read "Enchimcholmok"
P. 142, l. 16. Read "Carlaverock"
P. 146, l. 18. Dele "base-born." See Index.
P. 150, last l. For "son" read "grandson"
P. 181, l. 25. Read "habet"
P. 205, l. 21. Read "membrane"
P. 209, l. 18. For "Botemleyne" read "Botevileyne"
P. 212, margin, l. 2. "xxvij" seems to be a clerical error for "xxviij"
P. 246, l. 10. Read "e feal"
P. 247, l. 6 from bottom. Read "Hudeleston"
P. 260, l. 3. Add "ETC."

Documents
Relating to the
Campaign of King Edward the First in Scotland,
A. D. 1298.

[1297], *Nov.* 5—[1298], *May* 6.

ACCOMPT OF RALPH DE DALTON, AS TO VICTUALS FOR THE ENGLISH ARMY AT BERWICK.

Army Accompts. *Exchequer*, Q. R. *Miscellanea.* $\frac{22}{15}$.

COMPOTUS Radulphi de Daltoñ clerici de denariis receptis pro bladis per ipſum emptis et proviſis in comitatu Eboracenſi pro ſuſtentacione excercitus domini Regis comorantis apud Berewicum ſuper Twedam in comitiva domini J. Comitis Warenne capitanij excercitus prediċti a v^{to} die Novembris anno regni Regis prediċti viceſimo quinto uſque ſextum diem menſis Maij proximo ſequentis anno viceſimo ſexto.

Idem reſpondet de xxv li. receptis de domino Johanne de Byroñ vicecomite Recepta. Ebor. Et de xxxv li. vij s. viij d. receptis de .. Abbate de Jerovalle¹ pro cariagio et aliis neceſſariis expenſis faciendis circa providenciam prediċtam.

Idem reſpondet de Clj li. xv s. xj d. receptis de Priore de Maltoñ² et Simone de Barneby colleċtoribus quinte domino Regi a clero Eboracenſis dioceſis conceſſe in archidiaconatu Estridinge anno prediċto in precio Dlviij quarteriorum iij buſſellorum frumenti CCCxxxviij quarteriorum piſarum et CCiiij^{xx}j quarteriorum avene ſub

---

¹ The ruler of the Ciſtercian Abbey of Jervaulx, or Joreval, in the pariſh of Eaſt Witton, in the North Riding. In 1289 one Ralph was Abbot.
² The Prior of the Gilbertine Canons of Malton, North Riding.

Falk.

2   25-26 *Edw. I.* [1297-98], *Nov.* 5-*May* 6.

diverso precio emptorum, videlicet, CCCCvj quarter. iij bus. frumenti, precium quarterij iij s. iiij d.,—lxvij li. xiiij s. vij d. Et Cxxiiij quarter. frumenti, per precium quarterij iij s. viij d.,—xxij li. xiiij s. viij d. Et xxviij quarter. frumenti, per precium quarter. iij s.,—iiij li. iiij s. Et CCCxxxviij quarter. pifarum, per precium quarter. ij s.,—xxxiij li. xvj s. Et ij*iiij* quarter. avene, per precium quarter. xx d.,—xxiij li. vj s. viij d.

Vendicio bladorum.   Idem respondet de CCxlij li. xv d. de CCCCiiij**vj quarter. iij bus. frumenti, precium quarterij, dimidia marca, CClxix quarter. v bus. pifarum, precium quarter. xl d. et CCiiij** quarter. avene, precium quarter. ij s. vj d., liberatis per idem precium tam Waltero de Aghmundesham receptori denariorum Regis apud Berewicum quam alibi venditis.

Summa Recepte, CCCCliiij li. iiij s. x d.

Expensa, Empcio bladorum.   Idem computat in Dlviij quarter. iij bus. frumenti, unde CCCCvj quarter. iij bus., precium quarter., iij s. iiij d., Cxxiiij quarter., precium quarter. iij s. viij d. Et xxviij quarter., precium quarter. iij s. Et CCCxxxviij quarter. pifarum, precium quarter. ij s. Et CCiiij**j quarter. avene, precium quarter. xx d. emptis ad opus Regis in diversis locis comitatus Ebor.—Clj li. xv s. xj d.

Summa, Clj li. xv s. xj d.

Cariagium bladorum.   Idem computat in dictis bladis cariandis de diversis locis in comitatu predicto per summagia et carectas usque villas de Schardeburghe et Wythhy[1] sicut patet in cedula per particulas dicti cariagij continente xiiij li. xix s. et in granariis locatis apud Schardeburghe pro dictis bladis inponendis antequam inde ducta fuerunt per mare—x s.

Summa, xv li. ix s.

Fretagium navium.   Idem computat in fretagio navis Rogeri le Carter de Schardeburghe portantis CCCClviij quarteria frumenti, Cxij quarteria avene de Schardeburghe usque Novum Castrum super Tynam, videlicet pro celdra frumenti ij s. et celdra avene xij d.,—xij li. xvj s. in dennagio et stowagio dicte navis pro bladis feparandis et falvandis—viij s.

Summa, xiij li. iiij s.

---

[1] Scarborough and Whitby.

Accompt of Ralph de Dalton. 3

In frenagio[1] navis Willielmi Daket de Beverlaco portantis CCC quarteria pifarum de Scarhburghe ufque Berewycum fuper Twedam videlicet pro celdra ij s. viij d.—x li.

Summa, x li.

In fretagio navis Roberti filii Nigelli de Scrahdeburghe portantis Clxviij quarteria avene de Scarhdeburghe et Wythby ufque Novum Caftrum fuper Tynam videlicet pro celdra xij d.—xlij s.

Summa, xlij s.

In fretagio navis Johannis de Cougate portantis CC quarteria frumenti C quarteria avene de Novo Castro fuper Tynam ufque villam Berewici fuper Twedam videlicet pro celdra xvj d.—lxvj s. viij d. et pro celdra avene xij d.—xxv s.

Summa, iiij li. xj s. viij d.

In fretagio navis Andree Skaket portantis Ciiij^{xx}vj quarteria iij buffellos frumenti xxxviij quarteria pifarum de villa Novi Caftri fuper Tynam ufque villam Berewici fuper Twedam videlicet pro celdra xvj d.—xlvj s. In dennagio nichil, quia fuperius emebatur.

Summa, lxxiiij s. viij d.

In fretagio navis Willielmi de Ofeneye de Ebor. portantis Clxxij quarteria frumenti et C quarteria avene de villa Novi Castri ufque Berewycum fuper Twedam, pro celdra frumenti xvj d. et pro celdra avene xij d.—iiij li. ij s. iiij d.

Summa, iiij li. ij s. iiij d.

Idem computat in omnibus bladis fupradictis videlicet M'lxxvj quarteriis iij buffellis menfurandis et portandis ad naves apud Scardeburghe—xxiiij s. x d. Et in Clviij quarteriis frumenti iiij^{or} quarteriis avene portandis de navibus ad granaria Regis apud Novum Caftrum fuper Tynam—vj s. iiij d. Et in granariis locatis ibidem pro eisdem—iiij s. Et in Dlviij quarteriis iij buffellis frumenti CCCxxxviij quarteriis pifarum portandis de navibus ad granaria Regis apud Berewycum fuper Twedam videlicet pro quarterio ob.[2]—xxxvij s. iiij d. Et in CC quarteriis avene por-

Locacio granariorum et portagium bladorum.

---

[1] Read "fretagio."   [2] A half-penny.

tandis de navibus ad granaria ibidem iiij s. ij d. videlicet pro quarterio q^a.¹ Et in ij menſuris emptis apud Scarhdeburghe pro bladis menſurandis—xij d.

       Summa, lxxvij s. viij d.
       Summa totalis, xlj li. xij s. iiij d.

Vadia. In vadiis Roberti de Belvero clerici exiſtentis in comitatu Ebor. et apud Novum Caſtrum et Berwycum circa blada colligenda et carianda et de granariis ad naves et de navibus ad granaria liberanda et alia dictam providenciam tangencia et expedienda a x° die Novembris uſque vj diem Marcij per Cxvij dies, utroque die computato, capientis viij d. per diem—lxxviij s.

       Summa, lxxviij s.

In vadiis Gilberti Haukyn clerici euntis cum bladis de Novo Castro apud Berwycum et morantis ibidem circa liberacionem eorundem et aliorum victualium a xx° die Januarij uſque xxviij diem Aprilis, utroque die computato, per iiij^{xx}xix dies capientis vj d. per diem—xlix s. vj d.

       Summa, xlix s. vj d.
   Summa iſtarum ij particularum, vj li. vij s. vj d.

Vadia Radulphi de Daltoñ. In vadiis Radulphi de Daltoñ clerici euntis de London. verſus boriam a v^{to} die Octobris anno xxv^{to} finiente et morantis in partibus predictis circa providenciam predictam exequendam et feſtinandam et alia sibi injuncta facienda per dominum Comitem supradictum uſque vj diem Maij, primo die computato, capientis ij s. per diem, per ccxiij dies.

       Summa, xxj li vj s.

Liberaciones facte per ipſum Radulphum. Domino Waltero de Augmundeſham receptori denariorum domini Regis apud Berwycum ſuper Twedam xxviij die Aprilis anno xxvj^{to} precepto domini Comitis Warenne—CCxxviij li. xix s. x d. Et domino Roberto de Clifford precepto ejuſdem Comitis—lx s.

       Summa, CCxxxj li. xix s. x d.

Grangia. Idem reſpondet de Dlviij quarteriis iiij buſſellis frumenti CCCxxxviij quarteriis piſarum et CCiiij^{xx}j quarteriis avene de empcione ut ſupra. De quibus in vendi-

---

¹ A farthing.

Mandate to the Justiciary of Ireland, etc. 5

cione ut fupra CCCCiiij^{xx}vj quarteria iij buffelli frumenti CClxix quarteria v buffelli pifarum et CCiiij^{xx} quarteria avene. Et in defectu menfure j quarterium avene.

Et Johanni de Pothou conftabulario caftri de Berwyco precepto ejufdem Comitis lxxij quarteria frumenti, precium quarterii, dimidia marca. *Bladorum liberacio.*

Et eidem Johanni precepto ejufdem Comitis lxviij quarteria iij buffelli pifarum, precium quarterii xl d., pro municione castri de Berwyco.

[1297],[1] Dec. 4.

MANDATE TO THE JUSTICIARY OF IRELAND AND THE TREASURER OF THE EXCHEQUER IN DUBLIN, REGARDING PROVISIONS FOR THE CASTLE OF CARLISLE.

Clofe Roll, 26 Edw. I., m. 17.

REX Jufticiario fuo Hibernie et Thefaurario Scaccarii fui Dublinii falutem. Quia pro caftro noftro Karlioli muniendo contra Scotos inimicos et rebelles noftros bladis. et aliis neceffariis ad prefens quamplurimum indigemus: Vobis mandamus firmiter injungentes quod statim vifis litteris iftis, trefcenta quarteria frumenti et trefcenta quarteria brafei in Hibernia ad opus noftrum emi, et ea per mare ufque caftrum predictum venire faciatis conftabulario noftro caftri predicti ibidem liberanda, ad idem caftrum inde muniendum, ficut predictum eft; et nos vobis inde allocacionem debitam habere faciemus. Mandamus eciam vobis quod in locis prope cofteram maris ubi expedire videritis publice proclamari faciatis, quod omnes illi qui blada et victualia habent ad vendenda, ea ufque caftrum predictum duci et mitti faciant ibidem vendicioni exponenda et ipfos ad hoc, fi neceffe fuerit, modis quibus expedire videritis, compellatis, promptam enim inde deliberacionem ibidem invenient atque bonam. Iftud mandatum noftrum, ficut honorem caftri predicti et parcium adjacencium diligitis, exequemini diligenter. Tefte etc. (*i.e.* Edwardo filio Regis) apud Weftm. iiij die Decembris. *De bladis in Hibernia emendis pro municione caftri Karlioli.*

---

[1] The Letters of Protection in 26 Edw. I. range from Nov. 22. See pp. 12, etc.

[1297], Dec. 7.

WRITS FOR RAISING INFANTRY IN WALES, AND THE COUNTIES OF SALOP, STAFFORD, AND CHESTER.[1]

Patent Roll, 26 Edw. I., m. 31.

De Walenfibus eligendis ad partes Scocie.

—

To John de Blakeburne, keeper of the E. of Lincoln's lands of Ros and Rowynoke.

To raife 300 footmen there:

and deliver them to Griffin ap Tuder, Kenewric Ses, and Kenewerduy de Weper, fo that they fhould be at Durham or Newcaftle-upon-Tyne, with the captain of the expedition, by the quinzaine of St. Hilary (*i.e.* 27 Jan.) at the lateft.

Rex dilecto et fideli fuo Johanni de Blakeburne custodi terrarum Henrici de Lacy Comitis Lincolnie de Ros[2] et Rowynoke salutem. Quia Comites Barones et ceteros magnates de regno nostro in expedicionem nostram contra Scotos rebelles et inimicos noftros qui regnum noftrum, jam diu eft, hoftiliter invaferunt et adhuc inceffanter invadunt, homicidia depredaciones incendia et alia dampna quamplurima perpetrando, ad ipforum Scotorum rebellionem et maliciam reprimendam, in brevi tranfmiffuri fumus, ad quod negocium commodius et virilius faciendum hominibus Walenfibus peditibus ad arma potentibus indigemus ad prefens: Affignavimus vos ad eligendos et retinendos ad vadia noftra de terris domini vestri predictis trescentos Walenfes pedites de melioribus et potencioribus qui ibidem poterunt inveniri; Ita quod vos eos fic electos et armis fingulis ex ipfis competentibus bene munitos liberetis Griffino ap Tuder, Kenewrico Ses et Kenewerduy de Weper ufque Dunolmum vel Novum Caftrum fuper Tynam ducendos; Ita quod fint ibidem in quindena sancti Hillarij proximo futura ad ultimum parati exinde cum capitaneo noftro expedicionis predicte, prout tunc eis ibidem ex parte noftra injungetur, contra dictos Scotos inimicos noftros ad noftra vadia proficifci. Et ideo vobis mandamus in fide et dileccione quibus nobis tenemini firmiter injungentes quod dictos Walenses ufque ad numerum predictum fine dilacione eligi et eos fic electos et munitos prefatis Griffino, Kenewryco et Kenewerduy fine dilacione liberari faciatis ducendos in forma predicta. Mandavimus enim prefatis Griffino, Kenewryco et Kenewerduy quod dictos Walenfes a vobis recipiant et ad locum vel loca predicta ducant, ficut predictum est. Et ita vos habeatis in hoc mandato noftro diligenter exequendo quod diligenciam veftram in hac parte debeamus merito commendare quodque per defectum veftri negocium expedicionis noftre predicte in aliquo nullatenus retardetur. Teste etc. (*i.e.* Edward filio Regis) apud Weftm. vij die Decembris.

---

[1] Printed, with contractions, in Palgrave's *Parliamentary Writs*, etc., vol. I. pp. 306, etc.

[2] Rhôs is now a hundred of Pembrokefhire.

Writs for raising Infantry in Wales, etc. 7

Rex dilectis et fidelibus suis Johanni de Grey et Ricardo de Mascy salutem. Quia Comites etc. ut supra: Assignavimus vos ad eligendos etc. de terris de Maylorsexneche[1] Hope[2] et Englefelde[3] et de terra dilecti et fidelis nostri Roberti de Monte alto, de valle Montis alti,[4] trescentos Walenses pedites de melioribus etc. ut supra; Ita quod eos etc. liberetis Griffino ap Tuder, Kenewrico Ses et Kenewerduy de Weper usque Dunolmum etc.; Ita quod sint ibidem etc. ut supra. Et ideo vobis mandamus quod dictos Walenses etc. sine dilacione eligi faciatis et eos sic electos et munitos prefatis Griffino etc. liberetis ducendos in forma predicta. Mandavimus enim universis et singulis Walensibus de terris predictis quod vobis in hiis que eis dicetis in premissis ex parte nostra credant et ea modis omnibus faciant et expleant sicut de eis fiduciam gerimus specialem. Mandavimus enim prefatis Griffino etc. quod predictos Walenses a vobis recipiant et ulterius ducant sicut predictum est. Teste ut supra.

To John de Grey and Richard de Mascy, as to the lands of Maylorsexneche, Hope, and Englefelde, and Robert de Montalt's land "de valle Montis alti:"

To raise 300 footmen; and deliver them to the persons before named, etc.

Rex dilecto et fideli suo Johanni de Haveringe Justiciario suo NorWallie salutem. Quia Comites etc. ut supra: Assignavimus vos ad eligendos etc. de balliva vestra duo millia Walensium peditum de melioribus etc.; Ita quod eos sic electos et armis singulis ex ipsis competentibus bene munitos usque Dunolmum vel Novum Castrum super Tynam per aliquem vel aliquos de vestris de quo vel de quibus confideritis conduci faciatis; Ita quod sint ibidem etc. ut supra. Et ideo vobis mandamus quod dictos Walenses usque ad numerum predictum sine dilacione eligi et duci faciatis in forma predicta. Mandavimus enim universis et singulis Walensibus NorWallie quod vobis in hiis que eis dicetis etc. credant ut supra, sicut de eis fiduciam gerimus specialem. Teste ut supra.

To John de Haveringe, Justice of North Wales: To raise 2,000 footmen there; and deliver them to trusty leaders, etc.

Rex dilecto et fideli suo Thome de Rossale salutem. Quia Comites etc. ut supra: Assignavimus vos ad eligendos etc. per visum dilectorum clericorum nostro-

To Thomas de Rossale, as to the

---

[1] Maelor Saesneg, however spelt or misspelt, means the bit of Flintshire east of the river Dee. (Maelawr = a place of traffic; Saesneg = English.) Bromfield was, in distinction, called Maelor Cymraeg. One of the hundreds of Flintshire is still called Maelor.

[2] Hope (Wallice Caer Estyn) is a fortified hill, church, and village lying between Gresford and the first range of Welsh hills. It is on the east side of Brin Jorein.

[3] Englefelde was the name given to that part of Flintshire where Flint, Holywell, and Northop are, before the formation of the county of Flint, temp. Edw. I.

[4] In a later writ called Mohautesdale, which appears to be the valley in which Mold lies. Mo-haute is equivalent to Mons altus; and the Barons of Mold were entitled "de Monte alto" from the high hill Moel-y-famma, close by.

counties of Salop and Stafford:

To raise, with the advice of Malculm de Harle and David le Graunt, 1,000 footmen, etc.

rum Malculmi de Harle et David le Graunt et de confilio ipforum de comitatibus Salopie et Staffordie mille homines pedites de melioribus etc.; Ita quod eos etc. ufque Dunolmum vel Novum Castrum super Tynam in propria perfona veftra conducatis; Ita quod fint ibidem etc. ut fupra. Et ideo vobis mandamus quod dictos homines ufque ad numerum predictum fine dilacione eligi faciatis in forma predicta. Mandavimus enim vicecomiti noftro comitatuum predictorum quod vobis confulens fit auxilians et intendens ad premiffa de veftro et suo confilio facienda. Tefte ut fupra.

To William de la Pole, as to the land of Powys:

To raife, with the advice of the fame perfons, 300 footmen, etc.

REX dilecto et fideli fuo Willielmo de la Pole falutem. Quia Comites etc. ut fupra: Affignavimus vos etc. ut fupra, per vifum predictorum Malculmi et David le Graunt etc. de terra de Powys trefcentos Walenfes pedites de melioribus etc.; Ita quod eos etc. ut fupra proximo; Ita quod fint ibidem ut fupra. Et ideo vobis mandamus quod dictos Walenfes etc. ut fupra, fine dilacione eligi et duci faciatis in forma predicta. Mandavimus enim univerfis et fingulis Walenfibus de terra predicta quod vobis in hiis que eis dicetis in premiffis ex parte noftra credant et ea modis omnibus faciant et expleant ficut de eis fiduciam gerimus fpecialem. Tefte ut fupra.

To the Welfhmen.

REX[1] univerfis et fingulis Walenfibus de terris de Maylorfexnethe, Hope et Inglefelde et de valle de Monte alto ad quos etc. falutem. Quia ad reprimendam maliciam et rebellionem Scotorum, inimicorum et rebellium noftrorum, qui nos et regnum noftrum hoftiliter invaferunt, homicidia, depredaciones, incendia et alia enormia nequiter perpetranda, veftro fervicio indigemus ad prefens, per quod dilectis et fidelibus noftris Johanni de Grey et Ricardo de Mafcy quedam fuper hoc injungi fecimus vobis ex parte noftra plenius exponenda: Vos ficut ipfos quos pro bono et fideli fervicio veftro hactenus nobis impenfo habemus non immerito commendatos, rogamus attente quatinus eifdem Johanni et Ricardo in hiis que vobis dicent in premiffis fidem credulam adhibentes, ea modis omnibus facere et explere nullatenus omittatis, ficut honorem noftrum diligitis, et de veftre fidelitatis conftancia fiduciam gerimus fpecialem. Tefte ut fupra.

EODEM modo fcribitur univerfis et fingulis Walenfibus de terra de Powys

---

[1] This writ is printed in Stevenfon's *Documents*, vol. II. p. 248, but there mifdated "x die Decembris."

Writs for raising Infantry in Wales, etc.   9

quod Willelmo de la Pole, in hiis que eis dicet, fidem credulam adhibeant ut fupra. Tefte ut fupra.

Eodem modo mandatum eft univerfis et fingulis Walenfibus de Norwallia quod Johanni de Haveringe, Jufticiario Norwallie, fidem credulam adhibeant etc. ut fupra. Tefte ut fupra.

Rex dilectis et fidelibus fuis Hamoni de Mafcy et Radulpho de Vernon falutem. Cum nuper injunxerimus dilecto et fideli noftro Reginaldo de Grey, Jufticiario noftro Ceftrie, quod ipfe de comitatu Ceftrie quatuor millia hominum peditum de melioribus et ad arma potencioribus comitatus ejufdem eligeret ad eundum in obfequium noftrum ad vadia noftra contra Scotos, inimicos et rebelles noftros, qui regnum noftrum, jam diu eft, hoftiliter invaferunt, homicidia, depredaciones, incendia et alia dampna quamplurima perpetrando, Nos de veftra circumfpeccione et induftria confidentes, et confiderantes quod illi pedites fic electi fecurius et quiecius per vos quam per alios duci poffint hiis diebus in expedicionem noftram contra inimicos noftros predictos; Vobis in fide et dileccione, quibus nobis tenemini, mandamus et firmiter injungimus rogando, quatinus dictos homines fic electos per prefatos[1] Jufticiarium vel attornatum ejufdem admittatis et eos conducatis ufque Dunolmum vel Novum Caftrum fuper Tynam; Ita quod fint ibidem in quindena fancti Hillarii proximo futura ad ultimum, prompti et parati exinde proficifci cum capitaneo noftro expedicionis noftre predicte in expedicionem eandem. Et hoc, ficut commodum et honorem noftrum diligitis et de vobis fpecialiter confidimus, nullo modo omittatis. Tefte ut fupra.

The King, having previoufly commanded Reginald de Grey, Juftice of Chefter, to raife 4,000 footmen, charges Hamon de Mafcy and Ralph de Vernon to lead them to Durham or Newcaftle-upon-Tyne by 27 Jan. at the lateft.

Rex omnibus ad quos etc. falutem. Sciatis quod, cum quatuor millia hominum peditum de melioribus et ad arma potencioribus de comitatu Ceftrie eligi fecerimus, ad eundum fub conductu dilectorum et fidelium noftrorum Hamonis de Mafcy et Radulphi de Vernun in inftantem expedicionem noftram ad Scotos, inimicos et rebelles noftros, qui regnum noftrum per diverfa loca hoftiliter invaferunt, homicidia, depredaciones et incendia dampnabiliter perpetrando, infequendos et expugnandos et eorum maliciam reprimendam; Volumus et concedimus quod iter dictorum hominum, quod ad noftri inftanciam facturi funt ad prefens in expedicionem noftram predictam, communitati comitatus predicti aut alicui ex eadem in prejudicium non cedat, vel in confuetudinem futuris temporibus trahi poffit. In cujus etc. Tefte ut fupra.

Declaration by the King as to the march of the faid 4,000 men of Chefter.

---

[1] Read "prefatum."

[1297], Dec. 10.

APPOINTMENT OF JOHN EARL OF SURREY AS CAPTAIN OF THE EXPEDITION AGAINST THE SCOTS.

Patent Roll, 26 *Edw. I.*, m. 31.

De intendendo Johanni de Warenna Comiti Surrie, tanquam capitaneo contra Scotos.

REX[1] omnibus Baronibus, militibus et omnibus aliis in inftantem expedicionem noftram contra Scotos profecturis, et eciam univerfis et fingulis fidelibus fuis de comitatibus ultra Trentam ad quos etc. falutem. Quia Scoti predicti, inimici et rebelles noftri, regnum noftrum per diverfas partes hoftiliter invaferunt, depredaciones, homicidia, incendia et alia enormia perpetrarunt, et adhuc de die in diem perpetrare non defiftunt: Nos, eorum maliciis obviare volentes, et de fidelitate et induftria dilecti et fidelis noftri Johannis de Warenna Comitis Surrie confidentes, Conftituimus ipfum Comitem capitaneum noftrum expedicionis predicte, quamdiu nobis placuerit, ad eofdem Scotos infequendos et expugnandos, et eorum maliciam reprimendam, et ad omnes illos de comitatibus predictis et alios de expedicione predicta idoneos et ad arma potentes, quos ad eundem fecum in eandem expedicionem feu ad aliqua alia facienda que ad expedicionem hujufmodi pertinent, rebelles et refiftentes invenerit areftandos et imprifonandos et modis aliis puniendos, et jufticiam de eis, fi neceffe fuerit, faciendam, quatenus tam ardui negocii qualitas et defenfionis regni neceffitas duxerint requirendam. Et ideo vobis mandamus quod eidem Comiti, tanquam capitaneo noftro expedicionis ejufdem, in omnibus que ad premiffa pertinent, cum equis et armis et toto poffe veftro, intendentes fitis, refpondentes, confulentes et auxiliantes in forma predicta; Ita quod probitates et fidelitates veftras in hoc debeamus merito commendare. In cujus etc. Tefte etc. (*i.e.* Edwardo filio Regis), apud Weftmonafterium, x die Decembris.

Per confilium·

---

[1] Another copy is on the *Memoranda Roll* for this year, m. 105, whence it is printed in Stevenson's *Documents*, vol. II. p. 249.

[1297], Dec. 10.

COMMISSION TO WILLIAM LE FRAUNKE TO OBTAIN PROVISIONS IN YORKSHIRE AND LINCOLNSHIRE.

Patent Roll, 26 *Edw. I.*, m. 30.

REX[1] vicecomitibus Ebor. et Lincoln., militibus, liberis hominibus, ballivis, miniftris et omnibus aliis de eifdem comitatibus, tam infra libertates quam extra, ad quos etc. falutem. Cum nuper proclamari fecerimus per civitates, burgos, mercata et loca alia infra eofdem comitatus, quod omnes illi qui blada, victualia et alia Comitibus, Baronibus et aliis, in inftantem expedicionem noftram ad partes Scocie, contra Scotos, inimicos et rebelles noftros profecturis, neceffaria habuerint vendenda, ea tam per terram quam per mare ad partes illas duci facerent, ut predictum eft, ibidem vendenda; Affignavimus dilectum et fidelem noftrum Willelmum le Fraunke de Grymefby ad eundum de portu in portum infra eofdem comitatus et inducendum et accelerandum omnes illos de comitatibus predictis qui hujusmodi victualia habent ad vendendum, ut ipfi victualia illa, tam per terram quam per mare, ufque ad partes Scocie predictas, ad cicius quod commode fieri poterit, cariari et duci faciant in forma predicta, prout idem Willelmus melius et commodius viderit expedire. Et ideo vobis mandamus quod eidem Willelmo in premiffis intendentes fitis, refpondentes, confulentes et auxiliantes, prout vobis plenius injunget ex parte noftra. In cujus etc. Teste etc. (*i.e.* Edwardo filio Regis) apud Turrim London. x die Decembris.

De victualibus ad partes Scocie mittendis.

---

[1] This commiffion is referred to in a note, Stevenfon's *Documents*, vol. II. p. 249.

26 *Edw. I.* 1297-98.

[1297-98].

APPLICATIONS FOR LETTERS OF PROTECTION.[1]

Chancery Files. No. 91.

A NOSTRE bon amy fire Jon de Langetun, Chaunceler noftre feig' le Rois, Johan Countte de Warenne faluz e bons amifteez. Pur coe ke nous fumes en les parties de Efcoce, vus[2] priums ke vus[2] nous voillez graunter nos protecciuns e generaus attornez a durez a plus longement ke vus[2] poez. A Deu fire feez. Voillez aufi graunter mun fire Scier de Huntigfeud, ke demourt o nous, fa protecciuns.

Privy Seals, 26 *Edw. I. File* 14. *No.* 671.

A SON trefcher amy fire Johan de Langetoñ, Chaunceler dEngleterre, Johan Counte de Warenne faluz e cheres amifteez. Pur ceo qe mon fire Saer de Huntingfeud e William de Creffy funt alez ove nous en Efcoce en fervife noftre feignour le Rey, vous prioms qe vous lur facez aver la proteccioun le Rey en commune forme, ficom vous le fetes a autres. Done a Heitfeud,[3] le famadi apres la Typhayne[4] lan du regne le Rey Edward xxvj.

Chancery Files. No. 91.

A SON trefcher amy fire Johan Langetoñ, Chaunceler noftre feignour le Rey, Johan Counte de Warenne faluz e cheres amifteez. Pur ceo qe mons. Elys Daubynny e mons. Roland de Coyken funt en noftre compaignye en Efcoce en fervife noftre feignour le Rey, vous prioms qe vous lur facez aver la proteccion le Rey en commune fourme. Efcrites a Berewyke fur Twede, le xxvj jour de Mars lan du regne noftre feignour le Rey Edward xxvj.

A TOUS ceus ke cefte lettre verront ou orront, Sayer de Huntingfeld faluz

---

[1] Thefe are fpecimens of the numerous applications made, and, together with bills and warrants for Protections, preferved in the Public Record Office.
[2] Written "ws."   [3] Hatfield.   [4] Saturday, 11 Jan.

Letters of Protection.

en Deu. Sachez moy temoyner par cefte ma lettre patente, ke Adam Karbonel irra en ma compaynie en Efcoce en la gere noftre feyng^r le Ray. A quel chofe teymoiner jeo ay mis la prente de mon fele.

Jeo vous envey cefte bille, a felce de moun feal, en temmoynaunce qe fire Roger le Savage fen va ove moy en Efcofce, dount jeo vous pri qe vous luy facez fa protexion. En temoine Johan de Rokenefford.[1]

Johannes Wake petit proteccionem domini Regis pro feipfo, pro domino Hugone Wake fratre fuo, pro domino Roberto de Umframvile, pro domino Roberto de Tyllol, pro domino Roberto de Boningtoñ, pro domino Baldewyno Pycot, militibus; pro Willelmo filio Alani, Henrico de Boys, Willelmo de Yeyland, Nicholao del Clay, Thoma de Manneby et pro Thoma le Conestable, vallectis fuis, quos teftatur impreffione figilli fui in guerra Scocie fecum ituros, et eciam pro Bartholomeo Bacon et Waltero de Langele.

[1297-98.]

Writs of Privy Seal for Protections.[2]

Privy Seals, 26 Edw. I. File 1. No. 16.

Edwardus Dei gracia *etc.* Mandamus vobis quod Johanni Condyt, Loverico Lambert, Roberto Meteker, Simoni de Topefham de Sandwyco, Waltero Tebaud de Dovoria et Roberto Paulyn de Wynchelefe et omnibus de Quinque Portubus et aliarum parcium marinariis ad partes Scocie in noftrum obfequium profecturis, litteras proteccionis in forma, que aliis in noftris obfequiis extra regnum proficifcentibus confuevit concedi, habere abfque dilacionis obftaculo faciatis, quamdiu fervicio noftro in partibus predictis inftiterint, duraturas. Datum fub privato figillo noftro apud Gandavum, ix die Januarij anno regni noftri vicefimo fexto.

---

[1] This has all the appearance of an original fignature. The name is ufually Drokenefforde.

[2] Thefe are fpecimens of the writs which (with others) were iffued by way of warrant to the Chancellor.

26 *Edw. I.* 1297-98.

Privy Seals, 26 *Edw. I.* *File* 7. *No.* 348.

EDWARDUS Dei gracia, *etc.* Quia dilectus et fidelis noster Petrus de Malo lacu est in obsequium nostrum ad partes Scocie profecturus, Vobis mandamus quod eidem Petro et omnibus illis, qui in comitiva sua sunt ad easdem partes profecturi, de quorum nominibus per litteras ejusdem Petri patentes vobis constare poterit evidenter, faciatis habere litteras sub magno sigillo nostro de proteccione patentes usque ad Natale Domini proximo futurum duraturas. Datum sub privato sigillo nostro apud Wiltoñ, vij° die Junij anno regni nostri vicesimo sexto.

[1297], *Nov.* 22- [1298], *July* 18.

LETTERS OF PROTECTION.

Scotch Roll (Chancery), *No.* 2. 24-26 *Edw. I.*

Nov. 22.
m. 1.

JOHANNES de la Launde et Rogerus filius ejus, qui in obsequium Regis per preceptum Regis profecturi sunt ad partes Scocie, habent litteras de proteccione duraturas usque ad festum Pasche proximo futurum cum clausulis Volumus etc. Presentibus etc. Teste etc. (*i.e.* Edwardo filio Regis) apud Westm. xxij die Novembris.

Nov. 26.

HENRICUS le Wales, qui ad partes Scocie profecturus est ad providencias ad opus Johannis de Warenna Comitis Surrie in obsequium Regis ad partes predictas profecturi faciendas, habet litteras Regis de proteccione duraturas ut supra, cum clausulis predictis. Teste etc. apud Westm. xxvj die Novembris.[1]

---

[1] These, the only two Protections for the 26th year on this Roll, are printed in *Rotuli Scotiæ*, vol. I. p. 50. The subsequent entries are extracts of the enrolments, with the dates on which the Protections were granted. A few of them are printed in the volume before named. The form of the Letters was as follows:—

Rex omnibus ad quod etc. salutem. Sciatis quod suscepimus in proteccionem et defensionem nostram dilectum et fidelem nostrum Willemum filium Warini, qui in obsequio nostro per preceptum nostrum moratur in Scocia, homines, terras, res, redditus et omnes possessiones suas. Et ideo vobis

Letters of Protection. 15

Scotch Roll (Chancery), No. 3. 26-27 Edw. I.

Protecciones Scocie de anno regni Regis Edwardi
filii Regis Henrici vicefimo fexto. xxvij.
Anno vicefimo fexto.

Nicholaus le Archer, qui per preceptum Regis etc. profecturus eft ad partes Scocie, habet litteras Regis de proteccione ufque ad feftum Pafche proximo futurum duraturas, cum claufulis Volumus etc. Prefentibus etc. — Dec. 12. m. 3.

Willelmus Fraunke[1] de Grymefby, qui in obfequium Regis etc. profecturus eft ad partes prediċtas, habet litteras Regis de proteccione duraturas ut fupra, cum claufulis prediċtis.

Tefte (Edwardo filio Regis) apud Turrim London. xij die Dec.

Henricus de Percy, qui cum Johanne de Warenna Comite Surrie, capitaneo expedicionis Regis Scocie, in obfequium Regis per preceptum Regis profecturus eft ad partes Scocie, habet litteras Regis de proteccione duraturas ut fupra, cum claufulis Volumus et Exceptis, Prefentibus etc. — Dec. 14.

Radulphus de Monte Hermeri Comes Glouceftrie et Hertfordie, qui in obfequium Regis per preceptum Regis profecturus eft ut fupra, habet litteras de proteccione duraturas ut fupra, cum claufulis Volumus etc. Prefentibus etc.

---

mandamus quod ipfum Willelmum, homines terras res redditus et omnes poffeffiones fuas, manutencatis protegatis et defendatis, non inferentes vel inferri permittentes injuriam moleftiam dampnum aut gravamen. Et si quid eis foriffaċtum fuerit id eis fine dilacione faciatis emendari. In cujus rei teftimonium has litteras noftras fieri fecimus patentes, per unum annum duraturas. Volumus eciam quod idem Willelmus interim fit quietus de omnibus placitis et querelis etc. Tefte etc. apud Weftm. xxiiij die Oċtobris. (25 Edw. I. = 1297.) *Rotuli Scotiæ*, Vol. I. p. 48.

There were fome Protections called "fimple"; others with the claufes "Volumus etc." and "Prefentibus etc."; and fome without the firft-named claufe, but with the latter. As to the latter claufe, it may be obferved that the form following was ufed in Letters of Attorney, and it is not unlikely to be that which was inferted in fome Letters of Protection : "Prefentibus minime valituris poft adventum ipfius Roberti Haftange in Angliam, fi contingat ipfum Robertum interim venire ad partes iftas."

A few Letters of Protection granted subfequently to the battle of Falkirk are noticed on a later page.

[1] See page 11.

26 Edw. I. 1297.

Dec. 14.
m. 3.
 Confimiles litteras de proteccione habet Johannes de Warenna Comes Surrie, capitaneus expedicionis Regis Scocie, qui in obfequium Regis etc. profecturus eft ut fupra, cum claufulis predictis.

 Confimiles litteras de proteccione habet Humfridus de Bohun Comes Herefordie et Effexie, qui in obfequium Regis etc. profecturus eft ut fupra, duraturas ut fupra, cum claufulis predictis.   Dupplicatur.

 Hugo de Elande et Johannes de Lafcy, Robertus de Gertheftoñ, Ricardus de Tonge, Johannes de Steyntoñ et Robertus de Byrtoñ, qui cum eodem Hugone etc. profecturi funt ad partes predictas, habent confimiles litteras de proteccione duraturas ut fupra, cum claufulis predictis.

 Magifter Thomas de Sudyngtoñ, qui cum Rogero le Bigod Comite Norffolcie et Marefcallo Anglie profecturus eft ad partes predictas, habet litteras Regis de proteccione duraturas ut fupra, cum claufulis predictis.

 Ranulphus de Monte Canifo, qui cum prefato Rogero profecturus eft ad partes predictas, habet confimiles litteras de proteccione duraturas ut fupra, cum claufulis predictis.

 Rogerus le Bygod Comes Norffolcie et Marefcallus Anglie, qui profecturus eft ut fupra, habet confimilem proteccionem ut fupra.

 Walterus Bacun
 Reginaldus de Cobeham
 Willelmus de Spanefby   } qui cum prefato Rogero profecturi funt ad partes predictas, habent confimiles protecciones duraturas ut fupra.
 Bartholomeus de Septem fontibus
 Nicholaus de Kekyndoñ

 Petrus de Donewyco, qui ad partes predictas profecturus eft, habet *etc.*

 Johannes de Donewyco
 Johannes de Kynebautoñ[1] } qui cum prefato Petro *etc.* habent *etc.*

            Tefte etc. apud Turrim London. xiiij die Dec.

Dec. 26.
 Robertus filius Rogeri, qui in obfequium Regis etc. profecturus eft *etc.*
 Johannes de Cane, qui in obfequium Regis *etc.*

            Tefte etc. apud Langele, xxvj die Dec.

Dec. 28.
 Johannes le Fauconer, qui in obfequium Regis *etc.*
 Robertus de Brus fenior, qui in obfequium Regis etc. profecturus eft ad partes predictas, habet confimilem proteccionem duraturam ut fupra.

---

[1] That is, Kimbolton.

Letters of Protection.

Johannes de Segrave, qui in obsequium Regis etc. profecturus *etc.*   Dec. 28.
Rogerus de Sancto Andrea   ⎫   *m.* 3.
Thomas filius Roberti de   ⎬ qui cum prefato Johanne *etc.*
Neville de Stoke Drye   ⎭

                 Teste etc. apud Langele, xxviij die Dec.

Ricardus Comes Arundellie, qui in obsequium Regis profecturus *etc.*   Jan. 3.
Walterus de Hopton   ⎫
Thomas de Tittele   ⎬ qui cum prefato Comite *etc.*
Rogerus de Pedewardyn, qui cum Humfrido de Bohun etc. habet *etc.*   *m.* 2.

                 Teste etc. apud Langele, iij die Jan.

                                                Jan. 8.
Johannes Dyve, qui cum Johanne Luvel in obsequium *etc.*   *m.* 3.
Radulphus de Monte Hermeri Comes Gloucestrie et Hertfordie, qui in obsequium Regis etc. profecturus est ibidem, habet *etc.*
Magister Thomas de Pyuelesdon[1] clericus, qui cum prefato Comite *etc.*
Michael Ponynges, qui cum Johanne de Warenna Comite Surrie *etc.*
Walterus le Rey et Rogerus de Cheyny, qui cum Henrico de Percy etc. profecturi *etc.*

                 Teste etc. apud Langele, viij die Jan.

Willelmus de Bello campo Comes Warrewici, qui ad partes predictas profecturus est, habet confimilem protectionem *etc.*   Jan 12.

Bernardus de Brus   ⎫
Johannes Pecche   ⎬ qui cum prefato Comite profecturi sunt ad
Guydo de Warwyke   ⎬ partes predictas, habent consimiles protecciones
Johannes de Clinton   ⎭ duraturas ut supra.
Willelmus de Cleye   ⎫ qui cum Radulpho de Monte Hermeri *etc.*
Johannes de Luvetot   ⎭ profecturi sunt *etc.*
Consimiles litteras habet Fulco Extraneus, qui ad partes predictas *etc.*
Consimiles litteras de prot. habet Warinus Maudut, qui cum prefato Fulcone *etc.*
Ricardus de Breuse, qui cum Rogero le Bygod etc. habet *etc.*   *m.* 2.

                 Teste etc. apud Langele, xij die Jan.

---

[1] A name now spelled Puleston.

26 Edw. I. 1297-98.

Jan. 13.
m. 3.
Johannes de Bello campo, qui cum Humfrido de Bohun Comite Herefordie et Essexie etc., habet consimilem proteccionem ut supra.
Alexander de Claveringe, qui cum Roberto filio Rogeri etc. habet *etc*.
Rogerus de Morteyn, qui in obsequium Regis etc. profecturus est ibidem, et Jacobus de Monte alto, Willelmus Fairfax, Johannes Fairfax, Robertus de Wynefeld del Peke, Jacobus de Sancto Paulo, Johannes de Coleville, Ricardus Lamboke et Adam de Cossale, qui cum prefato Rogero etc., habent protecciones *etc*.

Teste etc. apud Langele, xiij die Jan.

Jan. 14.
Henricus de Pynkeny, qui profecturus est ad partes Scocie *etc*.
Humfridus de la Rokele, qui cum Henrico de Pynkeny etc. habet *etc*.
Johannes de Beltesham
Ricardus de Shakeleston
Petrus de Cristeshale
Willelmus de Suthewyke
} qui cum prefato Henrico profecturi sunt *etc*.

Hugo de Heriz, qui cum Johanne de Warenna Comite Surrie etc. profecturus *etc*.

Teste etc. apud Langeleye, xiiij die Jan.

Jan. 18.
m. 2.
Johannes de Crumwell, qui cum Roberto de Clifforde etc. habet *etc*.
Johannes Lovel de Tychemershe, qui cum R. le Bygod Comite *etc*.
Johannes de la Penne, qui cum Johanne de Segrave *etc*. usque ad Pascham proximo futuram *etc*.

Teste etc. apud Langele, xviij die Jan.

Jan. 23.
Serlo Erneys de Elmedon, qui *etc*. moratur in castro Regis de Edeneburghe, habet litteras Regis de proteccione *etc*.
Simon de Topesham de Sandwyco
Walterus Tebaud de Dovorria
Johannes Condyt
} qui in obsequium Regis *etc*. profecturi sunt *etc*.

Thomas de Furnivall
Willelmus de Cressy
} qui cum J. de Warenna *etc*. profecturi sunt *etc*.

Hugo de Multon, qui cum Roberto de Clifforde etc. profecturus *etc*.
Lovericus Lamberd et Willelmus Langters de Sandwyco, qui in obsequium Regis etc. profecturi sunt ibidem, habent consimiles proteccones.
Thomas de Rossale, qui *etc*. profecturus *etc*.

Teste etc. apud Westm. xxiij die Jan.

Letters of Protection.

Robertus de Lathum ⎫
Thomas de Wokintoñ ⎬ qui *etc.* profecturi sunt *etc.*   Jan. 24.
Philippus de Illey ⎪   *m.* 2.
Hugo Cobyon [1] ⎭ qui cum Roberto filio Rogeri *etc.*
Alanus la Zoufche, qui cum Rogero le Bygod Comite Norffolcie etc. habet *etc.*
Alanus la Zoufche.[2]
Hugo de Pleffetis, qui cum Johanne de Segrave etc. habet *etc.*
Thomas le Latimer, qui cum Radulpho de Monte Hermeri etc. habet *etc.*
       Tefte etc. apud Weftm. xxiiij die Jan.

Ricardus de Cornherde, qui cum Radulpho de Monte Hermeri *etc.*   Jan. 27.
Simon de Thorpe ⎫
Gilbertus de Melfa ⎬ qui cum Radulpho de Monte Hermeri profecti funt
Radulphus de Kele ⎭ *etc.*
Egidius de Mountpizoun,[3] qui cum Johanne de Warenna etc. profecturus *etc.*
       Tefte Edwardo etc. apud Langele, xxvij die Jan.

Johannes de Molis, qui in obfequium Regis etc. profecturus eft *etc.*   Jan. 28.
Johannes de Kancia ⎫
Rogerus de Molis ⎬ qui cum Johanne de Molis etc. ut fupra, habent con-
Johannes Extraneus ⎪ fimiles protecciones.
Ricardus Neubalde ⎭
Willelmus de Boytoñ, qui cum Willelmo de Morle etc. profectus eft *etc.*
Johannes de Frenyngham, qui cum Bernardo de Brus in comitiva Willelmi de
  Bello campo Comitis Warrewici etc., habet confimilem proteccionem.
Johannes de Cobham junior, qui cum R. le Bygod etc. habet *etc.*
Robertus de Chaunnpayne, qui cum Radulpho de Monte Hermerii Comite *etc.*
Willelmus de Molecaftre, qui cum Roberto de Clifforde in municione ville
  Regis de Karliolo moram facit, habet litteras Regis *etc.*
       Tefte etc. apud Weftm. xxviij die Jan.

Johannes de Ferariis, qui in obfequium Regis etc. profecturus eft *etc.*   Feb. 2.
       Tefte etc. apud Langele, ij die Febr.

---

[1] Read "Gobyon."   [2] Repeated.   [3] Montpinfon.

Feb. 4. *m.* 2.	Johannes de Seytoñ Ricardus de Seytoñ Simon de Seytoñ Ricardus Almari	} qui cum Humfrido de Bohun Comite *etc.* profecturi funt *etc.*

Petrus Rofelin, qui cum Johanne de Warenna Comite *etc.*

Rogerus Beauchampe et Willelmus de Belinges, qui cum Rogero le Bigod Comite Norffolcie et Marefcallo *etc.*

Reginaldus de Cobeham
Johannes de Cobeham } qui cum prefato Rogero profecturi *etc.*

Tefte etc. apud Langele, iiij die Febr.

Feb. 6. Johannes le Rus, qui cum Humfrido de Bohun Comite *etc.* profecturus eft *etc.*

Tefte etc. apud Langele, vj die Febr.

Feb. 8. Philippus de Lyndefeye, qui cum Henrico de Percy etc. profectus eft ad partes Scocie, habet litteras Regis de proteccione *etc.*

Tefte etc. apud Langele, viij die Febr.

Feb. 12. Elyas de Albiniaco,[1] qui cum Johanne de Warenna Comite Surr. profecturus *etc.*

Rolandus de la Vale et
Willelmus de Engelby
Willelmus de Botreaus
Rolandus Coyken [1] } qui cum prefato Elya *etc.*

Willelmus de Hereforde, qui cum Radulpho de Monte Hermeri *etc.*

Tefte etc. apud Langele, xij die Febr.

Feb. 20. Thomas de Arderne, qui cum prefato Comite profectus eft *etc.*

Johannes Bluet, qui *etc.* profecturus eft ad partes Scocie, habet *etc.*

Tefte etc. apud Weftm. xx die Febr.

Mar. 12. Brianus filius Alani, qui in obfequio Regis *etc.* profectus eft *etc.*

Galfridus du Marays, qui cum Briano filio Alani *etc.* profectus eft ad partes Scocie, habet litteras *etc.* ufque ad feftum Pentecoftes proximo futurum duraturas *etc.*

Brianus le Waleys, qui cum predicto Briano *etc.*

Tefte etc. apud Wengham, xij die Marcij.

---

[1] See page 12.

Letters of Protection. 21

Hic rediit Rex in Angliam.[1]

Johannes le Waftineys, qui in comitiva Johannis de Warenna Comitis Surrie *etc.* moratur in partibus Scocie, habet litteras Regis de proteccione duraturas ufque ad feftum Pentecoftes proximo futurum *etc.*
      Tefte Rege apud Cantuariam, xvij die Marcij.

Mar. 17.
m. 2.

Willelmus de Morley, qui cum Radulpho de Monte Hermeri *etc.* moratur in partibus Scocie *etc.* ufque ad feftum Nativitatis fancti Johannis Baptifte *etc.*
Thomas de Oylly, qui in comitiva Johannis de Warrenna *etc.* moratur in partibus Scocie, habet litteras *etc.*
      Tefte Rege apud Weftm. xxxj die Marcij.

Mar. 31.

Humfridus de Bohun Comes Herefordie et Effexie, qui in obfequio Regis per preceptum Regis in partibus Scocie moram facit, *etc.* ufque ad feftum Nativitatis fancti Johannis Baptifte *etc.*
Henricus de Pynkeny, qui in obfequium Regis *etc.* profectus eft, habet litteras Regis de proteccione duraturas ut fupra *etc.*
Nicholaus de Okle, qui cum prefato Henrico etc., habet litteras *etc.*
      Tefte Rege apud Weftm. j die Aprilis.

Apr. 1.

Hugo de Hercy, qui *etc.* in partibus Scocie moratur, habet litteras *etc.*
Johannes le Packere de Sandwico et Johannes Stephan de Sandwyco, qui in obfequium Regis per preceptum Regis cum bargia Regis per mare profecturi funt ad partes Scocie, habent litteras *etc.*
Johannes de Bello campo, qui in comitiva Humfridi de Bohun *etc.* moratur, *etc.* ufque ad feftum fancti Johannis Baptifte proximo futurum *etc.*
      Tefte Rege apud Weftm. vj die Aprilis.

Apr. 6.
m. 1.

Ricardus de Hertforde, Willelmus de Botelefforde, Willelmus Aleyn, Willelmus le Palefreur, Robertus de Cliftoñ, Robertus de Cotes, Stephanus Knotte, Thomas Loye, Willelmus Joufe, Ricardus Seman, Willelmus Seman, Willelmus filius Reginaldi de Radeclyve, Alexander le Ken, Willelmus filius Willelmi

Apr. 7.
m. 2.

---

[1] Edward landed at Sandwich on Friday, 14 March. (*Pat. R.* 26 Edw. I. m. 23.)

26 *Edw. I.* 1298.

Apr. 7.
m. 2.

Paltre, Ricardus filius Johannis Heremy, Willelmus filius Hugonis de Kadeclyve, Ricardus filius Hugonis, et Willelmus filius Johannis le Fevre, qui in comitiva Johannis de Warenna Comitis Surrie *etc.* morantur in partibus Scocie *etc.*

Ricardus de Lughteburghe clericus, qui ad partes Scocie profecturus eft ad diverfas providencias, contra adventum Hugonis le Defpenfer ad partes predictas, faciendas, habet litteras Regis de proteccione duraturas ufque ad feftum fancti Michaelis proximo futurum *etc.*

Tefte Rege apud Weftm. vij die Aprilis.

Apr. 8.

Alexander Buntinge de Staunforde, qui cum Johanne de Warrenna *etc.* in partibus Scocie moratur *etc.*

m. 1.

Johannes Botetourte, qui in obfequium Regis per preceptum Regis ad partes Scocie profecturus eft, habet litteras Regis de proteccione per unum annum duraturas *etc.*

Gwido de Tymworthe	
Robertus de Felton	
Willelmus Bleyt	
Robertus de Bavent	
Walterus de Glouceftria	qui cum prefato Johanne *etc.*
Guido Botetourte	
Johannes de Praeres	
David de Hereforde	
Willelmus Boteturte	

Johannes de Baredenne, qui cum Radulpho de Monte Hermeri Comite *etc.* moratur *etc.* ufque ad feftum fancti Johannis Baptifte *etc.*

Robertus de Campania	qui cum Radulpho de Monte Hermeri *etc.*
Johannes de Fyfleburn	morantur *etc.*

Johannes de Lovetot, qui cum Rege *etc.* profecturus eft *etc.*

Ricardus de Sancto Martino	qui cum Thoma Comite Lancaftrie *etc.*
Reginaldus de Sancto Martino	

Ranulphus de Enfinge, qui cum Bartholomeo de Badlefmere *etc.*

Tefte Rege apud Weftm. viij die Aprilis.

Apr. 10.
m. 2.

Ingelramus de Gynes, qui cum Humfrido de Bohun Comite *etc.* in partibus Scocie moram facit, *etc.* ufque ad feftum fancti Johannis Baptifte *etc.*   Dupp.

Tefte Rege apud Weftm. x die Aprilis.

Letters of Protection. 23

Confimiles litteras de proteccione habet Alexander de Staunforde, qui cum Johanne de Warenna *etc.* moratur *etc.*   Apr. 11. *m.* 1.

Johannes de Bafinges, qui ad Radulphum de Monte Hermeri *etc.* in partibus Scocie commorantem eft profecturus *etc.*

Robertus de Halftede, qui cum Rege *etc.* profecturus *etc.* per unum annum duraturas *etc.*

                Tefte Rege apud Weftm. xj die Aprilis.

Elias de Stantoñ   ⎫ qui cum Radulpho de Monte Hermeri *etc.* morantur   Apr. 13.
Johannes de Langeforde ⎭ *etc.*

Johannes de Wolvertoñ, qui cum Rege *etc.* profecturus *etc.*

Johannes de Seytoñ   ⎫
Ricardus de Seytoñ   ⎬ qui cum Humfrido de Bohun *etc.* profecturi funt *etc.*
Simon de Seytoñ   ⎭

Philippus de Illey, qui *etc.* cum Roberto filio Rogeri moratur *etc.*

                Tefte Rege apud Fulham xiij die Aprilis.

Elyas de Albiniaco et Rolandus de Coyken, qui cum Johanne de Warrenna *etc.* moratur *etc.*[1]   Apr. 14.

Johannes Abadam, qui cum Hugone le Defpenfer profecturus eft *etc.* ufque ad feftum fancti Michaelis proximo futurum *etc.*

Ricardus de Cornerde, qui cum Radulpho de Monte Hermerij Comite *etc.* moratur *etc.* ufque ad feftum Nativitatis fancti Johannis Baptifte proximo futurum *etc.*

Thomas de Furnivall, Edmundus Folyot et Robertus de Eccleshale, Adam de Kateby, Willelmus Clarel, Thomas Doilly et Johannes perfona ecclefie de Wytftañ, qui cum Radulpho de Monte Hermerij *etc.* moratur *etc.*

                Tefte Rege apud Fulham xiiij die Aprilis.

Robertus filius Rogeri, qui *etc.* moratur *etc.* ufque ad feftum fancti Michaelis proximo futurum *etc.*   Apr. 15.

                Tefte Rege apud Fulham, xv die Aprilis.

---

[1] A letter of John Earl de Warren, defiring this Protection, is dated at Berwick-upon-Tweed, 26 March. See page 12.

26 Edw. I. 1298.

Apr. 16. Thomas de Rofhale, qui cum Johanne de Warenna *etc.* moratur *etc.*
m. 1. Willelmus de Hardrefhull, qui cum Willelmo le Latimer juniore etc. ibidem moratur, habet confimiles litteras *etc.*
Willelmus de Karliolo, qui cum Johanne de Warenna *etc.* in partibus Scocie moratur, habet litteras *etc.* ufque ad feftum fancti Michaelis. Dupplicatur.
Gilbertus de Lyndefeye, qui cum Humfrido de Bohun *etc.* moratur in partibus predictis, habet *etc.*
Henricus de Percy, qui *etc.* ibidem moratur, habet litteras *etc.* ufque ad feftum Natalis Domini proximo futurum *etc.*
Thomas de Saunforde[1] qui cum Henrico de Percy *etc.* moratur in partibus *etc.*
Philippus de Lyndefeye, qui cum Henrico de Percy etc. moratur ibidem, habet confimilem proteccionem *etc.*
Johannes de Warenna Comes Surrie, qui in obfequio Regis etc. moratur ibidem, habet litteras Regis de proteccione *etc.*
Robertus de Clifforde, qui in obfequio Regis etc. moratur in partibus Scocie, habet *etc.*

Tefte Rege apud Fulham, xvj die Aprilis.

Apr. 17. Confimiles litteras de proteccione habet Johannes de Molis, qui moratur in obfequio Regis in partibus Scocie, duraturas ufque ad feftum fancti Michaelis proximo futurum *etc.*

Johannes Dyve
Radulphus Perot   } qui cum Rege *etc.* profecturi funt *etc.*
Ricardus de Aftoñ

Johannes de la Penne, qui cum Johanne de Segrave in obfequio Regis etc. moratur in partibus Scocie, habet litteras *etc.*
Fulco Extraneus, qui in obfequio Regis etc. in partibus Scocie moratur, *etc.*
Serlo filius Radulphi Ernys de Elmedoñ, qui in municione Regis moratur in caftro de Edenburghe *etc.*
Ricardus de Weylond, qui *etc.* profecturus *etc.*
Walterus de Huntercumbe, qui *etc.* moratur in partibus Scocie, habet *etc.*
Johannes de Borham, qui *etc.* profecturus eft *etc.*

Tefte Rege apud Fulham, xvij die Aprilis.

---

[1] The date attached on the Roll to this and the two following names is "xxvj. die Aprilis," the number being a clerical error for xvj.

Ricardus Luvel, qui cum Rege etc. profecturus est *etc.* usque ad festum Natalis   Apr. 20.
Domini proximo futurum *etc.*   *m.* 1.
Teste Rege apud Harwe,[1] xx die Aprilis.

Willelmus Russel, qui cum Rege etc. profecturus est *etc.* usque ad festum Natalis   Apr. 23.
Domini proximo futurum *etc.*
Johannes de Segrave, qui in obsequio Regis *etc.* moratur in partibus Scocie, habet litteras Regis usque ad festum Natalis Domini proximo futurum *etc.*

Johannes de la Penne
Robertus de Nemede
Radulphus de Rocheforde
Thomas de Neville   } qui cum prefato Johanne etc. morantur ibidem *etc.*
Hugo de Plessetis
Radulphus de Foleville
Rogerus de Sancto Andrea
Theobaldus de Neville

Oliverus la Zousche, qui cum Alano la Zousche in comitiva Rogeri le Bygod *etc.* moratur in partibus Scocie, habet litteras *etc.* usque ad festum sancti Michaelis proximo futurum *etc.*
Alanus la Zusche, qui cum eodem Comite etc. moratur ibidem, habet *etc.*
Johannes de Kenleye, qui cum Rege etc. profecturus *etc.* usque ad festum Natalis Domini proximo futurum *etc.*
Teste Rege apud Sanctum Albanum, xxiij die Aprilis.

Roaldus filius Alani, qui *etc.* profecturus est ibidem, *etc.* usque ad festum sancti   Apr. 24.
Michaelis proximo futurum *etc.*
Johannes de Cantilupo, qui cum A. Dunolm. Episcopo etc. profecturus est *etc.*
Rogerus Crispyn
Johannes de Bysshopedon } qui cum prefato Johanne etc. profecturi sunt *etc.*
Teste Rege apud Sanctum Albanum, xxiiij die Aprilis.

Johannes de Bosco, qui in obsequium Regis etc. profecturus *etc.* usque ad festum   Apr. 25.
Natalis Domini proximo futurum *etc.*   Per ipsum Regem.

---

[1] Harrow-on-the-Hill.

26 Edw. I. 1298.

Apr. 25.
m. 1.

Ricardus filius Alani Comes Arundellie, qui *etc.* ad partes Scocie profectus eft, habet litteras Regis de proteccione *etc.* Dupplicatur.
Rogerus de Mortuo mari, qui *etc.* profecturus eft *etc.* habet *etc.* Dupplicatur.
Willelmus Rede, qui cum eodem Rogero etc. profecturus eft *etc.*
Nicholaus Malemeyns, qui cum Rege etc. profecturus *etc.*
Johannes Tregoz, qui cum Rege etc. profecturus eft *etc.*
Alexander le Porter } qui cum Rege etc. profecturi *etc.* ufque ad feftum
Galfridus le Taillur } fancti Michaelis *etc.*
Ricardus de Lugthburghe, qui cum Thoma Comite Lancaftrie *etc.* profecturus eft *etc.* ufque ad feftum Natalis Domini *etc.*
Nicholaus de Sancto Mauro, qui cum Thoma Comite Lancaftrie etc. profecturus eft *etc.* habet litteras *etc.*
Alexander de Monte forti, qui cum Henrico de Percy in obfequio Regis etc. moratur ibidem, habet *etc.* ufque ad festum sancti Michaelis *etc.*
Rogerus de Coleville, qui cum Henrico de Percy etc. moratur ibidem, habet *etc.*
Thomas de Bykenore, qui cum Rege etc. profecturus eft *etc.* ufque ad feftum Natalis Domini *etc.*

Tefte Rege apud Sanctum Albanum, xxv die Aprilis.

Apr. 26.
m. 1.
m. 9.

Johannes Wake, qui cum Johanne de Warenna etc. ibidem moratur, habet litteras *etc.* ufque ad feftum sancti Michaelis *etc.*
Walterus de Eynho, qui cum Rege in obfequium Regis *etc.* habet litteras *etc.* ufque ad feftum fancti Michaelis proximo futurum cum claufulis predictis.
Walterus de Bathonia, qui cum Thoma Comite Lancaftrie *etc.* profecturus *etc.*

Tefte Rege apud Sanctum Albanum, xxvj die Aprilis.

Apr. 27.

Henricus de Lacy Comes Lincolnie, qui in obfequium Regis per preceptum Regis profecturus eft ad partes Scocie, habet litteras Regis de proteccione ufque ad feftum Natalis Domini proximo futurum duraturas cum claufulis Volumus etc. Prefentibus etc. Dupplicatur.
Johannes Heywarde, qui in obfequium Regis *etc.* habet litteras *etc.*
Johannes Verdekyn, qui verfus partes Scocie pro providenciis Willelmi de Bello campo Comitis Warr. *etc.* faciendis profecturus eft, habet litteras de proteccione ufque ad feftum fancti Michaelis duraturas *etc.*

Tefte Rege apud Sanctum Albanum, xxvij die Aprilis.

Letters of Protection. 27

Robertus de Neketoñ, qui cum Rege *etc.* profecturus est *etc.* usque ad festum Natalis Domini proximo futurum *etc.*
Johannes de Kelwendoñ, qui cum Rege *etc.* duraturas ut supra.
Magister Johannes de Kenleye, qui cum Rege *etc.* profecturus est *etc.* per unum annum duraturas *etc.*
Willelmus Tuchet, qui cum Rege etc. habet litteras *etc.* usque ad festum sancti Michaelis duraturas *etc.*
Edmundus Bacun, qui cum Johanne de Sancto Johanne juniore profecturus *etc.* usque ad festum Natalis Domini duraturas.
Willelmus de Sengham, qui cum Roberto filio Rogeri profecturus *etc.* usque ad festum sancti Michaelis duraturas.
Thomas de Tytuelye, qui cum Ricardo Comite Arundellie *etc.* profecturus est *etc.* usque ad festum Natalis Domini *etc.*
Robertus de Hiltoñ, qui *etc.* in partibus Scocie moratur, habet litteras *etc.* duraturas ut supra.
Philippus de la Leye, qui cum eodem Roberto moratur *etc.*

Thomas de Flet
Henricus de Greneforde
Robertus de Vylers
Nicholaus Arcant
} qui cum Rege etc. profecturi sunt *etc.*

Radulphus de Kele, qui cum Radulpho de Monte Hermeri *etc.* ibidem moratur, habet *etc.* ad festum omnium sanctorum proximo futurum *etc.*
Rogerus le Sauvage, qui cum Johanne de Drokenefforde *etc.* profecturus est *etc.* usque ad festum Natalis Domini *etc.*

   Teste Rege apud Sanctum Albanum, xxviij die Aprilis.

Johannes de Ripariis
Willelmus de Craye
} qui cum Rege etc. profecturi *etc.* usque ad festum Natalis Domini *etc.*

   Teste Rege apud Dynnesle,[1] primo die Maij.

Petrus Pycot, qui cum Rege etc. profecturus *etc.* usque ad festum omnium sanctorum proximo futurum *etc.*

   Teste Rege apud Bygrave,[2] ij die Maij.

Apr. 28.
m. 9.

May 1.

May 2.

---

[1] Temple-Dynnesley, in Hitchin, co. Hertford.   [2] In the same county.

May 3. m. 9.	Robertus Scarlet Dupp. ⎱ qui cum Rege etc. profecturi *etc*. duraturas ut supra Rogerus de Assherugge ⎰ *etc.* Robertus de Reymes, qui cum Henrico de Percy *etc.* moratur in partibus Scocie, habet litteras *etc.*

Teste Rege apud Bassingburn,[1] iij die Maij.

Walterus de Sturton, qui cum Rege etc. profecturus *etc.* usque ad festum Natalis Domini *etc.*   Dupplicatur.

Teste Rege apud Harleston,[2] iij die Maij.

May 6.	Philippus Paynel, qui cum Rege etc. profecturus *etc.*

Teste Rege apud Ely, vj die Maij.

May 10.	Robertus Chival, qui cum Rege etc. profecturus *etc.* Robertus de Scales, qui cum Rege *etc.* profecturus *etc.* Edmundus Wykeyn, qui cum eodem Roberto profecturus *etc.* Johannes le Fauconer, qui cum A. Dunolmensi Episcopo *etc.* profecturus *etc.* usque ad festum Natalis Domini *etc.* Baldewinus de Maneriis, qui cum Rege etc. profecturus *etc.*

Teste Rege apud Sanctum Edmundum,[3] x die Maij.

May 11.	Nicholaus de Northwolde ⎫ Johannes de Vienn et ⎬ qui cum Rege etc. profecturi *etc.* Robertus de Vienn ⎪ Radulphus de Stanforde ⎭ Ricardus de Boylonde, qui cum Simone de Cokefelde etc. profecturus *etc.* Edmundus de Hemgrave, qui cum Roberto filio Rogeri *etc.* habet litteras *etc.* Thomas de Swyneforde, qui in obsequium Regis etc. profecturus *etc.* Johannes de Kente, qui cum Johanne de Moeles in obsequio Regis etc. moratur in partibus Scocie *etc.* Johannes de Pothou, qui in obsequio Regis etc. in partibus Scocie moratur *etc.* usque ad festum Natalis Domini *etc.*

Teste Rege apud Culforde,[4] xj die Maij.

---

[1] Co. Cambridge.
[2] Also in co. Cambridge.
[3] Bury St. Edmund's, co. Suffolk.
[4] Co. Suffolk. In one place "Culeforde."

Magister Robertus Scarlet, qui cum Rege etc. profecturus *etc.* habet confimiles   May 13.
litteras de proteccione duraturas ufque ad feftum fancti Michaelis *etc.*   *m.* 9.
Galfridus de Burdele, qui cum Waltero de Muncy etc. profecturus *etc.*
Fulco Leftraunge   } qui cum Radulpho de Monte Hermeri *etc.* morantur
Warinus Maudut   } ibidem *etc.*
Simon de Cokefelde, qui cum Rege *etc.* ufque ad feftum fancti Michaelis *etc.*
Thomas filius Willelmi atte Welle de Dingele, qui cum Thoma le Latimer etc. profecturus *etc.* ufque ad feftum Natalis Domini *etc.*

                            Tefte Rege apud Walfingham,[1] xiij die Maij.

Johannes de Mohun, qui cum Henrico de Percy in partibus Scocie moratur,   May 20.
habet litteras Regis *etc.*

                            Tefte Rege apud Lincolniam, xx die Maij.

Johannes Extraneus, qui cum Rege etc. profecturus eft ad partes Scocie *etc.*   May 22.

                            Tefte Rege apud Bentele,[2] xxij die Maij.

Willelmus de Melton, qui cum Rege etc. profecturus *etc.*   May 26.
Radulphus de Scales, qui cum Roberto de Scales etc. profecturus *etc.* ufque ad feftum fancti Michaelis *etc.*
Ricardus de Bosco, qui cum Rege etc. profecturus *etc.* ufque ad feftum Natalis Domini *etc.*
Ricardus de Welles, qui cum Rege etc. profecturus *etc.*
Willelmus de Morle, qui cum Radulpho de Monte Hermeri *etc.* profecturus eft ibidem *etc.*
Willelmus de Saxham, qui cum Willelmo de Morle etc. profecturus eft *etc.*
Robertus Acharde, qui cum Rege etc. profecturus *etc.*
Ricardus le Curzun de Breydefhale, qui cum Rege etc. profecturus *etc.*

Hugo le Defpenfer Dupl. ⎫
Philippus de Verney |
Robertus de Claveringe |
Petrus Adrian   ⎬ qui cum Rege profecturi funt *etc.*
Johannes de Dounedale |
Ricardus Siwarde |
Petrus Adrian   ⎭

                            Tefte Rege apud Eboracum, xxvj die Maij.

---

[1] Co. Norfolk.   [2] Bentley, in Arkfey, near Doncaster.

26 Edw. I. 1298.

May 27. Robertus de la Warde, qui cum Radulpho de Monte Hermeri etc. profecturus
m. 9. est ibidem, habet etc.

Robertus de Stauntoñ et
Ricardus de Pontefracto
Elias de Stauntoñ   } qui cum prefato Roberto in comitiva prefati
Petrus de Grefeleye et   } Comitis etc. profecturi etc.
Johannes le Taillur
Johannes de Langeforde

Johannes de Vallibus, qui cum Roberto de Scales etc. profecturus est etc.

Thomas de Helle camerarius
Regis
Johannes le Chaundeler   } qui cum Rege etc.
Laurencius le Puleter
Johannes de la Mare

m. 8. Thomas de Verdun et
Johannes de Wachesham
Stephanus de Vyenne   } qui cum Rege etc. profecturi etc.
Walterus de Teye

Johannes de Geytoñ
Johannes de Thorntoñ   } qui cum Waltero de Teye etc. profecturi etc.

Johannes de Wasteneys, qui cum Gilberto de Umfranvulle Comite de Anegos in
obsequium Regis etc. profecturus est etc.

Johannes de Sibetoñ, qui cum Ricardo filio Alani Comite Arundellie etc. profecturus est ut supra, habet etc.

Nicholaus de Sancto Mauro, qui cum Thoma Comite Lancastrie etc. profecturus etc.

Walterus filius Walteri de Bello campo, qui cum Rege cum eodem Waltero de
Bello campo etc. profecturus etc.

Ricardus de Herthille, qui cum Radulpho de Monte Hermeri etc.

Robertus de Criketot   } qui cum Rege etc. profecturi etc.
Johannes de Avenebury

Marmaducus de Twenge, qui in obsequio Regis etc. in partibus Scocie moram
facit, habet litteras etc.

Teste Rege apud Eboracum, xxvij die Maij.

May 28 Gilbertus de Umfranvulle Comes de Anegus, qui cum Rege profecturus est ad
partes Scocie, habet litteras Regis de proteccione duraturas usque ad festum Natalis
Domini proximo futurum duraturas cum clausulis Volumus etc. Presentibus etc.

Thomas de Clenhille, Lucas Tayllebois et Robertus de Glantingdoñ, milites, Nicholaus de Gonnertoñ, Johannes de Normanvulle, Robertus de Infula de Chipcheffe, Johannes de Wodringtoñ de Dentoñ, Willelmus de Infula de Thornetoñ, Robertus de Betoñ, Willelmus de Betoñ, Johannes Sturdy, Rogerus de Wallia, Thomas de Bykertoñ, Thomas de Trouchquen, Adam de Werdale, Andreas de Hatrewyke, Thomas de Herlle, Hugo de Infula, Thomas filius Thome de Chenhulle, Thomas de Ingow et Thomas Breteyn, qui cum prefato Gilberto profecturi funt ad partes predictas, habent litteras Regis de proteccione duraturas ut supra.   *May 28*

Walterus de Bello campo Senefcallus hofpicij Regis, qui cum Rege etc., habet litteras Regis *etc*.

Stephanus de la More
Willelmus filius Walteri de Bello campo
Edwardus de la Mare
Gilbertus Talebot
Simon de Verdouñ
Rogerus de la Mare
Johannes de Rendham
Johannes le Butiller } qui cum Rege in comitiva Walteri de Bello campo fenefcalli hofpicij Regis etc. profecturi *etc*.
Johannes de Cortlyngftoke
Johannes de Knokyn
Willelmus le Skirmifour
Johannes de Sante Mareys
Johannes de Kyngeftoñ
Simon le Chaumberleyn
Willelmus le Blund
Johannes Paynet

Walterus le Rey Marchys, qui cum Henrico de Percy etc. profecturus *etc*.
Hugo de Sancto Johanne, qui cum Radulpho de Monte Hermeri *etc*.

Rogerus Tirel
Johannes de Aftleye
Thomas de Punelefdoñ [1] } qui cum eodem Comite *etc*.
Thomas de Arderñ
Bartholomeus de Arderñ

---

[1] See page 17, note.

26 Edw. I. 1298.

May 28. Johannes de Lalleforde, qui cum Hugone de Sancto Johanne in comitiva Comitis
m. 8. Glouceftrie et Hertfordie *etc.*

Radulphus de Monte Hermeri Comes Glouceftrie et Hertfordie, qui cum
Rege profecturus eft ad partes Scocie *etc.*   Dupplicatur.

Manekinus le Armurer
Johannes de Merke
Johannes de Ufeflet   } qui cum Rege etc. profecturi *etc.*
Fulco Extraneus
Walterus Hackcluttel

Willelmus de Chalfhunte, qui cum Johanne de Merke etc. profecturus *etc.*
Warinus Maudut, qui cum Fulcone Extraneo etc. profecturus *etc.*
Petrus Deyville, qui cum Johanne de Ufeflet etc. profecturus *etc.*
Willelmus de Cantilupo, qui cum Rege etc. profecturus *etc.*

Andreas de Lenne
Hugo Holdelonde
Petrus de Tadecaftre   } qui cum Rege etc. profecturi *etc.*
Philippus Fraunke

Robertus de Huntingfelde } qui cum Johanne de Warenna etc. profecturi
Saerus de Huntingfelde   } *etc.*

Ricardus de Swyneburne
Magifter Willelmus de Apperle } qui cum Waltero de Bello campo fenefcallo
Robertus de Norwico   } hofpicij Regis etc. profecturi *etc.*

Gilbertus de Wautoñ } qui cum Roberto filio Rogeri etc. profecturi
Hugo Gobyoun   } *etc.*

Robertus de Ver Comes Oxonie, qui cum Rege etc. profecturus *etc.*

Johannes de Wafcoyl
Johannes de Dukefworthe
Johannes de Neville   } qui cum prefato Comite etc. profecturi *etc.*
Galfridus de Saham
Alfonfus de Ver

Willelmus le Uffher
Thomas le Poleter
Johannes de Creppinges   } qui cum Rege etc. profecturi *etc.*
Radulphus filius Michaelis
Willelmus de la Pole

Andreas Croke, qui cum Roberto Cheval vallecto Regis profecturus eft *etc.*
Humfridus de Bohun Comes Herefordie et Effexie, qui in obfequium Regis etc.
profecturus eft ad partes predictas, habet proteccionem *etc.*   Et dupplicatur.

Letters of Protection.

Hugo de Eylande, qui cum Johanne de Warenna Comite Surrie moratur in partibus Scocie, habet litteras *etc.* May 28. *m. 8.*

Simon de Trewyke, qui cum Rege etc. profecturus *etc.*

Thomas de Sudingtoñ
Johannes Daingnettus } qui cum Rogero le Bigot Comite Norffolcie et Marefcallo Anglie profecturi funt *etc.*
Ranulphus de Monte Canifo

Rogerus le Bigot Comes Norffolcie et Marefcallus Anglie, qui in obfequium Regis profecturus eft ad partes predictas *etc.* Dupplicatur.

Robertus Ughtrede, qui cum Willelmo le Latymer profecturus *etc.*

Willelmus de Creffy, qui cum Johanne de Warenna Comite Surrie moratur *etc.*

Adam de Monte alto
Ricardus de la Burne de } qui cum Rege etc. profecturi *etc.*
Farnham

Willelmus de Kirketoñ, qui cum Willelmo de Karliolo etc. profecturus *etc.*

Robertus de Feltoñ
Robertus de Uffyntoñ } qui cum Rege etc. profecturi *etc.*

Walterus de Grendale, qui cum Humfrido de Bohun *etc.* profecturus est *etc.*

Adam Brun, qui cum Waltero de Bello campo fenefcallo hofpicij *etc.* *m. 7.*

Willelmus le Latimer junior et Thomas de Bordefdeñ et Thomas le Latimer fenior valletti fui, qui cum Rege *etc.* profecturi *etc.*

Confimiles litteras de proteccione habent fubfcripti, videlicet,

Johannes de Stanes, qui cum Willelmo le Brun profecturus *etc.*

Johannes le Harpur de Hefel, qui [cum] Rogero Bygod Comite *etc.*

Willelmus de Ros, qui cum Radulpho de Monte Hermerij *etc.*

Willemus le Vavafour, qui cum Henrico de Lafcy Comite Lincolnie *etc.*

Guydo de Bello campo, qui cum Rege profecturus eft ad partes fupradictas, habet litteras Regis de proteccione duraturas ut fupra cum claufulis ut fupra.[1]

Tefte Rege apud Ebor. xxviij die Maij.

Willelmus de Belinges
Walterus de Metingham
Johannes Toralde } qui cum Rogero le Bigot Comite Norff. et Marefcallo Anglie profecturi funt *etc.*
Ricardus de Brewofa
Rogerus de Bello campo et
Johannes Coftyn

May 29. *m. 8.*

---

[1] The date on the Roll i xxviij. die Junij," which is an error.

Falk.

May 29. m. 8.	Willelmus Wys de Len Willelmus de Spanneby Hugo le Bretun Johannes Lovel	qui cum Rogero le Bigot Comite Norff. et Marefcallo Anglie profecturi funt *etc.*
	Robertus de Uffyntoñ perfona ecclefie de Suthdaltoñ Jacobus de Molendino Radulphus de Daltoñ Duppl. Willelmus filius Johannis de Claris vallibus	qui cum Rege etc. profecturi *etc.*
	Robertus de Snidlefham Johannes de Langeleye	qui cum Johanne Luvel etc. profecturi *etc.*

Willelmus Fraunke, qui in obfequium Regis etc. profecturus *etc.*

m. 7.   Robertus de Monte alto, qui in obfequium Regis etc. profecturus eft ad partes Scocie, habet litteras Regis de proteccione duraturas ut fupra cum claufulis predictis.

Rogerus de Bilneye Johannes de Bracebrigge	qui cum prefato Roberto profecturi *etc.*

Thomas de Multoñ, qui cum venerabili patre A. Dunolmenfi Epifcopo profecturus eft ad partes predictas *etc.*

Warinus de Infula, qui cum Humfrido de Bohun *etc.* profecturus eft *etc.*

Rogerus la Ware, qui in obfequium Regis etc. profecturus *etc.*

Ranulphus de Monte Canifo, qui cum Rogero le Bigod Comite Norffolcie et Marefcallo Anglie *etc.*   Dupplicatur.

Johannes le Flemenge de Suthamptoñ, qui cum Iohanne de Benftede profecturus eft ad partes predictas, *etc.*   Dupplicatur.

Adam le Geyte, qui cum Rege profecturus *etc.*

Johannes Wake, qui cum Rege etc. profecturus *etc.*

Willelmus filius Alani Baldewinus Picot Robertus de Bonyngtoñ Willelmus de Yeylaunde Thomas le Coneftable Robertus de Tillol Nicholaus del Clay Thomas de Manneby Henricus de Bofco	qui cum prefato Johanne Wake profecturi *etc.*

Alexander de Balliolo, qui cum A. Dunolmenfi Epifcopo profecturus eft ad partes Scocie, habet confimiles litteras de proteccione *etc.*

Letters of Protection. 35

Robertus le Taillur, qui cum Rege profecturus *etc.*   May 29.
Johannes de Blaby, qui cum Rege *etc.*   m. 7.
Alexander le Squeler, qui cum Rege *etc.*
Robertus de Hauftede, qui cum Rege *etc.*
Willelmus de Egintoñ, qui cum predicto Roberto de Hauftede profecturus *etc.*
Rogerus Bygod Comes Norffolcie et Marefcallus Anglie, qui in obfequium Regis profecturus eft ad partes fupradictas, habet litteras Regis de proteccione duraturas per unum annum [cum claufulis] Volumus Exceptis placitis de dote et exceptis loquelis Prefentibus etc.
Duketus de la More, qui cum Radulpho de Monte Hermery profecturus *etc.*
Johannes de Flamftede, qui cum eodem Radulpho profecturus *etc.*
Radulphus de Sancto Audoeno, qui cum Radulpho de Monte Herm. etc. habet *etc.*
Willelmus le Plater, qui profecturus *etc.*
Hugo de Brayboef, qui profecturus *etc.*
                     Tefte Rege apud Ebor. xxix die Maij.

Hugo de Louther, qui cum Roberto de Clifforde etc. profecturus *etc.*   June 1.
Petrus de Campania, qui cum Rege etc. profecturus *etc.*[1]
Johannes de Scures, qui cum Rege etc. profecturus *etc.*
Johannes filius Johannis de Wolvertoñ, qui cum Rege etc. profecturus *etc.*
Johannes de Chaundos, qui cum predicto Johanne filio Johannis *etc.*
Adam de la Forde, qui profecturus eft *etc.*
Petrus de Eketoñ, qui profecturus eft *etc.*
Walterus de Beyfyn, qui profecturus *etc.*
Willelmus le Vavafour et Thomas de Colville, Robertus de Fernhil et Willelmus de Rouceftre, qui cum Henrico de Lafcy Comite Lincolnie in obfequium Regis etc. profecturi *etc.*[2]
Adomarus de Valencia, qui cum Rege etc. profecturus eft ibidem, habet confimiles litteras de proteccione duraturas ufque ad feftum Natalis domini cum claufulis predictis.   Dupplicatur.

Mauricius filius Thome de Berkele
Gilbertus de Parys
Thomas de Gurneye   qui cum Adomaro de Valencia profecturi *etc.*
Willelmus de Wautoñ
Rogerus le Ken de Stanes

---

[1] On the Roll this group is dated "apud Wyhton primo die Julij," which is an error for 1 June.
[2] This entry is dated "apud Wyghton primo die Maij," also an error for 1 June.

26 Edw. I. 1298.

June 1.
m. 7.

Walterus Gacelyn
Ricardus de la Ryver
Johannes de Columbariis
Galfridus de Hauteville
Johannes de Stodele
Johannes Roges
Rogerus Ingepenne junior
Johannes Gacelin
Thomas filius Thome de Berkele
Robertus de Berkele
Willelmus de Aketoñ
Ricardus de Broukenbury
Johannes de la Ryvere
Johannes Helyon
Adam de Welle
Robertus de Lasceles
Galfridus de Hamule

} qui cum Adomaro de Valencia profecturi *etc.*

} qui cum Rege profecturi *etc.*

Thomas de Berkele, qui cum Adomaro de Valencia profecturus *etc.*

m. 6.
Adam de la Forde, qui in obsequium Regis etc.[1] profecturus *etc.*   Dupplicatur.

June 2.
m. 4.
Teste Rege apud Wightoñ[2] primo die Junij.

Robertus de Tateshale senior, qui in obsequio Regis etc. moratur *etc.*

June 3.
m. 7.
Teste Rege apud Beverlacum, ij die Junij.

Johannes de Boeles, qui cum Radulpho de Monte Hermerij *etc.* profecturus *etc.*
Robertus de Kendal, qui cum predicto Comite *etc.* profecturus *etc.*
Robertus de Swyneburñ, qui cum Comite predicto in *etc.*
Robertus de Tony, qui cum Rege profecturus est *etc.*

MEMORANDUM quod hic recessit Cancellarius a Curia ab Eboraco versus Archiepiscopum Cantuariensem.[3]

---

[1] A repetition on the Roll.
[2] In other entries " Wyhton " and " Wyghton." Market-Weighton, between York and Beverley.
[3] The Chancellor was John de Langton. There is a memorandum on the *Patent Roll* of this year, *m.* 14, that he left the court, then at York, on the Friday before the feast of St. Barnabas (6 June), to go to the Archbishop (Robert Winchelsey), on the subject of his having been elected to the see of Ely. The election was disputed. Langton went to Rome with credentials from the King, but did not obtain the bishoprick. In 1305 he was consecrated to the see of Chichester, and thus became the Ordinary of John Earl of Surrey, the captain of this expedition, whom he excommunicated for adultery. The events which followed belong to English History.

Letters of Protection.

Radulphus le Bigod, qui cum Petro de Chauvent¹ profecturus *etc.*   June 3.
Thomas Bacoun, qui cum Rege profecturus est *etc.*   *m.* 7.
Petrus de Chauvent,¹ Bartholomeus de Somertoñ, Johannes de Tilne, Stephanus de Titemerſhe, Johannes le Marefchal, Sewallus le Herſt et Matheus de Foleburñ, qui cum Rege profecturi funt *etc.*
Willelmus de Bromfelde et Nicholaus de Chilcham, qui profecturi *etc.*
Willelmus de Ros, qui profecturus *etc.*
Robertus de Ros, qui cum Willelmo de Ros profecturus *etc.*
Henricus de Helyun
Robertus Peverel   } qui cum Rege etc. profecturi *etc.*
Johannes Sampſon
Bartholomeus de Somerton et Stephanus de Titemerſhe, qui cum Petro de Chauvent¹ *etc.* habent litteras de proteccione *etc.*   *m.* 6.
Alanus de Cantilupo, qui cum Rege *etc.*
Adam de la Bolde, qui cum Johanne de Segrave *etc.*
         Teſte Rege apud Beverlacum, iij die Junij.²

    June 4.
Johannes de Clife, qui cum Rogero Bigod Comite Norffolcie etc. profecturus *etc.*   *m.* 7.
Johannes de Caltofte
Philippus Paynel
Henricus de Yolthorpe   } qui cum Adam de Welle profecturi *etc.*
Philippus de Caſtello
Johannes le Bygod
Ricardus de Rudham clericus   } qui cum Rogero le Bygod Comite Norff. et Marefcallo Anglie etc. profecturi *etc.*
Thomas le Rous
Ricardus de Dauntefeye
Robertus de Torkefeye de Louſt
Galfridus atte Medwe   } qui cum Roberto de Tony in obſequium Regis profecturi *etc.*   *m.* 6.
Magiſter Johannes Walwayn
Nicholaus de Wokindoñ, qui cum Rogero le Bigot Comite Norff. et Marefcallo Anglie profecturus eſt ad partes Scocie, habet litteras Regis *etc.*
         Teſte Rege apud Suth Daltoñ,³ iiij die Junij.

---

¹ Commonly called Champvent, or Chavent, a Baron.
² But on the Roll the firſt three are dated " iij die Maij," by miſtake.
³ Co. York, Eaſt Riding.

June 7.
m. 6.

Johannes, de Thornhill, qui cum Henrico de Percy in obsequio Regis etc. profecturus est ut supra, habet litteras *etc.*

Petrus de Tatingtoñ, qui cum Rege etc.

Johannes de Houtoñ, qui cum Rogero le Bygod Comite Norff. *etc.*

Robertus le Botillier et Johannes de Tycheburñ, qui cum eodem Comite *etc.*

Johannes filius Alexandri de Baffingburñ, qui cum eodem Comite *etc.*

Adam de Reppingham
Robertus de Waure
Thomas de Bromwyche
Gilbertus de Popham
Jacobus le Poer
Johannes de Clyntoñ
Johannes Peche
Johannes de Bello campo
Johannes Grym
Henricus le Chaumberlayn
Walterus de Morcote
} qui cum Gwydone de Bello campo *etc.* profectur sunt *etc.*

Edmundus de Wylintoñ
Johannes la Warre
} qui cum Rege etc. profecturi sunt ad partes predictas, habent *etc.* Et dupplicatur pro Edmundo.

Willelmus Tuchet, qui cum Rege etc. profecturus est ad partes predictas, habet litteras Regis de proteccione duraturas ut supra *etc.*

Johannes de Baffingburñ, qui cum Willelmo Tuchet profecturus *etc.*

Ricardus Fohun, qui cum Rege etc. profecturus *etc.*

Hugo de Curtenay, qui cum Rege etc. profecturus est ut supra, habet litteras de proteccione duraturas ut supra cum clausulis predictis.

Robertus Beupel et
Radulphus Beupel
Thomas de Cirenceftre et
Willelmus de Sulleye
Stephanus de Haccum et
Johannes de Chevereftoñ
} qui cum Hugone de Curtenay etc. profecturi sunt *etc.*

Petrus de Malo lacu, qui in obsequium Regis per preceptum Regis profecturus est ut supra, habet litteras Regis etc.   Per breve de privato figillo.

Petrus de Tadecaftre
Thomas de Bannebury
Robertus de Malo lacu
Robertus de Coleville
Hugo de la Sale de Doneeaftre
} qui cum Petro de Malo lacu in obsequium Regis etc. profecturi sunt ut supra, habent litteras *etc.*   Per breve de privato figillo.

Letters of Protection.

Johannes filius Johannis de Cobeham } qui cum Rogero le Bygod Comite Norff. et Marefcallo etc. June 7. m. 6.
Nicholaus de Eure

Thomas Malet, qui cum Rege etc. profecturus eft ut fupra, habet litteras Regis de proteccione duraturas ut fupra cum claufulis predictis.

Willelmus de Rythre, Henricus le Norreys, Willelmus de la Chaumbre, Simon de Blakefhale, Thomas de Langeleye, Alexander de Capella, Reymundus de Sancto Albano, Willelmus de Bello monte et Willelmus de Penytoñ, qui cum Rege etc. profecturi funt etc.

Johannes de Eure, qui cum Rogero Mauduyt etc.
Edmundus Folyott, qui [cum] Thoma de Furnivall etc.
Thomas de la Sale, qui cum Rogero le Bygod Comite Norff. etc.
Nicholaus le Harpour, qui cum Roberto de Ver Comite Oxonie etc.
Alanus le Bretoun, qui cum eodem Comite etc.
Robertus le Ken, qui cum eodem Comite etc.
Rogerus de Heytham, qui cum eodem Comite etc.
Johannes le Tailur, qui cum eodem Comite etc.
Rogerus de Ruylly, qui cum eodem Comite etc.
Johannes de Goldingham, qui cum eodem Comite etc.
Willelmus Crake, qui cum Willelmo le Vavaffour etc.
Robertus Douneur, qui cum Willelmo de Ros etc.

       Tefte Rege apud Wyltoñ,[1] vij die Junij.

Johannes de Stubbes Waldinge, qui cum Rogero Tyrel etc. June 8.
Galfridus de Skeftingtoñ, qui cum Johanne de Langetoñ etc.
Johannes de Kekingwyke, qui cum Johanne le Straunge etc.
Hugo de Egleftoñ, Johannes Grimet, Nicholaus de Egleftoñ, qui in obfequium Regis etc. profecturi funt ad partes predictas, habent confimiles litteras Regis de proteccione duraturas ut fupra etc.

Radulphus filius Willelmi, qui cum Rege etc. } in obfequio Regis etc. profecturi funt ad partes Scocie, habent confimiles litteras etc.
Robertus de Brus Dominus Vallis Anandi, qui cum Rege etc.

---

[1] Sometimes "Wilton." Probably the place of that name in the parifh of Ellerburn, N. R.

26 *Edw. I.* 1298.

June 8.
m. 6.

Johannes Pavyot, qui cum Simone de Monte acuto
Johannes de Blakeforde, qui cum eodem Simone
Robertus de Bente, qui cum eodem Simone
Simon de Monte acuto, qui cum Rege etc.
Willelmus de Badewe, qui cum Roberto de Brus dño Vallis Anandi
Willelmus Burdet, qui cum eodem Roberto
Jordanus de Aungers, qui cum Rogero Bygod Comite Norff.
Johannes de Holebroke, qui cum eodem Comite
Nicholaus de Styvintoñ, qui cum eodem Comite
Thomas de Valle, qui cum eodem Comite
Reginaldus de Cobham, qui cum eodem Comite
} in obsequio Regis etc. profecturi sunt ad partes Scocie *etc.*

Thomas de Ingelthorpe et Willelmus frater ejus, qui cum Willelmo de Ros etc. profecturi *etc.*   Dupplicatur.

Magister Nicholaus de Lovetot
Johannes Abel
Robertus de Waterville
} qui cum Rege etc. profecturi *etc.*

Teste Rege apud Kyrkham, viij die Junij.

June 12
m. 7.

Johannes de Kyngestoñ, qui profecturus est cum Rege *etc.*
Osbertus de Suttoñ, qui cum eodem Johanne profecturus *etc.*

m. 6.

Willelmus Tholomer, qui cum Rege etc. profecturus *etc.*
Nicholaus de Lovetot, qui cum Rege etc. profecturus *etc.*
Willelmus de Everle de Uglebardeby qui cum Rogero le Bygod Comite *etc.*
Willelmus de Marinis
Robertus de Hammr
Ricardus de la Morc
} qui cum Hugone de Sancto Phileberto *etc.*

Letters of Protection.   41

Matheus de Midelton, qui cum Radulpho de Monte Hermeri etc. June 12.
Willelmus Wyther, qui cum Thoma de Lancaftria Comite Lancaftrie etc. pro-   m. 6.
 fecturus etc.
Hugo de Sancto Phileberto, qui cum Johanne de Drokeneſforde cuſtode
 Garderobe Regis in obſequium Regis etc. profecturus eſt ut ſupra, habet con-
 ſimilem proteccionem duraturam ut ſupra.
Magiſter Hugo de Sudington, qui cum Rogero le Bygod Comite etc.
Bernardus de Brus, qui cum Guidone de Bello campo in obſequium Regis etc.
 profecturus eſt ut ſupra, habet litteras Regis de proteccione duraturas uſque
 ad feſtum Natalis Domini proximo futurum cum clauſulis predictis.

Philippus de Benneys
Johannes Aunſell } qui cum Rege etc. profecturi etc.
Walterus le Gras

Willelmus de Coleville de
 Knapton
Johannes filius Walteri de } qui cum Radulpho filio Willelmi etc. profecturi etc.
 Cauncefelde
Thomas de Boulton

Willelmus Maulerrard, qui cum Johanne de Huſtweyt etc. profecturus etc.
Thomas de Hamull, qui cum Rege etc. profecturus etc.

Willelmus de Ponte de
 Grymeſby
Edmundus Oulynge de } qui cum Adomaro de Valencia etc. profecturi etc.
 Geyneſburghe

Johannes de Thorpe
Elyas Cotel } qui cum Rege etc. profecturi etc.
Willelmus Paynel

Egidius de Muntpinzun } qui cum Johanne de Warenna Comite Surrie etc.
Adam de Puntfreit } profecturi etc.

Thomas de Wyville, qui cum Johanne Wake in obſequium Regis etc. pro- m. 6, dorſo.
 fecturus eſt ad partes Scocie, habet litteras Regis de proteccione duraturas uſque
 ad feſtum Natalis Domini proximo futurum cum clauſulis Volumus etc.
 Preſentibus etc.

Archebaldus le Breton
Johannes de Wakingham } qui cum Epiſcopo Dunolm. etc. profecturi etc.
 clericus
Hugo de Suthkirkeby
 Falk.

26 Edw. I. 1298.

June 12.
m. 6, dorso.

Johannes de Meriet junior
Georgius de Thorpe } qui cum Johanne de Thorpe etc. profecturi etc.

Thomas filius Thome de Hamull, Thomas Bacun, Ricardus filius Humfridi et Johannes Poleyn, qui cum Thoma de Hamull etc. profecturi etc.

Rogerus Corbet, qui cum Roberto filio Rogeri etc. profecturus etc.

Adam Carbonel, qui cum Saero de Huntingfelde etc. profecturus etc.

Henricus Deyville, qui cum Hugone le Defpenfer etc. profecturus etc.

Johannes le Ken, qui cum Hugone Gobyun etc. profecturus etc.

David le Scot, qui cum Radulpho de Monte Hermeri etc. profecturus etc.

Matheus de Redeman, qui cum A. Epifcopo Dunolm. etc. profecturus etc.

Henricus le Brun et Willelmus le Ken, qui cum Willelmo Paynel etc. profecturi etc. habent confimiles protecciones etc.

Johannes de Grey de Retherfelde, qui cum A. Dunolm. Epifcopo etc. profecturus eft ut fupra, habet litteras etc.

Brianus filius Alani, qui cum Rege etc. profecturus etc.

Johannes de Sothille
Robertus de Lathum
Rogerus le Forefter de Geynefburghe
Willelmus le Blake de Lincolnia } qui cum Briano filio Alano etc. profecturi etc.
qui cum Adomaro de Valencia etc.

Johannes Springe, qui cum Henrico de Lacy Comite Linc. etc. profecturus etc.

Johannes de Boulton, qui cum prefato Johanne Springe etc. profecturus etc.

Henricus de Ortyey
Simon de Raleghe
Willelmus de Wygebere } qui cum Roberto filio Pagani etc. profecturi etc.

Robertus filius Pagani, qui cum Rege etc. profecturus etc.

Nicholaus de Wrtlay, qui cum Radulpho de Monte Hermerij Comite Glouceftrie etc. profecturus etc.

Robertus de Tynetefhale, qui cum Rogero le Sauvage etc. profecturus etc.

Egidius de Trumpeton, qui cum Henrico de Lacy Comite Linc. etc. profecturus [eft] ut fupra, habet litteras Regis etc.

Henricus de Grey, qui cum Rege etc. profecturus etc.

Baldewynus de Infula
Rogerus Pycharde
Johannes de Ros de Hoff
Robertus de Nonewyke junior
Willelmus de Dacre } qui cum Antonio Epifcopo Dunolm. in obfequium etc.

Letters of Protection. 43

Robertus de Wylghby
Ricardus de Rokesle
Magister Johannes de Roma persona ecclesie de Bartoñ
Petrus de Percy
Simon de Kyrketoñ de Hoylande
Philippus Darcy
Willelmus de Paxhulle
Henricus de Harecourt
Ricardus de Overtoñ persona ecclesie de Overtoñ
Ranulphus Swetinge de Botteleye
} qui cum Antonio Episcopo Dunolm. in obsequium *etc.*

June 12.
m. 6, dorso.

Teste Rege apud Northalvertoñ,[1] xij die Junij.

Willelmus le Latimer senior, qui cum Rege etc. profecturus est *etc.*
        Teste Rege apud Dunolmum, xij die Junij.

m. 4.

Milo de Stapeltoñ, qui cum Henrico de Lacy Comite Linc. etc. profecturus *etc.*
Johannes de Ferariis, qui in obsequium Regis etc. profecturus est ut supra, habet confimiles litteras de proteccione *etc.*   Et dupplicatur.
Johannes de Eyville, qui in obsequium Regis etc. profecturus *etc.* Et dupplicatur.
Johannes de Eyville de Austan, qui cum Johanne de Eyville *etc.*
Eustachius de Whyteneye, qui cum Johanne de Ferariis *etc.*
Robertus de Sapy, qui cum eodem Johanne *etc.*
Gocelinus de Eyville, qui cum Johanne de Eyville *etc.*
Willelmus Vautre de Foule Suttoñ, qui cum eodem Johanne *etc.*
Henricus de Pynkeny, qui cum Rege etc. profecturus est *etc.*   Et dupplicatur.
Simon de Echingham,[2] Robertus de Echingham, Petrus de Ros, Willelmus de Offyntoñ, Robertus de Moyne et Johannes le Ken, qui cum Willelmo de Echingham etc. profecturi *etc.*
Willelmus de Echingham [2]
Hugo de Hercy
} qui cum Rege etc. profecturi *etc.*

June 16.
m. 6.
m. 6, dorso.

---

[1] North-Allerton, co. York, North Riding.
[2] These two entries are immediately repeated on the Roll.

44   26 *Edw. I.* 1298.

June 16. Willelmus de Batteley, qui cum Johanne de Warrenna *etc.*
m. 6, dorso. Ricardus de Tonge, qui cum eodem Comite *etc.*
Johannes de Hodelefton, qui in obsequium *etc.*

Patricius de Kollewen ⎫
Johannes de Cornubia ⎪
Willelmus de Clyfton ⎬ qui cum eodem Johanne *etc.*
Johannes le Flemmenge ⎪
Ricardus le Walays ⎪
Robertus de Molecaftre ⎭

Willelmus de Clyfton, Robertus de Holande, Ricardus de Lathum et Thomas de Lathum, qui cum Roberto de Lathum in obsequio Regis etc. profecturi *etc.*
Johannes de Weylonde, qui cum Rege *etc.*
Willelmus de Alenzoun, qui cum eodem Johanne *etc.*
Thomas de Grey, qui cum eodem Johanne *etc.*
Walterus de Hopton, qui cum Ricardo filio Alani Comite Arundellie *etc.*
Robertus Poyn de Rotinton junior, qui cum Ricardo de Herthulle *etc.*
Edwardus Charles, qui cum Rege *etc.*   Et tripplicatur pro dicto Edwardo.
Baldewinus de Stowe, qui cum Humfrido de Bohun Comite Herefordie *etc.*
Alexander de Freville, qui cum Rege *etc.*
Fulco Payforer, qui cum Willelmo de Leyburn *etc.*
Jordanus de Bydeforde, qui cum Johanne Engayn *etc.*
Petrus Gernagon, qui cum eodem Johanne *etc.*
Walrandus [*sic*], qui cum eodem Johanne *etc.*
Johannes le Graund, qui cum eodem Johanne *etc.*
Warinus filius Willelmi, qui cum eodem Johanne *etc.*
Johannes Engayne, qui cum Rege *etc.*   Et dupplicatur.
Johannes Byfet, qui cum Briano filio Alani *etc.*
Willelmus de Holte et Johannes de Ebroycis, qui cum Alexandro de Fryville *etc.*
Simon de Leyburne, qui cum A. Dunolm. Epifcopo *etc.*
Henricus de Grey, qui cum Rege etc. profecturus eft ut fupra, habet litteras Regis de proteccione *etc.*[1]
Radulphus Godarde, qui cum eodem Henrico etc. profecturus eft ut fupra, habet confimilem proteccionem.

                        Tefte Rege apud Dunolmum, xvj die Junij.

---

[1] Apparently a repetition.

Letters of Protection. 45

Hugo de Multoñ, qui in obsequium Rege etc. moratur in municione civitatis Regis Karlioli habet confimiles litteras *etc.*   June 17. *m.* 6, dorso.

Teste Rege apud Kypiere,[1] xvij die Junij.

Robertus le Taborer, qui cum Johanne de Warenna *etc.* profecturus *etc.*   June 18.
Thomas de Wokindoñ, qui cum Henrico de Grey etc. profecturus *etc.*
Petrus Roscelyn, qui cum Johanne de Warenna *etc.* profecturus *etc.*
Johannes de Novo mercato, qui cum Henrico de Lacy Comite Linc. etc. profecturus est, habet *etc.*
Thomas le Latimer, qui cum Willelmo le Latymer etc. profecturus *etc.*

Teste Rege apud Cestriam,[2] xviij die Junij.

June 21. *m.* 5

Hugo Poinz, qui cum Rege
Nicholaus Poinz, qui cum eodem Hugone
Michael Cruket, qui cum eodem Hugone
} in obsequium Regis etc. profecturi *etc.*

Johannes de Bello campo, qui cum Rege etc. profectus est ad partes Scocie, habet litteras Regis de proteccione duraturas ut supra.

Humfridus de Bello campo } qui cum prefato Johanne profecti sunt *etc.*
Simon de Ashtoñ
Johannes le Waleys, qui cum Johanne de Badham
Walterus de Rokesleye, qui cum eodem Johanne
Walterus Baret, qui cum eodem Johanne
Thomas de Coudray, qui cum eodem Johanne
Rogerus Gascelyn, qui cum eodem Johanne
Gerardus Salveyn, qui cum Willelmo le Latymer seniore
} in obsequium Regis etc. profecturi *etc.*

---

[1] Near Durham.   [2] Chester-le-Street.

June 21.
m. 5.

Johannes de Hefelartoñ, qui cum Willelmo le Latimer
Henricus de Leykeburne, qui cum Gerardo Salvayn
Magifter Willelmus de Skeldergate, qui cum Briano filio Alani
} in obfequium Regis etc. profecturi *etc.*

Eudo de Karliolo, qui cum Willelmo le Latymer feniore *etc.*
Willelmus de Rudeftayn, qui cum Johanne de Hefelartoñ in Comitiva prefati Willelmi *etc.*
Johannes de Cane, qui cum Johanne de Ufeflet *etc.*
Robertus de Vyenna, qui cum Rege etc. profecturus *etc.*
Robertus de Tatefhale junior, qui cum Rege etc. profecturus *etc.*
Robertus de Vallibus, qui cum eodem Roberto etc. profecturus *etc.*
Thomas de Burnham, qui cum Johanne de Sothille etc. profecturus *etc.*
Johannes filius Radulphi de Horebure, qui cum Johanne de Warenna Comite Surrie etc. profecturus *etc.*
Johannes de Seytoñ, Ricardus de Seytoñ et Simon de Seytoñ, qui cum Humfrido de Bohun Comite Heref. etc. profecturi funt ut fupra, habent confimiles proteccciones.
Robertus le Hotot, qui cum Rege etc. profecturus *etc.*
Radulphus Pypard, qui in obfequium Regis etc. profectus est ad partes Scocie, habet litteras de proteccione duraturas ut fupra cum claufulis predictis.
Idem Radulphus habet confimiles litteras de proteccione in Hibernia.
Franco le Tyeys, qui cum Johanne de Warenna Comite Surrie etc. profecturus eft ut fupra, habet litteras *etc.*
Robertus Bainarde, qui cum Roberto de Tatefhale *etc.*
Robertus de Tothale, qui cum A. Dunolmenfi Epifcopo *etc.*

Radulphus le Butiller de Wemme
Nicholaus de Crioll
Euftachius de Haeche
Ricardus de Merewell
} qui cum Rege etc. profecturi *etc.*

Johannes de Boclond, qui cum Rege etc. profecturus eft ut fupra, habet confimilem proteccionem.   Triplicatur.

Tefte Rege apud Burntoñ,[1] xxj die Junij.

---

[1] Brunton, in the parifh of Gofforth, co. Northumberland.

Letters of Protection. 47

Johannes de Setoñ et
Petrus de Goushill } qui cum Episcopo Dunolmensi etc. profecturi *etc.*
Johannes de Buterwyke
Walterus de Huntingfelde, qui cum Adomaro de Valencia etc. profecturus *etc.*
Johannes de Swynburñ
Johannes de Byttringe } qui cum Roberto filio Rogeri etc. profecti *etc.*
Johannes de Yelaunde
Thomas Wale, qui in obsequium Regis etc. profecturus *etc.*
Willelmus de Suthwyke
Ricardus Wale } qui cum Thoma Wale etc. profecturi *etc.*
Johannes de Trafforde
Alanus de Thornton persona ecclesie de Ruley, qui cum Rege etc. profecturus *etc.*
Willelmus de Braddeñ, Galfridus de Braddeñ et Johannes de Essheby, qui cum Reginaldo de Grey etc. profecturi *etc.*
Johannes de Beauchampe, qui cum Humfrido de Bohun Comite Heref. etc. profecturus *etc.*
Robertus filius Rogeri, qui in comitiva Rogeri le Bygod Comitis Norff. etc. profectus est *etc.*
Johannes de Claveringe, qui cum eodem Roberto etc. profectus *etc.*
Radulphus de Seccheville, qui cum Rege etc. profecturus *etc.*
Radulphus de Mahermer Comes Gloucestrie et Hertfordie, qui in obsequium Regis etc. profectus est ad partes Scocie *etc.*
Willelmus de Weregrave } qui cum Rege etc. profecturi *etc.*
Johannes Pychard
Ricardus de Cornerthe, qui cum Radulpho de Mehermer Comite Gloucestrie et Hertfordie etc. profectus *etc.*
Willelmus Martyn, qui cum Rege etc. profecturus *etc.*
Willelmus de Boytoñ, qui cum Willelmo de Morle profecturus *etc.*
Petrus de Donewico, qui in obsequio Regis etc. moratur in partibus Scocie *etc.*
Robertus de Clippestoñ
Egidius de Brewosa } qui cum Rege etc. profecturi sunt *etc.*
Willelmus Martyn
Robertus Gorwarret
Egidius de Fisshacre
Serlo de Nansladron } qui cum Willelmo Martyn etc. profecturi *etc.*
Thomas de Asshe

June 29.
m. 5.

26 Edw. I. 1298.

June 29.
m. 5.
Frater Brianus de Jay Magifter Milicie Templi in Anglia, qui in obfequium Regis etc. profecturus eft ut fupra, habet confimilem proteccionem.   Dupp.
Petrus de Suthchirche, qui cum predicto Briano *etc.*
Thomas de Caune, qui cum eodem Briano *etc.*
Nicholaus de Karru, qui cum Adomaro de Valencia etc. profecturus *etc.*
Ricardus filius Johannis de Sumercotes, qui cum eodem Johanne[1] etc. profecturus *etc.*
Rogerus le Bygod Comes Norff. et Marefcallus Anglie, qui in obfequium Regis profectus eft ut fupra, habet confimilem proteccionem in Hibernia per unum annum *etc.*
Walterus de Orewell, qui cum Henrico de Percy in obfequio Regis in partibus Scocie moram facit, habet *etc.*
Ricardus de Perers, qui cum Andrea de Elle in comitiva Antonij Epifcopi Dunolmenfis in obfequium Regis etc. profecturus *etc.*

Tefte Rege apud Alnewyke, xxix die Junij.

July 1.
Willelmus de Stopham, qui cum Henrico de Lacy Comite Linc. etc. profectus *etc.*
Robertus filius Willelmi de Stopham et Willelmus frater ejufdem Roberti, qui cum Henrico de Lacy Comite Linc. etc. profecti funt *etc.*

Tefte Rege apud Chyvelingham,[2] primo die Julij.[3]

July 5.
Rogerus de Mortayn, Johannes Fairfax, Willelmus de Tuddenham, Robertus Paynel, Robertus de Suleby, Jacobus de Sancto Paulo, Ricardus filius Johannis de Walton et Jacobus de Monte alto, qui in obfequium Regis etc. profecturi funt ut fupra, habent confimiles protecciones.
Johannes de Carru, qui in obfequium Regis *etc.* profectus eft *etc.*
Nicholaus de Meygnil, qui in obfequium Regis etc. profectus *etc.*
Henricus de Maule, qui in obfequium Regis etc. profecturus est *etc.*

m. 5, dorfo.
Ricardus de Mounpelers, qui in obfequium *etc.*   Et dupplicatur.
Robertus de Arcy, qui cum Roberto de Tatefhale juniore *etc.*
Ricardus Cokerel, qui cum eodem Roberto *etc.*
Nicholaus de Chartres, qui cum eodem Roberto *etc.*

Tefte Rege apud Rokefburghe, v die Julij.

---

[1] John de Boclond, page 46.
[2] Chillingham, co. Northumberland. The firft entry fpelt "Chevelingham."
[3] On the Roll the firft entry is "Junij," which is an error.

Letters of Protection. 49

Petrus de Montz, qui *etc.* profectus est *etc.*   July 7.
Euftachius de Hacche, qui cum   *m.* 5, dorfo.
  Rege etc.
Alanus Trymenel, qui cum Rege etc. } profecti funt *etc.*
Willelmus de Hardredefhulle, qui
  cum Rege etc.
Hugo de Scaltoñ, qui in comitiva
  Johannis de Benftede etc.
Thomas de Multoñ de Frauntoñ, } profecti funt *etc.*
  qui in obfequium *etc.*
Philippus de Pympe, qui cum pre-
  fato Thoma etc.
Rogerus de Morteyn[1] et Johannes Fayrfax, Willelmus de Tudenham, Ro-
bertus Paynel, Robertus de Suleby, Jacobus de Sancto Paulo, Ricardus filius
Johannis de Waltoñ et Jacobus de Monte alto, qui in obfequium Regis etc.
profecturi funt ut fupra, habent confimiles protecciones duraturas ut fupra.
                Tefte Rege apud Redepethe,[2] vij die Julij.

Robertus de Fileby de Foulbourn, qui in comitiva Humfridi de Bohun   July 9.
Comitis Herefordie et Effexie in obfequio Regis etc. moratur in partibus Scocie,
habet litteras Regis de proteccione *etc.*
Adam de Monte alto vallettus Regis, qui *etc.* in partibus Scocie moratur *etc.*
                Tefte Rege apud Loweder,[3] ix die Julij.

Johannes de Faucomberge, qui cum Rege etc. in partibus Scocie moratur   July 10.
habet litteras *etc.*   *m.* 4.
                Tefte Rege apud Dalwlfy,[4] x die Julij.

    July 11.
Rogerus Fraunke, qui *etc.* moratur in partibus Scocie, habet *etc.*   *m.* 5, dorfo.
Ingelramus de Guynes
Gilbertus de Lindefy } qui cum Humfrido de Bohun *etc.* morantur *etc.*

---

[1] This entry, though written here on the Roll, has actually no *tefte*, and may, therefore, be a mere repetition of the one already given on page 48 with the date 5 July.
[2] Redpath, in Earlfton, co. Berwick.   [3] Lauder, co. Berwick.
[4] Dalhoufie, in the parish of Cockpen, co. Edinburgh.

Falk.   H

26 Edw. I. 1298.

July 11. Nicholaus de Eftleye, qui cum Epifcopo Dunolm. etc. profectus eft *etc.*
m. 5, dorfo. Andreas de Eftleye, qui cum eodem Epifcopo etc. profectus eft *etc.*

Robertus de Stayngrave } qui cum Radulpho de Monte Hermeri *etc.* in
Robertus de Chaumpayne } partibus Scocie morantur *etc.*

Ricardus de Suttoñ, qui cum Henrico de Lafcy Comite Lincolnie in obfequio Regis etc. in partibus Scocie moratur, habet *etc.*

Johannes de Ralegh, qui *etc.* profecturus *etc.*

Walterus de Agmodefham, qui *etc.* moratur *etc.*

Hugo de Mortuo mari, qui *etc.* profecturus eft ad partes Scocie *etc.*

Thomas de la Mare
Henricus de la Hyde
Hugo de Mortuo mari de Carkedoñ
Robertus la Zoufche, Galfridus de Burford, Henricus filius Henrici le Galeys et Ricardus Bacun
} qui cum prefato Hugone profecturi *etc.*

Tefte Rege apud Brade,[1] xj die Julij.

July 18. Robertus Randolfe de Aultoñ, qui *etc.* moratur in partibus Scocie habet *etc.*

A. Dunolmenfis Epifcopus, qui cum Rege in obfequio Regis etc. moratur in partibus Scocie, habet litteras de proteccione duraturas ut fupra cum claufulis predictis.

Johannes de Hamme, qui *etc.* profecturus *etc.*

Robertus Giffarde, qui *etc.* profecturus *etc.*

Milo Pychard, qui cum Epifcopo Dunolm. etc. in partibus Scocie moratur *etc.*

Radulphus de Rocheford, qui cum Rege etc. in partibus Scocie moratur *etc.*

Johannes de Mohun, qui in obfequio Regis etc. in partibus Scocie moratur *etc.*

Idem Johannes habet litteras de proteccione in Hibernia per biennium *etc.*

Robertus Barry, qui in obfequio Regis etc. moratur *etc.*

Willelmus de Skelebroke, qui *etc.* moratur *etc.*

Radulphus Pipard, qui in obfequio Regis etc. moratur ut fupra, habet confimilem proteccionem in Hibernia per biennium duraturam cum claufulis predictis.

Euftachius de Avefyn, qui cum Johanne de Britannia in obfequio Regis

---

[1] Near Edinburgh.

Letters of Protection.

etc. moratur in partibus Scocie, habet confimiles litteras de proteccione ufque ad feftum Natalis Domini proximo futurum duraturas cum claufulis prediƈtis.

July 18. m. 5, dorfo.

Willelmus Bagod, qui cum Rege etc.[1]

Radulphus Bluet, qui cum Radulpho de Monte Hermerij *etc.*

Johannes le Rous, qui cum Humfrido de Bohun Comite Herefordie *etc.*

Edmundus de Wynterfhulle, qui cum Johanne de Drokenefforde cuftode *etc.* } in partibus Scocie morantur *etc.*

Nicholaus de Molendinis, qui cum eodem Johanne *etc.*

Petrus Corbet, qui cum Antonio Epifcopo Dunolm. *etc.*

Rogerus de Ebroycis, qui cum Rogero de Mortuo mari

Thomas de Fraxino
Henricus de Mortuo mari
Ricardus de Burghhope
Hugo Godard
Willelmus Red
Robertus de Sturmy
Ricardus Labanke
} qui cum eodem Rogero } *etc.* morantur *etc.*

Walterus de Wyltoñ, qui ad Johannem de Ferrariis in obfequio Regis in partibus Scocie commorantem eft profecturus *etc.*

Willelmus de Monfauns
Robertus de Clifforde
} qui cum Johanne de Camhow [2] etc. in partibus Scocie morantur *etc.*

Jacobus de Multoñ, qui ad Regem etc. venturus eft ad partes Scocie, habet confimilem proteccionem.

Tefte Rege apud Temple Lyftoñ,[3] xviij die Julij.

---

[1] No *tefte* is recorded.
[2] Cambo, co. Fife.
[3] Kirk-Lifton, in the cos. of Edinburgh and Linlithgow

26 *Edw. I.* 1298.

[1298].

WRITS OF PRIVY SEAL FOR LETTERS OF ATTORNEY.[1]

Privy Seals, 26 *Edw. I. File* 8. *No.* 382.

EDWARDUS Dei gracia Rex Anglie Dux Hibernie et Dux Aquitanie dilecto clerico et fideli suo Johanni de Langetoñ Cancellario suo vel eius locum tenentibus salutem. Quia dilectus et fidelis noster Johannes de Faucomberge, nobiscum in obsequio nostro in partibus Scocie constitutus, attornavit coram nobis loco suo Robertum de Scorebourghe de Beverlaco, ad lucrandum vel perdendum in omnibus placitis et querelis, motis vel movendis pro ipso Johanne vel contra ipsum, in quibuscumque curiis Anglie; Ita quod idem Robertus, loco ipsius Johannis, facere possit attornatos vel attornatum, quos vel quem voluerit, in curia nostra coram nobis,[2] ad omnia predicta placita et querelas prosequenda et defendenda, et ad lucrandum uel perdendum in eisdem ficut predictum est: Vobis mandamus quod eidem Johanni litteras sub magno figillo nostro de attornato hujusmodi, duraturas per terminum qui ceteris nobiscum in dictis partibus existentibus limitatur, habere in forma debita faciatis. Datum sub privato figillo nostro apud Dalwulfy, x° die Julij anno regni nostri vicesimo sexto.
Johannes de Benstede recepit attornamentum.

Ibid., No. 385.

EDWARDUS Dei gracia, *etc.* Quia dilectus et fidelis noster Edmundus Bacon, *etc.* coram nobis loco suo Johannem de Catefelde et Nicholaum Arnaud sub alternacione, ad lucrandum *etc.*; Ita quod iidem Johannes et Nicholaus, vel eorum alter quem presentem esse contigerit, loco ipsius Edmundi, facere possint vel possit attornatos vel attornatum, quos vel quem voluerint vel voluerit, in curia nostra, *etc.* Datum *etc.* apud Fauelawe,[3] ix° die Julij anno regni nostri vicesimo sexto.
Johannes de Benstede recepit attornamentum.

---

[1] To the persons who had Letters of Protection, or many of them, were likewise granted Letters of Attorney. These are specimens of the writs which were issued in such cases by way of warrant to the Chancellor. The second shows the form employed when two attornies were named.

[2] The King's Bench.   [3] Fala, co, Edinburgh.

Letters of Attorney. 53

[1297], *Dec.* 12—[1298], *June* 29.

LETTERS OF ATTORNEY.[1]

Scotch Roll (Chancery), No. 3. 26-27 *Edw. I.*

JOHANNES de Warenna Comes Surrie, capitaneus expedicionis Regis Scocie, qui in obfequium Regis per preceptum Regis profecturus eft ad partes Scocie, habet litteras Regis de attornato fub nomine Thome de Sheffelde ufque ad feftum Pafche proximo futurum duraturas. Prefentibus etc. Tefte etc. (*i. e.* Edwardo filio Regis) apud Turrim London. xij die Decembris.   Dec. 12. *m.* 3.

HUMFRIDUS de Bohun Comes Herefordie et Effexie, qui *etc.* Tefte ut fupra. Michael de Ponynges, qui cum Johanne *etc.* Tefte etc. apud Langele xj die Januarij. Rogerus le Bygod Comes Norffolcie *etc.* Tefte etc. apud Langele xviij die Januarij. Magifter Thomas de Sudyngtoñ, qui cum Rogero le Bygod *etc.* Tefte ut fupra. Thomas le Latimer, qui *etc.* habet *etc.* Tefte etc. apud Weftm. xxiij die Januarij. Johannes de Molis, qui profecturus *etc.* Tefte etc. apud Weftm. xxviij die Januarij. Nicholaus de Karru, qui profecturus *etc.* Tefte etc. apud Langele, xij die Februarij. Elyas de Albiniaco, qui cum Johanne de Warenna Comite Surrie *etc.* Tefte ut fupra.

Scotch Roll (Chancery), No. 3a. 26-29 *Edw. I.*

ALEXANDER de Balliolo, qui in obfequium Regis profecturus eft ad partes predictas, habet litteras Regis de attornato fub nominibus Rogeri de Edereftoñ et Johannis le Taillur, duraturas ut fupra (*i.e.* ufque ad feftum Natalis Domini proximo futurum). Prefentibus etc. Tefte Rege apud Ebor. xxviij die Maij.   May 28. *m.* 17.

ROBERTUS de Brus dominus Vallis Anandi, qui cum Rege etc. profecturus eft ad partes Scocie, habet litteras Regis de attornato fub nominibus Johannis de Bledelawe et Ricardi de Fynchingfelde, duraturas ut fupra. Prefentibus etc. Tefte Rege apud Wyltoñ, vij die Junij.   Dupplicatur.   June 7.

FRATER Brianus de Jay, Magifter Milicie Templi in Anglia, qui in obfequium Regis etc. profecturus eft ad partes Scocie, habet litteras Regis de attornato fub nominibus fratris Thome de Tulufe et fratris Johannis de Conyngeftoñ, duraturas ut fupra. Prefentibus etc. Tefte Rege apud Alnewyke, xxix die Junij.   Dupplicatur.   June 29. *m.* 16.

---

[1] Thefe are merely fpecimens of the numerous entries on the two Rolls.

[1297], *Dec.* 14—[1298], *May* 2.

LETTERS FOR RESPITE OF CROWN DEBTS.[1]

Scotch Roll (Chancery), No. 3. 26-27 *Edw. I.*

Dec. 14.
m. 3, dorso.
REX vicecomiti Glouceſtrie ſalutem. Volentes dilecto et fideli noſtro Radulpho de Monte Hermeri Comiti Glouceſtrie et Hertfordie, qui in obſequium noſtrum per preceptum noſtrum profecturus eſt ad partes Scocie, graciam facere ſpecialem, dedimus ei reſpectum ad voluntatem noſtram de omnibus debitis que nobis debet ad ſcaccarium noſtrum. Et ideo tibi precipimus quod ipſum Radulphum pro hujuſmodi debitis interim non diſtringas vel diſtringi facias contra conceſſionem noſtram predictam. Et diſtriccionem, ſi quam ei ea occaſione feceris, ſine dilacione relaxes eidem. Teſte etc. apud Turrim London. xiiij die Decembris.

CONSIMILES litteras habet Johannes de Warenna Comes Surrie vicecomitibus Suffolcie, Norffolcie, Bukinghamie, Surrie, Suſſexie, Theſaurario et Baronibus de Scaccario.

Henricus de Percy habet confimiles litteras de reſpectu debitorum vicecomitibus Ebor., Suſſexie, Theſaurario et Baronibus de Scaccario.

Hugo de Elande, vicecomitibus Ebor., Lancaſtrie.

Dec. 26.
ROBERTUS filius Rogeri, qui protecturus eſt ad partes predictas, habet litteras de reſpectu debitorum directas Theſaurario et Baronibus, et vicecomitibus Suffolcie, Norffolcie, Eſſexie, Bukinghamie. Teſte etc. apud Langele, xxvj die Decembris.

Robertus de Brus ſenior, qui profecturus eſt ad partes predictas, habet litteras Regis de reſpectu debitorum directas vicecomitibus Eſſexie, Huntingdonie. Teſte ut ſupra.

Johannes le Faukuner, qui profecturus eſt ad partes predictas *etc.* Teſte ut ſupra.

---

[1] Another privilege granted to the perſons, or many of the perſons, who had Letters of Protection, was the reſpite of debts owing by them to the Crown. Letters for this purpoſe were alſo warranted by writs of Privy Seal. The individuals to whom they were conceded might probably, in doubtful inſtances, be identified by the counties, to the Sheriffs of which the Letters were directed. A few inſtances of theſe Reſpites are here given.

Respite of Crown Debts. 55

PETRUS Pycote, qui cum Rege in obsequium Regis etc. profecturus est ad partes Scocie, habet litteras Regis de respectu debitorum Regis directas vicecomitibus Essexie et Notinghamie.[1] Teste Rege apud Bygrave, secundo die Maij.

May 2.
m. 9, dorso.

[1297], Dec. 12.

MANDATE TO WALTER DE AGMONDESHAM[2] FOR THE PAYMENT OF THE FORCES FROM LANCASHIRE.

Memoranda Roll (Exch. Q.R.), 26 Edw. I., m. 106, dorso.

REX eidem Waltero de Agmondesham etc. salutem. Quia assignavimus dilectos et fideles nostros Willelmum de Dakre et Petrum de Donewico ad tria milia peditum de comitatu Lancastrie eligenda, et ad eosdem usque Dunolmum vel Novum Castrum super Tynam ducendos citra quindenam sancti Hillarij proximo futuram; Vobis mandamus quod denarios pro vadiis dicti Petri a London. usque villam Lancastrie, vadiis dictorum Willelmi et Petri morando in eodem comitatu pro dictis hominibus eligendis, et vadiis eorumdem et dictorum hominum peditum a dicto comitatu usque locum vel loca predicta, eidem Petro liberetis, receptis ab eodem Petro litteris suis patentibus recepcionem dictorum denariorum testificantibus. Et cum dicti Willelmus et Petrus supradictos pedites ad vos duxerint ad loca predicta, compotum dicti Petri de denariis illis, sic a vobis receptis et in dictis vadiis expenditis, per visum et testimonium dicti Willelmi capiatis et debitas allocaciones eidem faciatis in premissis. Teste W. Coventrensi et Lichefeldensi Episcopo,[3] Thesaurario nostro, apud Westm. xij Decembris anno xxvj".

---

[1] Numerous other entries of a similar description follow. The list is continued on the dorse of m. 5.
[2] Receiver of the King's moneys in Yorkshire and Northumberland; K. Edward's Chancellor in Scotland, 1292.
[3] Walter de Langton.

56   26 Edw. I. 1297-98.

[1297], Dec. 14.

Writ to the Justices of the Bench for Respite of Pleas affecting John Earl of Surrey.

Scotch Roll (Chancery), No. 3.   26-27 Edw. I.

Dec. 14.
n. 3, dorfo.

Rex Jufticiariis fuis de Banco falutem. Indempnitati dilecti et fidelis noftri Johannis de Warenna Comitis Surrie, capitanei expedicionis noftre Scocie, qui in obfequium noftrum per preceptum noftrum profecturus eft ad partes Scocie, profpicere volentes; Vobis mandamus quod omnia placita ipfum comitem coram vobis tangencia, exceptis placitis de dote unde nichil habet, et quare impedit, et affifis nove diffeifine et ultime prefentacionis, ponatis in refpectum ufque ad feftum Pafche proximo futurum, nifi aliud interim fuper hoc duxerimus ordinandum. Tefte *etc.* apud Turrim London. xiiij die Decembris.

[1297], Dec. 14.

Precept to the Sheriff of Nottingham and Derby to cause Public Proclamation to be made, that all Bakers and Brewers should have Supplies in Readiness against the Arrival in any Town of Welshmen on their March towards Scotland.[1]

Clofe Roll, 26 Edw. I., m. 17, dorfo.

De furniando et
braciando contra
Walenfes.

Rex vicecomiti Notinghamie et Derbie falutem. Quia homines Wallenfes verfus partes Scocie, ad maliciam Scotorum inimicorum et rebellium noftrorum reprimendam, venire facimus, ita quod erunt apud Dunolmum vel Novum Caftrum fuper Tynam in quindena fancti Hillarii proximo futura ad ultimum; Tibi precipimus, quod in fingulis villis mercatoriis et aliis in balliva tua, per quas Wallenfes

---

[1] This document is printed in Rymer's *Fœdera*, new edition, vol. I. p. 883.

Precept to the Sheriff of Nottingham and Derby. 57

illi tranfituri funt verfus partes prediĉtas, fine dilacione publice proclamari facias, quod omnes piftores et braciatores in eifdem villis comorantes furniari faciant et braciari contra adventum eorumdem: Ita quod Wallenfes illi, in itinere fuo, victualia ad emendum invenire poffint, et quod, pro defeĉtu hujusmodi victualium, dampnum per ipfos, hominibus in eifdem partibus commorantibus, nequeat evenire. Iftud mandatum noftrum, ficut commodum et honorem noftrum diligis, exigi faciens diligenter. Tefte etc. ut fupra. (*i.e.* apud Turrim London. xiiij die Decembris.) All bakers and brewers to be ready againft the arrival of Welfhmen, fo that thefe may find victuals to buy, and no damage for default happen to the inhabitants.

Consimiles littere diriguntur vicecomitibus Lanc. et Ebor. *Similar letters to the Sheriffs of Lancafhire and Yorkfhire.*

[1297], Dec. 14-20.

Writs respecting the payment of the Welshmen, etc.

Memoranda Roll (Exch. Q. R.), 26 Edw. I., m. 105, dorfo.

Rex omnibus ad quos prefentes littere pervenerint falutem. Sciatis quod affignavimus dileĉtum clericum noftrum Johannem de Borham ad folvendum, per vifum et teftimonium dileĉti et fidelis noftri Edmundi le Gafteneys vadia, tribus milibus hominum peditum de partibus Snaudon, Bromfelde, Yal, Lanhudo, Maylor Saxneyke, Hope, Vallis Montis alti, Englefelde, Ros et Rowynoke; quos ufque Dunolmum vel Novum Caftrum fuper Tynam duci facimus contra Scotos, rebelles et inimicos noftros, ad ipforum Scotorum rebellionem et maliciam reprimendam. Et ideo vobis mandamus quod eidem Johanni in premiffis fitis intendentes, refpondentes, confulentes et auxiliantes, quociens ab eo ex parte noftra fueritis premuniti vel requifiti. In cujus rei etc. Tefte W. Coventr. et Lich. Epifcopo, Thefaurario noftro etc. xiiij° die Decembris anno xxvj°. *De clericis affignatis ad folvendum vadia. Concerning the appointment of John de Borham to pay wages to 3,000 men of the parts of Snowdon, Bromfield, Yale, &c.;*

Per confimiles litteras affignatur Magifter Gilbertus de Arderne clericus ad folvendum vadia M¹M¹M¹M¹ hominum peditum de comitatu Ceftrie, per vifum et teftimonium Hamonis de Mafcy et Radulphi de Vernoun etc. Tefte ut fupra. Falk. *of Gilbert de Arderne to pay 4,000 men of Chefhire;*

26 *Edw. I.* 1297.

and of Richard de Biſhopſtone to pay 1,000 men of cos. Salop and Stafford, and 300 of Powyſland.

Per conſimiles litteras aſſignatur Ricardus de Biſſhopeſton clericus ad ſolvendum vadia M¹. hominibus peditibus de comitatibus Salopie et Staffordie, et CCC hominibus de terra de Powys, per viſum et teſtimonium Thome de Roſhale et Willelmi de la Pole etc. Teſte ut ſupra.

De denariis liberandis pro vadiis.

The taxers and collectors of the Ninth are to deliver of the money coming therefrom for the payment of wages: in co. Salop, £350, to John de Borham;

Rex taxatoribus et collectoribus none ſibi conceſſe in comitatu Salopie ſalutem. Quia aſſignavimus Johannem de Borham, clericum noſtrum, ad ſolvendum etc. (ut ſupra¹ uſque ibi reprimendam et tunc ſic) Vobis mandamus quod de denariis provenientibus de nona predicta quos penes vos nunc habetis et levare poteritis liberetis dicto Johanni treſcentas et quinquaginta libras, ad vadia dictorum peditum inde ſolvenda in forma predicta, recipientes ab eodem Johanne litteras ſuas patentes recepcionem dictorum denariorum teſtificantes. Et hoc, ſicut honorem noſtrum et ſalvacionem regni noſtri diligitis, nullatenus omittatis. Et nos vobis in compoto veſtro ad Scaccarium noſtrum apud Weſtmonaſterium debitam allocacionem inde fieri faciemus. Et ſi forte tantam ſummam pecunie ad manus non habueritis, tunc id quod defuerit de eadem ex mutuo vel alio modo perquiratis, quoſque illud levaveritis de exitibus none predicte; Ita quod nichil de dictis treſcentis et quinquaginta libris deficiat quoquo modo, ſcientes quod, ſi vos in hac parte invenerimus negligentes vel remiſſos, nos ad vos tanquam inimicos noſtros condigna ulcione capiemus. Teſte etc. ut ſupra.

in co. Derby, £160, in co. Warwick, £220, to Gilbert de Arderne;

Consimili modo mandatum eſt taxatoribus et collectoribus none in comitatu Derbie de Clx li. et taxatoribus et collectoribus ejuſdem none in comitatu Warrewici de CCxx li., liberandis predicto Magiſtro Gilberto de Arderne, ad vadia predictorum M¹M¹M¹M¹ hominum peditum de comitatu Ceſtrie ſolvenda etc. Teſte ut ſupra.

and in co. Stafford, £150, to Richard de Biſſhoppſtone.

Consimili modo mandatum eſt taxatoribus et collectoribus ejuſdem none in comitatu Staffordie de Cl libris,² liberandis dicto Ricardo de Biſſhoppeſton, ad vadia predictorum M¹ CCC hominum peditum de comitatibus Salopie et Staffordie et terra de Powys ſolvenda etc. Teſte ut ſupra.

---

¹ See page 57. ² The order to receive this amount is printed below, page 62.

Writs respecting the payment of Wages.

(ORDINANCE CONCERNING THE PAYMENT OF WAGES TO THE
DIVISIONS BEFORE MENTIONED.)

Memoranda Roll (Exch. Q.R.), 26 Edw. I., m. 105, dorso.

PRO vadiis xx conſtabulariorum[1] ad equos coopertos et M¹.M¹. hominum peditum, quorum C ſunt vintenarii,[2] de terra de Snaudoñ, quos Meurike de Benete, Thomas de Hanleye et Walterus de Nortoñ, ſcutiferi, ducent a Snaudoñ uſque Ceſtriam, per iiij dies; conſtabulario ad equum coopertum percipiente per diem xij d.; vintenario percipiente per diem iiij d.; et quolibet homine pedite percipiente per diem ij d.—lv li. x s.; videlicet, per dietam, ix li. v s. *Ordinacio ſolucionis vadiorum. De terra Snaudeñ. Route to Cheſter with wages:— of 20 conſtables on harneſſed horſes and 2,000 men from land of Snowdon, 3 days—£55 10s.;*

PRO vadiis iiij conſtabulariorum ad equos coopertos et CCCC hominum peditum, quorum xx ſunt vintenarii, de terra de Bromfelde, Yal et Lanhudo, quos Edmundus de Gaſteneys miles ducet etc. a dicta terra uſque Ceſtriam, per j diem; conſtabulario, vintenario et homine pedite, percipiente per diem, ut ſupra— lxxiiij s. *of 4 conſtables, &c., and 400 men from Bromfield, Yale, and Lanhudo, 1 day—£3 14s.;*

PRO vadiis vj conſtabulariorum, DC hominum peditum, quorum lx ſunt vintenarii, videlicet; iij conſtabulariorum, CCC hominum peditum cum xxx vintenariis, de terra de Mailor Seieſneuke, Hope, terra Roberti de Monte alto, et de Engleſſelde; et iij conſtabulariorum, CCC hominum peditum cum xxx vintenariis, de terra Comitis Lincolnie de Ros et Rowynoke: quos Griffin ab Tuder, Kenewreke Seis et Kenewreke Duy ducent (qui quidem Griffinus, Kenewricus et Kenewricus vadia non capient tanquam ductores, quia vadia ſua computantur inter vadia dictorum vj conſtabulariorum) a dictis terris usque Ceſtriam, per j diem —Cxj s. *of 6 conſtables and 600 men, viz.: 3 conſtables and 300 men from Maelor Saeſneg, Hope, &c.; 3 captains and 300 men from Ros and Rowynoke, 1 day—£5 11s.*

PRO vadiis predictorum xxx conſtabulariorum et M¹M¹M¹ hominum peditum, quorum Cl. ſunt vintenarii, a villa Ceſtrie uſque Novum Caſtrum ſuper Tynam, per x dies, videlicet; a villa Ceſtrie uſque Mak[el]eſſelde per ij dies; et exinde uſque Baukewelle, per j diem; et deinde uſque Roderham, per j diem; *Route to Newcaſtle, 10 days, with wages of the ſaid 30 conſtables and 3,000 men:— Cheſter to Macclesfield, 2 days; to Bakewell, 1 day; Rotherham, 1 day;*

---

[1] A conſtabularius was a centurion, or, as we ſhould ſay, a captain.

[2] A vintenarius was an officer who had charge of nineteen men. *Liber Quotidianus Contrarotulatoris Garderobæ;* Introduction, p. li.

26 *Edw.* I. 1297.

Pontefract, 1 day; Boroughbridge, 1 day; North Allerton, 1 day; Darlington, 1 day; Durham, 1 day; and lastly, to Newcastle, 1 day—£277 10s.

et deinde ufque Pontem fractum, per j diem; et deinde ufque Pontem Burgi, per j diem; et deinde ufque Alvertoñ, per j diem; et deinde ufque Derlingtoñ, per j diem; et deinde ufque Dunolmum, per j diem; et deinde ufque Novum Caftrum fuper Tynam, per j diem; conftabulario ad equum coopertum, vintenario et homine pedite, percipiente per diem, ut fupra—CC lxxvij li. x s.; videlicet, per diem—xxvij li. xv. s.

Sum of wages of the fame, marching in one divifion and paid by J. de Borham, for the entire route—£342 5s.

SUMMA vadiorum predictorum xxx conftabulariorum et M¹M¹M¹ hominum peditum, quorum Cl. funt vintenarii, de predictis terris, qui ducentur per predictos in una comitiva; in [*fic*] quibus Johannes de Borham clericus folvet vadia a dictis terris ufque Novum Caftrum per dietas predictas, ut patet fuperius—CCC xlij li. v. s.

Wages of J. de Borham, pay-clerk, from London to Aberconway, 8 days (18d. a day)—12s.; ftaying there 6 days—9s.; and thence to Newcaftle, 13 days—19s. 6d.;

PRO vadiis Johannis de Borham, clerici affignati ad vadia dictorum M¹M¹M¹ hominum, a London. ufque Aberconewey, per viij dies percipientis xviij d. per diem—xij s. Et pro vadiis ejufdem morando ibidem per vj dies—ix s. Et pro vadiis ejufdem de Aberconewey ufque dictum Novum Caftrum per xiij dies —xix s. vj den.; percipientis per diem, ut fupra.

Wages of 3 leaders of 2,000 men for 13 days 'at 12d.)—£1 19s.;

ITEM pro vadiis Meuryke de Benete, Thome de Hanley et Walteri de Nortoñ, ducencium predictos M¹M¹ hominum de terra de Snaudoñ ab eadem terra ufque Novum Caftrum fuper Tynam, per xiij dies ut fupra; quolibet eorum percipiente per diem xij d.—xxxix s.

Wages of Sir Edm. le Gafteneys and his efquire, leading 400 men for 11 days (at 3s.)—£1 13s. Wages of other 3 leaders of 600 men are included in thofe of the captains above (page 59).

ET pro vadiis Edmundi le Gafteneys militis et j fcutiferi fui, ducentis predictos CCCC homines de terra de Bromfelde, Yal et Lanhudo, a dictis terris ufque Novum Caftrum predictum per xj dies, ut fupra, percipientis per diem iij s.; pro fe et fcutifero fuo—xxxiij s. De vadiis predictorum Griffini, Kenewrici et Kenewrici, nichil hic, quia fuperius computantur inter vadia conftabulariorum.

Sum £5 12s. 6d.

Summa, Cxij s. vj d.

Sum total of this divifion—£347 17s. 6d.

SUMMA TOTALIS iftius comitive—CCCxlvij li. xvij s. vj d.

De eodem. De comitatu Ceftrie.

PRO vadiis xl conftabulariorum ad equos coopertos, M¹M¹M¹M¹ peditum, quorum CC funt vintenarii, de comitatu Ceftrie, quos Hamo de Mafcy et Radulphus de Vernoun ducent etc. a predicta villa Ceftrie ufque dictum Novum Caftrum fuper Tynam, per x dies; videlicet, ab eadem villa ufque Makelesfelde, per ij dies; et exinde ufque Baukewelle per j diem; et exinde ufque Roderham per j diem;

Route to Newcaftle, 10 days, with wages of 40 conftables on harneffed horfes, and 4,000 men of Chefhire, viz.—

Writs respecting the payment of Wages. 61

et exinde usque dictum Novum Castrum per vj dies, juxta dietas superius contentas—CCClxx li.; videlicet, per diem—xxxvij li.

Chester to Macclesfield, 2 days; to Bakewell, 1 day; to Rotherham, 1 day; and thence to Newcastle, 6 days (as above) —£370.

SUMMA vadiorum M¹M¹M¹M¹ hominum de comitatu Cestrie etc., qui ducentur in una comitiva, et quibus Gilbertus de Arderne solvet vadia, a dicta villa usque dictum Novum Castrum—CCClxx li.

Sum of wages of 4,000 men of Cheshire, marching in one division, and paid by Gilbert de Arderne, from Chester to Newcastle.—£370.

PRO vadiis Hamonis de Macey et Radulphi de Vernoun militum, et ij scutiferorum suorum, ducencium dictos M¹M¹M¹M¹ homines de comitatu Cestrie a villa Cestrie usque dictum Novum Castrum, per x dies ut supra; utroque percipiente per diem, ut prius—lx s.

Wages of Sir Hamon de Macey and Sir Ralph de Vernoun and their two esquires, leading the said 4,000 for 10 days—£3;

ITEM pro vadiis Gilberti d'Arderne clerici, assignati ad vadia dictorum M¹M¹M¹M¹ hominum de comitatu Cestrie, pro vadiis suis a London. usque Cestriam, per vj dies eundo, et per vj dies, morando et expectando adventum dictorum peditum; et exinde usque Novum Castrum predictum, per x dies; percipientis xviij d. per diem—xxxiij s.

Also of Gilbert de Arderne, pay-clerk, from London to Chester, 6 days; waiting there 6 days; and thence to Newcastle, 10 days (at 18d.) —£1 13s.

[Summma, iiij li. xiiij s.]
SUMMA TOTALIS istius comitive—CCClxxiiij li. xiij s.

Sum £4 14s.
Sum total of this division—£374 13s.

Memoranda Roll (Exch. Q.R.), 26 Edw. I., m. 106.

PRO vadiis iij constabulariorum ad equos etc. et CCC hominum peditum, quorum xv sunt vintenarii, de terra de Powis, quos Willelmus de la Pole miles ducet etc. a dicta terra usque Lichefelde, per iij dies, videlicet; a dicta terra usque villam Salopie, per j diem; et exinde usque Pemcriche vel Neweport, per j diem; et exinde usque Lichfelde, per j diem: percipiencium per diem, ut supra—viij li. vj s. vj d., videlicet, per dietam lv s. vj d.

De terra de Powis et comitatibus Salopie et Saffordie. Route to Lichfield. Wages of 3 constables and 300 men:—from Powisland to Shrewsbury, 1 day; to Penkridge or Newport, 1 day; to Lichfield, 1 day—£8 6s. 6d.

PRO vadiis vj constabulariorum ad equos coopertos et DC hominum peditum, quorum xxx sunt vintenarii, de comitatu Salopie, quos Thomas de Rosshale miles ducet etc. a villa Salopie, usque Lichefelde per ij dies; videlicet, usque Pencriche vel Neupont, per j diem; et exinde usque Lichfelde, per j diem; percipiencium ut supra —xj li. ij s.; videlicet, per dietam Cxj s.

Wages of 6 constables and 600 men of co. Salop, 2 days; Shrewsbury to Penkridge or Newport, 1 day; to Lichfield, 1 day—£11 2s.

PRO vadiis iiij constabulariorum ad equos coopertos et CCCC hominum peditum, quorum xx sunt vintenarii, de comitatu Staffordie, quos idem Thomas ducet etc. a dicta villa Staffordie usque Lichfelde, per j diem: percipiencium ut supra—lxxiiij s.

Wages of 4 constables and 400 men of co. Stafford; from Stafford to Lichfield, 1 day £3 14s.

26 Edw. I. 1297.

Wages of said 13 constables and 1,300 men of land and counties aforesaid from Lichfield to Newcastle, 10 days—£120 5s.

PRO vadiis prediƈtorum xiij conſtabulariorum et M¹ CCC hominum peditum, quorum lxv ſunt vintenarii, de terra de Powys, de comitatibus Salopie et Staffordie, a diƈta villa Lichefelde uſque diƈtum Novum Caſtrum ſuper Tynam per x dies, per dietas ſuperius contentas; percipiencium ut ſupra—Cxx li. v s.; videlicet, per dietam, xij li. vj d.

Sum of the wages of the ſame, marching in one diviſion and paid by Richard de Biſhopeſtone—£143 7s. 6d.

SUMMA vadiorum prediƈtorum xiij conſtabulariorum et M¹CCC hominum peditum, quorum lxv ſunt vintenarii, de comitatibus Salopie et Staffordie et de terra de Powys, qui eligentur per Malcolmum de Harle et David le Graunt, et ducentur per diƈtos Thomam de Roſhale et Willelmum de la Pole; et quibus Ricardus de Biſhopeſton clericus ſolvet vadia ſua, a diƈtis partibus uſque diƈtum Novum Caſtrum ſuper Tynam—Cxliij li. vij s. vj d.

Wages of Sir Wm. de la Pole and his eſquire, leading 300 men from Powis-land to Newcaſtle—£1 19s.

PRO vadiis diƈti Willelmi de la Pole militis et ſcutiferi ſui, ducentis CCC pedites de terra de Powys a diƈta terra uſque diƈtum Novum Caſtrum per xiij dies ut ſupra; percipientis per diem ut prius—xxxix s.

Wages of Sir Thomas de Roſhale and his eſquire, leading 1,000 men of counties Salop and Staffordſhire to Newcaſtle—£1 16s.

PRO vadiis diƈti Thome de Roſhale militis et ſcutiferi ſui, ducentis M¹ homines pedites de comitatibus Salopie et Staffordie, de diƈtis comitatibus uſque diƈtum Novum Caſtrum per xij dies, ut ſupra; percipientis per diem ut ſupra—xxxvj s.

Wages of Richard de Biſhopeſtone, pay-clerk to ſaid 1,300 men, for 13 days (at 18d.)—19s. 6d.

PRO vadiis Ricardi de Biſhopeſton clerici, aſſignati ad vadia diƈtorum M¹CCC hominum peditum ſolvenda, per xiij dies; percipientis xviij d. per diem—xix s. vj d.

Sum £1 11s. 6d.

Summa—iiij li. xiiij s. vj d.

Sum total of this diviſion—£148 2s.

SUMMA TOTALIS iſtius comitive—Cxlviij li. ij s.

Sum of all the Sums—£870 12s. 6d.

SUMMA OMNIUM SUMMARUM—DCCClxx li. xij s. vj d.

Ricardo Biſhopeſton pro diƈtis peditibus.

The King, having appointed him to pay wages to 300 men of Powys-land

REX[1] dileƈto clerico ſuo Ricardo de Biſhopeſton ſalutem. Quia de veſtra fidelitate et induſtria gerimus plenam fidem, aſſignavimus vos ad ſolvendum per viſum et teſtimonium dileƈtorum et fidelium noſtrorum Thome de Roſhale et Willelmi de la Pole, vadia treſcentis hominibus peditibus de terra de Powys, et mille hominibus peditibus de comitatibus Salopie et Staffordie, quos uſque Dunolmum

---

[1] Printed in Stevenſon's *Documents*, vol. II. p. 252; but there miſdated 13 Dec.

Writs respecting the payment of Wages. 63

vel Novum Caftrum super Tynam duci facimus contra Scotos, rebelles et inimicos noftros, ad ipsorum Scotorum rebellionem et maliciam reprimendam; Et mandavimus taxatoribus et collectoribus nonc nobis conceffe in comitatu Staffordie quod de denariis ejufdem nonc vobis liberent centum et quinquaginta libras, ad vadia predictorum Willelmi et Thome et hominum peditum ac veftra inde folvenda a dictis terra et comitatibus ufque locum vel loca predicta; prout in quodam rotulo de vadiis et dietis predictorum et tranfcripto brevium noftrorum fuper hoc confectorum, quem vobis mittimus fub figillo Scaccarii noftri, plenius continetur: Et ideo vobis mandamus quod, ftatim vifis prefentibus, dictas centum et quinquaginta libras a dictis taxatoribus et collectoribus recipiatis, et vadia predicta folvatis, per vifum et teftimonium predictorum Willelmi et Thome in forma predicta. Et cum apud Dunolmum vel Novum Caftrum veneritis, dilecto clerico noftro Waltero de Agmundefham, receptori denariorum noftrorum in partibus illis, compotum veftrum inde reddatis. Mandavimus enim eidem Waltero quod compotum illum audiat, et vobis debitas allocaciones, per vifum et teftimonium dictorum Willelmi et Thome, in eodem compoto faciat de premiffis. Et hoc, ficut honorem noftrum et falvacionem tocius regni noftri diligitis, nullatenus omittatis. Tefte W. etc. (*i.e.* Waltero Coventr. et Lich. Epifcopo, Thefaurario noftro, apud Weftmonafterium) xiiij° die Decembris.

and 1,000 of the counties of Salop and Stafford, and having commanded the delivery, for that purpofe, of £150 out of the proceeds of the Ninth in co. Stafford, now orders Richard de Biſhopeſtone to receive this ſum and to apply it as aforeſaid; rendering account thereof, on arrival at Durham or Newcaſtle, to Walt. de Agmondeſham.

Rex[1] dilecto clerico fuo Waltero de Agmundefham, receptori denariorum fuorum in partibus Ebor. et Norhumbrie falutem. Quia affignavimus quofdam milites et alios, ad ducendum ufque Dunolmum, vel Novum Caftrum fuper Tynam, xj milia et CCC hominum peditum de partibus Wallie et comitatibus Salopie, Staffordie et Ceftrie, ad expedicionem contra Scotos, rebelles et inimicos noftros, faciendam; et quofdam clericos, ad folvendum eifdem peditibus vadia fua a partibus et comitatibus predictis ufque ad locum vel loca predicta, prout in quodam rotulo de dietis et vadiis predictorum et tranfcriptis brevium noftrorum directorum diverfis pro denariis liberandis eifdem clericis ad vadia predicta, quem vobis mittimus fub figillo Scaccarii noftri, plenius continetur: Vobis mandamus quod dictos pedites, cum ad vos venerint, ad vadia noftra admittatis, et vadia eifdem folvi faciatis quamdiu fteterint in expedicione predicta, juxta ordinacionem et confilium dilecti et fidelis noftri Johannis de Warenna Comitis Surrie et capitanei expedicionis predicte. Et ftatim poft adventum eorumdem,

De dictis peditibus admittendis ad vadia Regis.

Having aſſigned certain knights and others to lead to Durham or Newcaſtle 11,300 men of Wales, and cos. Salop, Stafford, and Cheſter, and certain clerks to pay their wages up to either place, the King orders W. de Agmondeſham to admit theſe men on their arrival to wages, and to cauſe them to be duly

---

[1] Printed in Stevenfon's *Documents*, vol. II, page 255.

paid fo long as they are in the expedition: receiving and allowing all Accounts rendered of payments previously made.	compotum dictorum clericorum de denariis per ipfos receptis audiri, et debitas allocaciones de vadiis predictis, per vifum et teftimonium militum predictorum et juxta evidenciam dicti rotuli, fieri faciatis eifdem. Et nos vobis in compoto veftro debitas allocaciones inde fieri faciemus. Tefte W. *etc.* apud Weftm. xix die Decembris anno regni noftri vicefimo fexto. Et fciendum quod dictus rotulus cum brevibus predictis liberatur . . Comiti Warenne ad deferendum eidem Waltero etc.
Similar order to Richard de Abyndon, the King's Receiver in cos. Cumberland, Weftmorland, and Lancafter.	Consimili modo mandatum eft Magiftro Ricardo de Abyndoñ, receptori denariorum Regis in comitatibus Cumbrie, Weftmerlandie et Lancaftrie. Tefte ut fupra. Et fciendum quod confimilis rotulus, cum brevibus confimilibus directis dicto Ricardo, liberatur dicto Comiti ad deferendum dicto Ricardo, fi necefle fuerit.
De aliis peditibus admittendis.	Rex[1] dilecto clerico fuo Waltero de Agmundefham, receptori etc. falutem.
As to the 100 Welfhmen led by Humphrey de Bohun, Walter de Agmundefham is to admit them on arrival to wages, and to pay what fhall be then due.	Mandamus vobis quod illos centum Wallenfes pedites, quos dilectus et fidelis nofter Humfridus de Bohun Comes Herefordie et Effexie Conftabularius Anglie fecum ducet, ad expedicionem faciendam contra Scotos, rebelles et inimicos noftros, eum ad vos venerint, ad vadia noftra admittatis, quamdiu fteterint in expedicione predicta; et eifdem, pro racionabilibus dietis a terra dicti Comitis in Wallia ufque ad vos, vadia perfolvatis. Et nos vobis in compoto veftro etc. Tefte W. etc. xviij° die Decembris.
Similar order as to 100 Welfhmen led by Roger Bigod; and 100 men led by Ralph de Monthermer.	Consimili[2] modo mandatur eidem Waltero pro C Walenfibus peditibus, quos Rogerus Bigod Comes Norffolcie et Suffolcie ducet; Et pro C hominibus peditibus, quos Radulphus de Monte Hermerii Comes Glouceftrie et Hertfordie ducet. Tefte etc. ut fupra.
Ordinacio vadiorum equitum.	Rex dilecto clerico fuo Waltero de Agmundefham, receptori denariorum fuorum in partibus Ebor. et Norhumbrie falutem. Sciatis quod concordatum
Of the fubfidy granted by the Archbifhop, prelates, and clergy of	eft, quod dilecti et fideles noftri infrafcripti, de denariis fubfidii ad defenfionem regni noftri per Archiepifcopum Cantuarienfem, prelatos et clerum Provincie Cantuarienfis conceffi, percipiant vij millia DCiiij^{xx} et xj li. xvj s. et viij denarios,

---

[1] Printed in Stevenfon's *Documents*, vol. II. p. 254.   [2] *Ibid.* p. 255.

Writs respecting the payment of Wages. 65

pro fe, banerettis, militibus et aliis de comitiva sua ad quingentos equos coopertos, pro expedicione facienda ad rebellionem et maliciam Scotorum, rebellium et inimicorum noftrorum, reprimendam et expellendam, per tres menfes continuos; primo die dictorum trium menfium incipiente die quo dicti fideles noftri cum dicto numero hominum ad equos coopertos a civitate Eboraci verfus partes Norhumbrie, Weftmerlandie, Cumbrie et Scocie proficifci contigerint, videlicet: Johannes de Warenna Comes Surrie et capitaneus expedicionis predicte, pro fe et fuis de comitiva fua ad C equos coopertos, M^l Dxxxviij li. vj s. viij d.; Rogerus le Bigod Comes Norffolcie et Suffolcie, Marefcallus Anglie, pro fe et fuis de comitiva fua ad C et xxx equos coopertos M^l M^l li.; Radulphus de Monte Hermerii Comes Glouceftrie et Hertfordie, pro fe et fuis de comitiva fua ad centum equos coopertos, M^l Dxxxviij li. vj s. viij d.; Humfridus de Boouu Comes Herefordie et Effexie, et Conftabularius Anglie, pro fe et fuis de comitiva fua ad quaterviginti et decem equos coopertos, M^l CCCiiij^{xx} iiij li. x s.; Willelmus de Bello campo Comes Warrewici, pro fe et fuis de comitiva fua a[d] triginta equos coopertos, CCCClxj li. x s.; et Henricus de Perci, pro fe et fuis de comitiva fua ad quinquaginta equos coopertos, D CCIxix li. iij s. iiij d. Et, de dictis feptem milibus fexcentis quaterviginti et undecim libris, fexdecim folidis et octo denariis, receperunt dicti fideles noftri unam medietatem pre manibus; et aliam medietatem recipient ad mediam quadragefimam proximo futuram, per collectores ejufdem fubfidii ad hoc per dictum clerum affignatos. Et ideo vobis mandamus quod predictis Comitibus et Henrico, pro fe et fuis predictis ad quingentos equos coopertos, pro predictis tribus menfibus plenarie completis, vadia aliqua de denariis noftris nullatenus perfolvatis. Ceterum, quia ordinavimus quod dicti fideles noftri, preter fe et fuos predictos, habeant milites et alios de partibus illis ad ducentos equos coopertos, juxta ordinacionem, eleccionem et confilium capitanei et aliorum fidelium noftrorum predictorum, ad expedicionem predictam virilius faciendam; Vobis mandamus quod, cum dicti milites et alii ad dictos ducentos equos coopertos fic electi fuerint, et ad vos venerint bene muniti pro expedicione predicta, equos fuos ad arma appreciari, et eofdem equites ad vadia noftra admitti vadiaque eis folvi faciatis, quamdiu fteterint in expedicione predicta: Ita tamen quod dicti equites nulla vadia capiant, quamdiu fuerint infra comitatum feu comitatus, in quo vel in quibus terre et tenementa eorumdem exiftunt, juxta ordinacionem predicti capitanei, et prout vos ad majus commodum noftrum videritis effe faciendum. Et nos vobis in compoto veftro debitam allocacionem inde fieri faciemus. Tefte W. Covent. et Lich. Epifcopo, Thefaurario noftro, apud Weftm. xix° die Decembris anno regni noftri xxvj^{to}.

Falk.

K

---

the province of Canterbury, for themfelves, bannerets, knights, and others, to the number of 500 harneffed horfe, for three months (reckoned from leaving York), to go againft the Scots. Order to W. de Agmondefham for their payment.

The E. of Surrey, captain of the expedition, to receive payment for 100 horfe.

The E. of Norfolk and Suffolk, Marfhal of England, for 130 horfe.

The E. of Gloucefter and Hertford for 100 horfe.

The E. of Hereford and Effex, Conftable of England, for 90 horfe.

The E. of Warwick for 30 horfe.

Henry de Percy for 50 horfe.

The total, £7,691 16s. 8d. (i.e. £15 7s. 8$\frac{9}{20}$d. for each horfe, on an average): half already received; half to be paid at Mid-Lent by the collectors.

The fame commanders to have wages in refpect of 200 more horfe.

66   26 *Edw. I.* 1297, *Dec.* 19-20.

Consimili modo mandatum eft Magiftro Ricardo de Abindoñ, receptori denariorum Regis in comitatibus Cumbrie, Weftmerlandie et Lancaftrie. Tefte etc. ut fupra.

Ordinacio vadiorum peditum.

Touching an ordinance made for paying the foot from Yorkfhire, Northumberland, Weftmerland, and Cumberland.

Rex eidem Waltero[1] etc. falutem. Quia ordinatum eft, quod homines pedites de comitatibus Ebor., Norhumbrie, Weftmerlandie et Cumbrie, profecturi ad expedicionem contra Scotos rebelles et inimicos noftros faciendam, vadia noftra non capiant, quamdiu fuerint infra comitatum feu comitatus de quo vel de quibus exiftunt; fed, cum exinde profecti fuerint in expedicione predicta contra dictos Scotos, extunc vadia noftra percipiant, quamdiu fteterint ibidem, juxta ordinacionem dilecti et fidelis noftri Johannis de Warenna Comitis Surrie et capitanei expedicionis predicte: Vobis mandamus quod predictam ordinacionem fic factam firmiter teneatis, prout ad majus commodum noftrum videritis faciendum. Et nos vobis in compoto veftro etc. Tefte etc. ut fupra.

Consimili modo mandatum eft Magiftro Ricardo de Abyndoñ, receptori etc. Tefte ut fupra.

Delivery of Wages-Roll and tranfcript of writs.

Et fciendum quod quidam rotulus[2] de ordinacione folucionis vadiorum hominum de partibus Snaudoñ et aliis terris fuperius nominatis, cum transfcripto brevium fuperius irrotulatorum, liberatur predictis Johanni de Borham et Magiftro Gilberto de Arderne etc. xx^o die Decembris anno predicto.

[1297-8], *Jan.* 3.

Precept, to the Sheriffs of Lincoln and York, against sending corn abroad, except to the King's adherents in Scotland, etc.

Clofe Roll, 26 *Edw. I., m.* 16, dorfo.

De bladis non alibi quam ad partes Scocie, Flandrie,

Rex vicecomiti Lincolnie falutem. Quia nolumus quod blada aliqua alicubi a partibus illis per aquam ducantur, nifi ad partes Scocie ad fuftentacionem

---

[1] Walter de Agmondetham.   [2] See page 59.

Precept to the Sheriffs of Lincoln and York.

fidelium noſtrorum, quos ibidem miſimus et miſſuri ſumus ad maliciam Scottorum rebellium noſtrorum reprimendam, vel ad nos in partibus Flandrie, aut ad partes Vaſconie ad ſuſtentacionem fidelium noſtrorum ibidem in obſequio noſtro commorancium; Tibi precipimus, quod per totam ballivam tuam publice proclamari, et ex parte noſtra firmiter inhiberi facias, ne quis, ſub gravi foriſſactura, blada aliqua a predicto comitatu per aquam, alibi quam ad loca predicta, ducat, ſeu duci faciat quoquo modo. Et hoc nullatenus omittas. Teſte Edwardo etc. ut ſupra (*i.e.* Edwardo filio Regis, apud Langele, iij die Januarij). *vel Vaſconie ducendis.*

Eodem modo mandatum eſt vicecomiti Ebor.

[1297-8], *Jan.* 7.

Writ as to the Marriage of Patrick, son and heir of David de Graham deceased, granted to Sir Robert de Felton.

Privy Seals, 26 *Edw.* I. *File* 2. *No.* 86.

Edwardus Dei gracia *etc.* Cum dederimus dilecto militi noſtro Roberto de Feltoñ, qui nobiſcum moratur in partibus quibus ſumus, maritagium Patricii, filii et heredis David de Graham defuncti qui de nobis tenuit in capite, abſque diſparagacione maritandi; Vobis mandamus, quod eidem Roberto tales litteras habere ſuper hoc faciatis, quales ſecundum conſuetudinem in talibus uſitatam debent fieri et haberi.[1] Datum ſub privato ſigillo noſtro apud Gandavum, vij° die Januarij anno regni noſtri viceſimo ſexto. *Sir Robt. de Felton (now in Flanders with the King), to whom is granted the marriage of Patrick, ſon and heir of David de Graham, is to have the uſual letters thereupon.*

Nunciante J. Botetourte.

---

[1] The grant, dated at Canterbury, 17 March, is on the *Patent Roll* of this year, *m.* 22, and printed in Stevenſon's *Documents*, vol. II. p. 271.

[1297-8], *Jan.* 8.

WRIT OF SUMMONS TO ATTEND THE KING WITH HORSES AND ARMS.

Close Roll, 26 *Edw. I.*, *m.* 15, dorso.

De providendo de equis et armis ad proficiscendum cum Rege ad partes Scocie.

To be provided with horses and arms in readiness against the King's return, to set forth with him towards Scotland.

REX[1] dilecto et fideli suo Willelmo de Echingham salutem. Quia in brevi ad partes Anglie redire, et exinde quamcicius poterimus ad partes Scocie, in adjutorium fidelium nostrorum in partibus illis existencium ad maliciam Scotorum, inimicorum et rebellium nostrorum, potenter reprimendam, gressus nostros dirigere proponimus, Domino concedente; Vobis mandamus rogantes, in fide et dileccione quibus nobis tenemini firmiter injungendo, quatinus de equis et armis vobis interim faciatis taliter provideri, quod, in adventu nostro in Angliam, modis omnibus prompti sitis et parati, nobiscum ad dictas partes Scocie proficisci. Et hoc, sicut honorem nostrum et vestrum et commodum regni nostri diligitis, nullatenus omittatis. Teste Edwardo etc. (*i.e.* Edwardo filio Regis) apud Langeleye,[2] viij. die Januarij.

CONSIMILES littere diriguntur subscriptis, videlicet:[3]

Reginaldo de Argentein.
Ricardo de Baskerville.[4]
Ricardo de Bengham.
Henrico de Bohun.
Johanni de Bosco.
Willelmo le Botiller de Wemme.
Nicholao Branche.
Ricardo le Bret domino de Bradwardeñ.
Guidoni de Briane.

Guidoni Buteturte.
Johanni de Byscaye.
Roberto de Campania.
Galfrido de Caunville.[4]
Willelmo de Cheigny.
Willelmo Chenduit de Schirlande.[4]
Gervasio de Cliftoñ.
Henrico de Cobham.
Rogero de Coleville.
Nicholao de Criolle.

---

[1] Printed in *Parliamentary Writs*, vol. I. p. 309.
[2] King's Langley, co. Hertford.
[3] The names are here arranged alphabetically, though not so on the Roll.
[4] Bascarville, Caumville, Stirkelande, in a writ of 30 March.

Writ of Summons to attend the King.

Hugoni de Curtenay.
Johanni de Erlaneſtoñ.[1]
Radulpho de Eure.
Thome filio Euſtachii.
Matheo filio Johannis.
Johanni filio Reginaldi.
Fulconi filio Warini.
Johanni Filliol.
Alexandro de Friville.
Gerardo de Furnivalle.
Luce de la Gare.
Hamoni de Gattoñ.
Hamoni de Gattoñ.[2]
Matheo de Giffarde.
Hugoni de Gillingham.
Johanni de Goſehale.
Waltero de Gouſhille.
Willelmo de Haute.
Hugoni de Hercy.
Roberto de Hugham.
Henrico Huſe.
Johanni de Lenham.
Johanni Malemeyns.
Willelmo le Mareſchal.

Thome de Marrines.
Rogero de Mortayne.
Edmundo de Mortuo mari.
Hugoni de Mortuo mari.
Walrando de Mortuo mari.
Johanni de Muſceaus.[3]
Willelmo de Neyrſorde.
Johanni de Northwode.
Willelmo Peyforer.
Johanni Peyvre.
Radulpho Pypard.
Johanni de Raleye.
Ranulpho de Ry.
Nicholao de Sandwyz.
Rogero le Sauvage.
Ricardo de Scoland.[4]
Johanni Tregoz.
Egidio de Trumpitoñ.[5]
Henrico de Urtiaco.[6]
Warreſio de Valoignes.
Willelmo de Valoignes.
Roberto de Vernoun.
Ricardo le Waleys.
Ricardo de Welande.

---

[1] Properly Orlauſton.
[2] This name is twice inſerted, and there were, poſſibly, two perſons who bore it. In the liſt appended to a writ of 30 March it occurs only once but it appears again in another writ of summons, bearing the ſame date and of like tenor, addressed to ſundry eminent perſons.
[3] Muſecaus, 30 March.
[4] Scolarde (wrongly), 30 March.
[5] Trumptoñ, 30 March.
[6] Or L'Orti : a Baron, 1299.

[1297-8], *Jan.* 17.

WRIT TO JOHN DE HALUCTON, OR HALAUGHTON, BISHOP OF CARLISLE, AS CONSTABLE OF THE CASTLE.

Close Roll, 26 Edw. I., m. 16.

De domibus et muris castri Karlioli muniendis.

REX venerabili in Christo patri J. eadem gracia Karliolensi Episcopo, constabulario castri sui Karlioli, salutem. Mandamus vobis quod domos et muros castri nostri predicti reparacione et emendacione, quibus necessario indigent, reparari et emendari faciatis. Et custum, quod ad hoc per visum et testimonium proborum et legalium hominum posueritis, cum illud sciverimus, vobis ad Scaccarium nostrum allocari faciemus. Teste Edwardo filio Regis apud Langele, xvij die Januarij.

[1297-8], *Jan.* 22.

WRIT TO JOHN DE WARENNE, EARL OF SURREY, CAPTAIN OF THE EXPEDITION.

Close Roll, 26 Edw. I., m. 16, *dorso.*

De procedendo ad partes Scocie et non expectando adventum Wallensium.

John de Warenne not to await the arrival of the Welshmen; but, taking with him the Earls, Barons and others, as well as the foot-

REX[1] dilecto et fideli suo Johanni de Warenna Comiti Surrie capitaneo expedicionis sue contra Scotos salutem. Licet opus non fuerit vos, sicut intendimus, excitare, quod ad partes Scocie cum Comitibus, Baronibus et aliis fidelibus nostris ad partes illas per nos missis, celeriter proficiscamini, ad maliciam et rebellionem Scotorum predictorum viriliter reprimendam; Vos nichilominus rogamus et mandamus, in fide et dileccione quibus nobis tenemini firmiter injungentes, quod adventum hominum peditum de Wallia et marchia Wallie, qui ad partes predictas per preceptum nostrum sunt venturi, nullatenus expectantes, assumptis vobiscum Comitibus, Baronibus et aliis fidelibus nostris, juxta ordinacionem inde factam ad

---

[1] Printed in *Parliamentary Writs*, vol. I. p. 308.

Writ to John Earl of Surrey.

partes predictas profecturis, necnon hominibus peditibus de comitatibus Ebor., Lancastrie, Westmerlandie, Cumbrie, et Northumbrie, versus predictas partes Scocie, in quantum poteritis cum omni celeritate qua fieri poterit, procedatis pro tuicione et defensione parcium marchie Scocie predictarum, prout melius ad commodum et honorem nostrum et vestrum ac tocius regni nostri, necnon ad salvacionem parcium illarum, et dictorum Scotorum maliciam reprimendam, videritis faciendum: in hac expedicione nostra taliter vos habentes, quod diligenciam, probitatem et fidelitatem vestram, necnon et aliorum Comitum, Baronum fideliumque nostrorum, nunc ut alias, debeamus merito commendare. Teste Edwardo etc. apud Westm., xxij die Januarij.

men of cos. York, Lancaster, Westmerland, Cumberland, and Northumberland, to go forward at once for the defence and safe-keeping of the March of Scotland.

[1297-8], *Jan.* 28.

MANDATE TO THE ESCHEATOR BEYOND TRENT TO DELIVER MONEY FOR THE SAFEGUARD OF THE NORTHERN PARTS, TO BE EXPENDED AT THE DISCRETION OF BRIAN FITZALAN, CAPTAIN OF THE KING'S FORTIFICATIONS THERE.

Memoranda Roll (Exch. Q.R.), 26 Edw. I., m. 111.

REX dilecto et fideli suo Johanni de Lithegrenis, escaetori suo ultra Trentam, salutem. Cum assignaverimus dilectos nostros Walterum de Agmondesham, receptorem denariorum nostrorum in partibus Northumbrie, et Robertum Herun, contrarotulatorem, quamdiu nobis placuerit; Ita quod dictus Walterus denarios illos, de precepto dilecti et fidelis nostri Briani filii Alani capitanei municionis nostre in partibus predictis, et per visum et testimonium prefati Roberti, liberet et expendat, secundum quod idem Brianus juxta discrecionem suam, pro tuicione et salvacione parcium predictarum, melius viderit faciendum: Vobis mandamus quod omnes denarios, quos habetis de exitibus ballive vestre, predicto Waltero ad mandatum dicti Briani liberetis, ad expendendum in forma predicta; receptis ab eodem Waltero litteris suis patentibus recepcionem denariorum, per vos ei

Escaetori ultra [Trentam] de . . . . . d.[1]

The escheator beyond Trent is to deliver to the King's receiver in Northumberland all money, being the issues of his province, to be expended at the discretion of Brian FitzAlan in safe-

---

[1] Mutilated. Probably "de denariis liberandis."

liberandorum, teftificantibus. Et nos vobis in compoto veftro ad Scaccarium noftrum debitum allocacionem inde habere faciemus. Tefte Thefaurario, xxviij die Januarij.

guarding thofe parts.

[1297-8], *Jan.* 29.

PRECEPT TO THE SHERIFFS OF LONDON, TO PAY MONEY FOR THE EXPENSES OF JOHN DE BALLIOL, DWELLING IN THE TOWER.

Memoranda Roll (Exch. Q.R.), 26 *Edw. I., m.* 110, dorfo.

REX vicecomitibus[1] London. salutem. Precipimus vobis quod de exitibus ballive veftre liberari faciatis Radulpho de Sandwyco, conftabulario Turris noftre London., fuper expenfis Johannis de Balliolo in eadem Turri commorantis, C li.; recipientes ab eodem Radulpho litteras fuas patentes recepcionem dictorum denariorum teftificantes. Et nos vobis in compoto veftro debitam allocacionem inde fieri faciemus. Tefte W. etc. xxix° die Januarij anno xxvj°.

De denariis folvendis fuper expenfis Johannis de Balliolo.

The conftable of the Tower of London to have £100. for fuch expenfes.

[1297-8], *Jan.* 29.

MEMORANDUM OF A LIKE PRECEPT CONCERNING THE EXPENSES OF JOHN DE BALLIOL, AND OF EDWARD HIS SON, BOTH IN THE TOWER.

Ibid., m. 111.

PRECEPTUM [eft[2]] vicecomitibus [predictis[2]] quod [de exitibus[3]] ballive fue liberari faciant dilecto et fideli Regis Radulpho de Sandwyco, conftabulario Turris London., fuper expenfis Johannis de Balliolo, et Edwardi filii fui, in eadem Turri commorancium, C li.; recipientes ab eodem Radulpho litteras fuas patentes

[.   .   .[2]]

The conftable to have £100 for expenfes of John de Balliol and Edward his fon.

---

[1] The fheriffs of London in 26 Edw. I. were William de Storteford and John de Storteford; of whom the latter died during his year of office.

[2] Illegible.   [3] Suggefted, as being required by the context.

recepcionem dictorum denariorum testificantes. Et Rex eis in compoto suo ad Scaccarium debitam inde allocacionem fieri faciet. Teste Thesaurario, xxix die Januarij anno xxvj⁰.

JOHANNES de Drokenefforde, custos Garderobe, debet onerari de pecunia predicta, quia predictus Radulphus reddet inde compotum in Garderoba predicta.   *Account to be rendered in the Wardrobe, and the keeper charged.*

[1297-8], *Jan.* 30, 31.

MANDATE TO HENRY, ARCHBISHOP-ELECT OF YORK, TO RAISE WITH THE UTMOST DILIGENCE ALL MONEY DUE TO THE KING FROM THE CLERGY OF HIS DIOCESE.

Memoranda Roll (Exch. Q. R.), 26 Edw. I., m. 111.

REX dilecto sibi in Christo H.¹ Eboracensi Electo salutem. Quia propter expensas multiplices, que nobis continue diebus istis incumbunt, tam ad expugnacionem inimicorum nostrorum regni Francie potencius resistendam, quam protervam Scotorum rebellionem sevicius reprimendam, pecunie promptitudine necessarius indigemus; Vobis mandamus, in fide et dileccione quibus nobis tenemini, quod omni diligencia qua poteritis, per consilium et auxilium dilecti et fidelis nostri Johanni[s] de Insula, cui super hoc scripsimus, denarios nostros qui nobis aretro sunt, tam de quinta bonorum cleri vestre diocesis, quam de aliis debitis que idem clerus nobis debet de diversis subsidiis nobis per eundem clerum alias gratanter concessis, tam per vos quam per ministros vestros, levari faciatis; Considerantes siquidem quantum periculum (quod absit) defectus pecunie posset inducere, et quanta examinacio³ inimicorum nostrorum erit, si super pecunie potenciam nos

[. . .²]

The King commands the Archbishop-Elect of York with the counsel and aid of John de Lisle (to whom he has also written) to collect at once all arrears of the Fifth of goods, and of subsidies granted by the clergy of his diocese.

---

¹ Henry de Newark, Dean of York, was elected Archbishop 7 May, 1296. The temporalities were restored to him 22 June, 1297; and his consecration took place at York, 15 June, 1298, after the King's departure for Scotland. His death occurred in August, 1299.

² Mutilated.   ³ Read "examinacio."

sciant excellere. Mandavimus vero vicecomiti noftro Ebor. quod ipfe una cum ballivis fuis, omnibus modis quibus poterit, quandocumque et quocienfcumque a vobis feu miniftris veftris requifitus fuerit, vobis intendat et in auxilium affiftat, ad dicta debita noftra celeriter ad opus noftrum levanda, fecundum quod vos et predictus Johannes, vel unus veftrum, ei plenius injungetis. Et hoc nullo modo omittatis, ficut honorem noftrum diligitis et tocius regni noftri periculum vitare volueritis. Tefte Thefaurario etc., xxxj die Januarij anno xxvj[o].

MEMORANDUM OF PRECEPT TO THE SHERIFF [OF YORK] TO AID IN RAISING THE SAME MONEY.

Memoranda Roll (Exch. Q. R.), 26 *Edw. I.*, *m.* 111.

The sheriff to aid in raifing the King's dues, whenfoever required.

PRECEPTUM eft vicecomiti, fub omni eo quod Regi forisfacere poteft, quod ftatim, vifis litteris dilecto Regis in Chrifto H. Eboracenfi Electo [1] et dilecto et fideli Regis Johanni de Infula,[2] una cum omnibus ballivis fuis, quandocumque feu quocienfcumque ab eis feu uno eorum fueris[3] requifitus, intendat et in auxilium affiftat, ad debita Regis que Regi debentur in balliva fua, fecundum quod ex parte Regis predicti Electus et Johannes fibi injungent, ad opus Regis celeriter levanda; attendens fiquidem quod, fi Rex [eum] remiffum vel necligentem inveniat, Rex eundem vicecomitem exheredari et corpus fuum perpetuo carcere faciet mancipari. Tefte Thefaurario, xxx die Januarij anno xxvj[o].

MANDATE TO JOHN DE LISLE, REQUIRING HIM TO EXPEDITE THE RAISING OF THE SAME MONEY, ETC.

Ibid., *m.* 111, dorfo.

Johanni de Infula, de levacione denariorum feftinanda.

REX dilecto et fideli fuo Johanni de Infula falutem. Quia propter expenfas multiplices *etc.*:[4] Vobis mandamus, in fide et dileccione quibus nobis tenemini, quod ad prefenciam dilecti nobis in Chrifto H. Eboracenfis Electi a[nt]edicti, et

---

[1] The article next preceding.   [2] The article next following.   [3] Read "fuerit."
[4] See page 73.

Precept to the Sheriff of Cambridge, &c. 75

omni diligencia qua poteritis, eidem in auxilium affiftatis ad denarios noftros, qui nobis aretro funt, tam de quinta bonorum cleri fue diocefis quam de aliis debitis quam¹ idem clerus nobis debet de diverfis fubfidiis nobis per eundem clerum alias gratanter conceffis, ad opus noftrum levandos; Exafperantes et inducentes taxatores et collectores none et aliorum fubfidiorum de quibus nobis arreragia debentur . . . . vicecomit' Ebor., ut omni dilacione poftpofita hujufmodi debita noftra celeritur levari faciant; confiderantes fiquidem quantum periculum *etc.*² excellere. Mandavimus enim vicecomiti noftro Ebor., quod ipfe una cum ballivis fuis, omnibus modis quibus poterit, quandocumque et quocienfcumque a vobis feu [miniftris veftris] fuerit requifitus, vobis intendant³ ad dicta debita levanda fecundum quod ex parte noftra ei plenius injungetis. Et hoc nullo modo omittatis, ficut honorem noftrum diligitis et [tocius]⁴ regni noftri periculum vitare volueritis. Tefte Thefaurario, xxx die Januarij anno xxvj⁽ᵗᵒ⁾.

John de Lifle to aid the Archbifhop-Elect, and to urge the taxers and collectors of the Ninth and other fubfidies to ufe their utmoft diligence in levying fuch money quickly.

[1297-8], *Feb.* 1.

Precept to the Sheriff of Cambridge, regarding the maintenance of two Scottish Prisoners, taken at Dunbar, and confined in Wisbeach Castle.

Memoranda Roll (Exch. Q. R.), 26 Edw. I., m. 111, *dorfo.*

Rex vicecomiti Cantabrigie falutem. Precipimus tibi quod Euftachio de Rettrefe et Germano le Fauconer, armigeris, prifonibus et inimicis noftris contra nos nuper in caftro de Dumbar in Scocia et in conflictu inter nos et ipfos habito captis, quos ad caftrum de Wyfebeke⁵ mififtis inprifonandos, et ibidem [in prifona⁶] noftra falvo et fecure cuftodiendos, de exitibus ballive tue habere facias vadia fua; videlicet, cuilibet e[orum, tres denarios,]⁷ et uni cuftodi eorumdem, tres denarios per diem, a fefto sancti Michaelis proximo preterito, donec aliud a nobis [habeas⁶] in mandatis. Et cum fciverimus quantum eis liberaveris, nos inde tibi de exitibus predictis debitam allocacionem faciemus. Tefte Thefaurario, primo die Februarij anno xxvj⁽ᵗᵒ⁾.

Vicecomiti Cant. pro vadiis Scotorum folvendis.

Euftace de Rettrefe and German le Fauconer, efquires, to have 3 pence a-day, each; and their keeper the fame fum daily.

---

¹ Read "que." ² See page 73. ³ Read "intendat." ⁴ Omitted.
⁵ Wifbeach. ⁶ Suggefted, though illegible. ⁷ Barely legible.

26 Edw. I. 1297-8, Feb. 15-18.

[1297-8], Feb. 15.

Presentation to a Benefice in England, the Patronage of which was forfeited by Andrew de Chartres, a Scot.

Patent Roll, 26 Edw. I., m. 27.

De prefentacione. PETRUS de Aultoñ habet litteras Regis de prefentacione ad ecclefiam Albi
Peter de Aulton Monafterii,[1] vacantem per refignacionem Roberti de Chartres nuper rectoris
prefented to the ejufdem, et ad donacionem Regis fpectantem, racione terrarum Andree de
church "Albi Mo-
nafterii". Chartres[2] de Scocia in manu Regis exiftencium; et diriguntur littere S. Sarum
Epifcopo.[3] In cujus rei etc. Tefte Edwardo filio Regis apud Langele, xv die
Februarij. Per breve de privato figillo.

[1297-8], Feb. 18.

Memorandum concerning the Mandate lately given to the Keeper of the Lands of John Earl of Richmond, that now all Moneys arising therefrom are to be delivered to Walter de Agmondesham.

Memoranda Roll (Exch. Q. R.), 26 Edw. I., m. 112.

Hafculpho de LICET Rex nuper mandaret dilecto et fideli fuo Hafculpho de Clifeby,
Clefeby de denariis cuftodi terrarum Comitis Richemondie in manu Regis exiftencium, quod omnes
liberandis.
—— denarios, quos haberet de exitibus terrarum predictarum vel quoquo modo levare
The keeper of the poffet, liberaret vicecomiti Regis Ebor. ferendos ad Scaccarium hic, Thefaurario
Earl of Richmond's
lands is to hand et Camerario liberandos : Quia, tamen, certis de caufis Rex vult quod denarii
over the iffues for illi liberenter dilecto clerico fuo Waltero de Agmonfdefham, ad expenfas muni-

---

[1] Suppofed to be either Whitchurch-Canonicorum, or Whitchurch-Winterborne, co. Dorfet.
[2] Andrew de Chartres was one of the Scottifh nobles who were fummoned to accompany K. Edward to Flanders, 24 May, 1297. Stevenson's *Documents*, vol. II., p. 168.
[3] Simon de Gandavo, or of Ghent, Bifhop of Salifbury, 1297-1315.

Lands of John Earl of Richmond. 77

cionis fue verfus partes Scocie faciendas deputato,[1] prout predicto vicecomiti[2] per ipfum Regem plenius eft preceptum, mandatum eft eidem Hafculpho, ficut alias firmius injungentes,[3] quod omnes denarios, quos de exitibus ballive fue habeat, dicto vicecomiti liberet dicto clerico Regis liberandos, ut premittitur, recipienti ab eodem vicecomite litteras fuas patentes recepcionem denariorum fibi liberandorum teftificantes. Et Rex inde eidem Hafculpho in proximo compoto fuo hic debitam allocacionem habere faciet. Tefte Thefaurario, xviij die Februarij.

the expenfes of for-tifying the parts towards Scotland.

[1297-8], Feb. 18.

PRECEPT TO THE SHERIFF OF YORK TOUCHING THE SAME MONEYS, THAT, INSTEAD OF SENDING THEM TO THE EXCHEQUER, HE IS TO DELIVER THEM TO WALTER DE AGMONDESHAM.

Ibid., m. 112.

REX vicecomiti Ebor. falutem. Licet nuper tibi preciperemus quod omnes denarios, quos dilectus et fidelis nofter Hafculphus de Clifeby, cuftos terrarum et tenementorum Johannis de Britannia Comitis Richemondie in manu noftra exiftencium, tibi liberaret, mitteres ad Scaccarium noftrum apud Weftm. omni celeritate qua poffes, Thefaurario et Camerario noftris ibidem liberandos: Quia, tamen, ad expenfas municionis noftre verfus partes Scocie ad prefens pecunia indigetur, Tibi precipimus quod, cum predictus Hafculphus denarios provenientes de exitibus ballive fue tibi liberaverit, juxta mandatum noftrum fibi directum, eos fine dilacione dilecto clerico noftro Waltero de Agmondefham, ad expenfas predictas faciendas deputato, liberes; litteras fuas patentes recepcionem dictorum denariorum teftificantes recipiens ab eodem. Et fcire facias quamprimum poteris Thefaurario et Baronibus de Scaccario noftro apud Weftm. per litteras tuas, quantum pecunie predictus Hasculphus tibi liberaverit, et quando eandem te dicto clerico noftro contigerit liberare. Tefte ut fupra.

Vicecomiti Ebor. de denariis recipiendis et liberandis.

Although lately otherwife ordered, all money delivered by the keeper of the Earl of Richmond's lands is to be expended in fortifying the parts towards Scotland.

---

[1] See page 71. [2] See the next article. [3] Read "injungendo."

[1297-8], *March* 4.

MANDATE TO THE TAXERS AND COLLECTORS OF THE NINTH IN LINCOLNSHIRE, REGARDING THE PAYMENT OF MONEY FOR THE EXPEDITION.

Memoranda Roll (Exch. Q. R.), 26 *Edw. I., m.* 112, dorso.

Taxatoribus et collectoribus none in comitatu Lincolnienſi.

£200 to be paid to John de Shefelde and Ralph de Dalton, for corn. £80 to be ſent to York, and paid by the ſheriff to Walter de Agmondeſham.

REX taxatoribus et collectoribus none ſibi conceſſe in comitatu Linc. ſalutem. Mandamus vobis firmiter injungentes, quod de pecunia none predicte ſine dilacione liberetis dilectis clericis noſtris Johanni de Shefelde et Radulpho de Dalton,[1] ad blada in comitatu Ebor. providenda pro municione noſtra verſus partes Scocie aſſignatis, vel alteri ipſorum, CC libras ad providenciam bladorum predictorum faciendam; et octinginta[2] libras uſque Ebor. per ſecurum conductum tranſmittatis, et eas Johanni Byroun vicecomiti noſtro in hac parte liberetis, mittendas dilecto clerico noſtro Waltero de Agmondeſham, ad expenſas municionis predicte faciendas aſſignato: recipientes a predicto Johanne et Radulpho, vel corum altero, litteras ſuas patentes recepcionem dictarum CC librarum, et a predicto vicecomite litteras ſuas patentes recepcionem predictarum octingint'[2] librarum teſtificantes. Et nos denarios predictos et cuſtum quod circa predictas octingent'[2] libras uſque Ebor. conducendas appoſueritis, cum illud ſciverimus, vobis in compoto veſtro ad Scaccarium noſtrum reddendo de nona predicta allocari faciemus. Proviſo ſiquidem quod pretextu preſencium non omittatis quin in craſtino medie quadrageſime[3] que jam inſtat, quem diem, ut noſtis, vobis dedimus ad compotum predictum reddendum, ſitis ad idem Scaccarium noſtrum apud Weſtm. cum toto reſiduo predicte none nobis ſolvendo, et rotulis, brevibus, talliis et omnibus aliis taxacionem et colleccionem ejuſdem none tangentibus, compotum predictum reddituri. Teſte W. Theſaurario etc., iiij[o] die Marcij anno xxvj[o].

---

[1] See page 1. [2] *Sic*, probably for "octoginta." [3] Mid-lent Sunday 1297-8 was March 16.

[1297-8], March 4.

Precept to the Sheriff of York to Pay certain Moneys to Walter de Agmondesham for the Expedition.

Memoranda Roll (Exch. Q. R.), 26 Edw. I., m. 112, dorso.

Cum mandaverimus taxatoribus et collectoribus none nobis concesse in comitatu Linc. quod de pecunia none predicte octingintas[1] libras indilate usque Ebor. salvo transmittant, et eas ibidem tibi liberent ad mittendas dilecto clerico nostro Waltero de Agmondesham, ad expensas municionis nostre in partibus Scocie faciendas assignato: Tibi precipimus firmiter injungentes quod, cum collectores predicti pecuniam predictam tibi transmiserint, eam indilate ab eis recipias et extunc predicto clerico nostro simul cum aliis denariis de exitibus ballive tue, quos eidem clerico nostro misisse nuper tibi precepimus, salvo mittas et secure, ad expensas predictas faciendas; recipiens ab eodem clerico nostro litteras suas patentes recepcionem denariorum illorum testificantes. Et custum quod circa hoc apposueris, cum illud sciverimus, tibi in compoto tuo ad Scaccarium nostrum faciemus allocari. Teste Thesaurario, iiij^{to} die Marcij anno xxvj^{to}.

Vicecomiti Ebor.

[1297-8], March 4.

Mandate to the Sheriff of Northumberland to receive Richard de Abindon, and to keep him and the Money brought by him safe in the Castle of Newcastle.

Memoranda Roll (Exch. Q. R.), 26 Edw. I., m. 113, dorso.

Pre[ceptum est] vicecomiti firmiter injungendo quod dilectum clericum Regis Ricardum de Abindoñ, quandocumque ad se venire contigerit, cum omnibus denariis quos secum ducet, in castrum Regis apud Novum Castrum super Tynam recipiat, et eos in eodem castro salvo faciat custodiri, quousque iidem denarii Comitibus quibus assignantur fuerint soluti. Teste Thesaurario, iiij^{to} die Marcij anno xxvj^{to}.

Vicecomiti Northumbrie.

---

[1] *Sic*, probably (as before) for "octoginta."

[1297-8], *March* 5.

PRECEPT TO THE SHERIFF OF YORK RESPECTING THE PAYMENT OF
MONEY FOR THE EXPEDITION.

Memoranda Roll (Exch. Q. R.), 26 *Edw. I., m.* 113, dorso.

Ebor.

CUM Rex assignaverit dilectos suos Johannem de Shefelde et Radulphum de Dalton ad providenciam faciendam de blado in comitatu Ebor. ad partes Scocie mittendo, pro sustentacione fidelium Regis in eisdem partibus ad presens in obsequio Regis commorancium, et Rex assignaverit predictos clericos suos quod de vicecomite percepissent ad providenciam predictam faciendam CCiij li. xiij s. iiij d.; ac idem vicecomes inde eisdem l li., ut asserunt, liberaverit, residuumque nequaquam: Preceptum est vicecomiti quod residuas Cliij li. xii s. iiij d. de summa predicta eisdem clericis Regis indilate liberet, nisi eas eis prius liberaverit; recipiens ab eisdem litteras patentes recepcionem predictarum Cliij li. xiij s. iiij d. testificantes. Et Rex inde in compoto suo debitam allocacionem sibi habere faciet. Teste Thesaurario, v^{to} die Marcij anno xxvj^{to}.

[1297-8], *March* 15.

WRIT OF SUMMONS FOR A COUNCIL.

Close Roll, 26 *Edw. I., m.* 12, dorso.

De consilio
summonendo

REX[1] venerabili in Christo patri W. eadem gracia Eliensi Episcopo[2] salutem. Quia super quibusdam arduis negociis nos et statum regni nostri tangentibus vobiscum habere volumus colloquium et tractatum; Vobis mandamus, in fide et dileccione quibus nobis tenemini firmiter injungentes, quod ad nos usque Westmonasterium personaliter accedatis: ita quod omnibus modis sitis ibidem, die Dominica in ramis palmarum[3] proximo futura ad ultimum, nobiscum super

---

[1] Printed in the *Fœdera*, new edition, vol. I. p. 889.

[2] William de Luda (or of Louth), Treasurer of the Wardrobe. He died a few days before the time appointed for the Council. See Le Neve's *Fasti*, by Hardy, vol. I. p. 337.

[3] Palm Sunday 1298 was March 30, on which day several important documents relating to the war were issued.

dictis negociis locuturi et eciam tractaturi. Et hoc nullo modo omittatis. Teste Rege apud Sandwycum, xv die Marcij.

CONSIMILES littere diriguntur fubfcriptis videlicet:

. . Londoñ Epifcopo.[1]
Magiftro Roberto de Radefwelle, archidiacono Ceftrenfi.[2]
Magiftro Willelmo de Kylkenny.[2]
Magiftro Willelmo de Grenefelde.[2]
Magiftro Reginaldo de Braundoñ.[2]
Magiftro Johanni de Derby, decano Lychfeldenfi.[2]
Philippo de Wylgheby, decano Lincolnienfi.[3]
Willelmo de Carletoñ.[4]
Petro de Leyceftre.[4]
Johanni de Metingham.[5]

Willelmo de Bereforde.[2]
Elie de Bekingham.[3]
Petro Malorre.[5]
Willelmo Hawarde.[6]
Rogero Brabazun.[5]
Willelmo de Ormefby.[7]
Magiftro Johanni Lovel.[2]
Gilberto de Roubury.[5]
Magiftro Johanni de Lacy.[8]
Magiftro Thome de Lughore.[2] [9]
Johanni de Cobeham.[3]
Johanni Giffard de Brimmeffelde.

[1297-8], *March* 17.

LETTER OF THE KING TO THE EARLS AND BARONS IN SCOTLAND.

Patent Roll, 26 *Edw. I.*, m. 22.

EDWARD par la grace de Dieu etc. a fes ames e feaus, Contes, Barons, e a totes fes autres bones gentz demorauntz en noftre fervice en la compaignie le Conte de Garenneen les parties de Efcoce faluz. Nous vous fefoms afaver que nous fumes venuz des parties de Flaundres en noftre roiaume d'Engleterre, e arivames a

Littera Regis directa Comitibus et Baronibus in Scocia commorantibus, de regraciando eos fumper mora fua ibidem.

---

[1] Richard de Gravefend.
[2] Thefe are mentioned in a writ of 5 Sep., 25 Edw. I., as clerks of the Council.
[3] Chancellor of the Exchequer. [4] Barons of the Exchequer.
[5] Juftices. [6] A Juftice of the Common Pleas; anceftor of the Dukes of Norfolk.
[7] A Juftice of the Common Pleas, and lately Jufticiary of Scotland.
[8] Apparently the younger brother of Henry Earl of Lincoln.
[9] Elfewhere called Logore.

Falk.

82   26 *Edw. I.* 1297-8, *March* 17-21.

Sandwyz le venderdi prochein apres la fefte feint Gregoire,[1] fein e fauf ove tute noftre compaignie, la Dieu merci. E mult vous mercioms del emprife de noftre bofoigne, qe vous enpreiftes daler fur nos enemis en celes parties, tant qe nous eftioms dela la mer. E vous prioms qe ceo qe vous avez bien commence, voillez continuer e mettre toutz jours en oevre a voftre poer, qar nous nous hafteroms de venir vers vous, taunt com nous purroms, e avant noftre venir, e en noftre venir, mettroms tot le bon confeil qe nous porroms en la dite bofoigne; enfi qe, al eide Dieu, ele fe prendra bien, ficome ele devera. Donees a Canterbyry, le xvij jour de Marz.

[1297-8], *March* 21.

PRECEPT TO THE SHERIFF OF LINCOLN, TO CONVEY THE TENTH
GRANTED BY THE CLERGY TO NEWCASTLE.

Memoranda Roll (Exch. Q. R.), 26 Edw. I., m. 113.

De denariis x^e cleri cariandis ufque Novum Caftrum fuper Tynam.

REX vicecomiti Lincolnie falutem. Precipimus tibi quod de illis CCCCxxxviij marcis xx denariis, quos per dilectos et fideles noftros Simonem filium Radulphi et Willelmum de Heppedeñ tibi mittimus, recipias, et eos fub falvo et fecuro conductu ufque Novum Caftrum fuper Tinam duci et cariari, et Ricardo de Apintoñ clerico venerabilis patris R. Archiepifcopi Cantuarienfis[2] ad folucionem Comitibus in Scocia pro expedicione contra Scotos commorantibus facient'[3] affignato, una cum littera dilecti et fidelis noftri W. Coventr. et Lich. Epifcopi, Thefaurarii noftri, eidem Ricardo inde directa, quam fimul cum dictis denariis per dictos Simonem et Willelmum tibi fecimus tranfmitti, liberari facias ibidem: recipiens ab eodem Ricardo litteras fuas patentes recepcionem dictorum denariorum teftificantes. Cuftum enim quod ad hoc appofueris, cum illud fciverimus, tibi in compoto tuo allocari faciemus. Tefte W. Coventr. et Lich., xxj die Marcij anno xxvj^{to}:

---

[1] The King's letter of the fame date to John de Warenne, in which he alludes to "autres lettres overtes de meifme la tenour eferites generaument a touz les grantz feignurs de voftre compaignie," is printed in Rymer's *Fœdera*, new edition, vol. I. p. 889. " De regraciando Johannem de Warenna Comitem Surrie fuper negocio Scocie."

[2] Robert Winchelfey.   [3] Read "faciendas."

Letter of the King to Joan Comyn.

[1298], *March* 26.

LETTER OF THE KING TO JOAN COMYN.

Close Roll, 26 *Edw. I., m.* 12, dorso, in cedulâ.

REX confanguinee fue cariffime Johanne uxori Johannis Comyn de Badenaghe junioris falutem. Quia propter aliquas certas caufas volentes quod vos ad nos fine dilacione qualibet ufque London. veniatis, vobis mandamus firmiter injungentes, quod ftatim vifis litteris omnibus aliis pretermiffis ad nos London. accedatis, liberos veftros confanguineos noftros vobifcum modis omnibus adducentes. Et ad vos una cum liberis veftris predictis ad nos ufque London. conducendos vicecomitem noftrum Oxon.[1], et Michaelem de Karliolo fervientem noftrum ad latorem prefencium fpecialiter deftinamus. Tefte Rege apud Thurroke,[c] xxvj die Marcij.[3]

[marginal note:] Quod Johanna uxor Johannis Comyn de Badenaghe veniat ad Regem ufque London.

[1298], *March* 29.

PRECEPT TO THE SHERIFF OF CUMBERLAND.

Close Roll, 26 *Edw. I., m.* 12.

REX vicecomiti Cumbrie[4] falutem. Cum dilecti et fideles noftri Jufticiarius et Thefaurarius noftri Hibernie miferint, a partibus Hibernie ad mandatum noftrum, quandam quantitatem bladi ufque ad partes comitatus predicti, pro municione

[marginal note:] De blado ufque caftrum Karlioli cariando pro municione ejufdem.

---

[1] Henry de Thifteldene.   [2] In Effex, near the Thames.

[3] An entry on the *Patent Roll,* 26 Edw. I. *m.* 12, concerning the same matter, is printed in Stevenfon's *Documents,* vol. II. page 272, where there is a note referring to the above. John Comyn, of Badenoch, the younger (the Red Comyn, who was killed at Dumfries, in February, 1305-6), married Joan de Valence. This lady's confanguinity with King Edward will appear by the following pedigree:—

K. John, 1st husband. = Isabel, d. and h. of Aymer, Count of Angoulême. = Hugh le Brun, Count de la Marche, 2nd husband.

K. Henry III. =   William de Valence, 1st E. of Pembroke. =

K. EDWARD I.   Aymer de Valence, 2nd E. of Pembroke.   John Comyn = JOAN.

[4] Michael de Arcla, or Harcla, had been fheriff of Cumberland for many years paft, and was fo during the former half of 26 Edw. I. His fon Andrew was created Earl of Carlifle by Edward II.

26 Edw. I. 1298, March 30.

caftri noftri Karlioli; Tibi precipimus quod bladum illud ufque caftrum noftrum predictum fine dilacione cariari, et illud venerabili patri, J. Karliolenfi Epifcopo,[1] conftabulario noftro caftri illius, liberari facias, ad idem caftrum noftrum inde muniendum. Et cuftum, quod ad hoc per vifum proborum et legalium hominum pofueris, cum illud fciverimus, tibi in compoto tuo ad Scaccarium noftrum allocari faciemus. Tefte Rege apud Retherhethe,[2] xxix die Marcij.

[1298], *March* 30.

WRITS OF SUMMONS TO ATTEND THE KING, WITH HORSES AND ARMS, AT YORK, ON THE FEAST OF PENTECOST.

Clofe Roll, 26 *Edw. I., m.* 12, dorfo.

De veniendo cum equis et armis ufque Eboracum.

REX[3] dilecto et fideli fuo Willielmo Payforer falutem. Cum, nobis nuper in partibus Flandrie exiftentibus, vobis mandaverimus rogando, quatinus de equis et armis vobis faceretis taliter provideri quod, in adventu noftro in Angliam, modis omnibus prompti effetis et parati, nobifcum ad partes Scocie, in adjutorium fidelium noftrorum in partibus illis exiftencium, ad maliciam Scotorum, inimicorum et rebellium noftrorum, potenter reprimendam, proficifci; et jam fumus in proficifcendo verfus partes illas ex caufa predicta: Nos, de veftra fidelitate ad plenum confidentes, vos iterato requirimus et rogamus, in fide et dileccione quibus nobis tenemini mandantes, quod fitis ad nos apud Eboracum cum equis et armis, in fefto Pentecoftes proximo futuro ad ultimum, ubi tunc perfonaliter intererimus, Domino concedente, prompti et parati exinde nobifcum proficifci ad partes Scocie predictas, ad dictorum inimicorum et rebellium noftrorum maliciam reprimendam, et ad eofdem inimicos noftros juxta eorum demeritum expugnandos. Et hoc, ficut nos et honorem noftrum et veftrum, et regni noftri tranquillitatem diligitis, nullo modo omittatis. Tefte Rege apud Weftm., xxx. die Marcij.

CONSIMILES littere diriguntur fubfcriptis, videlicet:

[The lift comprifes the fame names as thofe appended to the writ of 8 January, except that only one Hamo de Gatton is mentioned. That name occurs again in the next lift of the fame date. See page 85.]

---

[1] John de Halucton, or Halaughton.   [2] Rotherhithe, co. Surrey.
[3] Printed in *Parliamentary Writs*, vol. I. p. 310.

Writs of Summons to attend the King, &c. 85

Rex[1] dilecto et fideli suo Alano de Goldingham salutem. Quia jam sumus in proficiscendo versus partes Scocie, in adjutorium fidelium nostrorum in partibus illis existencium, ad maliciam Scotorum, inimicorum et rebellium nostrorum, potenter reprimendam; Vobis mandamus rogantes, in fide et dileccione quibus nobis tenemini firmiter injungentes, quatinus cum equis et armis sitis ad nos apud Eboracum, in festo Pentecostes proximo futuro ad ultimum, *etc.* Teste ut supra.

Consimiles littere diriguntur subscriptis videlicet:[2]

Johanni ab Adam.
Nicholao de Alditheleye.
Henrico de Apletrefelde.
Ricardo Bassett de Weledoñ.
Johanni de Bello campo.
Thome de Berkeleye.
Willelmo de Boyville.
Willelmo de Breousa.
Willelmo le Bretun.
Galfrido de Burdeleys.
Petro de Chalouns.
Hugoni de Chastelun.
Willelmo de Chelessfelde.
Johanni de Cokefeud.
Ricardo de Cokfeud.
Petro Corbet.
Philippo Darcy.
Hugoni le Despenser.
Ricardo de Draycote.
Johanni Engayne.
Johanni des Eschalers.
Andree de Estleye.
Willelmo de Ferarijs.
Rogero filio Osberti.

Roberto filio Pagani.
Thome filio Reginaldi.
Roberto filio Walteri de Daventre.
Jordano Foliot.
Radulpho de Frescheville.
Hamoni de Gattoñ.
Osberto Giffarde.
Johanni de Grey.
Willelmo de Hodenet.
Roberto le Hotot.
Rogero de Huntingfelde juniori.
Johanni de Kelly.
Baldewino de Launay.
Galfrido de Lucy.
Radulpho Malerbe.
Johanni Marmyun.
Nicholao Maudut.
Johanni de Moeles.
Willelmo de Monteforti.
Thome de Multoñ.
Willelmo de Neyrforde.
Willelmo de Pageham.
Philippo Paynel.
Willelmo Paynel.

---

[1] Printed in *Parliamentary Writs*, vol. I. p. 310.
[2] The names are here arranged alphabetically, though not so on the Roll.

26 Edw. I. 1298, March 30.

Radulpho Perot.
Egidio de Pleitz.
Hugoni Pointz.
Willelmo Ruffel.
Hugoni de Sancto Johanne.
Johanni de Sancto Johanne de Lageham.
Hugoni de Sancto Phileberto.
Roberto de Scales.
Roberto de Tateſhale juniori.
Waltero de Teye.

Henrico Tregoz.
Olivero de Tudham.
Roberto de Tudham.
Eymer[ico] de Valencia.[1]
Roberto de Veer Comiti Oxonie.
Thome de Wahulle.
Ricardo le Waleys.
Johanni de Weylande.
Ricardo de Weylande.
Johanni de Whitintoñ.

Ibid. m. 12, dorſo, in cedula.

De veniendo uſque Eboracum et exinde proficiſcendo ad partes Scocie.

REX[2] dilecto et fideli ſuo Willelmo de Bello campo Comiti Warrewici ſalutem. Quia jam ſumus *etc.* Teſte Rege apud Weſtñi., xxx. die Marcii.

CONSIMILES littere diriguntur ſubſcriptis, videlicet:[3]

Willelmo de Alta ripa. Suffex.
Ranulpho de Arderne. Effex.
Ricardo de Aftoñ. Sutht.
Willelmo Aumbeſas. Surr.
Guncelino de Badleſmere. Kanc.
Roberto Bardolf. Norff.
Nicholao de Bathonia. Glouc.
Thome Bavent. Suff.
Roberto Baygnard. Norff.
Fulconi Baynard. Norff.
Johanni de Beauchampe. Cant.

Johanni de Beaumond.[4] Suff.
Ricardo de Belhous. Norff.
Johanni de Bello campo, domino de Nortoñ.[5] Somers.
Egidio de Berkele. Glouc.
Willelmo de Berkele. Glouc.
Hugoni le Blount. Effex.
Johanni de Boteturte. Suff.
Willelmo Botevylein. Norht.
Willelmo Botreus. Devon.
Willelmo de Braddeñ. Norht.

---

[1] See page 83, note. [2] Printed in *Parliamentary Writs*, vol. I. p. 311.
[3] In the record the names are placed under counties, beginning with Kanc. They are here arranged alphabetically, the counties being added to the ſeveral names.
[4] Struck out. [5] Repeated (omitting "domino") in another column.

Writs of Summons to attend the King, &c. 87

Hugoni de Braibofe. Sutht.
Rogero de Brom. Norff.
Ade de Brumpton. Staff.
Roberto le Brus. Effex.
Galfrido de Burdeleys. Norff.
Rogero de Burghulle. Heref.
Roberto le Burgoylloun. Norff.
Roberto de Burneville. Suff.
Johanni de Burftowe. Surr.
Johanni Bygod. Norff.
Ricardo de Carefwelle. Staff.
Roberto de Catfton. Norff.
Edwardo Charles. Norff.
Alexandro Cheveroil. Wylt.
Guncelino de Clyve. Kanc.
Henrico de Cobham filio Johannis de Cobeham. Kanc.
Radulpho de Coggefhale. Effex.
Ricardo de Colefhulle. Wylt.
Rogero de Coleville feniori. Norff.
Rogero de Coleville juniori. Suff.
Ricardo de Cornerthe. Effex.
Petro Croke. Glouc.
Johanni Dabernoun. Surr.
Johanni Daundely. Sutht.
Petro de Denarfton. Suff.
Ricardo de Drayton. Staff.
Jollano de Dureme. Effex.
Henrico de Enefeude. Effex.
Willelmo de Felmingham. Norff.
Radulpho filio Bernardi. Cant.
Johanni filio Guidonis. Oxon.
Hugoni filio Henrici. Ebor.
Willelmo filio Radulphi. Effex.
Johanni filio Simonis. Hertf.

Ricardo filio Simonis. Effex.
Matheo de Furneaus. Somers.
Willelmo Gerberde. Norff.
Reginaldo de Gray. Bed.
Galfrido de Grefeleye. Staff.
Henrico de Grey. Effex.
Willelmo de Grey. Suff.
Reginaldo le Gros. Norff.
Andree de Grymftede. Wilt.
Rogero de Gyney. Norff.
Thome de Hamulle.[1] Norff.
Roberto Haftenge. Staff.
Willelmo de Haftinges. Suffex.
Waltero de Helyoun. Glouc.
Radulpho de Hemenhale. Norff.
Roberto de Hengham de Bacunfthorpe. Norff.
Johanni de Hoke. Wylt.
Johanni de Holebroke. Suff.
Petro de Huntingfelde. Kanc.
Rogero de Huntingfelde. Suff.
Thome de Ingaldefthorpe. Norff.
Baldewyno de Infula. Sutht.
Warino de Infula. Berk.
Ade de Kaylly. Norff.
Saiero Lanlandron. Devon.
Fulconi Leftraunge. Suffex.
Thome de Leukenore. Suffex.
Willelmo de Leyburii. Kanc.
Matheo de Lovayn. Suff.
Johanni de Lovetot. Suff.
Willelmo Martin. Devon.
Thome de Maundeville. Effex.
Roberto de Mauteby.[2] Norñ.
Henrico Mauvayfin. Staff.

---
[1] See pages 41, 42. In *Parliamentary Writs* this name is printed "Hanville."
[2] Struck out.

26 *Edw. I.* 1298, *March* 30.

Roberto de Monte alto. Norff.
Willelmo de Monte Canifo. Effex.
Willelmo de Monte Gomeri. Staff.
Radulpho de Montjoye. Staff.
Rogero Mynnot. Norff.
Theobaldo de Neville. Staff.
Johanni de Northwode juniori. Kanc.
Waltero de Ortiaco.[1] Somers.
Willelmo de Pageham. Suffex.
Willelmo de Pakeham. Suff.
Hamoni le Parker. Effex.
Waltero Pavely. Wylt.
Johanni Paynel. Suff.
Willelmo Paynel. Suffex.
Alano de Penyton.[2] Suff.
Thome Peverel. Suffex.
Simoni de Pirpount. Suffex.
Henrico de la Pompreye. Devon.
Ricardo de Portefeye. Sutht.
Henrico de Pynkeny. Norht.
Roberto de Pype. Staff.
Roberto de Reydon. Suff.
Petro Rocelyn. Norff.
Ricardo de la Rokele. Norff.
Johanni de Rokefleghe. Kanc.
Ricardo de Rokefleghe. Kanc.
Willelmo Rofcelyn. Norff.
Johanni le Roufe. Midd.
Ricardo de la Ryvere. Glouc.
Johanni de Sancto Claro. Suff.
Roberto de Sancto Claro. Effex.
Reginaldo de Sancto Martino. Wylt.
Rogero de Sancto Martino. Norff.

Nicholao de Sancto Mauro. Wylt.
Radulpho de Sancto Mauro. Suff.
Ricardo de Sancto Walerico. Sutht.
Radulpho Saunzavoir. Suffex.
Johanni le Sauvage. Kanc.
Roberto de Setwentz. Kanc.
Johanni de Seynlou. Somers.
Roberto de Shelton. Suff.
Waltero de Skydemor. Wylt.
Bartholomeo de Somerton. Norff.
Edmundo Baroni de Stafforde. Staff.
Willelmo de Stafforde. Staff.
Roberto de Stuteville. Norff.
Johanni de Sutton. Effex.
Ricardo Talebot. Heref.
Willelmo Talemafche. Suff.
Petro de Taleworthe. Effex.
Hugoni de Tatefhale. Linc.
Roberto de Tattefhale. Norff.
Ricardo de Tauntefeye. Wylt.
Rogero de Tilmannefton. Kanc.
Willelmo Tuchet. Norht.
Roberto Ughtrede. Ebor.
Thome de Verdun. Norht.
Luce de Vyenna. Suffex.
Radulpho Wake. Somers.
Johanni le Waleys. Somers.
Ricardo de Walfingham. Norff.
Johanni de Waftencys. Norht.
Hugoni de Wefton. Staff.
Johanni de Weylounde. Suff.
Nicholao de Weylounde. Suff.
Johanni de Wylington. Glouc.

---

[1] L'Orti

[2] Struck out.

Mandate to the Chancellor, &c.

[1298], March 30.

MANDATE TO THE CHANCELLOR FOR THE REMOVAL OF THE EXCHEQUER AND THE KING'S BENCH TO YORK.

Privy Seals, 26 *Edw. I., File* 7, *No.* 302.

EDWARD par la grace de Dieu Roi dEngleterre Seigneur dIrlande e Ducs dAquitaine a son chier clerke e seal Johan de Langeton son Chanceler saluz. Pur ce qe nous voloms qe lEschekier et le Banke de Westmoustier soient remuez dilueqes a Everwyke par aucunes certeines resons, vous mandoms qe par lettres de nostre grant seal, tieles come vous verrez qui soient covenables, mandez a nostre Tresourier, as Barons, e as chamberleins du dit Eschekier, quil facent venir a Everwyke nostre tresour, les roules, e les autres choses de meisme lEschekier les queles il verront qui a mesner ysacent ensemblement la place du Banke, les roules e les autres choses qui y appendent: Issint qe le Tresourier, les Barons, e les chamberleins du dit Eschekier soient a Everwyke, ovesqe les choses qui appendent a leur place, e ovesqe les roules e les autres choses qui appendent au dit Banke, a la feste de la Trinite precheine avenir au plus tard, a demorer y tant qe nous eneoms autre chose ordenee. Dautre part, faites savoir a nos Justices du Banke, par unes autres lettres de nostre grant seal, la tenour de nostre dit mandement, si leur mandez qe eux e leur clerks soient a Everwyke as oytaves de la dite feste de la Trinite, a demorer y tant qe nous eoms autre chose ordenee; e quil ajorneent de venir y ceux qui ont afaire par devant eux. Donees souz nostre prive seal a Westmoustier, le xxx jour de Marz, lan de nostre regne vint e sisime.

The Treasurer, the Barons, etc., of the Exchequer to be at York, with the treasure, rolls, etc. by Trinity Sunday (June 1). The Justices of the Bench to be there by the octave of the same.

[1298], *April* 8.

WRITS FOR RAISING INFANTRY IN WALES, ETC.[1]

Patent Roll, 26 *Edw. I., m.* 19.

REX[2] dilectis et fidelibus suis Johanni de Haverynge Justiciario suo North Wallie et Griffino Loyth salutem. Quia ad partes Scocie, ad reprimendam maliciam et rebellionem Scotorum, inimicorum et rebellium nostrorum, qui, spreto

De Walensibus eligendis ad partes Scocie.

---

[1] See pages 6-9, 57, etc.
[2] Printed, with the writs immediately following, in *Parliamentary Writs*, vol. I. pp. 312-314.

Falk. N

26 Edw. I. 1298, April 8.

To John de Haverynge, Juſtice of North Wales:
To raiſe 2,000 foot from the parts of Snowdon, and to lead them to Carliſle, ſo that they ſhould be there by the Tueſday after the feaſt of St. Barnabas (i. e. by 17 June) at the lateſt.

Richard de Haverynge to pay their wages.

fidelitatis ſue debito dum eramus in partibus Flandrie conſtituti, regnum noſtrum hoſtiliter invaſerunt, homicidia, depredaciones, incendia et alia dampna quamplurima perpetrando, jam ordinavimus dirigere greſſus noſtros; ad quod negocium commodius et virilius faciendum Wallenſibus peditibus ad arma potentibus plurimum indigemus: Aſſignavimus vos ad eligendum de partibus Snaudoñ duo milia Wallenſium peditum de validioribus et potencioribus Wallenſibus parcium illarum et ad illos ad nos uſque Karliolum ducendos; Ita quod ſint ibidem armis competentibus bene muniti, die Martis proxima poſt feſtum ſancti Barnabe apoſtoli proximo futurum ad ultimum, parati ad proficiſcendum exinde nobiſcum ad vadia noſtra contra Scotos predictos. Et ideo vobis mandamus, in fide et dileccione quibus nobis tenemini firmiter injungentes, quod de dictis partibus Snaudoñ hujusmodi Wallenſes uſque ad numerum predictum eligatis, et eos ad diem predictum uſque dictam villam de Karliolo ducatis, ſicut predictum eſt. Mandavimus enim ballivis parcium predictarum, quod vobis ad premiſſa facienda ſint intendentes, conſulentes et auxiliantes, prout eis ſcire facietis ex parte noſtra. Aſſignavimus autem dilectum clericum noſtrum magiſtrum Ricardum de Haverynge ad ſolvendum dictis Wallenſibus vadia ſua, quouſque ad nos ad diem et locum venerint ſupradictos. In cujus etc. Teſte Rege apud Weſtm. viij. die Aprilis.

To Reginald de Grey, Juſtice of Cheſter, and to the Earl of Lincoln's bailiff of Ros and Roynoke:
To raiſe 400 foot from the parts of Ros and Roynoke; and the ſaid Reginald to lead them to Carliſle, ſo that, etc.
Richard de Haverynge to pay their wages.

Rex dilectis et fidelibus ſuis Reginaldo de Grey Juſticiario ſuo Ceſtrie, et ballivo Henrici de Lacy Comitis Lincolnie, de Ros et Roynoke ſalutem. Quia ad partes Scocie etc. ut ſupra: Aſſignavimus vos ad eligendum de partibus de Ros[1] et Roynoke[2] quadringentos Wallenſes pedites de validioribus etc. et ad illos per vos, prefate Reginalde, ad nos etc. ut ſupra ducendos; Ita quod ſint ibidem etc. ut ſupra. Et ideo vobis mandamus etc. quod de dictis partibus de Ros et Roynoke hujuſmodi Wallenſes etc. eligatis, et vos, prefate Reginalde, eos etc. ducatis, ſicut predictum eſt. Mandavimus enim ballivis parcium predictarum quod vobis etc. ſint intendentes etc. prout etc. Aſſignavimus autem dilectum clericum noſtrum magiſtrum Ricardum de Haverynge ad ſolvendum dictis Wallenſibus vadia ſua, quouſque etc. In cujus etc.

To the ſame Reginald:
To raiſe 300 foot from the parts of

Rex eidem Reginaldo Juſticiario etc. ſalutem. Quia ad partes Scocie etc.: Aſſignavimus vos ad eligendum de partibus de Maillor Sayſneke, Hope, Inglefelde, Driffyncloythe et Mohauteſdale[1] treſcentos Wallenſes pedites de validioribus etc.

---

[1] Theſe places, or ſome of them, are in Flintſhire. See page 7, note.

Writs for raising Infantry in Wales.

et ad illos ad nos etc. ut fupra ducendos; Ita quod fint ibidem etc. ut fupra. Et ideo vobis mandamus quod de dictis partibus de Maillor Sayfneke, Hope, Inglefelde, Dryffyncloythe et Mohautefdale hujusmodi Wallenfes etc. eligatis et eos etc. ducatis, ficut predictum eft. Mandavimus enim ballivis parcium predictarum, quod vobis ad premiffa facienda fint intendentes, confulentes et auxiliantes, prout eis fcire facietis ex parte noftra. Affignavimus autem dilectum clericum noftrum magiftrum Ricardum de Haverynge ad folvendum dictis Wallenfibus vadia fua etc. ut fupra. In cujus etc. Tefte ut fupra.

Maelor Saefneg, Hope, Englefeld; Driffyncloythe and Mohautefdale; and to lead them to Carlifle, fo that, etc.

Richard de Haverynge to pay their wages.

Rex dilecto et fideli fuo Willelmo de Felton, conftabulario fuo de Bello marifco, falutem. Quia ad partes Scocie etc. ut fupra: Affignavimus vos ad eligendum de partibus Anglefeye quingentos Wallenfes pedites de validioribus *etc*.[1]

To William de Felton, conftable of Beaumaris: To raife 500 foot from the parts of Anglefey.

Rex dilecto fibi ballivo Johannis de Warenna Comitis Surrie, de Bromfeld et de Yal,[2] falutem. Quia ad partes Scocie etc.: Affignavimus vos, vel alium idoneum quem locum veftro deputaveritis, ad eligendum in balliva veftra quadringentos Wallenfes pedites de validioribus *etc*.[3]

To the Earl of Surrey's bailiff of Bromfield and Yale: To raife 400 foot from thofe parts.

Rex dilectis et fidelibus fuis Rogero de Mortuo mari et Willelmo de la Pole falutem. Quia ad partes Scocie etc. ut fupra: Affignavimus vos ad eligendum de partibus Landuho, Mafkyn, Moghelan et la Pole[4] sexfentos Wallenfes pedites de validioribus *etc*.[5]

To Roger de Mortimer and William de la Pole: To raife 600 foot from the parts of Landuho, Mafkyn, Moghelan, & Pool.

Rex dilecto clerico fuo Audoeno de Monte Gomeri falutem. Quia ad partes Scocie etc: Affignavimus vos ad eligendum de terris dilecti et fidelis noftri Edmundi de Mortuo mari de Kery,[6] Cadewy[7] et Arewoftly[8] fexcentos Wallenfes pedites de validioribus *etc*.[9]

To Owen de Montgomery: To raife 600 foot from Edmund de Mortimer's lands of Kery, Cadewy, and Arewoftly.

---

[1] The fame Richard de Haverynge is appointed to pay wages.
[2] Bromfield and Yale are hundreds of Denbighfhire.
[3] Richard de Wardyngton is here named as paymafter, but by writ of 12 May Richard de Haverynge was fubftituted. See page 93.
[4] Pool is a hundred of co. Montgomery. [5] Richard de Wardyngton to pay wages.
[6] Ceri is a diftrict of co. Montgomery. [7] Caer-Dewi?
[8] Arwyftli is often mentioned in the *Brut y Tywyfogion* (Rolls Series).
[9] Henry de Braunteston to pay wages.

26 Edw. I. 1298, April 8.

To Walter de Beysyn:
To raise 1500 foot from the parts of Brecon, Caer Mahalt, Builth, Hirucryton, and of Trecastle, Kidwelly, and Monmouth.

Rex dilecto et fideli suo Waltero de Beyfyn falutem. Quia ad partes Scocie etc. ut fupra: Affignavimus vos ad eligendum mille et quingentos Wallenfes pedites, videlicet de partibus Brecoñ quadringentos, de partibus Caftri Matill[idis]¹ trefcentos, de partibus de Buelt² et Hirueryton³ quingentos, et de partibus Trium caftrorum, Kedewelli⁴ et Monemuthe trefcentos, de validioribus etc.⁵

To Warin Martyn and Walter de Pederton, lieut. of Robert de Tybetot, Juftice of W. Wales:
To raife 2,500 foot from the parts of Cardigan, Stratewy, Denet, and Kemeys.

Rex dilectis et fidelibus fuis Warino Martyn et Waltero de Pedertoñ tenenti locum Roberti de Tybetot, jufticiarii fui Weft Wallie falutem. Quia ad partes Scocie etc.: Affignavimus vos ad eligendum duo milia et quingentos Wallenfes pedites, videlicet de partibus de Cardygan, Strattewy⁶ et Denet⁷ duo milia et trefcentos, et de partibus de Kemmeys⁸ ducentos, de validioribus etc.⁹

To Henry de Penbrygge and Morgan ap Meredith (bailiffs of the King):
To raife 1,000 foot from the parts of Morgannwg.
Mem. that the laft writ was afterwards fent to the Earl of Gloucefter and Hertford, who was charged to affift in the premifes.

Rex dilectis et fidelibus fuis Henrico de Penbrygge et Morganno ap Meredu falutem. Quia ad partes Scocie etc.: Affignavimus vos ad eligendum mille Wallenfes pedites de partibus Morganno¹⁰ de validioribus etc.¹¹

MEMORANDUM quod illud breve per quod mandatum fuit ballivis Regis de Morganno poftmodum reftitutum fuit, et mandatum fuit Radulpho de Monte Hermery Comiti Glouceftrie et Hertfordie, fub eadem data qua prius, quod ballivis fuis parcium illarum daret in mandatis, quod prefatis Henrico et Morganno ad premiffa facienda intendentes effent etc. ut fupra.

To Reginald de Grey, Juftice of Chefter:
To raife 1,000 foot from that co.

Rex dilecto et fideli fuo Reginaldo de Grey, Jufticiario fuo Ceftrie, falutem. Quia ad partes Scocie etc: Affignavimus vos ad eligendum de comitatu Ceftrie mille homines pedites de validioribus etc.¹²

---

¹ This name would, in Welfh, be Caer Mahalt, but the place is not identified.
² Builth, co. Brecon.
³ Hirvryn was a comot in the vale of Tywi. *Brut y Tywyfogion*, p. 289.
⁴ Kidwelly, Carmarthenfhire.   ⁵ Walter de Clune to pay wages.   ⁶ Strath-Tewi?
⁷ Dynet?   ⁸ Kemeys, or Cemmaes, is a hundred in Pembrokefhire.
⁹ Gilbert de Arderne to pay wages.   ¹⁰ Morganwg.   ¹¹ John de Borham to pay wages.
¹² Reginald de Gatecumbe is here named as paymafter, but by a writ of 12 May Richard de Haverynge was fubftituted. See page 93.

Writs for raising Infantry in Wales, &c.   93

REX dilecto sibi Thome le Waleys salutem. Quia ad partes Scocie etc.: Assignavimus vos ad eligendum quadringentos Wallenses pedites de partibus de Bergeveny[1] de validioribus etc.

To Thomas le Waleys: To raise 400 foot from the parts of Bergavenny, etc.

ET MEMORANDUM quod ille due littere, videlicet, illa que dirigebatur ballivo Johannis de Warrenna de Bromfelde et de Yal ad eligendum quadringentos Wallenses, et illa que dirigebatur Reginaldo de Grey ad eligendum de comitatu Cestrie mille homines pedites, postmodum innovate fuerunt sub data duodecimi diei Maij apud Thetforde, ad eligendum homines Wallenses usque ad numerum predictum sub eadem forma qua prius; set loco Ricardi de Wardyngton, qui assignatus fuit ad solvendum vadia Wallensibus de Bromfelde et Yal, et loco Reginaldi de Gatecumbe, qui assignatus fuit ad solvendum vadia hominibus electis de comitatu Cestrie, assignatus fuit magister Ricardus de Haverynge ad solvendum vadia supradicta, et non fuerunt littere ille restitute.

Mem. that two of the above writs were renewed on 12 May.

Close Roll, 26 Edw. I., m. 12, in cedula.

REX[2] dilecto et fideli suo Edmundo de Mortuo mari salutem. Quia ad partes Scocie, ad reprimendam maliciam et rebellionem Scotorum, inimicorum et rebellium nostrorum, qui, spreto fidelitatis sue debito, dum eramus in partibus Flandrie constituti, regnum nostrum hostiliter invaserunt, homicidia, depredaciones, incendia et alia dampna quamplurima perpetrando, jam ordinavimus dirigere gressus nostros; ad quod negocium commodius et virilius faciendum, Wallensibus peditibus ad arma potentibus plurimum indigemus: Vobis mandamus, in fide et dileccione quibus nobis teneminis, firmiter injungentes, quod de terra vestra de Kery, Kedewy et Arewostly,[3] sexcentos Wallenses pedites, de validioribus et potentioribus Wallensibus terre predicte eligi, et illos, per aliquem fidelem de quo confiditis, ad nos usque Karliolum duci faciatis; ita quod sint ibidem armis competentibus bene muniti, die Martis proxima post festum sancti Barnabe apostoli proximo futurum ad ultimum, parati ad proficiscendum exinde nobiscum ad vadia nostra contra Scotos predictos. Et taliter vos habeatis in hac parte, quod diligenciam vestram in hoc debeamus merito commendare; quodque pro defectu vestri negocium

De Wallensibus eligendis ad partes Scocie.

To Edmund de Mortimer:

To raise 600 foot from his land of Kery, Kedewy, and Arewostly; and to cause them to be led to the King at Carlisle by the Tuesday before mentioned at the latest.

---

[1] Bergavenny, or Abergavenny, co. Monmouth.
[2] Printed in Rymer's *Fœdera*, new edition, vol. I. p. 891; and in *Parliamentary Writs*, vol. I. p. 314.   [3] See page 91.

26 Edw. I. 1298, April 8.

Henry de Braunteston appointed to pay their wages. — expedicionis noftre minime retardetur. Affignavimus autem dilectum clericum noftrum Henricum de Braunteston ad folvendum dictis Wallenfibus vadia fua, quoufque ad nos ad diem et locum venerint fupradictos. Tefte Rege apud Weftm., viij die Aprilis.

To William de Braofe:
To raife 300 foot from his land of Gower, and to lead them to Carlifle, fo that, etc.
Walter de Clune to pay their wages.

REX dilecto et fideli fuo Willelmo de Breuofa falutem. Quia ad partes Scocie etc. ut fupra: Vobis mandamus in fide etc. ut fupra, quod de terra veftra de Gower trefcentos Wallenfes pedites de validioribus etc. ut fupra eligatis et illos ad nos ufque Karliolum ducatis; Ita quod fint ibidem etc. ut fupra. Affignavimus autem dilectum clericum noftrum magiftrum Walterum de Clune ad folvendum etc. ut fupra. Tefte Rege, ut fupra.

To Roger de Mortimer:
To join with William de la Pole in raifing 600 foot from the lands of Lanhudo, Meskyn, Moghelan, and the parts of Pool, as before mentioned.

REX dilecto et fideli fuo Rogero de Mortuo mari falutem. Cum per litteras noftras patentes [1] affignaverimus vos, et dilectum et fidelem noftrum Willelmum de la Pole, ad eligendum de terris veftris de Lanhudo, Meskyn, Mogelan et de partibus de la Pole, fexcentos Wallenfes pedites de validioribus etc. et ad illos ad nos ufque Karliolum ducendos, prout in dictis litteris noftris patentibus plenius continetur: Vobis mandamus rogantes, quatinus negocio fupradicto una cum prefato Willelmo diligenter intendatis, juxta tenorem litterarum earundem; Ita quod tales eligantur qui nobis in excercitu noftro bonum locum tenere poffint, et qui validi fint et potentes. Et taliter vos habeatis in hac parte, quod diligenciam veftram in hoc debeamus merito commendare. Tefte ut fupra.

To Reginald de Grey, Juftice of Chefter; referring to other writs for raifing 700 foot from the parts of Ros, etc.
John de Borham to pay their wages.

REX dilecto et fideli fuo Reginaldo de Grey Jufticiario fuo Ceftrie falutem. Cum per litteras noftras patentes [2] affignaverimus vos ad eligendum feptingentos Wallenfes pedites de validioribus et potencioribus Wallenfibus de partibus de Ros, Roynoke, Mayllor Sayfneke, Hope, Englefelde, Dyffrencloythe et Mohautefdale, et ad nos ufque Karliolum ducendos; Ita quod fint ibidem die Martis proxima poft feftum fancti Barnabe apoftoli proximo futurum, prout in litteris noftris patentibus plenius continetur: Injuximus dilecto clerico noftro Johanni de Borham, ut vadia dictorum Wallenfium folvat uni de veftris, quem ad hoc deputare volueritis, qui ea eifdem Wallenfibus liberet, quoufque ad nos ad diem et locum venerint

---

[1] See page 91.

[2] See page 90. There is one writ to raife 400 foot from the parts of Ros and Roynoke, and another to raife 300 from Maelor Saefneg, etc.

supradictos. Et ideo vobis mandamus, quod aliquem de vestris de quo confiditis, ad vadia illa de predicto clerico nostro taliter recipienda et liberanda assignetis. Teste Rege ut supra.

[1298], *April* 10.

LETTERS OF THE KING TO JOHN EARL OF SURREY, AND OTHER MAGNATES AT BERWICK, REQUIRING THEIR ATTENDANCE AT YORK, ON THE EVE OF PENTECOST.[1]

Close Roll, 26 *Edw. I., m.* 12, in cedula.

REX dilecto et fideli suo Johanni de Warrena Comiti Surrie, capitaneo municionis sue in partibus Scocie, salutem. Quia in instanti festo Pentecostes apud Ebor. esse proponimus, Domino concedente, ubi vobiscum et cum aliis fidelibus nostris, super quibusdam negociis nos et regnum nostrum tangentibus, habere volumus colloquium speciale; per quod mandavimus singulis Comitibus in comitiva vestra commorantibus, quod modis omnibus sint ad nos ad dictum locum in vigilia dicti festi, quanto secrecius poterint, nobiscum super dictis negociis locuturi; hominibus suis ad arma interim in villa nostra de Berewyco pro ipsius salvacione et tuicione dimissis: Vobis mandamus quod, assumptis vobiscum de Baronibus ibidem in obsequio nostro commorantibus, quos vestra discrecio viderit assumendos, ad nos ad dictos diem et locum, secreciori modo quo poteritis, personaliter accedatis, nobiscum ibidem super dictis negociis locuturi, homines vestros ad arma in villa nostra predicta pro municione et salvacione ejusdem interim dimittentes; ita quod villa illa post recessum vestrum bene munita remaneat et secura. Et hoc, sicut de vobis confidimus, nullatenus omittatis. Teste Rege apud Westm., x die Aprilis.

To John Earl of Surrey, Captain of the expedition.

The Earl to take with him such Barons then at Berwick as he should think fit, and to repair to York in person; but to provide for the safety, during his absence, of the town of Berwick.

REX dilecto et fideli suo Rogero le Bygod Comiti Norff. et Marescallo Anglie salutem. Quia in instanti festo Pentecostes apud Ebor. esse proponimus,

To Roger Earl of Norfolk, Marshal of England.

---

[1] Printed in Rymer's *Fœdera,* new edition, vol. I. p. 891; and in *Parliamentary Writs,* vol. I. p. 65. A writ to the same effect, in French, was addressed to the Earl of Surrey on April 13. See that date below.

26 Edw. I. 1298, April 10.

Domino concedente, ubi vobifcum et cum aliis fidelibus noftris, fuper quibufdam negociis nos et regnum noftrum tangentibus, habere volumus colloquium fpeciale: Vobis mandamus rogantes quatinus ad dictos diem et locum ad nos, cnm pauciori gente qua poteritis, perfonaliter accedatis, ita quod fitis ibidem modis omnibus in vigilia dicti fefti, nobifcum fuper dictis negociis tractatum et colloquium habituri, homines veftros ad arma in villa noftra de Berewico pro municione et falvacione ejufdem interim dimittentes. Et hoc nullatenus omittatis. Tefte ut fupra.

To four other Earls.

CONSIMILES littere diriguntur fubfcriptis, videlicet:
Radulpho de Monte Hermeri Comiti Glouc. et Hertfordie.
Humfrido de Bohun Comiti Herefordie et Effexie.
Gilberto de Umframville Comiti de Anegos.
Ricardo filio Alani Comiti Arundellie.

[1298], *April* 10.

WRIT TO THE SHERIFFS THROUGHOUT ENGLAND, TOUCHING THE ELECTION OF KNIGHTS OF THE SHIRE, CITIZENS AND BURGESSES, TO ATTEND THE KING IN THE COUNCIL AT YORK.

Clofe Roll, 26 *Edw. I.*, *m.* 12, in cedula.

To the fheriff of Yorkfhire.

Elections to be made:
for the county, two knights;
for every city, two citizens;
and for every borough, two burgeffes.

REX[1] vicecomiti Ebor. falutem. Quia apud Ebor. in inftanti fefto Pentecoftes effe proponimus, Domino concedente, et ibidem cum Comitibus, Baronibus et ceteris Proceribus regni noftri, fuper negociis nos et ftatum ejufdem regni tangentibus, habere volumus colloquium et tractatum, per quod mandavimus eifdem Comitibus, Baronibus et Proceribus, quod tunc fint ad nos ibidem nobifcum locuturi et fuper dictis negociis tractaturi: Tibi precipimus firmiter injungentes, quod de comitatu predicto duos milites, et de qualibet civitate ejufdem comitatus duos cives, et de quolibet burgo duos burgenfes, de difcrecioribus et ad laborandum potencioribus, fine dilacione eligi, et eos ad nos ad predictos diem et locum venire facias; Ita quod dicti milites plenam et fufficientem poteftatem pro fe et com-

---

[1] Printed in Rymer's *Fœdera*, new ed., vol. I. p. 892; and in *Parliamentary Writs*, vol. I. p. 65.

munitate comitatus prediċti, et diċti cives et burgenſes pro ſe et communitate civitatum et burgorum prediċtorum diviſim ab ipſis, tunc ibidem habeant, ad faciendum quod tunc de communi conſilio ordinabitur in premiſſis ; Ita quod pro defeċtu hujuſmodi poteſtatis negocia prediċta infeċta non remaneant quoquomodo. Et habeas ibi nomina militum, civium, burgenſium, et hoc breve. Teſte ut ſupra.

CONSIMILES littere diriguntur ſingulis vicecomitibus per Angliam.

[1298], *April* 13.

LETTER OF THE KING TO JOHN EARL OF SURREY, AND THE OTHER EARLS, BARONS, AND KNIGHTS, AT BERWICK, REQUIRING THEIR ATTENDANCE AT YORK, AT PENTECOST.[1]

Patent Roll, 26 *Edw. I.*, *m.* 20.

LE Roy a ſes foials e loiaux Johan de Garenne Counte de Surreye, e as autres Contes, Barons, e chivaliers, demorantz pur nous a Berewyke ſur Twede, ſaluz. Nous vous mercioms chierement de ce qe vous vous meiſtes ſi abandoneement as parties ou vous eſtes, tant come nous eſtoiens uncores en Flandre, dont nous tenoms qe par laide de Dieu, e laler e la demoere, que vous y avez faite, eſt ſauvez ce qui demorez nous eſt en cele marche. E ſachiez qe, par le conſeil de ceux qui nous avoms euz pres de nous, puis qe nous eſtoiens revenuz de la outre, avoms ordeinez de commun acorde qe nous ſerroms, ſe Deu pleſt, a Everwyke a ceſte Pentecoſte, pur aver conſail e aviſement ſur la buſoigne dEſcoce, e ſur aucunes autres, qe touchent nous e noſtre roialme ; as quieux jour e lieu nous voudriens molt qe entre vous Countes, e de vous Barons, ceux qui vous verrez qe meſtiers y averont, fuiſſez a nous le plus ſimplement qe vous peuſſez en bone maniere, ſelonc ce qil eſt contenuz en nos autres lettres, que nous vous enveoms. E quant vous y ſerrez venuz, nous enaveroms, ſe Dieu pleſt, tiel conſail e tel aviſement, qe ce ſerra al honeur de Dieu, e de nous, e de vous auſint, e au profit de noſtre roiaume. E

Quod Comites et Barones, in guerra apud Berewyke commorantes, ſint ad Regem apud Ebor. in feſto Pentecoſtes.

---

[1] See a ſimilar letter in Latin, dated 10 April, page 95.

Falk.

vous prioms molt qe en totes manieres vous ordenz e eftabliffez a Berewyke tantz
e tiels gentz, avant qe vous departez dylueques, qui puffent la vile fauver e garder
a noftre oes, tant qe nous y feoms venuz, la quele chofe nous entendoms, od laide
de Dieu, qe foit bien toft apres ce qe vous averez parlez ovefque nous. Donees
a Fulham, le xiij jour d'Averil.

[1298], *April* 15.

WRITS TO SEVERAL SHERIFFS, ETC., AND TO THE JUSTICIARY, ETC., OF
IRELAND, TO PROVIDE VICTUALS AGAINST THE COMING
OF THE KING TOWARDS SCOTLAND.

Patent Roll, 26 *Edw. I., m.* 19.

De victualibus in comitatu Lancaftrie emendis et providendis contra adventum Regis ad partes Scocie.

Writ to the fheriff of co. Lancafter;

where Hugh de Burgh had been appointed to provide victuals;

which were to be brought to Carlifle fpeedily.

REX vicecomiti Lancaftrie et omnibus ballivis et fidelibus fuis, tam infra libertates quam extra, de eodem comitatu, falutem. Quia jam fumus in proficifcendo cum equis et armis verfus partes Scocie in auxilium quorundam fidelium noftrorum in partibus illis exiftencium, ad maliciam et rebellionem Scotorum, inimicorum et rebellium noftrorum, qui regnum noftrum, dum eramus in Flandria, hoftiliter invaferunt, homicidia, depredaciones, incendia et alia dampna quamplurima perpetrando, juxta eorum demeritum reprimendam, per quod ad noftram et magnatum de regno noftro fuftentacionem, nobifcum ad partes illas accedencium, victualibus et aliis neceffariis contra adventum noftrum ibidem plurimum indigemus: Affignavimus dilectum clericum noftrum Hugonem de Burgo[1] ad providendum fine dilacione aliqua, et ad opus noftrum emendum infra comitatum predictum, quantum poterit, de frumento, avena, carnibus, pifcibus et omnimodis aliis victualibus, et ad arras inde folvendum; Ita quod omnia hujufmodi victualia ufque villam noftram de Karliolo, modis omnibus quibus celerius et commodius fieri poterit, tam per terram quam per aquam, duci et cariari faciat, ut victualia illa ibidem in adventu noftro ad partes illas

---

[1] He was paymafter of the forces raifed in Cumberland and Weftmerland in 27 and 31 Edw. I., a clerk of the Chancery, &c., and died 2 Edw. III. See Fofs, *Biographia Juridica.*

Writs to several Sheriffs, &c. 99

prompta habeamus omnimodo ; ne pro defectu victualium eorundem expedicio noftra in hac parte aliquatenus retardetur. Nos autem illis, a quibus blada et hujufmodi victualia emi, et per ordinacionem dicti clerici noftri ufque ad villam predictam duci contigerit, ut predictum eft, inde ad plenum fatiffaciemus ibidem indilate. Et ideo vobis mandamus, in fide et dileccione quibus nobis tenemini firmiter injungentes, quod predicto Hugoni, ad premiffa omnia et fingula facienda, fitis intendentes, confulentes et auxiliantes, quociens neceffe fuerit, et per ipfum ex parte noftra fueritis requifiti. Et hoc, ficut nos et honorem noftrum, ac commodum tocius regni noftri commune, et vos et veftra diligitis, nullatenus omittatis ; ne ad vos, tanquam ad mandati noftri contemptores, graviter capere debeamus. In cujus etc. Tefte Rege apud Fulham, xv die Aprilis.

REX vicecomiti Ebor. et omnibus ballivis et fidelibus fuis, tam infra libertates quam extra, in eodem comitatu, falutem. Quia fumus jam in proficifcendo etc. ut fupra, ad maliciam et rebellionem Scotorum, inimicorum noftrorum, juxta eorum demeritum reprimendam, per quod ad noftram et magnatum de regno noftro fuftentacionem etc. ut fupra : Affignavimus dilectum clericum noftrum Johannem de Shefelde[1] ad providendum etc. infra comitatum predictum M¹ quarteria frumenti, et duo M¹ quarteria avene ; Ita quod totum bladum illum ufque Berewycum fuper Twedam modis omnibus quibus celerius et commodius fieri poterit, tam per mare quam per terram, duci et cariari faciat, ut illud promptum inveniamus ibidem, ficut predictum eft, in adventu noftro ad partes Scocie fupradictas ; ne pro defectu bladi predicti expedicio noftra in hac parte aliquatenus retardetur. Et ideo vobis mandamus etc. quod prefato Johanni etc. fitis intendentes etc. quociens etc. Et hoc, ficut nos et honorem noftrum, et vos et veftra diligitis, nullatenus omittatis ; ne ad vos etc. ut fupra. In cujus etc. Tefte ut fupra.

De victualibus providendis ut fupra in comitatibus Ebor. et Lincolnie.

Writ to the fheriff of co. York; where John de Shefelde had been appointed to provide wheat and oats; which were to be brought to Berwick-upon Tweed fpeedily.

EODEM modo affignatur Petrus de Molington, ad providendum infra comitatum Lincolnie M¹ quarteria frumenti, et mille et quinquaginta quarteria avene ; Ita quod totum bladum illud etc. cariari faciat, ut fupra. Et diriguntur littere vicecomiti Lincolnie, et omnibus ballivis et fidelibus Regis, tam infra libertates quam extra, de eodem comitatu. Tefte ut fupra.

Writ to the fheriff of Lincoln, where Peter de Molington had been appointed to provide wheat and oats; which, &c.

---

[1] In Stevenfon's *Documents*, vol. II. p. 127, he is erroneoufly defcribed as fheriff of Northumberland.

26 *Edw. I.* 1298, *April* 15.

De victualibus providendis ut supra in comitatu Cornubie et aliis comitatibus.

Writ to the sheriffs of Cornwall, Devon, Gloucester, Somerset, and Dorset;

where Richard de Clare and Thurstan de Hamslape had been appointed to provide victuals, which were to be brought to Carlisle by 8 days before the Nativity of St. John Baptist (i.e. by 17 June) at the latest.

REX vicecomitibus et omnibus ballivis et fidelibus suis, tam infra libertates quam extra, de comitatibus Cornubie, Devon., Glouceftrie, Somerfet' et Dorfet', falutem. Quia jam fumus in proficifcendo etc., ad maliciam et rebellionem Scotorum, inimicorum et rebellium noftrorum, qui regnum noftrum, dum eramus in Flandria hoftiliter invaferunt, homicidia, depredaciones, incendia et alia dampna quamplurima perpetrando, juxta eorum demeritum reprimendam, per quod ad noftram et magnatum de regno noftro fuftentacionem etc. ut fupra: Affignavimus dilectos clericos noftros, magiftrum Ricardum de Clare et Thurftanum de Hamflape, conjunctim et divifim, ad providendum etc., quantum poterint, de frumento, avena, vinis, carnibus, pifcibus et omnimodis aliis victualibus; Ita quod omnia hujufmodi victualia ufque ad villam noftram de Karliolo modis omnibus etc., tam per mare quam per terram, duci et cariari faciant vel faciat, ut victualia illa ibidem in adventu noftro ad partes illas, qui erit per octo dies ante feftum Nativitatis fancti Johannis Baptifte proximo futurum ad ultimum, Domino concedente, prompta habere poffimus; ne pro defectu victualium eorundem etc., ut fupra. Et ideo vobis mandamus etc., quod prefatis Ricardo et Thurftano, vel eorum alteri, ad premiffa etc. fitis intendentes etc., quociens etc. Et hoc, ficut nos et honorem noftrum, et commodum tocius regni noftri commune, et vos et veftra diligitis, nullatenus omittatis; ne ad vos etc. In cujus etc. Tefte ut fupra.

De victualibus providendis in Hibernia pro expedicione Scocie.

Writ to the Justiciary, the Chancellor, and the Treasurer and Barons of the Exchequer in Dublin, to obtain provisions; which were to be brought to Carlisle; as much as possible by the feast of St. John Baptist (24 June); and the rest about the feast of St. Peter ad Vincula (1 Aug.) at the latest.

REX dilectis et fidelibus fuis, Johanni Wagan[1] Jufticiario fuo, magiftro Thome Cantoke[2] Cancellario fuo Hibernie, ac Willelmo de Eftdene[3] Thefaurario, et Baronibus fuis de Scaccario Dublinii, falutem. Quia jam fumus in proficifcendo etc. ut fupra ufque ibi indigemus: Vobis mandamus in fide etc., quod de frumento, avena, vinis, carnibus, pifcibus et omnimodis aliis victualibus, quantum poteritis in partibus Hibernie, fine dilacione aliqua provideri, et ad opus noftrum emi, et ea ufque villam noftram de Karliolo, modis omnibus quibus celerius et commodius fieri poterit, duci faciatis; Ita quod, de victualibus illis fic per vos providendis et emendis, habeatis quantum poteritis ibidem, circa feftum Nativitatis fancti Johannis Baptifte proximo futurum, et totum refiduum victualium eorundem, quod tunc ibidem habere non poteritis, circa feftum beati Petri ad Vincula proximo fequens ad ultimum ibidem modis omnibus habeatis; ne pro defectu victualium illorum etc. aliquatenus retardetur. Et quia negocium iftud eft quamplurimum nobis cordi,

---

[1] Or Wogan; Lord Juftice of Ireland, 1295, and in feveral later years.
[2] Bifhop of Emly, 1306-9.   [3] Sometimes called Effendon.

mittimus ad vos dilectum clericum noftrum Adam de Brom,[1] ad videndum quod Adam de Brom fent
omnia premiffa, cum omni celeritate qua fieri poterit, bene fiant, cui fuper hiis que to Ireland to fee to
vobis ex parte noftra dicet in premiffis fidem credulam prebeatis, et ea, ficut nos
et honorem noftrum, ac commodum regni noftri diligitis, cum omni diligencia
expleatis. Tefte ut fupra.   Duplicatur.

[1298], *April* 26.

MANDATES TO SEVERAL SHERIFFS, ETC., ON BEHALF OF THE SERVANTS
OF HENRY EARL OF LINCOLN, SENT TO OBTAIN PROVISIONS FOR
THE SAID EARL, ON HIS PROCEEDING TO SCOTLAND.

Patent Roll, 26 *Edw. I., m.* 17.

REX vicecomiti Ceftrie, ballivis et miniftris fuis in eodem comitatu, ad quos Pro fervientibus
etc. falutem. Cum dilectus et fidelis nofter H. de Lacy Comes Lincolnie mittat Comitis Lincolnie
quofdam fervientes fuos, pro victualibus et aliis neceffariis providendis et emendis dencias ipfius
ad opus ejufdem Comitis contra inftantem adventum fuum ad partes Scocie in Comitis contra
obfequium noftrum: Vobis et fingulis veftrum mandamus, quod fervientes illos, partes Scocie.
cum ad partes illas venerint occafione predicta, fuper hoc non impediatis vel
quantum in vobis eft impediri permittatis, fet eis pocius confilium et auxilium
impendatis, quociens neceffe fuerit, et ab ipfis fervientibus ex parte prefati Comitis
fuper premiffis fueritis requifiti; Ita quod dicti fervientes pro victualibus et neceffariis hujufmodi, cum ea emerint, fatiffaciant ut debebunt. Tefte ut fupra. (*i.e.*
Rege apud Sanctum Albanum, xxvj die Aprilis.)

EODEM modo mandatum eft fubfcriptis, videlicet:

Vicecomiti Norffolcie, ballivis et miniftris fuis in eodem comitatu.
Vicecomitibus Weftmerlandie, Lancaftrie, Lincolnie, ballivis et miniftris fuis in
   eifdem comitatibus.
Vicecomiti Cumbrie, ballivis et miniftris fuis in eodem comitatu.
Vicecomiti Ebor., ballivis et miniftris fuis in eodem comitatu.
Vicecomiti Northumbrie, ballivis et miniftris fuis in eodem comitatu.
Vicecomitibus, ballivis et miniftris fuis Wallie.

---

[1] He was afterwards almoner to King Edward II., and the real founder and firft provoft of Oriel
College, Oxford, 1324. He deceafed 1332. His tomb remains in St. Mary's church, of which
he was rector. See Fofs, *Biographia Juridica.*

102   26 *Edw. I.* 1298, *April* 29.

[1298], *April* 29.

PRECEPT TO THE SHERIFF OF YORK TO PREPARE APARTMENTS IN THE CASTLE FOR THE KING'S BENCH, AND EXCHEQUER.

Memoranda Roll (Exch. Q.R.), 26 *Edw. I., m.* 114, dorso.

De Scaccario Regis ordinando apud Ebor.

Provision to be made for the King's Bench;

and for the Exchequer.

REX vicecomiti Ebor. falutem. Volentes quibufdam de caufis Scaccarium noftrum una cum Recepta et Banco ufque ad civitatem noftram Ebor. tranfferri: Tibi precipimus quod ftatim vifis litteris, quandam halam amplam et fufficientem infra caftrum noftrum Ebor., pro placitis dicti Banci noftri tenendis, una cum illis que pro fedibus Jufticiariorum et Baronum,[1] et aliis locum illum fpectantibus funt neceffaria, conftrui et levari facias; et aulam noftram ejufdem caftri pro Scaccario noftro in loco competenti, una cum fcaccario quadrato,[2] et fedibus in circuitu pro Thefaurario, Baronibus, clericis et aliis miniftris noftris ibidem, et barrera[3] pro placitantibus et circumftare debentibus; et turrim dicti caftri noftri pro Recepta noftra[4] hoftiis, barris, et ceruris, et aliis quibus eft indigendum, pro fecuritate et falvacione thefauri noftri ibidem deponendi, facias parari: prout Johannes Dymmoke hoftiarius Scaccarii[5] noftri plenius ex parte noftra tibi exponet. Et cuftum quod ad hoc pofueris, nos fuper compotum tuum proximo ad idem Scaccarium noftrum, tibi faciemus allocari. Et hoc nullo modo omittas. Tefte J. de Cobeham,[6] xxix die Aprilis.

---

[1] It is not eafy to account for the occurrence of the words "et Baronum" in this place. The Barons of the Exchequer are mentioned lower down.

[2] This expreffion denotes a table with a chequered covering for the counting up of money. (See the ancient *Dialogus de Scaccario*, printed in Madox's *Hift. of the Exchequer.*) Hence the arms of the family of Pitt (granted by Camden, 1604), they having been for fome time officers of the Exchequer. Of a fimilar origin are the much more ancient arms of the Stewards of Scotland.

[3] See Cowel, *Interpreter*, under "Barre."

[4] The Receipt of the Exchequer. It is obfervable that the King's treafure was to be depofited in the "turris," *i. e*, the keep, or Clifford's tower.

[5] The hereditary office of ufher of the Exchequer was, at a later period, in the families of Kenermond and Bilfby.

[6] A Baron of the Exchequer, 1276-1300. See Fofs, *Biographia Juridica*.

[1298], May 6.

LETTER OF [REGINALD DE GREY] TO THE KING.

Privy Seals, 26 Edw. I., File 7, No. 342.

A son Seignur lige, honur, fervice et reverence. Sire, vous me avez affigne par vos deus lettres patentes,[1] qe me vindrent le quint jour de May, qe jo elife de les parties de Mailorfeifneyke, Hope, Englefeud, Deffrencloed, et Mohautefdale CCC Galeys de pee; e qe, de les terres le Conte de Nicole [2] de Ros et de Roweignoke, les baillifs le dit Conte et moy clifoms CCCC homes de pee, pur voftre guerre dEfcoce: les quels mandementz, fire, ferront bien fourniz, fi Dieu plet. E pur ceo, fire, qe des CCCC homes de pee des terres le Conte de Garenne de Bromfelde et de Yal; ne de M homes de pee del conte de Ceftre [3] eflire pur voftre dite guerre, nul mandement ne me eft venuz, ficome fut ordene et mis en remembrance devant vous, en la prefence le Treforer [4] et fire Johan de Droknefforde; et jo entenke qe celes gentz et nomeement les gentz de Ceftres., plus de lu vous tenderoient, en tant de nombre de gentz, en voftre dite guere, ficome jo les bie eflire; Ne jo nen ofereye celes gentz eflire saunz garant, ne en celes parties mener faunz pae ne purroye, et meftre Ric. de Haveryngge, affigne a pae fere as ditz DCC homes, tut fuiffent les altres efluz, nule pae a cels feroit faunz garant: voftre volunte en ceo et altres chofes me voillez mander. Efcrite a Ceftre, le vj jour de May.

The writer, having been appointed by two letters patent of the King to felect 300 and 400 footmen from several parts of Wales, declares that the said commands shall be obeyed. As to other foot which were to be raifed — 400 from lands in Wales of Earl Warren, and 1000 from the county of Chester — he has received no orders, and fo awaits the King's commands.

[1298], May 12.

LETTER OF THE KING TO WALTER DE LANGTON, BISHOP OF COVENTRY AND LICHFIELD, LORD TREASURER.

Privy Seals, 26 Edw. I., File 7, No. 343.

EDWARD par la grace de Dieu Roi dEngleterre, Seigneur dIrlaunde et Ducs dAquitaigne, al honurable peere en Dieu W. par la meifme grace Evefque de Ceftre fon Trefourier, faluz. Noftre feal et loial Reynaud de Grey nous ad ja

The King refers to the preceding letter of Reginald de Grey.

---

[1] See pp. 90, 94.
[2] Lincoln.
[3] See pp. 91, 92.
[4] Bifhop Langton. See the next document.

> mandez par fes lettres, les queles nous vous enveoms enclofes denz ceftes, qe de
> eflire pur noftre guerre dEfcoce quatre centz hommes de pie des terres le

Orders the 400 footmen from Bromfeld and Yale, lands in Wales of Earl Warren, to be fent to him.

> Conte de Garenne de Bromfeude et de Yal, ne des M¹ hommes de pie du contee de Ceftre, nul mandement ne li eft venu, ficome il eftoit autrefoiz ordenez; et nous fur ce li avoms remandez par nos lettres, endroit de ceux de Bromfeude et de Yal, qe noftre volunte eft, pur certeine refon, qe le fenefchal et le baillif le Conte celes

And directs the 1000 foot of Chefter to be raifed and fent.

> parties les face venir a nous : mais, des M¹ hommes de pie de Ceftrefhire dont il nous ad mandez ; voloms quil les eflife, et menige a nous, ficome il fut autrefoiz

And that a fuitable number fhall be raifed in Lancafhire.

> ordenez. Et voloms aufuit, quil eflife de ceux de Lancaftrefhire aucun covenable nombre de gent de pie, felonc fa defcrecion, et quil les menige ove les autres. E toutes ces chofes li avoms nous mandees orendroit. E vous mandoms qe vous facez les dites chofes mettre en oevre haftivement, en la manere defufdite, et qe vous li en certefiez pleinement, et fanz delay, et qe fur ce li faciez avoir tieu pouair, et

Direction as to payment.
An anfwer to be fent by the bearer.

> tieu garant, come meftiers eft. E du paement, ordenez aufi come vous avez fait des autres. Et de toutes ces chofes, nous faciez favoir voftre refponfe par vos lettres, et par le porteur de ceftes. Donees fouz noftre prive feal a Tetforde, le xij jour de May, lan de noftre regne vint et fififme.

[1298], May 13.

PRECEPTS TO SEVERAL SHERIFFS TO AID IN CONDUCTING THE ROLLS
AND TREASURE OF THE EXCHEQUER TO YORK.

Memoranda Roll (Exch. Q.R.), 26 Edw. I., m. 114, dorfo.

De rotulis et thefauro Scaccarii conducendis verfus Ebor.

> REX vicecomiti Effex. et Hertf. falutem. Precipimus tibi quod, ficut teipfum et liberos tuos de exhe[re]dacione falvare volueris, fis in propria perfona tua apud Ware, die Jovis proxima ante feftum Pentecoftes ad ultimum, in fero, cum fufficienti poffe et fecuro conductu ad conducendum una cum noftris, rotulos,

To the fheriff of Effex and Hertford; directing him to be

> brevia et thefaurum noftrum, de predicta villa de Ware ufque ad villam de Cruce Roifin¹ ; et fuper hiis Johanni Abel² militi, et Willelmo de Perfore, et Nicholao

---

¹ Royfton (de Cruce Rohefiæ) is a border town, chiefly in Hertfordfhire, but extending into Cambridgefhire. The fheriff, having joined the King's fervants with the rolls at Ware, would at this place be relieved by the fheriff of Cambridgefhire.

² Afterwards a Baron of the Exchequer. See Fofs, *Biographia Juridica*.

Precepts to several Sheriffs &c. 105

de Okham, camerariis nostris, et eorum sequacibus sis intendens, respondens, et faciens omnibus modis que ex parte nostra tibi plenius injungent, absque omni dilacione seu dissimulacione quibuscumque: Attendens siquidem quod si dampnum vel periculum racione conductus insufficientis evenerit, quod absit, nos ad te ut illum qui hujusmodi periculum, quod non solum nos set rem publicam respicit, nullatenus consideret, finali punicione indubitanter capiemus. Teste venerabili patre W. Coventr. et Lich. Episcopo, Thesaurario nostro, apud Westm., xiij° die May anno xxvj^{to}.

To the sheriff at Ware, on (22 May) Thursday before Pentecost at the latest, with sufficient force, in order to conduct the rolls, etc., as far as Royston.

CONSIMILI modo mandatum est vicecomiti Cantebr. et Hunt., quod sit in propria persona sua apud Crucem Rosiam die Veneris proxima ante festum Pentecostes cum sufficienti posse et securo conductu ad conducendum etc. a predicta villa de Cruce Rosia usque ad villam Hunt., et de eadem villa Hunt. usque ad villam Staunforde; et super hiis etc. Teste Thesaurario ut supra.

To the sheriff of Cambridge and Huntingdon; to be at Royston on Friday before Pentecost, and to conduct the rolls, etc., to Stamford.

CONSIMILI modo mandatum est vicecomiti Linc., quod sit etc. apud Staunforde die Lune in septimana Pentecostes cum sufficienti etc. ad conducendum etc. a predicta villa de Staunforde usque Graham, et de villa de Graham usque Newerke; et super hiis etc. Teste etc. ut supra.

To the sheriff of Lincoln; to be at Stamford on Whit-Monday, and to conduct the rolls, etc., to Grantham, and thence to Newark.

CONSIMILI modo mandatum est vicecomiti Not. et Derb., quod sit etc. apud Newerke die Mercurij in septimana Pentecostes cum sufficienti etc. ad conducendum etc. a predicta villa de Newerke usque ad villam de Blythe; et super hiis etc. Teste etc. ut supra.

To the sheriff of Nottingham and Derby, to be at Newark on the Wednesday after Pentecost, and to conduct the rolls, etc., to Blyth, co. Nottingham.

CONSIMILI modo mandatum est vicecomiti Ebor., quod sit etc. apud Blythe die Jovis in septimana Pentecostes cum sufficienti etc. ad conducendum etc. a predicta villa de Blithe usque ad villam de Ponte fracto, et de eadem villa de Ponte fracto usque ad civitatem Ebor.; et super hiis etc. Teste etc. ut supra.

To the sheriff of York, to be at Blyth on Thursday after Pentecost and to conduct the rolls, etc., to Pontefract, and thence to York.

Falk.

[1298], *May* 14.

LETTER [OF WALTER DE LANGTON, BISHOP OF COVENTRY AND LICHFIELD, LORD TREASURER, TO JOHN DE LANGTON, LORD CHANCELLOR].

Privy Seals, 26 *Edw. I. File* 7. *No.* 341.

The writer, referring to former letters, seeks letters patent to Sir Reginald de Grey, for raising foot soldiers in Chester and Lancaster.

SALUTEM quam fibi. Mittimus vobis, per magiftrum Ricardum de Haveringe, litteras quas dominus Rex nobis mifit fub privato figillo fuo, et litteras domini Reginaldi de Grey directas domino Regi dictis litteris regiis interclufas, quas penes vos cuftodire velitis ufque ad adventum noftrum apud Ebor.; vos rogantes, quatinus litteras patentes fub magno figillo Regis fieri faciatis dicto domino Reginaldo, pro hominibus peditibus de comitatibus Ceftrie et Lancaftrie eligendis juxta tenorem litterarum predictarum, et dictas litteras patentes dicto magiftro Ricardo de Haveringe tradatis, cui injunximus fequi negocium predictum cum omni feftinacione qua poterit et effectu : tradi enim fecimus eidem magiftro Ricardo denarios pro vadiis predictorum peditum juxta tenorem predictarum litterarum. Bene valete. Datum apud Weftmonafterium, fub figillo noftro privato, xiiij° die Maii mane.

[1298], *May* 16.

PRECEPT TO THE SHERIFFS OF LONDON[1] TO PAY A SUM OF MONEY TO THE KEEPER OF THE TOWER FOR THE EXPENSES OF JOHN DE BALLIOL, LATE KING OF SCOTLAND, AND [EDWARD] HIS SON[2] DWELLING THERE.

Memoranda Roll (Exch. Q.R.), 26 *Edw. I., m.* 115, dorfo.

London. De denariis folvendis.

PRECEPTUM eft vicecomitibus London. quod de exitibus ballive fue habere faciant dilecto et fideli Regis Radulpho de Sandwyco, cuftodi Turris London., C li.,

---

[1] See page 72 for a fimilar order at an earlier date.
[2] John de Balliol had two fons, Edward and Henry. The former was crowned at Scone 24 Sept., 1332, but fled from Scotland in the following December, and died s.p. 1363. Henry was flain in battle, 1332. The father and the elder fon were now prifoners in the Tower.

Mandate to the Exchequer at Dublin. 107

ad expenfas Johannis de Balliolo nuper Regis Scocie, et filii fui in predicta Turri Lond. commorancium; et recipiant litteras patentes predicti Radulphi recepcionem denariorum predictorum teftificantes. Et Rex eis inde in compoto fuo debitam allocacionem habere faciet. Tefte Thefaurario, xvj° die Maij.

ET memorandum quod Johannes de Drokenefforde cuftos Garderobe Regis debet onerari de denariis predictis, ficut Thefaurarius dicit.

[1298], *May* 16.

MANDATE TO THE EXCHEQUER AT DUBLIN TO SEND PROVISIONS TO CARLISLE BY MIDSUMMER-DAY FOR THE KING AND HIS ARMY.

Memoranda Roll (Exch. L.T.R.) 26 *Edw. I.*, *m.* 78, dorfo.

REX[1] Thefaurario et Baronibus fuis de Scaccario fuo Dublinii falutem. Sperantes, annuente Altiffimo [in fefto] fancti Johannis Baptifte proximo futuro apud Karliolum, itinerante[2] verfus partes Scocie pro expedicione guerre noftre ibidem, perfonaliter intereffe: Vobis mandamus quod, ficut honorem noftrum et tocius regni noftri falvacionem diligitis, ftatim vifis litteris iftis, de frumento, avenis, brefeo,[3] vinis, et aliis victualibus, quibus pro nobis et excercitu noftro indigemus, in quacumque quantitate feu porcione penes vos undecumque inveniri contigerit, five per empcionem, five per mutuacionem, vel contractum alium licitum quemcumque, advenire poteritis ad opus noftrum providere, et illa ufque ad dictas partes Karlioli per mare circa[4] diem predictum cariari faciatis. Et fi illa cariacio fimul et femel fieri non poffit, tunc fiat per particulas, fecundum quod melius et competencius videritis effe faciendum; nulla tamen dilacio per hoc interveniat, quin promptitudo rerum predictarum ad predictos locum et terminum plenarie perficiatur. Et fi forte denarii vobis diffuerint[5] circa predictam providenciam faciendam, tunc mutuemini; et illud mutuum, et quibus perfonis folvi debet, cuftodi Garderobe noftre per litteras veftras fignificetis: attendentes fiquidem quod, fi aliqua dilacio, remiffio, vel diffimulacio in premiffis evenerit, quod abfit, non folum hoc pro egritudine, fed pro hoftilitate, merito reputabimus. Tefte Thefaurario, xvj° die Maij anno &c. (xxvj°).

Thefaurario et Baronibus de Scaccario Dublinii.

The King, hoping to be at Carlifle on Midfummer-day, urges the Treafurer and Barons to inftantly buy, or contract for, as much corn, oats, and other provifions as poffible and to fend them to Carlifle.

If money be wanting, then loans are to be had, which will be duly repaid.

---

[1] Printed from the *Memor. Roll (Q.R.), m.* 116, in Stevenfon's *Documents*, vol. II. p. 281.
[2] Read "itinerando." [3] Read "brafeo." [4] On the other Roll, "citra." [5] Read "defuerint."

[1298], May 20.

WRITS DIRECTING THE EXCHEQUER AT DUBLIN TO PAY CERTAIN SUMS OF MONEY FOR SUPPLIES TO BE PROVIDED IN IRELAND AND SENT TO CARLISLE.

Irish Exchequer (Q. R. Ancient Miscellanea) $\frac{3\,2\,8}{1\,3}$. No. 34.

£300 assigned in Cork, Waterford, and elsewhere in Munster, to buy corn, oats, and other necessary provisions, and to pay freight to Carlisle.

EDWARDUS[1] Dei gracia Rex Anglie Dominus Hibernie et Dux Aquitanie Thesaurario et Camerariis suis de Scaccario Dublinii salutem. Liberate de thesauro nostro, dilecto clerico nostro Willelmo de Meones, assignato apud Corke, Waterforde et alibi in Monionia, ad frumentum, avenam, vina, carnes, pisces et alia victualia providenda et emenda ad opus nostrum in partibus predictis, et mittenda usque Carleolum et in Scociam, pro expedicione nostra in partibus Scocie, et ad fretta navium et alia ad hoc necessaria solvenda, trescentas libras pro predictis victualibus providendis,[2] et aliis ad hoc necessariis faciendis. Teste J. Wogan Capitali Justiciario nostro Hibernie apud Dublinium, xx[mo] die Maij anno regni nostri vicesimo sexto.

Per brevia de magno sigillo et privato Anglie, et per Consilium Hibernie.

[1298], May 26.

MANDATES TO THOSE CHARGED WITH THE RAISING OF THE WELSHMEN, ETC., POSTPONING THEIR ARRIVAL AT CARLISLE UNTIL JUNE 25.

Close Roll, 26 Edw. I., m. 11, dorso.

De Walensibus eligendis ad partes Scocie.

Rex[3] dilectis et fidelibus suis Johanni de Haveringe Justiciario suo North Wallie, et Griffino Loythe salutem. Cum nuper vobis mandaverimus,[4] quod de

---

[1] Other writs, drawn in the same form and bearing the same date (20 May), make order to deliver for Drogheda £200 to Hugh Morice, burgess there (No. 37); for Dublin, £300 to Henry de Waleton and John Howet (No. 42). Again, for Cork, Waterford and elsewhere in Munster, on 10 June, £300 (No. 35); and on 20 July, £150 (No. 36); also for Drogheda, 20 June, £200 (No. 38).

[2] "Providendis et emendis" in the writ for Dublin, 20 May.

[3] Printed in *Parliamentary Writs*, vol. I. pp. 314, 315.   [4] See page 89.

Mandates concerning the Welshmen. 109

partibus Snaudoñ duo milia Walenſium peditum de validioribus et potencioribus Walenſibus parcium illarum eligi, et illos ad nos uſque Karliolum duci faceretis; Ita quod eſſent ibidem, armis competentibus bene muniti, die Martis proxima poſt feſtum ſancti Barnabe apoſtoli proximo futurum ad ultimum, parati ad proficiſcendum exinde nobiſcum ad vadia noſtra ad partes Scocie, ad maliciam et rebellionem Scotorum inimicorum et rebellium noſtrorum reprimendam: Quia tamen propter aliquas certas cauſas nolumus quod Walenſes illi ad nos ſint ibidem ante diem Mercurii in craſtino Nativitatis ſancti Johannis Baptiſte proximo ſequentis; Vobis mandamus firmiter injungentes, quod electis validioribus et potencioribus Walenſibus parcium predictarum, uſque ad numerum ſupradictum, illos ad nos uſque Karliolum ducatis, ita quod ſint ad nos ibidem modis omnibus predicto die Mercurij ad ultimum, parati ad proficiſcendum exinde nobiſcum ad partes predictas, juxta tenorem alterius mandati noſtri vobis ſuper hoc directi. Teſte Rege apud Ebor., xxvj die Maij.

To John de Haveringe, Juſtice of North Wales, and Griffin Loythe; refering to a former order, that they ſhould raiſe 2,000 Welſhmen and cauſe them to be led to Carliſle by Tueſday after the feaſt of St. Barnabas (i.e. 17 June); and poſtponing the arrival at Carliſle until Wedneſday, 25 June, the morrow of the Nativity of St. John Baptiſt.

Rex dilectis et fidelibus ſuis Reginaldo de Grey Juſticiario Ceſtrie, et ballivo Henrici de Lacy Comitis Lincolnie de Ros et Roynoke, ſalutem. Licet nuper vobis mandaverimus,¹ quod de partibus de Ros et Roynoke quadringentos Walenſes pedites de validioribus etc. et illos ad nos uſque Karliolum per vos, prefate Reginalde, duci faceretis; Ita quod eſſent etc. ut ſupra: Quia tamen etc. ut ſupra; Vobis mandamus etc. quod electis etc. vos, prefate Reginalde, illos ad nos uſque Karliolum ducatis, ita etc. Teſte ut ſupra.

To Reginald de Grey, Juſtice of Cheſter, and to the E. of Lincoln's bailiff of Ros and Roynoke, as to 400 foot from thoſe parts.

Rex eidem Reginaldo Juſticiario Ceſtrie ſalutem. Licet nuper vobis mandaverimus,¹ quod de partibus de Maillor Sayſnecke, Hope, Inglefelde, Dyffryncloythe et Mohauteſdale treſcentos Walenſes pedites de validioribus etc. et illos etc. duci faceretis; Ita etc. Vobis mandamus, quod electis validioribus etc. illos ad nos etc. ducatis, ita etc. Teſte ut ſupra.

To the ſame Reginald, Juſtice of Cheſter, as to 300 foot from Maillor Sayſnake, etc.

Rex dilecto et fideli ſuo Willelmo de Felton, conſtabulario ſuo de Bello mariſco, ſalutem. Licet nuper etc.,² quod de partibus Angleſeye quingentos Walenſes pedites de validioribus etc. et illos ad nos etc. duci faceretis; Ita quod eſſent etc. Vobis mandamus etc. quod electis validioribus etc. illos ad nos etc. ducatis, ita etc. Teſte ut ſupra.

To William de Felton, conſtable of Beaumaris, as to 500 Welſhmen from Angleſey.

---

¹ See page 90. ² See page 91.

110   26 *Edw. I.* 1298, *May* 26.

To the E. of Surrey's bailiff of Bromfield and Yale, as to 400 Welshmen from thofe parts.

R EX dilecto fibi ballivo Johannis de Warren. Comitis Surrie de Bromfelde et de Yal falutem. Licet nuper affignaverimus[1] vos, vel alium idoneum, quem loco veftro deputaveritis, ad eligendum in balliva veftra quadringentos Walenfes de validioribus etc. et ad illos ad nos ufque Karliolum ducendos ; Ita etc. Qui[a] tamen etc. Vobis mandamus etc. quod electis validioribus etc. illos ad nos ufque Karliolum duci faciatis, ita etc. Tefte ut fupra.

To Roger de Mortimer and William de la Pole, as to 600 foot from Landuho, Mafkyn, Moghelan, and Pool.

R EX dilectis et fidelibus fuis Rogero de Morturo mari et Willelmo de la Pole falutem. Licet nuper vobis mandaverimus,[1] quod de partibus de Landuho, Mafkyn, Moghelan et la Pole fexcentos Walenfes pedites de validioribus etc. et illos etc. duci faceretis ; Ita quod effent etc. Quia tamen etc. Vobis mandamus, quod electis etc. illos ad nos etc. ducatis, ita etc. Tefte ut fupra.

m. 10 dorfo.
To Owen de Montgomery, as to 600 foot from Edmund de Mortimer's lands of Kery, Cadewy, and Arewoftly.

R EX dilecto clerico fuo Audoeno de Monte Gomeri falutem. Licet nuper vobis mandaverimus,[1] quod de terris dilecti et fidelis noftri Edmundi de Mortuo mari de Kery, Cadewy, et Arewoftly fexcentos Walenfes pedites de validioribus etc. et illos ad nos per vos, una cum dilecto et fideli noftro Johanne de Clyntoñ per ipfum Edmundum ad hoc affignando, ufque Karliolum duci faceretis ; Ita quod effent etc. Quia tamen etc. Vobis mandamus etc. quod electis validioribus etc. eos ad nos una cum prefato Johanne etc. ducatis, ita etc. Tefte ut fupra.

To Walter de Beyfin, as to 400 foot from Brecon, 300 from Caer Mahalt, 500 from Builth and Hyrueriton, and from Trecaftle, Kidwelly and Monmouth.

R EX dilecto et fideli fuo Waltero de Beyfyn falutem. Licet nuper vobis mandaverimus,[2] quod de partibus Bercoñ quadringentos, de partibus Caftri Matill. trefcentos, de partibus de Buelt et Hyrueritoñ quingentos, et de partibus Trium caftrorum, Kedewelli, et Monemuthe trefcentos Walenfes de validioribus etc. et illos ad nos etc. duci faceretis ; Ita etc. Quia tamen etc. Vobis mandamus etc. quod electis validioribus etc. illos ad nos etc. ducatis, ita etc. Tefte ut fupra.

To Warin Martyn, and to Walter de Pederton, lieutenant of Robert Tybetot, Juftice of Weft Wales, as to 2,300 Welfhmen from Cardigan, Stratewy and Denet, and 200 from Kemeys.

R EX dilectis et fidelibus fuis Warino Martyn et Waltero de Pedertoñ tenenti locum Roberti Tybetot Juftic. fuis[3] Weft Wallie. Licet nuper affignaverimus v vos ad eligendum duo milia et quingentos Walenfes, videlicet, de partibus de Cardigan, Strattewy et Denet duo milia et trefcentos, et de partibus de Kemmeys ducentos, de validioribus etc. et ad illos per aliquem de veftris, prefate Waltere, quem ad hoc idoneum intellexeritis una vobifcum, prefate Warine, ad nos ufque Karliolum ducendos ; Ita quod effent etc. Quia tamen etc. Vobis mandamus etc. quod electis validioribus etc. illos etc. ducatis, ita etc. Tefte ut fupra.

---

[1] See page 91.   [2] See page 92.   [3] Read "fui," as at page 92.

Mandates concerning the Welshmen. 111

REX dilectis et fidelibus suis Henrico de Penbrigge et Morganno ap Meredu salutem. Licet nuper vobis mandaverimus,[1] quod de partibus de Morganno mille Walenses pedites de validioribus etc. et illos etc. duci faceretis; Ita etc. Quia tamen etc. Vobis mandamus etc. quod electis validioribus etc. illos ut supra ducatis, ita etc. Teste ut supra. *To Henry de Penbrigge and Morgan ap Meredu, as to 1,000 foot from Morgannwg.*

REX dilecto et fideli suo Reginaldo de Grey Justiciario suo Cestrie salutem. Licet nuper vobis mandaverimus,[1] quod de comitatu Cestrie mille homines pedites de validioribus etc. et illos ad nos etc. duci faceretis ; Ita etc. Quia tamen etc. Vobis mandamus, quod electis etc. illos ad nos ut supra ducatis, ita etc. Teste ut supra. *To Reginald de Grey, Justice of Chester, as to 1,000 footmen from the county.*

REX dilecto et fideli suo Thome le Waleys salutem. Licet nuper vobis mandaverimus,[2] quod de partibus de Bergeveney quadringentos Walenses de validioribus etc. Ita etc. Quia tamen etc. Vobis mandamus, quod electis validioribus etc. illos ad nos etc. ducatis, ita etc. Teste ut supra. *To Thomas le Waleys, as to 400 Welshmen from Bergavenny.*

REX dilecto clerico suo Ricardo de Haveringe salutem. Cum assignaverimus dilectum et fidelem nostrum Reginaldum de Grey Justiciarium nostrum Cestrie in comitatibus Cestrie et Lancastrie, et in partibus de Mailor Seysnecke, Hope, Ingelfelde, Defreyncloyt et Mohautesdale; ac prefatum Reginaldum et ballivum Henrici de Lacy Comitis Lincolnie de Ros et Roynoke, dilectum et fidelem nostrum Willelmum de Felton constabularium castri nostri de Bello marisco in partibus Angles.; dilectos et fideles nostros Rogerum de Mortuo mari et Willelmum de la Pole in partibus de Lanhudo, Maskyn, Moghelan et la Pole; dilectum et fidelem nostrum Johannem de Haveringe Justiciarum nostrum North Wallie et Griffinum Loith in partibus Snaudon; et ballivum Johannis de Warrenna Comitis Surrie, in partibus de Bromfeld et Yal; ad eligendum in partibus predictis Walenses pedites, usque ad certum numerum, de validioribus et potencioribus parcium predictarum, et ad illos ad nos usque Karliolum ducendos ; Ita quod essent ibidem die Martis proximo post festum sancti Barnabe apostoli proximo futurum, armis competentibus bene muniti; ac jam propter aliquas certas causas mandaverimus eisdem Reginaldo, Willelmo, Rogero, Willelmo, Johanni, Griffino, et ballivis predictis, quod Walenses illos ad nos non ducant usque Karliolum ante *To Richard de Havering, referring to all the former mandates (for 17 June); and to all the later mandates (for 25 June);*

---

[1] See page 92.   [2] See page 93.

112   26 *Edw. I*, 1298, *May* 28.

and directing him to act in conformity with the latter. diem Mercurii, in craftino Nativitatis fancti Johannis Baptifte proximo fequentis: Vobis mandamus quod a partibus predictis vos nullo modo elongetis, fet fitis cum Walenfibus predictis ad nos apud Karliolum die Mercurii fupradicto, vadia eifdem Walenfibus, quoufque ibidem venerint, prout vobis per nos injunctum eft, perfolventes. Tefte ut fupra.

To Richard de Wardington, to the fame effect. REX dilecto clerico fuo Ricardo de Wardingtoñ falutem. Cum affignaverimus dilectos et fideles noftros Rogerum de Mortuo mari et Willelmum de la Pole in partibus de Lanhudo, Mafkyn, Moghelan et la Pole, ad eligendum in partibus predictis Walenfes pedites etc. ut fupra: Vobis mandamus quod a partibus predictis etc. ut fupra. Tefte ut fupra.

[1298], *May* 28.

PRECEPTS TO CERTAIN SHERIFFS TO MAKE PROCLAMATION THAT THE FORCES PROCEEDING TO SCOTLAND SHOULD BE AT ROXBURGH ON JUNE 23, AT THE LATEST.

Clofe Roll, 26 *Edw. I., m.* 10, dorfo.

De veniendo ufque Rokefburghe cum equis et armis. REX[1] vicecomiti Herefordie falutem. Precipimus tibi firmiter injungentes quod, ftatim vifis litteris iftis, in fingulis civitatibus, burgis, villis mercatoriis, et locis aliis infra ballivam tuam quibus melius videris expedire, publice proclamari facias, quod illi omnes et finguli de eadem balliva tua, quos nuper rogari fecimus quod effent ad nos apud Eboracum in inftanti fefto Pentecoftes cum equis et armis ad proficifcendum exinde nobifcum ad partes Scocie, ad maliciam Scotorum, inimicorum et rebellium noftrorum, reprimendam, modis omnibus fint ad nos cum equis et armis apud Rokefburghe in vigilia fancti Johannis Baptifte proximo futura ad ultimum, ad proficifcendum nobifcum in forma predicta. Et hoc, ficut nos et honorem noftrum, et commodum regni noftri diligunt, et ipfos et omnia que in regno noftro tenent abfque dampno confervare voluerint, non omittant. Tefte Rege apud Eboracum, xxviij die Maij.

[1] Printed in Stevenfon's *Documents*, vol. II. p. 282 (there mifdated May 27); and in *Parliamentary Writs*, vol. I. p. 316.

Summons to John de Ferlington, &c.   113

CONSIMILES littere diriguntur vicecomitibus fubfcriptis, videlicet: [1]

Vicecomiti Kanc.	Vic. Rotel.
Vic. Suthampt.	Vic. Glouc.
Vic. Somers.	Vic. Bed. et Buk.
Vic. Linc.	Vic. Oxon. et Berk.
Vic. Wylts.	Vic. Effex. et Hertford.
Vic. Cantebr.	Vic. Wygorn.
Vic. Devon.	Vic. Norff. [et] Suff.
Vic. Surr. [et] Suffex.	Vic. Salop. et Stafford.
Vic. Norhampt.	Vic. Cornub.

[1298], May 28.

SUMMONS TO JOHN DE FERLINGTON TO BE AT ROXBURGH WITH HORSES AND ARMS ON JUNE 25, AT THE LATEST.

Clofe Roll, 26 *Edw.* I., m. 10, dorfo.

REX[1] dilecto et fideli fuo Johanni de Ferlington falutem. Quia[2] jam fumus in proficifcendo verfus partes Scocie, in adjutorium fidelium noftrorum in partibus illis exiftencium, ad maliciam Scotorum, inimicorum et rebellium noftrorum, potenter reprimendam: Vobis mandamus rogantes, in fide et dileccione quibus nobis tenemini firmiter injungendo, quatinus cum equis et armis fitis ad nos apud Rokefburghe in craftino Nativitatis fancti Johannis Baptifte proximo future ad ultimum, ubi tunc perfonaliter erimus, Domino concedente, prompti et parati exinde nobifcum proficifci, ad dictorum inimicorum et rebellium noftrorum maliciam reprimendam, et ad ipfos juxta eorum demeritum expugnandos. Et hoc, ficut nos et honorem noftrum et veftrum, et regni noftri tranquillitatem diligitis, nullo modo omittatis. Tefte Rege apud Eboracum, xxviij die Maij.

De veniendo ufque Rokefburghe cum equis et armis.

---

[1] Printed in *Parliamentary Writs*, vol. I. p. 316.

[2] See page 85 for a form of fummons almoft identical, dated March 30, and naming York at the Feaft of Pentecoft. It is printed in Rymer's *Fœdera*, new edition, vol. I. p. 890; and in *Parliamentary Writs*, vol. I. p. 310.

[1298], May 28.
Writs to Ralph de Montjoie and William of York, and to the Sheriff of Lancashire, etc.
Patent Roll, 26 Edw. I., m. 15.

De hominibus eligendis in comitatu Lancaftrie ad partes Scocie.

REX[1] dilectis et fidelibus fuis Radulpho de Muntjoie et Willelmo de Eboraco falutem. Quia ad partes Scocie, ad reprimendam maliciam et rebellionem Scotorum, inimicorum etc.[2] jam ordinavimus dirigere greffus noftros; ad quod negocium commodius et virilius faciendum hominibus peditibus ad arma potentibus non modicum indigemus: Affignavimus vos ad eligendum de comitatu Lancaftrie mille homines pedites de validioribus et potencioribus comitatus predicti, et ad illos ad nos ufque Rokefburghe ducendos; Ita quod fint ibidem armis competentibus bene muniti die Mercurii in craftino Nativitatis fancti Johannis Baptifte proximo future ad ultimum, parati ad proficifcendum exinde nobifcum ad vadia noftra contra Scotos predictos. Et ideo vobis mandamus, firmiter injungentes, quod de comitatu predicto hujus[modi] homines ufque ad numerum predictum eligatis, et eos ad diem predictum ufque dictam villam de Rokefburghe ducatis, ficut predictum eft. Mandavimus enim vicecomiti noftro comitatus predicti, quod vobis ad premiffa facienda fit intendens, confulens et auxilians, prout ei fcire facietis ex parte noftra.

The faid Ralph and William are appointed to choofe 1,000 foot there, and to lead them to Roxburgh by Wednefday the morrow of the Nativity of St. John Baptift at the lateft.

Richard de Havering to pay their wages.

Affignavimus autem dilectum clericum noftrum magiftrum Ricardum de Haveringe ad folvendum dictis hominibus vadia fua, quoufque ad nos ad diem et locum venerint fupradictos. In cujus etc. Tefte ut fupra (*i. e.* Rege apud Ebor., xxviij die Maij).

Order to the fheriff of Lancafhire, etc., to affift.

ET mandatum eft vicecomiti Lancaftrie, et omnibus ballivis et fidelibus Regis de eodem comitatu, tam infra libertates quam extra, quod prefatis Radulpho et Willelmo, vel eorum alteri, fint intendentes, refpondentes, confulentes et auxiliantes, quociens opus fuerit, et prout iidem Radulphus et Willelmus, vel eorum [alter], eis fcire facient, vel faciet, ex parte Regis. Et hoc, ficut Regem et honorem Regis diligunt, et indignacionem Regis vitare voluerint, nullatenus omittant. Tefte ut fupra.

---

[1] Printed in *Parliamentary Writs*, vol. I. p. 315.   [2] See page 89.

[1298], *May* 28.

APPOINTMENT OF PATRICK EARL OF DUNBAR AS CAPTAIN OF THE GARRISON OF BERWICK.

Patent Roll, 26 Edw. I., m. 15.

REX[1] univerfis et fingulis in municione ville de Berewico commorantibus, falutem. Sciatis quod conftituimus dilectum et fidelem noftrum Patricium Comitem de Dumbar capitaneum municionis noftre predicte, quamdiu nobis placuerit. Et ideo vobis mandamus quod eidem Comiti, tanquam capitaneo noftro municionis ejufdem, intendentes fitis et refpondentes in omnibus que ad municionem eandem pertinent in forma predicta. In cujus etc. Tefte Rege apud Eboracum, xxviij die Maij.

De Patricio Comite de Dumbar, capitaneo in municione de Berewyke.

[1298], *May* 28—*July* 19.

PRESENTATIONS TO ECCLESIASTICAL BENEFICES IN SCOTLAND.[2]

Patent Roll, 26 Edw. I., m. 15.

NICHOLAUS Haftange habet litteras Regis de prefentacione ad ecclefiam de Are vacantem, et ad donacionem Regis fpectantem, et diriguntur littere Regis Glafguenfi Epifcopo.[3] Tefte Rege apud Eboracum, xxviij die Maij.

De prefentacione. Of Nicholas Haftange to the church of Ayr.

---

[1] Printed in Stevenfon's *Documents*, vol. II. p. 283.

[2] Such of thefe entries as are marked I are printed in Stevenfon's *Documents*, vol. II. pp. 287-290, but without annotation, and with fome errors, which are here corrected. Subfequently to the battle of Falkirk other prefentations were made by King Edward, as hereafter noticed.

[3] Robert Wifhart, Bifhop of Glafgow, 1272-1316.

116   26 *Edw. I.* 1298, *June* 1-*July* 11.

Patent Roll, 26 *Edw. I., m.* 14.

Of John de Stokes to the church of Wigton.

JOHANNES de Stokes habet litteras Regis de prefentacione ad ecclefiam de Wygetoñ vacantem, et ad donacionem Regis fpectantem. Et diriguntur littere Epifcopo Candide cafe.[1] Tefte Rege apud Wyghtoñ, primo die Junij.

Privy Seals, 26 *Edw. I. File* 7. *No.* 344.

Of Robert de Beverley to the church of Carnemoel.

EDWARDUS *etc.* dilecto clerico et fideli fuo Johanni de Langetoñ Cancellario fuo, vel ejus locum tenentibus, falutem. Mandamus vobis quod dilectum clericum noftrum Robertum de Beverlaco ad ecclefiam de Carnemoel, Candide cafe diocefis, vacantem et ad noftram donacionem fpectantem, per litteras fub magno figillo noftro caritatis intuitu in forma debita prefentetis. Datum fub privato figillo noftro apud Northalvertoñ, xij" die Junij anno regni noftri vicefimo fexto.

Patent Roll, 26 *Edw. I., m.* 13.

‡ ROBERTUS de Beverlaco habet litteras Regis de prefentacione ad ecclefiam de Carnemoel vacantem, et ad donacionem Regis fpectantem. Et diriguntur littere Epifcopo Candide cafe. Tefte Rege apud Northalvertoñ, xij die Junij.

Per breve de privato figillo.

Privy Seals, 26 *Edw. I. File* 8. *No.* 380.

Of Robert de Cotingham to the church of Sanquhar, co. Dumfries.

EDWARDUS *etc.* dilecto clerico et fideli fuo Johanni de Langetoñ Cancellario fuo, vel ejus locum tenentibus, falutem. Mandamus vobis quod dilectum clericum noftrum Robertum de Cotingham ad ecclefiam de Senewhare, Glafguenfis diocefis, vacantem et ad noftram donacionem fpectantem, per litteras fub magno figillo noftro in forma debita prefentetis. Datum fub privato figillo noftro apud Brade, xj° die Julij anno regni noftri vicefimo fexto.

---

[1] Thomas, Bifhop of Galloway (Whithorn, or Candida cafa), 1296-1321.

Patent Roll, 26 *Edw. I., m.* 12.

‡ ROBERTUS de Cotingham habet litteras Regis de presentacione ad ecclesiam de Senewhare vacantem, et ad donacionem Regis spectantem. Et diriguntur littere R. Glasguensi Episcopo. Teste Rege apud Brade, xj die Julij.
 Per breve de privato sigillo. Dupplicatur.

Patent Roll, 26 *Edw. I., m.* 12.

‡ REX omnibus ad quos etc. salutem. Sciatis quod dedimus et concessimus dilecto clerico nostro Johanni de Benstede[1] preposituram, quam magister Willielmus Comyn nuper habuit, in ecclesia cathedrali Sancti Andree vacantem, et ad nostram donacionem spectantem racione episcopatus predicti vacantis[2] et in manu nostra existentis, habendam cum suis juribus et pertinenciis quibuscumque. In cujus. Teste Rege apud Liston Templi, xv die Julij. Et dupplicatur.

Pro Johanne de Benstede.

The provostship of St. Andrew's.

Privy Seals, 26 *Edw. I. File* 10. *No.* 49.

EDWARDUS *etc.* Johanni de Langeton *etc.* Nuper vobis mandavimus quod dilecto clerico nostro Johanni de Benstede litteras nostre collacionis habere faceretis de prepositura quam Magister Willelmus Comyn nuper habuit, in ecclesia cathedrali Sancti Andree vacantem, prout in dictis litteris plenius continetur; nunc vero intelleximus quod prepositura illa dici debet prepositura libere capelle nostre Sancti Andree, tanquam spectantis ad nostram regiam dignitatem, ab omni jurisdiccione ordinaria libere pariter et exempte: Et ideo vobis mandamus quatinus prefato Johanni preposituram illam, juxta datam litterarum nostrarum alias eidem inde factarum, quas vobis per portatorem presencium transmittimus renovandas sub magno sigillo nostro renovari, et habere in forma debita faciatis. Datum sub privato sigillo nostro apud Carliolum, x die Septembris anno regni nostri xxvj.

Writ for the amendment and renewal of the grant, without altering the date.

---

[1] This ecclesiastic had, a few months previously, had a grant of the deanery of the King's free chapel of Tettenhale, co Stafford. "Teste Edwardo filio Regis apud Westm. xxiij die Novembris." *Patent Roll*, 26 *Edw. I., m.* 32.

[2] William Lamberton had been consecrated to this see at Rome in June.

26 Edw. I. 1298, July 15-19.

Patent Roll, 26 Edw. I., m. 9.[1]

Pro Johanne de Benftede de prepofitura Sancti Andree in Scocia.

‡ Rex omnibus ad quos etc. falutem. Sciatis quod dedimus et conceffimus dilecto clerico noftro Johanni de Benftede prepofituram libere capelle noftre Sancti Andree in Scocia, quam magifter Willelmus Comyn nuper habuit, vacantem et ad noftram donacionem fpectantem, habendam cum fuis juribus et pertinenciis quibufcumque. In cujus etc. Tefte Rege apud Liftoñ Templi, xv die Julij.

Per breve de privato figillo.   Dupplicatur.

Et mandatum eft militibus, liberis hominibus, et omnibus aliis tenentibus de prepofitura predicta, quod eidem Johanni, tanquam prepofito prepofiture predicte, in omnibus que ad prepofituram illam pertinent, intendentes fint et refpondentes, ficut predictum eft.   In cujus etc.   Tefte ut fupra.   Dupplicatur.

Et mandatum eft capitulo prepofiture predicte quod eidem Johanni, tanquam prepofito capelle predicte, in omnibus que ad prepofituram noftram illam pertinent, pareant ; ficut tenentur, et eciam intendant.   In cujus etc.   Tefte ut fupra.

Privy Seals, 26 *Edw. I.   File* 8.   *No.* 379.

Of Ralph de Manton to the church of Bothwell, co. Lanark.

Edwardus *etc.* Johanni de Langetoñ *etc.* falutem. Mandamus vobis quod ad ecclefiam de Botheville, Glafguenfis diocefis, vacantem et ad noftram donacionem fpectantem, dilectum clericum noftrum Radulphum de Mantoñ per litteras fub magno figillo noftro in forma debita prefentetis. Datum fub privato figillo noftro apud Liftoñ Templi, xix⁰ die Julij anno regni noftri vicefimo fexto.

Patent Roll, 26 *Edw. I., m.* 12.

‡ Radulphus de Mantoñ habet litteras Regis de prefentacione ad ecclefiam de Botheville vacantem, et ad donacionem Regis fpectantem. Et diriguntur littere R. Glafguenfi Epifcopo.   Tefte Rege apud Lyftoñ Templi, xix die Julij.

Per breve de privato figillo.

---

[1] In Stevenfon's *Documents*, vol. II. p. 288, the two entries on the *Patent Roll* are amalgamated. Although the patents were really feparated in time by nearly two months, they were made to bear the fame date, by antedating the later grant.

Ordinance for punishing Deserters.

[1298, May ?].

ORDINANCE FOR THE PUNISHMENT OF THOSE, WHO BEING PRESSED OR ELECTED TO SERVE AGAINST THE SCOTS, HAD DESERTED OR ABSENTED THEMSELVES FROM THE ARMY, AFTER RECEIVING THEIR PAY.[1]

Chapter House. Scots Documents. Box 100. *No.* 117.

ENDROIT des centeneres[2] et des gentz de pie qui furent esluz pour venir en Escoce, et receurent lour gages, et sont retournez sanz comandement ou congie du Roy: Ordene est qe touz ceux qui serront trovez coupables de tieu trespas, soient pris, et enprisonez et retenuz en prison tantqe le Roy eit sur ce autrement ordene; Et de lor terres et tenementz biens et chasteaux[3] soient les deniers levez quil *receivent de*[4] receurent du clerk le Roy et soient[5] . . liverez au clerke, par certeine remembraunce sur ce faite entre li et ceux qui li serront les deniers liverer.

ENDROIT de ceux qui furent esluz de venir en Escoce et par lour propre malice sont retrez et demorrez en lour pays : Ordene est qe touz ceux qui en tieu trespas serront trovez coupables, soient mis par bone et suffisant meinprise de venir *a les* a lour propres custages au Roy *denz* es parties d'Escoce queu part qe le Roy soit denz en certein jour qui lour sera assigne par la descrecion de ceux qui sont assignez a punyr les trespas.

ET endroit des *ceux* baillifs, et autres ministres ausi bien denz franchise, comme de hors, qui ont pris douns, pour alleger et garantir *le* du service le Roy, les gentz qui furent esluz pour venir en la guerre : Ordene est qe touz ceux qui serront trovez coupables en tieu cas et qui ont pris douns pour sueffrir les gentz demoerer en lor pais, ou retorner du service le Roy soient pris et enprisonez et retenuz en prison et lor terres et tenementz biens et chateux soient seisiz en la mein le Roy et sauvement gardez tantqe le Roy en eit autrement ordene.

---

[1] Written as a draft, on a small scroll (now flattened), indorsed as follows in a contemporary hand:—" Ordinacio puniendi pedites et centenarios electos ad veniendum in guerra Scocie, et [qui] non venerunt, vel se subtraxerunt." Printed with the English title given above, and with contractions, in Sir F. Palgrave's *Documents and Records*, vol. I. p. 204.

[2] Captains of hundreds.   [3] Chattels.   [4] Cancelled, as are all the words printed in italics.

[5] Palgrave marks this word as doubtful, and puts after it a sign to indicate some deficiency in the original.

Et endroit de ceux, qui *nyent terres ne tenemenz* sont coupables des trespas nomez en la commission *soit un ord*, qui corps ne porront estre trovez en conte et qui nont terres ne tenemenz, biens ne chasteaux, soit une ordenance faite par les gentz du consail le Roy a Everwyke.[1]

[1298], *June* 1.

SAFE-CONDUCT OF THOMAS POST, OF POCKLINGTON.
Patent Roll, 26 Edw. I., m. 14.

De conductu.

REX *etc*. Sciatis quod suscepimus in proteccionem et defensionem nostram, necnon salvum et securum conductum nostrum, Thomam Post de Pokelington, in veniendo ad nos in partibus Scocie cum victualibus et aliis necessariis pro nobis et exercitu nostro, ibidem morando, et de eisdem victualibus et necessariis commodum suum, prout sibi melius expedire viderit, faciendo, ac exinde ad propria redeundo. Et ideo vobis mandamus quod prefato Thome, aut hominibus suis victualia hujusmodi ad nos ducentibus, in veniendo, morando et redeundo, sicut predictum est, non inferatis etc. per terram vel per mare, injuriam, molestiam, dampnum, impedimentum aliquod, seu gravamen. In cujus etc. usque ad festum Natalis Domini proximo futurum duraturas. Teste Rege apud Wyghton, primo die Junij.

[1298], *June* 3.

MANDATES TO APPEAR BEFORE THE BARONS OF THE EXCHEQUER, AT YORK.
Memoranda Roll (Exch. Q.R.), 26 Edw. I., m. 117.

Vicecomiti Northumbrie, de compoto reddendo.

TERCIO die Junij anno xxvj[o] mandatum est Johanni de Kirkeby, nuper vicecomiti Northumbrie, quod in propria persona sua sit coram Baronibus de

---

[1] The next document in Sir F. Palgrave's collection is a draft Commission to John de Lisle, John Biron (sheriff of Yorkshire), and Hamon de Grasey, for the trial and punishment of deserters in the county of York; together with a draft Mandate to the sheriff, to summon jurors for the same purpose. To these documents the editor prefixes the date 28 Edw. I. It seems, however, more probable that they belong to 1298. The next document in the same collection is a list of Justices for several counties, apparently intended to be inserted in commissions such as that last mentioned.

Mandate to the Bailiff of Holderness. 121

Scaccario apud Eboracum a die Sanctæ Trinitatis in tres feptimanas[1] cum rotulis, talliis et omnibus aliis compotum fuum tangentibus, ad reddendum compotum de tempore quo fuit vicecomes comitatus predicti, et eciam de tempore quo habuit cuftodiam terrarum et tenementorum diverforum Scotorum in eodem comitatu, et omnium aliarum rerum de quibus compotum reddere debet. Et habet ibi tunc hoc breve. Tefte W. Thefaurario etc.

Et eodem die dictum eft Roberto de Balliol, nunc vicecomiti, quod tunc fit ibidem, vel clericum fuum ibidem habeat, ad recipiendum precepta fuper eundem compotum. *The prefent fheriff ordered to attend at the fame time.*

MANDATUM eft Willelmo de Mulecaftre, quod fit in propria perfona fua ad Scaccarium apud Eboracum in craftino fancti Barnabe apoftoli proximo futuro,[2] ad audiendum et faciendum ea que Thefaurarius et Barones de dicto Scaccario ei plenius injungent ex parte Regis. Et hoc nullo modo omittat. Et habeat ibi tunc hoc breve. Tefte W. Coventr. et Lich. Epifcopo Thefaurario, iij° Junij anno xxvj¹°. *Cumbria. Willelmo de Mulcaftre, de veniendo coram Baronibus.*

CONSIMILI modo mandatum eft Thome de Neweton. Tefte ut supra. *De eodem.*

CONSIMILI modo mandatum eft Thome de Derwentwater. Tefte ut fupra.

MEMORANDUM quod breve Regis, directum vicecomiti Norhumbrie pro terris quorumdam Scotorum capiendis in manum Regis, irrotulatur inter brevia retornabilia in termino fancti Michaelis proximo preterito, in primo rotulo.

[1298], *June* 3.

MANDATE TO THE KING'S BAILIFF OF HOLDERNESS.

Memoranda Roll (Exch. Q.R.), 26 *Edw. I., m.* 117.

MANDATUM[3] eft Thome de Wefton, ballivo Regis Holdernes', iij die Junij, quod totum bladum Regis in balliva fua, preter liberaciones famulorum et fuftentaciones maneriorum Regis, quibus neceffario indigent, abfque omni dilacione in bonis navibus carcari, et ufque Berewicum fuper Twedam tranfduci faciat, Johanni de Drokenefforde cuftodi Garderobe Regis, vel ejus locum tenenti *De blado ballive Regis Holdernefs' tranfducendo ufque Berewicum fuper Twedam. All the King's corn*

---

[1] 22 June. [2] 12 June. [3] Printed in Stevenfon's *Documents*, vol. II. p. 285.
Falk.

(beyond what is needed for the King's fervants and manors) to be fent by fea to Berwick.

ibidem, liberandum : et quod recipiat ab eodem Johanne, vel ejus locum tenente, litteras fuas patentes recepcionem dicti bladi teftificantes. Et cuftum quod ad hoc pofuerit etc. Tefte Thefaurario, apud Eboracum etc. ut fupra (*i.e.* iij° die Junij, anno xxvj^{to}.)

[1298], *June* 4.

MANDATE TO HENRY DE ROSTON, BAILIFF OF SCARBOROUGH.

Memoranda Roll (Exch Q.R.), 26 *Edw. I., m.* 118, dorfo.

De blado Regis cariando ufque Novum Caftrum fuper Tynam.

All the King's corn to be fent to Newcaftle.

REX iiij^{to} die Junij mandavit Henrico de Roftoñ ballivo ville de Scardeburghe, quod ftatim vifis prefentibus omnia blada Regis que habet in cuftodia fua, una cum bladis illis que Rogerus de Scardeburghe fibi liberabit, ufque villam Novi Caftri fuper Tynam, receptori bladorum Regis ibidem liberanda, abfque omni dilacione faciet cariari. Et cuftum, quod ad hoc appofuerit, Rex fuper compotum vicecomitis Ebor. proximo ad Scaccarium fibi allocari faciet. Et hoc nullo modo omittat, ficut honorem Regis diligit, et fe ipfum ab inprifonamento voluerit precaveri. Tefte Thefaurario predicto, iiij^{to} die Junij etc.

[1298], *June* 5.

MANDATE TO PETER DE MOLINGTON AND THE SHERIFF OF LINCOLN RESPECTING PROVISIONS FOR THE ARMY IN SCOTLAND.

Memoranda Roll (Exch. Q.R.), 26 *Edw. I., m.* 117, dorfo.

The wheat and barley already provided to be ground, and the flour to be fent, under the infpection of John of St. Ives, etc., to Berwick, before 24 June.

REX dilectis et fidelibus fuis Petro de Mollingtoñ et vicecomiti Linc. falutem. Mandamus vobis quod totum frumentum et brafeum, que pro fuftentacione excercitus noftri Scocie in dicto comitatu capi et provideri feciftis, quantum ulterius poteritis molere, et farinam inde in doleis falvo reponi faciatis, per vifum dilecti clerici noftri Johannnis de Sancto Ivone, quem ad vos ea occafione mittimus; et tu, vicecomes, illam farinam, fimul cum refiduo predictorum frumenti et brafei, et avenis de quibus una cum predicto Petro providenciam noftram feciftis pro fuftentacione excercitus noftri fupradicti, ufque Berewike falvo et fecure citra feftum fancti Johannis Baptifte facias cariari. Et cuftum, quod ad hoc appofueris, tibi fuper compotum tuum proximo ad Scaccarium noftrum allocari faciemus; intendens fiquidem prefatis Johanni et Petro fis et refpondens, fuper

Order for Payment of Expenses, &c.   123

hiis et aliis que tibi ex parte noftra plenius exponent. Et hoc nullo modo omittas, ficut honorem noftrum et falvacionem regni noftri diligis. Et fcias quod, fi in expedicione premifforum tardus vel remiffus repertus fueris, nos non folum bona et catalla, terras et tenementa tua in manum noftram capi, fet corpus tuum prifone faciemus mancipari. Tefte Thefaurario, etc., quinto die Junij anno regni noftri xxvj[to].

[1298], *June* 7.

Order for Payment of the Expenses of the Removal of the King's Treasure and of the Rolls of the Exchequer and King's Bench to York.

Liberate Roll, 26 Edw. I., m. 4.

Rex Thefaurario et camerariis fuis falutem. Liberate de Thefauro noftro Johanni Abel et Nicholao de Okham triginta et fex libras, pro expenfis ipforum Johannis et Nicholai, et aliorum fecum euncium et conducencium thefaurum et rotulos noftros, tam de Scaccario, quam de Banco noftro, et pro cariagio eorundem thefauri et rotulorum de London. ufque Ebor. circa feftum fancte Trinitatis anno regni noftri vicefimo fexto. Tefte Rege apud Wyltoñ, vij die Junij.

Per billam de Scaccario et nunciante magiftro J. de Cadamo.

De denariis liberandis pro cariagio thefauri et rotulorum Regis, tam de Scaccario quam de Banco, de Lond. ufque Ebor.

[1298], *June* 12.

Mandate on behalf of William de Wyght, appointed to provide Horses for the King's service.

Patent Roll, 26 Edw. I., m. 13.

Rex omnibus ballivis et fidelibus fuis ad quos etc., falutem. Cum mittamus dilectum fervientem noftrum Willelmum de Wyght ad diverfas partes Anglie et Wallie, ad fupervidendum equicia noftra in partibus illis, et ad pullanos inde extrahendos et domitandos, et ad ordinandum de equiciis illis, prout ad commodum noftrum magis viderit expedire: Vobis mandamus quod eidem Willelmo confulentes fitis et auxiliantes in premiffis, quociens opus fuerit, et per ipfum ex parte noftra fueritis ad hoc requifiti. In cujus etc. per unum annum duraturas. Tefte Rege apud Northalvertoñ, xij die Junij.   Per Thefaurarium.

De equiciis Regis fupervidendis.

Order to aid Wm. de Wyght, who is appointed to furvey the King's ftuds in England and Wales.

[1298], *June* 12.

Writ to the Sheriff of Northumberland, requiring Horses, etc., to be sent to Newcastle-upon-Tyne by Tuesday the 17th.

Privy Seals, 26 *Edw. I. File* 8. *No.* 351.

Horses and carts to be bought without stint and sent to Newcastle.

All iron that can be had is to be used in making shoes and nails for the King's horses.

Edward par la grace de Dieu Roi dEngleterre Seigneur dIrlaunde Ducs dAquitaine au viscounte de Northumbr'[1] salutz. Nous vous mandoms qe tot le cariage de chevaux e de charettes, qui vous porrez purchacer deinz vostre baillie sans nuli esparnier, faciez venir jusques a Noef Chastel sur Tyne; [i]ssint quil y soit icest Mardi precheinement avenir en totes maneres, a faire ce qe nostre Seneschal e le Treforier de nostre Garderobe leur dirrount de par nous. E faites prendre a nostre oes tot le fer, qui vous porrez trover deinz vostre baillie, e enfaciez faire fers e clous pur nos chevaux, par ceux qui mieuz les saveront faire, a plus en haste qe vous porrez, sicome nostre Seneschal e le Treforer de nostre Garderobe vous ont dit e enjoint de par nous. E ce qe vous y mettrez vous seroms duement allower sur vostre acounte. Donees sur nostre prive seal a Northalverton, le xij jour de Juyn, lan de nostre regne vint e sisisme.

[1298], *June* 29.

Writ to the Sheriff of Northumberland, directing him to send Carpenters and Excavators to the King.

Privy Seals, 26 *Edw. I. File* 8. *No.* 352*b*.

Carpenters and diggers to be selected and sent with all haste.

Edward par la grace de Dieu Roi dEngleterre Seigneur dIrlande et Ducs dAquitaine au visconte de Northumbr'[1] saluz. Nous vous mandoms fermement enjoignantz, qe veues ces lettres, nous faciez venir jusques a[2] vynt ou trente char-

---

[1] Robert de Balliol was Sheriff of Northumberland in 26 and 27 Edw. I.

[2] The name of the place, to which the carpenters and diggers were to be sent, is here omitted. It should, perhaps, be Alnwick, where the King was on the Sunday on which this writ is dated, and where he possibly intended to remain on the morrow. From Alnwick he went to Chillingham, and was there on the Tuesday and Wednesday following, July 1 and 2.

Writ to the Sheriff of Northumberland.

pentiers e entour deux centz foſſeurs des meillours qui vous puſſez trover denz voſtre baillie; iſſint quil ſoient a nous, ove les uſtilz qui appendent a leur meſtiers bien garniz, au plus en haſte quil porront. E dautre part, vous mandoms qe vous recevez de Adam de Riſtoñ noſtre vadlet un cheval des noz, le quel il vous liverera, ſi le faciez garder en chaſtel de la ville de Noef Chaſtel ſur Tyne, et li faciez trover chaſcun jour un demy buſſel daveyne, e aucune foiz du bran, e autres choſes qui meſtier li auront; iſſint quil ſoit gardez en bon eſtat, e quil y demoerge, tant qe nous ſoioms retornez des parties dEſcoce, ou qe nous en coms autre choſe commandee. Et au garzon, qui gardera le cheval, voloms nous qe vous trueſſez ſes gages, ceſt a ſavoir, deux deniers chaſcun jour tant come il y demorra. Et les miſſions e les cuſtages qui vous mettrez, auſi bien entour les avantditz charpentiers e foſſeurs en venant vers nous, come entour le cheval e le garzon deſuſditz, vous ferons paer duement en noſtre garderobe quant nous les ſaveroms. Donees ſouz noſtre prive ſeal a Alnewike, le xxix jour de Juyn, lan de noſtre regne vint e ſiſiſme.

One of the King's horſes to be kept in the caſtle of Newcaſtle-upon-Tyne, until his return from Scotland.

The groom in charge to have two-pence per day.

[1298], *June* 30.

THE KING ORDERS FREE TRANSIT FOR THREE VESSELS LADEN WITH CORN, WHICH HAD BEEN IMPROPERLY DETAINED ON THEIR VOYAGE TO BERWICK.

Memoranda Roll (Exch. Q.R.), 26 Edw. I., m. 118, *dorſo.*

REX dilectis et fidelibus ſuis Petro de Molingtoñ et vicecomiti Lincolnie, ad providenciam bladorum ad opus noſtrum verſus partes Scocie faciendam aſſignatis, ſalutem. Monſtraverunt nobis Stephanus Peny de Sandwyco, Willelmus Veneyſon et Willelmus le Taverner, homines de Sandwyco, quod cum ipſi veniſſent ad partes de Northcotes, cum tribus naſcellis ſuis treſcentis quarteriis frumenti carcatis, verſus partes Scocie, pro ſuſtentacione exercitus noſtri ibidem, vos eaſdem naſcellas cum eodem frumento arreſtaſtis, et arreſtatam[1] detinetis; preſumendo quod dictum frumentum verſus dictas partes Scocie, ad opus dicti exercitus noſtri, non transducerent. Et quia iidem Stephanus Willelmus et

Linc. Captoribus bladorum Regis pro Stephano Pency et aliis.

On complaint made that three veſſels, laden with corn for the army, had been ſtopped on their voyage (although engaged under con-

---

[1] Read "arreſtatas."

26 Edw. I. 1298, July 15.

tract with proper bond), the King orders that they be allowed to proceed at once towards Berwick.

Willelmus invenerunt nobis fecuritatem ad Scaccarium noftrum, quod dictum frumentum alibi non ducent, nec duci facient, quam apud Berewycum, in forma predicta; et quod litteras ballivorum de Berewyco, adventum et applicacionem eorundem Stephani, Willelmi et Willelmi ibidem cum dicto frumento teftificantes, ad dictum Scaccarium noftrum in reditu fuo, reportabunt : Vobis mandamus quod predictos Stephanum, Willelmum et Willelmum, cum predictis tribus nafcellis et frumento predicto, ad dictas partes de Berewyco abfque inpedimento tranfire permittatis. Tefte J. de Cobeham apud Ebor., xxx die Junij anno regni noftri xxvj^m.

Manucapcio.

Et fciendum quod quilibet predictorum Stephani, Willelmi et Willelmi, manucepit alium, ad faciendum ea que continentur in littera predicta, sub periculo quod decet etc.

[1298], July 15.

MANDATE OF KING EDWARD TO PETER DE MOLINTON, CHARGED TO PROVIDE CORN IN LINCOLNSHIRE FOR THE ARMY IN SCOTLAND.

Memoranda Roll (Exch. Q. R.), 26 Edw. I., m. 118, dorfo.

Edward complains of delay :

REX dilecto et fideli fuo Petro de Molinton̄, ad providenciam bladorum ad opus noftrum in comitatu Lincolnie faciendam affignato, falutem. Veftram infolenciam et remiffam voluntatem, qualiter cariagium bladorum noftrorum verfus excercitum noftrum Scocie facere et feftinare hucufque prorogaftis evidenter perpendentes, quam plurimum admiramur, prefertim, cum fufficienter vobis conftet

commands expedition :

nos hujus cariagii expedicione omni modo celeriori quo fieri poterit indigere ; et ideo vobis mandamus in fide qua nobis tenemini, quod ftatim vifis litteris iftis, omnia blada, que ad opus noftrum providiftis, ad nos in dictis partibus Scocie, omni

threatens vengeance :

dilacione feu excufacione poftpofitis, faciatis per mare cariari; attendentes fiquidem quod, fi ulteriorem dilacionem in hoc invenerimus, nos ulcionem debitam quatenus decet regiam indignacionem meritis inferre, in vos faciemus taliter excerceri, quod timorem aliis alias incuciet hujus negocia noftra aliquatenus prorogandi. Man-

has ordered the fheriff to affift.

davimus enim vicecomiti noftro dicti comitatus[1], quod in execucione hujus mandati noftri, omnibus modis quibus poterit, vobis in auxilium affiftat. Tefte P. de Wylughby tenente locum Thefaurarij noftri etc. xv° die Julij anno regni noftri vicefimo fexto.

---

[1] Richard de Draycote was fheriff of Lincolnfhire for the latter half of 26 Edw. I.

[1298], *July* 18.

MANDATES ON BEHALF OF MASTERS OF SHIPS LADEN WITH
PROVISIONS FOR SCOTLAND.

Patent Roll, 26 *Edw. I., m.* 12.

REX *etc.* Cum Johannes Grym de Seleby ducat quamdam navem, bladis et aliis bonis ac victualibus carcatam, verfus partes Scocie, pro fuftentacione noftra et fidelium noftrorum nobifcum ibidem in obfequio noftro commorancium: Vobis mandamus quod eidem Johanni, ducendo navem predictam verfus partes predictas, ibidem morando, et exinde redeundo, non inferatis, feu quantum in vobis eft, inferri permittatis, injuriam, moleftiam, dampnum, impedimentum feu gravamen; dum tamen inde faciat confuetudines debitas et ufitatas in regno noftro. In cujus etc. duraturas ufque ad feftum Natalis Domini proximo futurum. Tefte Rege apud Temple Lyftoñ, xviij die Julij. *De conductu.*

CONSIMILES litteras de conductu habet Willelmus de Byrkyn. Tefte Rege ut fupra.

[1298], *July* 19.

PRECEPTS TO CERTAIN SHERIFFS IN THE NORTH FOR THE DEFENCE
OF THEIR COUNTIES AGAINST THE SCOTS.

Memoranda Roll (Exch. Q.R.), 26 *Edw. I., m.* 118, dorfo.

Lancaftria.

REX vicecomiti Lancaftrie falutem. Cum Scotorum malignacionem nobis et regno noftro fediciofe inimicancium oportunum fit prevenire, ne forfan incurfu latenti dictum regnum noftrum ingrediantur, et in noftrates irruant inopinate, cum ex inprovifo cujuslibet debilitatur defenfio: Tibi precipimus fub periculo vite et membrorum, quod fecrecius et circumfpeccius, quo modis omnibus fieri poterit, tam per te, quam per tuos, de quibus cordialiter confidis, inveftigari facias, si dicti Scoti aliquatenus malignentur feu machinentur fuper eorum adventu in *De municione facienda contra Scotos.*

The fheriff to inquire whether the Scots defign invafion of the county.

26 Edw. I. 1298, July 19.

To transmit intelligence to the King's Exchequer (then at York).

To make immediate proclamation for the forces of the county to be ready.

To provide heaps of wood and turf upon the hills, for beacon-fires.

To arrest and imprison Scots found within the county.

To keep watch and ward warily.

comitatu predicto. Et si de adventu eorum tibi constare poterit, die et nocte nuncium tuum equitem ad Scaccarium nostrum transmitti facias, omnia ibidem, secundum quod ea exquisieris, plenius relaturum, ut extunc cicius et securius per fulcimen aliorum resistencia fieri poterit. Insuper, statim visis litteris istis, per totum comitatum tuum, tam infra libertatem quam extra, in quolibet hundredo et wappentachio, et in omnibus villis mercatis et aliis quibus decet, proclamari facias, quod omnes homines ejusdem comitatus, tam illos[1] qui sunt ad equos et arma, quam alii ejusdem comitatus, habeant equitaturam et arma sua, secundum quod ad hoc agistantur, nocte et die in promptu parati pro defensione dicti comitatus facienda. Precipimus eciam tibi, quod super cacumina moncium parari facias cumulos lignorum et turbonum, ut, cum alicui parti dicti comitatus de adventu Scottorum constiterit, statim rogos et concremaciones de illis lignis et turbonibus faciant, ut in ceteris montibus similes concremaciones fiant, pro universali premunicione dicti comitatus. Et si aliquem Scotum hominem, vel feminam, vel aliquem de eorum affinitate, infra dictum comitatum tuum reperiri contigerit; tunc ipsos capias, et salvo in prisona nostra custodiri facias, donec aliud inde tibi preceperimus. Proviso siquidem, quod custodie et vigilie per totum dictum comitatum fiant, ut perinde malicia Scotorum caucius poterit evitari. Teste P. de Wileghby tenente locum Thesaurarii nostri apud Ebor., xix die Julij anno regni nostri xxvj[o].

CONSIMILI modo mandatum est vicecomitibus Norhumbrie[1], Westmerlandie[3], et Cumbrie[4].

ET Haseulpho de Cleseby[5] pro balliva sua munienda etc. Teste ut supra.

---

[1] Read "illi." The word is correctly written on the other Roll (*L.T.R.*), m. 91, dorso.

[2] Robert de Balliol, 26-27 Edw. I.

[3] William de Beauchamp, Earl of Warwick, who had been sheriff of Westmerland for many years, died in May or June. Reginald le Porter was his deputy. For the last quarter of the year Robert Bracy held the office, "ut custos." The new Earl (Guy) then succeeded, and was actively engaged in the campaign.

[4] Michael de Arela, or Harela (whose son was created Earl of Carlisle), had long been sheriff of Cumberland, and was so for the former half of 26 Edw. I. The next mentioned sheriff is William de Mulecastre (27 Edw. I. etc.)

[5] The situation of his bailiwick has not been ascertained. He is mentioned as the keeper of the lands of John Earl of Richmond, page 77. Cleasby is a parish in the North Riding of Yorkshire.

The Falkirk Roll of Arms.

1298, July 22.

ROLL OF ARMS OF THE COMMANDERS ON THE ENGLISH SIDE AT THE BATTLE OF FALKIRK.

MSS. at Wrest Park and the British Museum.

THIS important and interesting document is a list of the Bannerets who were in command on the English side at the great battle of Falkirk, fought on the feast-day of St. Mary Magdalen, 22 July, 1298, with the blazon of their arms.

Two copies of the Roll have been discovered, so far differing from each other that it has been judged expedient to print them both. The differences are in many cases important, and they are more distinctly and conveniently shewn by the arrangement adopted than they could be in notes. Notice of MSS.

The first copy is contained in a MS. of the XVIth. century preserved in the library at Wrest Park, Bedfordshire, recently the seat of the late Right Honourable Anne Florence, Dowager Countess Cowper, and, in her own right, Baroness Lucas, by whose kind permission it has been used for the present volume.[1]

The other copy, taken from the Harleian MS. 6589, in the British Museum, was made by Nicholas Charles, Lancaster Herald, in 1606.[2] The "originall," described by him as then "remayning in the Office of Armes," has long since disappeared.[3]

It is evident that neither of these copies is an exact transcript of the original. The order of the names in the two exemplars considerably varies, and there are other and more substantial differences. For greater convenience in comparison, the names in both are numbered, the figures within parentheses referring to the second list.

In the ensuing notes the following abbreviations are employed:

"Sal. 1297" indicates that the persons to whose names it is attached were included in the writ of summons to an assembly at Salisbury, dated 26 Jan. 25 Edw. I. (See note, *infra*.) Notes, etc.

"Carl. 1300" signifies that the leaders so distinguished were at the siege of Carlaverock, in July 1300, and that their arms are described in the well-known poem on that event, which was edited by Sir N. H. Nicolas in 1828, and again by Mr. Thomas Wright in 1864. The former edition is particularly valuable for the biographical memoirs which it contains; the latter for a better text and a more accurate version of the poem.

---

[1] Her Ladyship, who was the heiress and representative of the illustrious family of Grey, Earls, and at length Duke, of Kent, departed this life 23 July, 1880. The Wrest Park MS. is briefly described in the Appendix to the *Second Report of the Royal Commission on Historical Manuscripts.* London: 1871, fol., p. 6.

[2] This copy was printed in the XVth volume of *The Reliquary*, with notes by Mr. James Greenstreet, in 1875. To these notes the Editor of the present volume desires to express his obligations.

[3] So the Editor was informed by the late Mr. J. R. Planché, Somerset.

Falk. S

26 *Edw.* I. 1298, *July* 22.

"L. Pope, 1301," shows that the personages so marked joined in the celebrated letter of the English Barons to Boniface VIII., dated at Lincoln, 12 Feb. 1300–1. (See note, *infra*.)

Other authorities.

The principal additional authorities for the arms of the leaders here enumerated are—the Poem of Carlaverock, the contemporary MS. in the Cottonian collection marked *Caligula A. xviii.*, certain Rolls of Arms, (see note, *infra*,) the seals attached to the Barons' letter to the Pope, a series of sculptured shields in the abbey-church of Westminster,[1] and stained glass in the chapter-house at York,[2] and the abbey-church of Dorchester, Oxfordshire.[3] These, and some other authorities of the same period or thereabouts, are occasionally referred to in order to elucidate the sometimes obscure or defective blazon of the Roll.

The dates in the ensuing notes are chiefly taken from Nicolas's *Peerage*, as edited by Courthope; but in some instances they are corrected.

---

1. Henry de LACY, Earl of Lincoln. Succ. 1257, aged 9 or 10. Carl. 1300. Ob. before 6 Feb. 1310-11, s. p. m. (Inq. p.m.) *Or, a lion rampant purpure.* So his seals; but his arms as sculptured and painted in Westminster Abbey are *Quarterly or and gules, a bendlet sable, a label of 5 points argent.* With this agree Rolls B, D, E, F. In Roll G both are given, the latter being styled "Le veyl escu de Nicol." At Westminster the bendlet is sinister.

2. Humphrey de BOHUN, Earl of Hereford and Essex. Succ. 1274. Ob. 31 Dec. 1298 (Inq. p. m.). *Azure, a bend argent, between 2 cottises and 6 lioncels rampant or.* The blazon in the Wrest Park MS. differs from all other authorities.

3. Roger BIGOD, Earl of Norfolk. Succ. 1270, aged 26. L. Pope, 1301. He surrendered his earldom and the Marshal's baton into the King's hands 12 April 1302. Ob. 1307, s. p. *Per pale or and vert, a lion rampant gules.*

4. Humphrey de BOHUN, afterwards Earl of Hereford and Essex, and Constable of England. Succ. his father 31 Dec. 1298. Carl. 1300. L. Pope, 1301. Slain at Boroughbridge, 16 Mar. 1321-2. He mar. the Lady Elizabeth, dau. of K. Edward I. Arms: *as his father's*—No. 2—, *with a label*[4] *gules.* "Henry," in the Harl. MS. is an error.

5. Robert FITZROGER, Baron of Clavering. Succ. 1249. Summ. to Parl. 1295. Carl. 1300. L. Pope, 1301. Ob. 1310. His son John—No. 17—was the first who assumed the name of Clavering. *Quarterly or and gules, a bendlet sable.*

6. Robert FITZWALTER, Baron of Woodham. Succ. 1258, aged 10. Summ. to Parl.

---

[1] The shields referred to were sculptured in the reign of Edward I., or perhaps in his father's, and occupied the spandrels of the wall-arcades of the choir-aisles. About twelve of them remain.

[2] See a paper by Robert Davies, Esq., F.S.A., in *The Herald and Genealogist*, vol. V. p. 385.

[3] Described in *Some Account of the Abbey Church of St. Peter and St. Paul, at Dorchester*, by the Rev. Henry Addington. Oxford: 1845, 8vo., pp. 43-48, 105, etc.

[4] In the early Rolls labels, where drawn, are usually of 5 points.

The Falkirk Roll of Arms. 131

Wrest Park MS. No. 16.	*Harleian MS. No.* 6589.
[F. 2.] Ex rotulo valde antiquo et fidedigno.	Anno Domini Millesimo CC lxxxx viij. [F. 9.]

Anno 26 Ed. primi. CES font les grans feigneurs a baniers ki le Roy Edward amena en Efcoce lan xxvj.

CEUX fount lez grauntz feigneurs a banniere quelx le Roy Edward le premier puis le Conqueft avoit par devers Efcoce lan de son reigne xxvj^{em} a la bataille de Fawkyrke a jour de fainct Marie Magdalen.

Taken from the originall by me N: C: 1606, remayning in the Office of Armes.

[LA Vaunt Garde[1].]   LA Vaunt Garde.

1. Henry de Lacy Conte de Nichole cheveteyn de la premiere batayle: porte dor a un leon rampant de pourpre.

   Henry de Lacy Counte de Nichole chevetaigne de la premier bataille: porte dor ov ung leonn rampannd de purpure. (1.)

2. Humfrey de Boun Conte de Herford Coneftable dEngleterre: porte dafur a une bende dor a fis leonfeauz dor a deux coftiz dargent.

   Humfray de Boun Counte de Herford Coneftable de Engleterre: porte dazur ov ung bende dargent ov vj leonceux dor ov deux cotifes dor. (2.)

3. Roger Bygot Conte et Marefchal dEngleterre: porte parti dor et de vert a un leon rampant de goules.

   Roger Bigot Counte Marefhall dEngleterre: port party dor et de vert ov ung leon rampannt de gulez. (3.)

4. Humfrey de Boun le fiz: porte les armes fon pere od le[s] lambeaux de goules.

   Henry de Bown: porte lez armez fon pere ov ung labell de gulez. (4.)

5. Robert le fiz Roger: porte esquartile dor et de goules a un bafton de fable.

   Sr Robert fitz Roger: port quartelle dor et de gulez ov ung bafton de fable. (5.)

6. Robert le fiz Wauter: porte dor a deus cheverons de goules a un feffe de goules.

   Sr Roger le fitz Wauter: port dor ov deux cheverouns de gulez ov ung fez de gules. (6.)

---

[1] This title is fupplied. The enfuing paragraphs follow the order of the Wreft Park MS. Their order in the Harleian MS. will be apparent from the numerals within parentheses.

26 Edw. I. 1298, July 22.

1295. Carl. 1300. L. Pope, 1301. Ob. 1325. *Or, a fefs between 2 chevrons gules.* "Roger," in the Harl. MS. is an error.

7. John de SEGRAVE, 2nd Baron by writ. Succ. 1295, aged 39. Carl. 1300. L. Pope, 1301. Ob. 1325. *Sable, a lion rampant argent, crowned or.* Upon his feal, the efcutcheon is placed between 2 garbes. The ancient arms of Segrave, abandoned by his father, were *Sable, 3 garbes argent, banded gules.*

8. Alan la ZOUCHE, Baron of Afhby. Succ. 1285, aged 18. Sal. 1297. Summ. to Parl. 1299. Carl. 1300. L. Pope, 1301. Ob. 1314, s. p. m. *Gules, bezanté.*

9. Robert de TATESHALL, Baron of Bokenham. Succ. 1272, aged 24. Summ. to Parl. 1295. Sal. 1297. Ob. 1298 (Inq. p. m.). His fon and fucceffor is mentioned below, No. 14. *Chequy or and gules, a chief ermine.*

10. Hugh BARDOLF, Baron of Wirmegeye. Succ. 1290. Sal. 1297. Summ. to Parl. 1299. Carl. 1300. L. Pope, 1301. Ob. 1303. *Azure, 3 cinquefoils or.*

11. Nicholas de SEGRAVE, Baron of Stowe, younger brother of John de Segrave—No. 7. Summ. to Parl. 1295, v. p. Carl. 1300. L. Pope, 1301. Ob. 1322, s. p. m. Arms: as his brother's—No. 7—, *with a label gules.*

12. Walter de MOUNCY, Baron of Thornton. Summ. to Parl. 1299-1307. Carl. 1300. L. Pope, 1301. *Chequy argent and gules.* The words "*dor et*" are struck out of the Wrest Park MS.

13. John LOVEL, Baron of Tichmersh. Succ. 1286. Sal. 1297. Summ. to Parl. 1299. L. Pope, 1301—" Dñs de Dakkyng." Ob. 1311. *Barry wavy* (or rather *nebuly, of 6) or and gules.* Upon his seal is added a *label of 3 points, each charged with as many mullets.* The arms are fuppofed to have been derived from Baffet of Wycombe, the label being a difference.

14. Robert de TATESHALL, afterwards Baron of Bokenham. Succ. 1298, aged 24. Carl. 1300. L. Pope, 1301. Ob. 1303. Arms: as his father's—No. 9—, *with a label azure.*

15. Robert de MONTALT, Baron of Montalt, co. Flint. Succ. 1297, aged 27. Summ. to Parl. 1299. Carl. 1300. L. Pope, 1301—" Dñs de Hawardyn." Ob. 1329, s. p. *Azure, a lion rampant argent.* In the arms of his anceftor, Roger de Montalt, carved and painted in Weftminfter Abbey, the lion is *crowned or.*

16. Henry de GREY, Baron of Codnor. Succ. 1271, aged 17. Summ. to Parl. 1299. Carl. 1300. L. Pope, 1301. Ob. 1308. *Barry of 6, argent and azure.*

17. John de CLAVERING, i. e. John FitzRobert, 2nd Baron by writ, who was summ. to Parl. from 10 Apr., 1299, though his father's deceafe did not take place till 1310, when his age was 40. He affumed the name of Clavering, by the King's appointment, at the fiege of Carlaverock, 1300. Ob. 1332, s. p. m. *Quarterly or and gules, a bendlet fable; a label azure:* at Carlaverock it was *vert.* The Harl. MS. is corrupt here, some words being copied from No. 19. For his father, see No. 5.

The Falkirk Roll of Arms.

Wreſt Park MS. No. 16.

7. Johan de Segrave: porte de ſable a un leon rampant dargent coronne dor.

8. Alayn la Souche: porte de goules od les tourteaux dor.

9. Robert de Tateſhale: porte echekere dor et de goules od le chef dermine.

10. Hugh Bardolf: porte daſur a trois quinte foiles dor.

11. Nicholas de Segrave: porte de ſable a un leon dargent coronne dor a les lambeaux de goules.

12. Wauter de Mounci: porte eschekere dor et dargent et de goules.

b.]
13. Johan Lovel: porte unde dor et de goules.

14. Robert de Tateſhale le fiz: porte eſchekere dor et de goules od le chef dermine a un laubel daſur.

15. Robert de Mohaut: porte daſur a un leon rampant dargent.

16. Henri le Gray: porte vj pieces dargent et daſur.

17. Johan de Claveringe: porte eſquartele dor et de goules a un baſton de ſable od le lambel daſur.

Harleian MS. No. 6589.

Sʳ John Segrave: port de ſable ov ung (8.) leon rampannt dargent coronne dor.

Sʳ Alain de Souche: port de gulez (9.) beſante dor.

Sʳ Robert Taterſhall: port eſchequere (7.) dor et de gulez od le chief de hermyn.

Sʳ Hugh Bardolf: port dazure ov iij (10.) quintfoils dor.

Sʳ Nicol de Segrave: port de ſable ov (11.) ung leon dargent coronne dor ov ung labell de gulez.

Sʳ Wauter de Moñcy: port eſchekerre dargent et de gulez. (12.)

Sʳ John Lovell: [port] unde [d]or et (13.) de gulez.

Sʳ Robert Tatraeſall le fitz: port (14.) eſchekere dor et de gulez od le chief darmin ov ung lambel de azure.

Sʳ Robert Mohaut: port dazure o (15.) ung leon dargent.

Sʳ Henry le Gray: port barre dargent (16.) et dazure.

Sʳ John Claveryng: porte quartille (17.) dor et de gulez frette de argent.

26 Edw. I. 1298, July 22.

18. William le VAVASOUR, a Baron. Summ to Parl. 1299. Carl. 1300. Ob. 1312-13. *Or, a fefs dancette sable.* (In the Wreft Park MS. "fes" has dots beneath it, and "dance" is written above.)

19. Sir John de HODDELSTON. Summ. for Scotland, 1298, amongft the Barons. Carl. 1300. L. Pope, 1301—" Jo. de Hodelleston, Dñs de Aneys." *Gules, fretty argent.*

20. Henry de TYES, a Baron. Summ. to Parl. 1299. Carl. 1300. L. Pope, 1301—" Dñs de Chilton." Ob. 1308. *Argent, a chevron gules.*

21. Nicholas de AUDLEY, or Aldithley, 6th Baron by tenure. Succ. 1281. Sal. 1297. Ob. 1299. *Gules, fretty or.*

"La feconde bataille." Thefe words are in the margin of the Wreft Park MS.

22. Anthony BEK, Bishop of Durham. Cons. 9 Jan. 1283-4. His banner was at Carlaverock, 1300. Nominated Patriarch of Jerufalem 1306 or 7. Made King of the Ifle of Man by Edward II. Ob. 3 Mar. 1310-11. *Gules, a fer de moulin* (or *crofs moline*) *ermine.*

23. Patrick de DUNBAR, Earl of Dunbar, otherwise of March. Succ. 1289, aged 47. In 1291 he was one of thofe who claimed the crown of Scotland, but the fame year he fwore allegiance to Edward. Carl. 1300—" Conte de Laonis," *i. e.* Lennox. Ob. 1309. *Gules, a lion rampant argent, on a border of the laft, rofes* (ufually 8) *of the field.* His fon, Patrick de Dunbar, bore these arms at Carlaverock, with *a label azure.* See No. 36.

24. Gilbert de UMFRAVILLE, Earl of Angus in Scotland, *jure matris,* and a Baron in England. Succ. his father 1245. Appointed governor of Angus by K. Edward, c. 1291. Summ. to Parl. 1295, etc.: from 1297 by the style of Earl of Angus. Ob. 1308. *Gules, crusilly or, a cinquefoil of the last.*

25. John WAKE, a Baron. Succ. 1263, aged 21. Summ. to Parl. 1295. Ob. 1304. *Or, 2 bars gules, in chief 3 torteaux.* In the Harl. MS. for "do," read " de gulez."

26. Piers de MAULEY (or de Malo lacu), Baron of Mulgreve. Succ. 1278, aged 3. Summ. to Parl. 1295. L. Pope, 1301. Ob. 1310. *Or, a bend sable.* But according to other Rolls (B, E) P. de Mauley bore *Pair, a maunch gules.*

27. Piers CORBET, Baron of Cauz. Succ. 1273. Summ. to Parl. 1295. L. Pope, 1301. Ob. 1301. *Or, 2 ravens in pale sable.* (So Rolls D, E, F. The coat *Or, 3 ravens sable* belonged to other Corbets.)

The Falkirk Roll of Arms.

Wreſt Park MS. No. 16.

18. Willame le Vavaſour: porte dor a une feſ (dance) de ſable.

19. Johan de Hodleſtoun: porte de goules frecte dargent.

20. Henry Tyoys: porte dargent a un cheveroun de goules.

21. Nichole Daundeley: porte de goules frete dor

Harleian MS. No. 6589.

(18.) Sʳ William Vavaſſour: port dor ov ung daunſe de ſable.

(19.) Sʳ John de Hodilſtoñ: port de gulez frette dargent.

(20.) Sʳ Henry Tyes: port dargent ov ung cheveron de gulez.

(21.) Sʳ Nicol dAuudeley: port de gulez frette dor.

Summa en la premier bataille - xxj baniers.

La ſeconde bataille.
La batayle le Eveſke de Dureme.

22. Anthoini de Beke, Eſveſke de Dureſme: porte de goules a un fer de molin dermine.

23. Le Conte Patrike: porte de goules a un leon dargent od la bordure dargent poudre de roſes.

24. Le Conte de Anegos: porte de goules a un quinte foile dor croſule dor.

25. Johan de Wake: porte dor a deus feſſes de goules od troys tourteaux de goules en le chef.

26. Peres de Maulay: porte dor a une bende de ſable.

27. Peres de Corbet: porte dor a trois corbins de ſable.

La ijⁿ bataille.
Ceſt la bataille lEveſk. de Dureſme, la ſecund.

(22.) Antoyn Beke: porte de gulez ov ung fer de molyn dermin.

(23.) Le Counte Patrik: porte de gulez ov ung leon dargent ov le bordure dargent de roſes.

(24.) Le Counte dAnegos: port de gulez ov ung quintfoyl dor croiſile dor.

(25.) Sʳ John de Wake: porte dor ov ij feſſes de gulez ov iij tortous do en le chief.

(26.) Sʳ Peres de Mauley: porte dor ov ung bende de ſable.

(27.) Sʳ Peres Corbett: porte dor ov deux corbins de ſable.

28. Alexander de BALLIOL, of Cavers, younger brother of Guy de Balliol, Montfort's ſtandard bearer, who fell at Eveſham, 1265, and ſon of Henry de Balliol. The oft-repeated ſtatement that he was a brother of John K. of Scots is erroneous. (See a paper by Mr. J. A. C. Vincent, in *The Genealogist*, vol. VI. p. 1, Jan. 1882.) He was with K. Edward in Flanders, 1297, in the retinue of Bp. Beke. Summ. to Parl. 1300-06. Carl. 1300. Living 1309. Sometime Chamberlain of Scotland. *Argent, an orle gules*, as in Rolls E, F; but according to one MS. of Carlaverock, *Or, an orle gules*. (There was another Alexander de Balliol, who bore *Gules, an orle argent*, Rolls D, E, F. This was K. John's elder brother. He died s. p. 1278.)

29. Ralph BASSET, of Drayton, 2nd Baron by writ. Succ. 1265. Summ. to Parl. 1295. Ob. 1299. *Paly or and gules, a canton ermine*. But usually, *Or, 3 piles in point gules*, etc.

30. Brian FITZALAN, Baron of Bedale. One of K. Edward's vice-gerents in Scotland, 1292, etc. Summ. to Parl. 1295-1305. Carl. 1300. L. Pope, 1301. Ob. 1302, s. p. m. His tomb remains at Bedale. *Barry, or and gules*: in ſtained glaſs at York, in the chapter-house, *Barry of* 8; but ſometimes *of* 6; and ſometimes *Gules, 3 bars or*. He ſealed, not with arms, but with a very ſingular device.

31. William de BRAOSE, Baron of Gower. Succ. 1290. Summ to Parl. 1295. Sal. 1297. Ob. 1326, s. p. m. *Azure, crusily, a lion rampant queué fourché, or*. "Bryane," in the Harl. MS., is a mistake for "Breuſe." The MS., omitting the arms of this commander, erroneouſly proceeds with the arms of Roos.

32. William de Roos, Baron of Hamlake. Succ. 1291, aged 30. A claimant of the Crown of Scotland. Summ. to Parl 1295-1315. Carl. 1300. L. Pope, 1301. Ob. 1316 or 17. *Gules, 3 water-bougets argent*. The Harl. MS. erroneously reads "iiij."

33. William SAMPSON, a Baron. Summ. to Parl. 1299-1306. *Sable, a fer de moulin or*. According to Roll E, "Will. Samſun" bore *Argent, a feſs, and in chief 2 mullets of 6 points sable*. "Daſ" is inserted in the Harl. MS. by mistake.

34. Walter de HUNTERCOMBE, a Baron. Succ. 55 Hen. III. Summ to Parl. 1295. Carl. 1300. L. Pope, 1301: Ob. 1312. s. p. *Ermine, 2 bars gemels gules*. (The words "dargent," in the Harl. MS., ſhould, no doubt, have been eraſed.)

35. Edmund de HASTINGS, a Baron. He was a younger son of Henry de Hastings, the 1st Baron by writ of the chief line. He is deſcribed as of Inch Mahomo, in Menteith. Courthope says, "He probably acquired his Scotch poſſeſſions by marriage with Iſabella, widow of an Earl of Menteith, who appears to have been a priſoner in England, in the cuſtody of John de Hastings." (Comp. Palgrave's *Documents*, p. 299.) Summ. to Parl. 1299-1313. Carl. 1300. L. Pope, 1301—"Dñs de Enchimaholmok." Ob. c. 1314, s. p. *Or, a maunch gules; a label azure*. The Harl. MS. has 3 maunches, which is an error. In the

The Falkirk Roll of Arms.

Wrest Park MS. No. 16.

28. Alisaundre de Bailolfs: porte dargent a une faus escuchon de goules.

29. Rauf Basset: porte palee dor et de goules od le cauntel dermine.

30. Brian le filz Aleyn: porte barre dor et de goules.

31. Willam de Breuse: porte dasur a un leon rampant dor crosule dor od la coue forchee.

32. Willam de Ros: porte de goules a troys busseaux dargent.

33. Willam Sampson: porte de sable a un fer de molin dor.

[F. 3.]
34. Wauter de Huntercombe: porte dermine a deus jumeux de goules.

35. Edmund de Hastinges: porte dor od la maunche de goules od le lambel dasur.

Falk.

Harleian MS. No. 6589.

S' Alexander de Bayloylf': porte dargent ov ung faus eschue de gulez. (28.)

S' Rauff' Basset: port palle dor et de gulez ov le cantell dermyn. (29.)

S' Bryan le fitz Alayn: porte barre dor et de gulez. (30.)

S' William de Bryane: (31.)

[S' William de Ros] porte de gulez ov iiij bousses dargent. (31b.)

S' William Das' Sampson: porte de sable ov ung ferr de moulyn dor. (32.)

S' Waultier Huntyrcoump: porte dargent dermyne ov ij gemeus de gulez. (33.)

S' Edemund de Hastynges: porte dor ov iij maunches de gulez ov le lambell dazure. (34.)

T

26 Edw. I. 1298, July 22.

Poem of Carlaverock his label is described as *noir*: in MS. Cott. *Calig. A. xviii.* as *vert*. His seal exhibits a shield, *Barry wavy of* 6, (perhaps a Scottish territorial device,) with the legend, ✠ s: EDMUNDI: HASTING: COMITATU: MENETEI: So it is given in *Archæologia*, vol. XXI. p. 217.

36.   Patrick de DUNBAR, son and h. app. of Patrick, Earl of Dunbar, etc. Carl. 1300. Succ. 1309, aged 24. In 1334 he renounced his allegiance to England, and was thenceforth a constant defender of his country. Ob. c. 1368. Arms: *as his father's* —No. 23—*with a label azure.*

36[b].   John FITZMARMADUKE, the eldest son of M. FitzGeoffry, Lord of Hordene, Durham. Carl. 1300 (*Gules, a fess between 3 popinjays argent*). L. Pope, 1301. Governor of St. John's Town, or Perth, till his death, 1311. Marmaduke de THWENG (who bore *Argent, a fess gules between 3 popinjays vert* - the arms blazoned opposite—) was a different person. Summ. to Parl. 1307. Ob. 1323. The two are confounded in the Falkirk Roll, and also in Nicolas's *Synopsis of the Peerage*, p. 772, as he himself allows—*Carl.* p. 308.

37.   John GREY, Baron of Rotherfield. Succ. 1295, aged 23. Sal. 1297. Carl. 1300. Ob. 1312. Regarded by Nicolas as the 1st Baron by writ, but erroneously: there was no summons to Parliament until 1338. *Barry of 6 argent and azure, a bendlet gules*: in glass at Dorchester, *Barry of* 6; elsewhere *of* 8. In the Poem of Carlaverock the bend is described as *engrailed*, which seems to be merely an error of the rhymer.

38.   John CANTELUPE. Perhaps the John, of Snitterfield, co. Warwick, who was deceased 17 Edw. II. Summ. to Scotland 1298, among the Barons. *Azure, 3 leopard's faces jessant fleurs-de-lis or*. Compare No. 72. In the Harl. MS. "iij" is added above, in correction of "deux" underlined.

39.   Philip DARCY, Baron of Nocton. Succ. 1296. Sal. 1297. Summ. to Parl. 1299-1322. The date of his decease is not recorded. *Argent, 3 cinquefoils pierced gules*. The word "cruseletez" in the Harl. MS. is an error. Roll B reads *roses*. The pictorial Roll F ascribes the *cinquefoils* to Norman Darcy.

40.   Ralph FITZWILLIAM, a Baron. Summ. to Parl. 1295. Carl. 1300. L. Pope, 1301—"Dñs de Grinthorp." Succ. to the lordship of GREYSTOCK (which name the family afterwards assumed) by virtue of a special settlement, 1305. Ob. 1316. *Barry (of 12) argent and azure, 3 chaplets gules*. (The proper arms of Greystock are *Gules, 3 lozenges argent*; but these were not assumed.)

41.   Robert de HILTON. Summ. to Parl. 1295. Sal. 1297. The time of his decease does not appear. *Argent, 2 bars azure.*

42.   John PAYNELL, bore the same arms at Carlaverock, 1300. *Vert, a maunch or*. Whether he was the Baron of Drax, who was summ. to Parl. 1299-1318, and is supposed to have deceased before 1326, is uncertain. The John Paynell, "Dñs de Otteleye," who sealed the Letter to the Pope, 1301, bore different arms, and was a different person.

The Falkirk Roll of Arms. 139

Wrest Park MS. No. 16.   *Harleian MS. No. 6589.*

36. Patrike de Dunebarre: porte les armes le Counte Patrike od le lambel dasur.

36*. [Johan filz Marmaduke Thwenge: port dargent a un fesse de goules et trois papejoyes de vert.]   Sr John fitz Marmeduk Thwenge: porte dargent ov ung fesse de gulez et troys papejoyes de vert. (35.)

37. Johan de Grey: porte vj pieces dasur et dargent od le baston de goules.   Sr John Gray: porte barre dargent et dazure ov le baston de gules. (36.)

38. Johan de Caunteloue: porte dasur od troy[s] flours de lys cressans hors de testes de lupars.   Sr John Cantelu: port dazure ov *deux* (iij) floures de lyz dor cressauntz hors de la test du lepard dor. [Arms in trick.] (37.)

39. Philip Darsy: porte dargent od troys roses de goules.   Sr Philippe de Arcy: porte dargent ov iij cruselettez de gulez. (38.)

40. Rauf le-fiz Willam: porte burlee dargent et dasur od troys chapeaux de goules.   Sr Rauffe le fitz William: porte borel dargent et dazure ov iij chapeus de gulez. (39.)

41. Robert de Hiltone: porte dargent od deux barres dasur.   Sr Robert de Hylton: port dargent ov ij barrez dazure. (40.)

42. Johan Painel: porte de vert od la manche dor.   Sr John Paynell: porte de vert ov a maunche dor. (41.)

T 2

26 Edw. I. 1298, July 22.

43. William MARTIN, Baron of Kemys. Succ. 1282. Summ. to Parl. 1295. L. Pope, 1301—" Dñs de Cameiſo." Ob. 1325. *Argent, 2 bars gules.*

44. Theobald de VERDON, the younger. Summ. to Parl. 1299. Succ. his father, who was alſo a Baron, 1309. Ob. 1316, ſ. p. m. *Or, fretty gules; a label azure.* The label ſhews that the ſon is referred to. Either the father or the ſon—probably the latter—was ſumm. to ſerve againſt the Scots, 1298. The father, Theobald de Verdun, " Dñs de Webbele," joined in the letter to the Pope, 1301. On the reverſe of his ſeal are the words ✠CONSTABVLARII HIBERNIE, referring to an office which he inherited from his paternal grandfather, Theobald le Butiler, who married Rohefe de Verdon, and aſſumed her ſurname. The arms of John de Verdon (ob. 1278), as carved and painted at Weſtminſter, were *fretty of 8 pieces.*

45. Thomas de MULTON, or Molton, Baron of Egremont. Succ. 1294. Sal. 1297. Summ. to Parl. 1299. Carl. 1300. L. Pope, 1301. Ob. 1322. *Barry (commonly of 8) argent and gules.* Roll E (No. 242) has *Gules, 3 bars argent:* Carlaverock, *Argent, 3 bars gules.*

46. Edmund DEINCOURT, a Baron. Succ. before 1257. Summ. to Parl. 1299. Sent his two ſons, Edmund and probably John, to Carlaverock, 1300. L. Pope, 1301—" Dñs de Thurgerton." Ob. 1327. *Azure, billety and a feſs dancette or.*

47. Andrew de ASTLEY, a Baron. Succ. 1264. Summ. to Parl. 1298. Ob. 1300. *Argent, a lion rampant gules, charged on the ſhoulder with a cinquefoil of the 1ſt.* According to Roll E (No. 289) "Andreu d'Eſtleie" bore *Azure, a cinquefoil pierced ermine*—the uſual arms.

48. Sir Alexander LINDSAY. Probably Sir Alexander of Luffneſs, who ſucc. 1268, and who, as one of the Magnates of Scotland, attended the great Council at Brigham, 1289, and deceaſed in 1307. He was the firſt of Crawford. *Gules, a feſs chequy argent and azure.* The Harl. MS has *or and azure,* which ſeems to be incorrect.

---

49. King EDWARD I., 1272-1307. At Carlaverock, as at Falkirk, there were four batallions, of which the third was under the banner of the King Arms: *England.*

50. Thomas Earl of LANCASTER, Steward of England, Earl of Leiceſter. Succ. 1296. Carl. 1300. L. Pope, 1301. Beheaded at Pontefract, 1322, s. p. He was popularly regarded as a Saint. See the office in Wright's *Political Songs*, p. 268. Arms: *England, with a label of 3 (ſometimes 5) points azure, on each 3 fleurs-de-lis or.*

51. Guy de BEAUCHAMP, Earl of Warwick. Succ. in May or June, 1298. Had a grant of lands in Scotland, 25 Sept. 1298. Carl. 1300. L. Pope, 1301. Ob. 1316, aged 44. *Gules, a feſs between 6 croſs-croſſlets or.* So his ſeal, etc.

The Falkirk Roll of Arms. 141

Wrest Park MS. No. 16.   *Harleian MS. No. 6589.*

43. Willam Martin: porte dargent od deus barres de goules.

Sʳ William Martyn: porte dargent ov ij barrez de gulez. (42.)

44. Thebaud de Verdoun le fiz: porte dor frecte de goules od le lambel dafur.

Sʳ Theobald de Verdoñ: port dor frette de gulez ov lambel dazure. (43.)

45. Thomas de Multoñ: porte barre dargent et de goules.

Sʳ Thomas de Moltoñ: port barre dargent et de gules. (44.)

46. Edmund Deincourt: porte dafur a un daunce dor billette dor.

Sʳ Edmund Dancourte: porte dazure ov ung daunce dor bylette dor. (45.)

47. Andreu de Eftleye: porte dargent a un leon rampant de goules, en les efpaules del leon un quinte foile dargent.

Sʳ Andrew de Efteley: porte dargent ov ung leon raumpantt de gulez et en les efpaules du lyon ung quintfoil dargent. (46.)

48. Alifandre de Lyndefeye: porte de goules a un feffe efchekere dargent et dafur.

Sʳ Alexandre de Lyndfey: porte de gulez ov ung feez efchekere dor et dazure. (47.)

Summa en la fecund bataille - xxvj baniers.

[La iijᵉ bataille.]

La iijᵒ bataille.

La batayle le Roy.

Ceft la bataille le Roy, la tierce que

49. Le Roy: porte de goules a troys lupars paffans dor.

Le Roy: porte de gulez ov trois leopardes paffauntz dor. (48.)

50. Thomas Counte de Loncaftre: porte mefmes les armes od le lambel dafur, en le lambel les flures de lys dor.

Sʳ Thomas le Counte de Loncaftre: porte mefmes les armez ov le label dazure, en checun lable 3 floures de lyz dor. (49.)

51. Gye de Beauchampe, Counte de Warewike: porte de goules od le feffe dor crofule dor.

Sʳ Guy de Beauchaump, Counte de Warrewyk: porte de gulez ov ung fez dor croifele dor. (53.)

26 Edw. I. 1298, July 22.

52. Henry of LANCASTER, younger brother of Earl Thomas—No. 50. Summ. to Parl. as a Baron, 1299. L. Pope, 1301—"Dñs de Munemue," *i.e.* Monmouth. Restored, or created, to his brother's honours, 1324. Ob. 1345. Arms: *England, with a bendlet azure*. After 1324, it is presumed that he bore the arms of *Lancaster*, as his elder brother had done.

53. John of BRITANNY (of the house of Dreux) was the youngest son of John II. Duke of Britanny and Earl of Richmond, by Beatrice his wife, dau. of K. Henry III. Born 1266. Carl. 1300. Summ. to Parl. as " Jo. de Britannia jun." 1305. Earl of Richmond, 1306. Ob. 1333-4, unm. *Chequy or and azure, a border gules, charged with* (8 or more) *lions of England; a canton ermine:* in other words, *Dreux*, with a canton (or rather, as in Carl., a quarter) of *Britanny*, and a border of *England*. Beltz ascribes these arms to John IV. Duke of Britanny, K.G., who d. 1399; but, it is believed, erroneously.

54. Sir John de BARR. From the arms evidently a member of the family of the Count de Barr, who was an ally of Edward. "Monsieur John de Bar," 1300 (*Fœdera*, vol. II. p. 868). Carl. 1300. *Azure, crusily or,* 2 *barbels endorsed of the last; a border indented gules*. In the Poem of Calaverock the border is *engrailed*—the terms being then synonymous.

55. Hugh le DESPENSER, a Baron. Son and h. of Hugh Despenser, 1st Baron by writ, who was slain at Evesham, 1265. Summ. to Parl. 1295. Carl. 1300. Created Earl of Winchester, 1322. Hanged 1326, being nearly 90 years old. *Quarterly argent and gules, the latter fretty (of* 6 *pieces) or, a bendlet sable*.

56. Robert de CLIFFORD, a Baron. Succ. 1285, aged 12. Summ. to Parl. 1299. Carl. 1300. L. Pope 1301—"castellanus de Appelby." Marshal of England in 1308. Slain at Bannockburn, 1314. *Chequy or and azure, a fess gules*.

57. Sir Amaneu de la BRETT. Often mentioned in the *Fœdera*, 1289-1314. Carl. 1300. Arms: simply *Gules*, as borne by the illustrious French family of Albret.

58. P. de CHASTILLON. Mentioned as " Pointz Sires de Chastelon, 1299 (*Fœdera*, vol. II. p. 834). " Pontz Sire de Chastillion," 1299 (*Ib.* p. 835). *Gules, a castle or*.

59. The Captal de BUCH was the hereditary holder of a fort situated on a small promontory 14 leagues from Bordeaux, now called La Tête de Buch. (Beltz, *Memorials of the Garter*, p. 28.) The captal at this period is not identified; the arms seem to be those of Foix— *Or,* 3 *pallets gules*—with the additions of *a border sable, bezanty, and a canton ermine*— perhaps referring to Poitou and Britanny. (See No. 89.)

60. William de FERRERS, Baron of Groby. Succ. 1288, aged 18. Sal. 1297. Summ. to Parl. 1300. Carl. 1300. L. Pope, 1301. Ob. 1325. *Gules,* 7 *mascles conjoined,* 3, 3, 1, *or*. This was the coat of Quincy.

The Falkirk Roll of Arms. 143

Wrest Park MS. No. 16. *Harleian MS. No.* 6589.

52. Henry de Lancaftre: porte les armes le Roy ovec un bafton dafur.

Sʳ Henry de Loncaftre: porte lez armez le Roy ovec ung bafton dazure. (50.)

[F. 3 b.]
53. Johan de Bretayne: porte chekere dor et dafur od le cauntel dermine et la bordure de goules poudre de lupars dor.

Sʳ John de Bretaigne: porte efchekere dor et dazure ov le cantell dermyne ov la bordure de gulez poudre ov leopars dor. (51.)

54. Johan de Bars: porte dafur od deux bars dor crofule dor od la bordure dente de goules.

Sʳ Johñ de Bare: porte dazure ov ij barbes dor croifele dor ov la bordure endente de gules. (52.)

55. Hugh le Defpenfer: porte quartile dargent et de goules et le quarter de goules frette dor od le bafton de fable.

Sʳ Hugh Defpenfer: porte quartille dargent [et] de gulez o quarter de gulez frette dor ov le bafton de fable. (54.)

56. Robert de Clifford: porte chekere dor et dafur od la feffe de goules.

Sʳ Robert de Clyfford: porte chekere dor et dazure ov le fes de gules. (55.)

57. Edmund de la Brette: porte tut de goules.

Sʳ Eumenious de la Brett: porte tout de gulez. (56.)

58. Le Sire de Chaftilon: port de goules a un chaftel dor.

Sir de Caftilton: port de gules ov ung chaftel dor. (57.)

59. Le Capton de Bouch: port pale dor et de goules od le cantel dermine od la bordure de fable befante dor.

Sʳ Captan de Bucher: port dor et de gules ov le cantel dermyne ov le bordoure de fable befante dor. [F. 9 b. (59.)

60. Willam de Ferers: porte de goules od lofenges perfees dor.

Sʳ William de Ferres: port gules ov vij lozenges [perfees] dor. (58.)

61. Reginald de GREY, Baron of Wilton. Succ. 1265. Summ. to Parl. 1295. L. Pope, 1301—"Dñs de Ruthyn." Ob. 1308. *Barry of 6, argent and azure; a label gules:* on his feal it has 5 *points.*

62. John de MOELS, Baron of Caddebury. Succ. 1294, aged 26. Sal. 1297. Summ. to Parl. 1299. L. Pope, 1301. Ob. 1311. *Argent, 2 bars gules, in chief 3 torteaux.*

63. William le LATIMER, the elder. Summ. to Parl. 1299. Carl. 1300. L. Pope, 1301—"Dñs de Corby." Ob. 1305. *Gules, a crofs patonce or.* The addition "croyfele" in the Harl. MS. is erroneous. In that copy the entry is repeated, and Engaine is omitted. Sir William the younger, is No. 104.

64. John de ENGAINE, Baron of Abington. Succ. 1296, aged 24, or 30. Sal. 1297. Summ. to Parl. 1299. L. Pope, 1301—"Dñs de Colum." Ob. 1322, f.p. *Gules, crufily and a fefs dancette or.*

65. Robert de TONY, Baron of Flamfted. Succ. 1294. Summ. to Parl. 1299. Carl. 1300. L. Pope, 1301—" Dñs de Caftro Matili." Ob. 1310, f. p. *Argent, a maunch gules.*

66. Robert FITZPAYNE, Baron of Lammer. Succ. 1280, aged 17. Sal. 1297. Summ. to Parl. 1299. Carl. 1300. L. Pope, 1301. Ob. 1315. *Gules, 3 lions paffant argent, a bendlet azure.*

67. Adam de WELLES. Summ. to Parl. as a Baron, 1299. Carl. 1300. L. Pope, 1301. Ob. 1311. *Or, a lion rampant fable, queue fourchée.*

68. Roger de MORTIMER. Summ. to Parl. 1299, etc. (from 1307 as of Chirke). Carl. 1300. L. Pope, 1301—"Dñs de Penketlyn." Ob. 1336. *Barry (of 4, 6, or 8) or and azure; on a chief of the 1ſt, 2 pallets between as many gyrons bafed of the 2nd; an efcutcheon ermine.* The ermine-fpots are the diftinction of this branch.

69. Thomas de FURNIVAL, Baron of Sheffield. Succ. 1279, or earlier. Summ. to Parl. 1295. Carl. 1300. L. Pope, 1301. Ob. 1332. *Argent, a bend between 6 martlets gules.*

70. Henry de PINKENEY, Baron of Wedon. Succ. 1295, aged 30. Sal. 1298. Summ. to Parl. 1299. L. Pope, 1301. The fame year he fold his barony to the King. Ob. 13.., f. p. Amongſt his lands were thofe of Crawford in Scotland, which were granted to Sir Alexander Lindfay (No. 48). *Or, 5* (fometimes 4) *fufils conjoined in fefs gules.* Here blazoned as *a fefs engrailed.*

71. John de LA MARE. Summ. to Parl. as a Baron, 1299. Carl. 1300. Ob. 1315 ro 16, 9 Edw. II., f. p. *Gules, a maunch argent.*

The Falkirk Roll of Arms.   145

Wrest Park MS. No. 16.

61. Reinaud de Gray: porte vj pieces dargent et dasur od le lambel de goules.

62. Johan de Mules: porte dargent od deux barres de goules od trois tourteaux de goules en le chef.

63. Willam de Latimer: porte de goules od la croyz patee dor.

64. Johan d'Engaine: porte de goules od un dance dor crosule dor.

65. Robert de Toni: porte dargent od la maunche de goules.

66. Robert le fiz Pain: porte de goules od trois leons passans dargent od un baston dasur.

67. Adam de Welle: porte dor a un leon rampant de sable od la coue fourche.

68. Roger de Mortimer: porte dor et dasure barre od le chef pale et les corners gerune a un escuchoñ dermiñ.

69. Thomas de Fornivale: porte dargent od la bende de goules od vj merlous de goules.

70. Henry de Pinkeny: porte dor od la fesse engrelee de goules.

[F. 4.]
71. Johan de la Mare: porte de goules od la manche dargent.
Falk.

Harleian MS. No. 6589.

Sr Raignald de Gray: port vj peces dargent et dazur ov le lable de gulez.   (60.)

Sr John de Moyles: port dargent ov ij barrez de gules ov iij turteus de gulez en le chef.   (61.)

Sr William le Latymer: porte de gules ov la croys pate dor croyscle.   (62.)

(63.)

Sr Robert Tonney: port dargent ov la maunche de gulez.   (64.)

Sir [Robert] le Fitz Payn: port de gules ov iij leons passauntz dargent o ung baston dazure.   (65.)

Sr Adam de Velles: port dor ov ung leon rampaunt de sable e la cowe fourche.   (66.)

Sr Roger de Mortymer: port barre dor et dazure ov le chef palee et les corners gerune ov ung eschuchun dermyne.   (67.)

Sr Thomas Fournivall: port dargent ov la bende de gulez ov vj marletez de gulez.   (68.)

Sr Henry Pynkeney: port dor ov la fecz engrelee de gules.   (69.)

Sr John de la Mare: port de gules ov la maunche dargent.   (70.)

u

26 Edw. I. 1298, July 22.

72. William de CANTELUPE, Baron of Ravenſthorpe. Summ. to Parl. 1299. Carl. 1310. L. Pope. 1301. Ob. 1309. St. Thomas of Hereford was his firſt couſin. *Gules, a feſs vair between 3 leopard's faces jeſſant fleurs-de-lis or.* Theſe are aſcribed to him in the Poem of Carlaverock, and to him or his ſon William in the Roll of Edw. II. See alſo the ſeal of Nicholas his grandſon, 32 Edw. III., engraved in Montagu's *Guide to the Study of Heraldry,* 1840, p. 36. On the ſignet appended to the Barons' letter the fleurs-de-lis are engraved without the leopard's faces—only for want of room.

73. John AP ADAM, Baron of Beverſtone. Sal. 1297. Summ. to Parl. 1299. L. Pope, 1301. Ob. c. 1309. *Argent, on a croſs gules, 5 mullets or.* The mullets are ſometimes pierced.

74. John de BOTETOURT. Carl. 1300. L. Pope, 1301—"Dñs de Mendeſham." Summ. to Parl. as a Baron, 1305. Ob. 1324. *Or, a ſaltire engrailed ſable.* In the Wreſt Park MS. a ſpace is left for the Chriſtian name.

75. Euſtace de HACHE. Summ. to Parl. as a Baron, 1299. Carl. 1300. L. Pope, 1130. Ob. 1306, ſ. p. m. *Or, a croſs engrailed gules.*

76. Nicholas de MEINILL, 1ſt Baron. Summ. to Parl. 1295. Ob. (as it ſeems) 1299. If ſo, the "Nich' de Meynhyl, Dñs de Wherleton," who joined in the letter to the Pope, 1301, muſt have been his baſe-born ſon, who d. 1322. *Azure, 3 bars gemels and a chief or.*

77. John de TREGOZ, a Baron. Succ. 1265. Sal. 1297. Summ. to Parl. 1299. Ob. 1300, ſ. p. m. *Or, 2 bars gemels, and in chief a lion paſſant gardant, gules.* In the Wreſt Park MS. "trois" is an error, and so is "dor," which is ſtruck out.

78. Richard SYWARD, a Scot. Summ., as a Baron, to ſerve in the Scottiſh wars, 1298-99. Carl. 1300. Ob. c. 1310. *Sable, a croſs flory (or fleuretty) argent.* For "vij," in the Wreſt Park MS., read "vn."

79. Simon FRESEL, or Fraſer. Having been taken priſoner by K. Edward, an. reg. 25, he ſwore fealty to him. Summ. to Scotland, amongſt the Barons, 1298. Carl. 1300. Executed 1306. *Sable, 6 roſes, 3, 2, 1, argent.*

80. William, called Fluman in the Wreſt Park MS., and FitzWilliam in the Harleian copy, is not identified. "Fluman" ſeems to be merely the other name miſcopied. The arms, *Or, a feſs gules,* were borne about this time by Colvile, Obehall, and Solers.

81. Gilbert PECHE, Lord of Brunne, co. Camb. Succ. 1291. Summ. to Parl. 1299. L. Pope, 1301—"Dñs de Corby." Ob. 1323. *Argent, a feſs between 2 chevrons gules.* The Harl. MS. ſeems to be erroneous as to both Chriſtian name and arms. There was, however, a Sir Robert Peche, who was ſumm. to Parl. in 1321, but never afterwards.

The Falkirk Roll of Arms. 147

Wreſt Park MS. No. 16.	*Harleian MS. No.* 6589.

72. Willam de Canteloue : porte de goules od la feſſe de veir od trois flurs de lys dor creſſant hors de teſtes de lupars.   Sr William de Cantelou : port de gulez (71.) ov la feez de veire ov iij flours dor creſcauns hors de la teſt du leopard. [Arms in trick.]

73. Johan de Badham : porte dargent od la croyz de goules od v molez dor en la croyz.   Sr John Badcham : port dargent ov la (72.) croys de gulez ov v molets dor en la croys.

74. [Johan de] Botecourt : porte dor od le ſautoir de ſable engrelee.   Sr John Botetourte : port dor ov le (73.) ſautre de ſable engrelee.

75. Euſtace de la Hacche : porte dor od la croyz engreylee de goules.   S^r Euſtace de Hache : port dor ov la (74.) crois engrelee de gulez.

76. Nichol de Menille : porte daſur od trois jumaux dor et le chef dor.   Sr Nichol de Meynill : port dazure ov (77.) iij gemeus dor ov le chef dor.

77. Johñ Tregos : porte dor od trois jumaux *dor* de goules en le chef un lupart paſſant de goules.   Sr John Tregoz : port dor ov ij (75.) gemeus de gules en le chef ung leopard paſſaunt de gules.

78. Richard Siward : porte de ſable a vij crois flerte dargent.   Sr Richard de Syward : port de ſable (78.) ov ung croys florettez dargent.

79. Simon Friſel : porte de ſable od vj roſes dargent.   Sr Symond Fryſell : port de ſable ov (79.) vj roſez dargent.

80. Willam Fluman : porte dor a une feſſe de goules.   Sr William le fitz William : port dor (80.) ov ung feez de gulez. [Arms in trick.]

81. Gilbert Pecche : porte dargent a deux cheverons et un feſſe de goules.   Sr Robert Peche : port dargent ov ij (81.) cheverons de gulez. [Arms in trick.]

26 Edw. I. 1298, July 22.

82. Robert de SCALES, Baron of Neufeles. Succ. about 1266. Summ. to Parl. 1299. Carl. 1300. L. Pope, 1301. Ob. 1305. *Gules*, 6 *escallops*, 3, 2, 1, *argent*. In Roll E (No. 455) the arms of " Robt. d'Escales" have 10 *escallops*.

83. Walter de BEAUCHAMP, a younger son of William 5th Baron Beauchamp (by tenure) of Elmley, and ancestor of the Barons Beauchamp of Bletsho, and of Powyck. Steward of the King's household, 24 Edw. I. Summ. to Scotland, 1298, as a Baron. Carl. 1300. L. Pope, 1301—" Dñs de Alcestr'." *Gules, a fess between* 6 *martlets or*.

84. Piers de CHAMPVENT, or Chavent. Summ. to Parl. 1299. Ob. 1302. *Paly* [*of* 6], *argent and azure, a fess gules*.

85. William de RITHRE, or Rye. Summ. to Parl. as a Baron, 1299-1307. Carl. 1300—" Ridre " *Azure*, [3] *crescents or*. This coat with *a label of* 5 *points gules* is ascribed to "Willm d'Rie" in Roll E, No. 403.

85ᵇ. Sir John de DROKENESFORD. Keeper of the Wardrobe, and afterwards Bishop of Bath and Wells, 1309-29. (Foss, *Biographia Juridica*.) *Quarterly, or and azure*, [4] *roses counterchanged*. Three different coats are attributed to the Bishop in Bedford's *Blazon of Episcopacy*, one of them being, *Quarterly, azure and or*, 4 *pastoral staves counterchanged*. (MS. Ashm. 833) This seems to be either an intentional variation, or an erroneous description of the foregoing.

85ᶜ. Sir John de BENESTEDE. Secretary to the K. on his expedition to Flanders, 1297. Chancellor of the Exchequer, 33 Edw. I. Keeper of the Wardrobe, 1 Edw. II. A Justice of the C.P., 1309-20. Much employed in Scotland. Ob. 1323 or 24. (Foss, *Biographia Juridica*.) The blazon of the Rolls is probably equivalent to .., *a cross clechée, voided and pomettée, argent*, (similar in form to the cross of the old Counts of Toulouse); but other arms are attributed to this family of Benestede, viz. *Gules*, 3 *bars gemels or*. (Cussans, *Hist. of Hertfordshire*, vol. II., Hundred of Broadwater, p. 127.) On a Brocket tomb at Wheathampstead the bars (according to the same book) are only two.

86. John de HAVERING. Summ. to Parl. as a Baron, 1299, but not afterwards. L. Pope, 1301—" Dñs de Grafton." "No further trace of him is to be found, unless he be the same with John de Havering, whose dau. and h. Elizabeth was the wife of Matthew Besilles, 8 Edw. II."—Nicolas. *Argent, a lion rampant*, [*queue fourchée*,] *gules, collared or*. On the seal appended to the letter to the Pope the tail is forked. In Roll E, Richard d'Haveringes (No. 660) bears *Argent, a lion rampant, queue fourchée, gules*; and Jo. d'Haveringges (No. 408) a coat altogether different, namely, *Azure, on a fess argent*, 3 *escallops gules*.

87. William de GRANDISON. Summ. to Parl. 1299-1325. Carl. 1300. Ob. c. 1335. *Paly* [*of* 6] *argent and azure, on a bend gules*, 3 *eaglets displayed or*.

The Falkirk Roll of Arms.

Wrest Park MS. No. 16. *Harleian MS. No. 6589.*

82. Robert de Schales : porte de goules od les fchalops dargent.

Sʳ Robert de Scales : port de gulez ov vj fcallopez dargent. (82.)

83. Wauter de Beauchamp : porte de goules od la feffe dor et vj merlotz dor.

Sʳ Walter de Beuchamp : port de gulez ov lez feez dor ov vj merlots dor.. (83.)

84. Peres de Chauvent : porte pale dargent et dafur a un feffe de goules.

Sʳ Peres de Chanent : port palee dargent [et] dazure ov ung feez de gulez. (84.)

85. Willam de Rye : porte dafure od les creffanz dor.

Sʳ William de Rye : port dazure ov lez creffaunts dor. (85.)

85ᵇ. [Sʳ John de Drochefford : porte quartile dor et dafur od les rofes en un en lautre.]

Sʳ John Drochefford : port quartille dor et dazure ov lez rofes en ung en lautre. (86.)

85ᶜ. [Sʳ John de Beneftede : porte [. . .] la crois perce et patee et betonee dargent.]

Sʳ John de Beneftede : port [. . .] la croys perce et patee et botonee dargent. (87.)

86. Johan de Haveringe : porte dargent a un leon rampant de goules a un color dor.

Sʳ John de Havering : port [dargent] o le leon ramphaunt de gulez od ung collour dor. (88.)

87. Willam de Granfon : porte pallee dargent et dafur od la bende de goules, en la bende trois egles dor.

Sʳ William Grantfon : port palee dargent et dazure ov la bende de gulez et en la bende iij eglettez dor. (89.)

26 *Edw. I.* 1298, *July* 22.

88. Hugh de MORTIMER, Baron of Richard's Caftle, Succ. 1287. Became of age about 1295. Summ. to Parl. 1299. Carl. 1300. Ob. 1304, f.p.m. *Gules*, 2 *bars vair*.

89. Piers de BORDEAUX, lord of Puy-Paulin, was chief of an ancient family of Bordeaux, which held there the hereditary office of "beguey," or "vigier" (vicarius), that is to fay, provoſt. He was fometime (—not, it is prefumed, until after 1298—fee No. 59—) Captal de Buch. Having been retained by Edward I., large arrears of wages due to him were not paid until early in the reign of Edward III., by which time the captalate had defcended to the family of Grailly, one of whom was a knight-founder of the Order of the Garter. (Beltz, *Memorials*, p. 28.) At a later period it reverted to the houfe of Foix, and was held by John, Earl of Kendal, in the reign of Henry VI. *Or, a greyhound gules, collared fable, within a border of the laft, bezanty.*

90. Otho de CASA NOVA was a magnate of Gafcony, to whom K. Edward wrote from Portfmouth, 29 June, 1294, inciting him to aid in the recovery of that province. (*Vafcon Roll*, 22 Edw. I., m. 11, dorfo.) "Cafenau" and "Saffenau" (for fo the words fhould be written) are forms of Cafenave, or, as the place is now called, Cazeneuve. The arms are not intelligibly blazoned.

91. Simon de MONTACUTE, a Baron. Summ. to Parl. 1300. Carl. 1300. L. Pope, 1301. Ob 1316. Anceftor of the Earls of Salifbury. *Quarterly:* i. and iv. *Argent, a fefs engrailed gules;* ii. and iii, *Azure, a griffin* [ufually *segreant*] *or*. One of the earlieſt examples of a quartered coat. At Carlaverock this Baron bore, on banner and fhield, the *griffin* only, which is fuppofed to have been the original arms of the family. It was fometimes *ſtatant*. (Planché, *Purſuivant of Arms*, p. 98.) In Roll B (No. 44) William Mountague bears "dargent ove ung feſſe engrele de goules de trois pieces." The *fefs engrailed* was, in faɛt, identical with 3 *lozenges conjoined in fefs*, which appear on Simon's feal. (Planché, p. 56.)

92. John de RIVERS. Summ. to Parl. 1299. Carl. 1300. L. Pope, 1301—" J. de Ripariis, Dñs de Angre." Ob. 1311. There is fome doubt as to the arms. Carl. has " Mafclé [*i.e.* lozengy] de or et de vermeil." MS. COTT. *Caligula A. xviii.*, " De goules a vj mafcles de or." Roll E., *Gules,* 6 *lozenges or,* 3, 2, 1. The feal is loſt.

93. Walter de TEYE, or Teyes. Summ. to Parl. 1299-1307. L. Pope, 1301—" Dñs de Stangreve." Ob. 1324, s. p. *Or, on a fefs between* 2 *chevrons gules,* 3 *mullets of the 1ſt.*

---

94. John de WARREN (or Plantagenet), Earl de Warren, or of Surrey. Succ. 1240, aged 5. Styled, in various writs between 1282 and 1297, Earl of Surrey and Suffex. Guardian of Scotland, 1296. Carl. 1300. L. Pope, 1301. Ob. 1304. *Chequy or and azure*. His fon John (1304-47) obtained the earldom of Strathern from Edward Balliol.

The Falkirk Roll of Arms.   151

Wreſt Park MS. No. 16.   Harleian MS. No. 6589.

88. Hugh de Mortimer: porte de goules od deus barres de veir.

Sᵣ Hugh de Mortymer : port de gulez ov ij barrez de verre. (76.)

89. Peres de Bourdeaux: porte dor a un leverer de goules od le coler de ſable od la bordure de ſable beſante dor.

Sᵣ Perez Burdeux : porte dor ov ung leverer de gulez ov la collere de ſable ov le bordour de ſable beſaunte dor. (90.)

[F. 4 b.]
90. Otes de Caſenan : porte dor od les couwes de ſable.

Sᵣ Hotes de Saſsenan: port dor ov lez pies de ſable. (91.)

91. Simon de Montagu: porte eſquartile dargent et daſur, en les quarteres daſur deus griffones dor, en les quarteres dargent deus feſſes engreles de goules.

Sᵣ Simond de Monteacu: port quartile dargent et dazure, en lez quarters dazure ij griffouns dor, en les quarters dargent ij feez engreles de gulez. [Arms in trick.] (92.)

92. Johan de Rivers: porte maſcli dor et de goules.

Sᵣ John de Ryver: port maſcle dor et de gulez. (93.)

93. Wauter de Teye : porte dor a une feſſe et deuz cheverons de gules, en la feſſe troyz moles dor.

                            Summa en le
                            iijᵒ bataile   -   xlvj baniers.

La quarte batayle.   Le iiijⁱᵒ bataille.

                            Ceſt la quarte bataile.

94. Johan Conte de Warenne, cheveteyn de la quarte batayle: porte eſchekere dor et daſure.

Sᵣ John Count de Garein, chevetaiñ del quarte bataile : porte eſchekere dor et dazure. (94.)

26 Edw. I. 1298, July 22.

95. Ralph de MONTHERMER. Having mar. the Lady Joan, dau. of K. Edward I., and widow of Gilbert de Clare, Earl of Gloucefter and Hertford (qui ob. 1295), he was, during her life, ftyled Earl of Gloucefter and Hertford, and fumm. to Parl. by that ftyle from 1299 to 1306. After her deceafe he never ufed thofe titles, but was fumm. as a Baron only. Carl. 1300. L. Pope, 1301. Ob. c. 1324. *Or, an eagle difplayed vert,* [*armed and membered gules.*] At Carlaverock he was vefted in his own arms, but his banner difplayed thofe of Clare.

96. Robert de VERE, Earl of Oxford, and Chamberlain of England. Succ. 1296. Ob. 1331. *Quarterly, gules and or, in the 1ft quarter a mullet argent.*

97. Richard FITZALAN, Earl of Arundel. Succ. as Baron FitzAlan, of Clun and Ofwaldeftre, and to the caftle and manor of Arundel, 1272, aged 5 years. In 1289 he was knighted, and received the fword of the earldom of Suffex. He was, however (perhaps through the influence of John Earl de Warren—fee No. 94—not called by that title, but Earl of Arundel, as his heirs have been ever fince. Carl. 1300. L. Pope, 1301. Ob. 1302. *Or, a lion rampant gules.*

98. Aymer de VALENCE. Succ. his father, William, Earl of Pembroke, 1296, but did not affume the title until 1 Edward II. Sal. 1297. Carl. 1300. L. Pope, 1301—"Dñs de Montiniaco," Much employed in Scotland. Ob. 1324, f. p. His tomb remains at Weftminfter. *Barry, argent and azure, with martlets in orle, both fans nombre.*

99. Henry de PERCY. Succ. as a Baron, c. 1273. Summ. to Parl. 1299. Carl. 1300. L. Pope, 1301—" Dñs de Topclive." Ob. 1315. *Or, a lion rampant azure.*

100. THOMAS DE BERKELEY, a Baron. Summ. to Parl. 1295. L. Pope, 1301. Ob. 1321. *Gules, a chevron between* [ufually 10] *croffes* [*patée*] *argent.* Comp. No. 110.

100ᵇ. John D'EIVILL, a Baron. Son and h. of John D'Eyvill, a Baron by writ, 1264, and living in 1270. The younger John was never fumm. to Parl. Ob. 13.., f.p.m. *Or, a fefs gules, 6 fleurs-de-lis, 3, 2, 1, counterchanged.* The arms of John Deyvill are thus drawn in Roll E, No. 39.

101. Robert de LA WARDE. Summ. to Parl. 1299. Carl. 1300. L. Pope, 1301 —" Dñs de Alba aula." Ob. 1307. *Vairy argent and fable.*

102. John de SAINT JOHN, fon and h. app. of John de Saint John, Baron of Bafing, qui ob. 1301. Summ. to Parl. 1299. Carl. 1300. Ob. 1329. *Argent, on a chief gules,* 2 *mullets* [*pierced*] *or.* In his father's arms, as reprefented in glafs at Dorchefter, co. Oxon, the mullets are *of 11 points,* and are *pierced vert.* To the arms of this John fhould be added *a label azure,* as at Carlaverock. One John de Saint John, " Dñs de Hannak," was a party to the Barons' letter, 1301. He fealed without a label.

The Falkirk Roll of Arms. 153

Wrest Park MS. No. 16.   **Harleian MS. No. 6589.**

95.   Rauf de Moherme, Conte de Glouceftre : porte dor a un egle de vert.
      Sʳ Rauff de Monthermer : port dor ov ung egle de vert. (95.)

96.   Robert de Veer, Conte de Oxenforde : porte efquartile dor et de goules, en le cauntel de goules un molez dargent.
      Sʳ Robert de Vere, Count de Oxinford : porte quartile dor et de gulez et en le cantel de gulez ov ung moleit dargent. (96.)

97.   Richard le fiz Aleyn, Counte dArundel : porte de goules a un leon dor.
      Sʳ Richard fitz Alain, Counte de Arundell : porte de gules ov ung leon dor. (97.)

98.   Emer de Valance : porte burel dargent et dafur poudre de merlos de goules.

99.   Henry de Perfy : porte dor a un leon dafur.
      Sʳ Henry de Percy : porte dor ov ung leon dazure. (98.)

100. Thomas de Berkele : porte de goules a un cheveroun dargent od les crofilles dargent.
      Sʳ Thomas de Barkeley : porte de gules ov ung cheveron dargent ov lez croifelettes dargent. (99.)

100ᵇ. [Johan de Eivill : port dor a un feffe de goules florte del une et del aultre.]
      Sʳ John de Ewill : porte dor ov ung feez de gules florre de lune et de lautre. (100.)
      [Arms in trick.]

101. Robert la Warde : porte verre dargent et de fable.
      Sʳ Robert de la Ward : port verre dargent et de fable. (101.)

102. Johan de Sein Johan le fiz : porte dargent od le chef de goules od deux molez dor en le chef od le lambel dafur.
      Sʳ John de Sᵗ John le fitz : porte dargent ov le chef de gules ov ij molettes dor en le chef. (102.)

Falk.   x

154   26 Edw. I., 1298, July 22.

103.   William de MORLEY. Summ. to Parl. 1229-1306. The time of his deceafe is not mentioned. *Argent, a lion rampant fable, queue fourchée.* Robert de Morley, fon of this Baron, wrongfully took the arms of Nicholas Lord Burnell, which, by royal favour, were eventually allowed to him for life, in 1346. A curious account of this difpute may be seen in Pennant's *Tour in Wales.*

104.   William le LATIMER, the younger (whose father is No. 62). Summ. to Parl. 1299. Succ. his father, 1305. Ob. 1327. *Gules, a crofs patonce or; a label argent.* The Wreft Park MS. is unaccountably wrong.

105.   John de BEAUCHAMP, Baron of Hache. Succ. 1283, aged 10. Sal. 1297. Summ. to Parl. 1299. Carl. 1300. L. Pope, 1301. Ob. 1336. His arms were *Vair.*

106.   Ralph PIPARD. Sal. 1297. Summ. to Parl. as a Baron, 1299. L. Pope, 1301— " Dñs de Linford." Ob. 1309. *Argent, 2 bars azure, on a canton of the 2nd a cinquefoil or.* (Roll E, No. 247.)

107.   Hugh POINTZ, 1ft Baron. Summ. to Parl. 1295. Carl. 1300. L. Pope, 1301— " Dñs de Corimalet." Ob. 1307. *Barry [of 8] or and gules.* By coincidence he bore the fame arms as Brian FitzAlan, No. 30.

108.   Ralph de GRENDON. Summ. to Parl. as a Baron, 1291. L. Pope, 1301. Ob. 1331. *Argent, 2 chevronels gules.*

109.   John de MOHUN, Baron of Dunfter. Succ. 1279, aged about 10. Summ. to Parl. 1299. Carl. 1300. L. Pope, 1301. Ob. 1330. *Or, a crofs engrailed fable.*

110.   Maurice de BERKELEY, fon and h. app. of Thomas Lord Berkeley (No. 100), is intended. Carl. 1300. Summ. to Parl. 1308, v.p. Succ. 1321. Ob. 1326. Arms, *as his father's, with a label azure.* Thomas, Lord Berkeley, (who d. 1321) had three fons in the field at Falkirk, Sir Maurice, Sir Thomas, and John, then a valet. They are mentioned, with their father, as in the retinue of Aymer de Valence. Maurice and John loft their horfes in the battle. (See below.) Maurice, the eldeft, bore at Carlaverock (as at Falkirk), "a banner red as blood, crufilly, with a white cheveron, and a blue label, becaufe his father was alive." (*Carl.* ed. Nicolas, p. 59.) All three brothers appear to have been at Carlaverock—" Li bon frere de Berkelee." Thomas bore (according to the Cottonian MS. *Caligula A. xviii.*), " De goules od les rofettes de argent e un cheveron de argent "—a coat which, as borne by his defcendants, the Berkeleys of Wymondham, co. Leic., is blazoned, *Gules, a chevron between 10 cinquefoils argent.* John's arms, according to the fame MS.) were " De goules a iii. crois patees de or e un cheveron de argent," that is *Gules a chevron argent between 3 croffes patee or.*

The Falkirk Roll of Arms.

Wrest Park MS. No. 16.   *Harleian MS. No. 6589.*

103. Willam de Morleye: porte dargent a un leon de fable et la coue fourchee.   Sr William de Morley: [porte] dargent ov [ung] leon de fable et le cowe fourche.   [Arms in trick.]   (104.)

104. Willam le Latimer le fiz: porte de goules a un croys patee od les garbes de vert fable en la croice.   Sr William de Latymer le fitz: port de gulez ov ung crois patee dor ov le lambel dargent.   (103.)

105. Johan de Beauchamp: porte de veir.   [S^r] John de Beauchamp: porte de veere.   (105.)

106. Rauf Pipard: porte dargent a deux fesses et le cauntel dasur et en le cauntel un quintefoil dor.   Sr Rauff Pipart: porte dargent ov ung feez et demy feez et le cantell dazure et en le cantell [ung] quintfoyl dor.   (106.)

[F. 5.] 107. Hugh Poyns: porte barre dor et de goules.   Sr Hugh Poyns: port barre dor et de gules.   (107.)

108. Rauf de Grundon: porte dargent a deus cheverons de goules.   Sr Rauff Grendon: port dargent ov ij cheverons de gulez.   (108.)

109. Johan de Moun: porte dor a une croiz engreile de fable.   Sr John Moun: port dor ov ung croys engrelee de fable.   (111.)

110. Thomas de Berkele le fiz: porte les armes fon pere od le lambel dafur.   Sr Thomas de Barkeley le fitz: porte de gulez ov ung cheveron dargent croyfelee de argent ov le labell dazure.   (109.)

26 *Edw. I.*, 1298, *July* 22.

111.   Hugh de COURTENAY, a Baron. Succ. 1291, aged 16. Summ. to Parl. 1299. Carl. 1300. Earl of Devon, 1334-5. Ob. 1340. *Or, 3 torteaux; a label azure.* The label diftinguifhed the Englifh Courtenays from the elder branch, fettled in France. Its ufe has, unadvifedly, been difcontinued.

The title noticed oppofite is verbally the fame as that in the Harleian MS., but differs in fpelling.

In the Wreft Park MS. the "fumma" of each battalion, and of all the four, are next ftated. The totals agree with thofe given in the Harleian MS., but do not, in either MS., include the extra names.

The four additional entries agree with the Harleian MS. except in fpelling and fome fmall particulars. The laft of them is, however, in the fecond battalion, not the fourth. In the foregoing printed copy of the Wreft Park MS. the names are inferted in their proper places, but within brackets.

In the Harleian MS. a few of the arms are given in trick, by N. Charles, who made that copy of the Roll. The arms fo tricked are indicated in thefe pages.

A few additional notes on matters connected with the Falkirk Roll of Arms, and the perfons therein mentioned, occupy fome of the pages following.

The Falkirk Roll of Arms.   157

Wrest Park MS. No. 16.

111.   Hugh de Corteneye: porte dor od troys torteaux de goules a un lambel dasur.

Harleian MS. No. 6589.

Sʳ Hugh de Courtcney: porte dor (110.) ov iij tourta[ux] de gules ov ung labell dazure.

Huc ufque ex rotulo præfato antiquiffimo fane et fide digniffimo.

Summa en le iiijᵗᵒ bataile . . . . } xviij banniers.

Summa de toutz baniers en lez quatre bataillez - } Cxj banniers.

In alio tranfcripto five exemplari præfati rotuli talis adhibetur titulus:

Anno Dñi: 1298.

CEUX font, *etc.*

In tercio batello adduntur ibidem hij duo baneretti:

85ᵇ.   Sʳ John de Drochefford: porte, *etc.*
85ᵉ.   Sʳ John de Beneftede: porte, *etc.*

[F. 5ᵗ.] Et ulterius in eodem tranfcripto in quarto batello, adduntur infuper hij duo:

100ᵇ.   Johan de Eivill: port, *etc.*
36ᵇ.   Johan filz Marmaduke Thwenge: port, *etc.*

This Rolle was brought from Paris in France by Andrew Thevet Cofmographer and was taken out of the Treafory Chamber at the pallace in Paris aforefayd where the recordes are kept in the yeare 1576.

At Paris 10 of Septembre.

N: Charles

1606.[1]

---

[1] After this comes the note following:—"The Role on the next leaf was written on the backfide of this." It refers to a Roll of Arms (marked M by Mr. Papworth) compiled a few years later, perhaps in 1310, apparently during another expedition againft Scotland, and containing the arms (in blazon) of 79 Knights who were prefent at fome place unnamed on the Monday before 8 Sept., the feaft of the Nativity of the B. V. Mary. This Roll, with annotations by Mr. Greenftreet, is printed in *The Reliquary*, vol. XV. p. 225. It probably refers to Monday, 7 Sept. 1310, when King Edward II. was at Newcaftle-upon-Tyne, on his way to Scotland.

26 *Edw. I.* 1298, *July* 22.

ADDITIONAL NOTES.

THE WRIT OF 26 JAN. 25 EDW. I. 1296-7.

IN Sir N. Harris Nicolas's *Synopsis of the Peerage* under "FitzJohn," and in Mr. Courthope's *Historic Peerage*, under the same title, there is a long note respecting this writ, which (as John Vincent, son of Augustine Vincent, Windsor herald, observes) "can be no summons," *i.e.* to a Parliament, "because it is only directed to the Temporality."

According to Nicolas, it commands the persons to whom it is addressed to attend at Salisbury, on Sunday, the feast of St. Matthew the Apostle (*i.e.* 21 Sept.) next ensuing.

It has been suggested that this writ was supplemented by another writ, dated 9 Sept. in the same year, summoning the Spiritual Lords and others to meet in London, on the morrow of St. Michael. The question is discussed at some length by Nicolas; and his extraordinary view as to the writ of 26 Jan. having possibly been perfected by a later writ, has been accepted by several writers of reputation who have followed him.

Nicolas adds a foot-note to the effect that according to certain tables the feast of St. Matthew in 25 Edw. I. fell upon a Saturday, as it appears by calculation that it really did. It is surprising that this known discrepancy did not induce Nicolas or his editor to examine the writs more carefully.

The writer, having had occasion to look into the matter, has discovered, what does not seem to have been previously suspected, namely, that the idea of completion by a later writ results from a mistaken reading of the writ of 26 Jan. The meeting at Salisbury was not appointed for the feast of St. Matthew ("Mathei"), 21 Sept., but for that of St. Matthias ("Mathie"), 24 Feb.

The suggested view of the completion of the summons by the writ of 9 Sept. consequently falls to the ground. The question affects the existence of several alleged English Baronies, and the seniority of several others.

On Sunday, 24 Feb., an Assembly, not properly a Parliament, was held at Salisbury, as appointed. (*Parl. Writs*, vol. I. p. 28. Parry, *The Parliaments and Councils of England*. London: 1839, 8vo. p. 60.) A Roll of the Arms of the Magnates there assembled, containing 94 coats, was copied by Sir Edward Dering, and is printed in *Notes and Queries*, 5 Feb. 1876. It is styled by Mr. Greenstreet "the First Nobility Roll," and is the earliest dated Roll of Arms known to exist.

THE LETTER OF THE BARONS TO THE POPE, 1300-1.

THIS letter, which exists in duplicate amongst the Public Records, has been printed frequently. Copies of both instruments are in the Appendix to the *Fourth Report on the Dignity of a Peer*. The seals which remained attached to one of them in 1624 were engraved in 1729 for the first volume of *Vetusta Monumenta*, and many of them are

The Falkirk Roll of Arms.   159

defcribed in an article by Sir N. H. Nicolas, in vol. XXI. of the *Archæologia*. The engravings before mentioned are not altogether accurate, but well executed drawings of the feals, made in or about 1611 by Nicholas Charles, the herald, are preferved amongft the Cottonian MSS. (*Julius C. vii.* ff. 224-228 b.) A long differtation regarding this remarkable document is contained in Nicolas's *Synopfis of the Peerage* (pp. 761-809, and Add. pp. 27-29). In the later edition of that work, *The Hiftoric Peerage of England*, 1857, the learned editor, Mr. Courthope, expreffes an opinion "that the abfence of all proof of its having been forwarded to its deftination, and of its connexion (except as to date) with the Parliament then fitting at Lincoln, muft render it incapable of ever being received as a proof of fitting in Parliament on the part of thofe individuals whofe names are thereto attached." (Preface, p. vi.)

ROLLS OF ARMS.

THE Rolls of Arms of the reign of Edward I. or thereabouts, which are cited in the notes to the Falkirk Roll, are the following. Mr. J. W. Papworth, in his valuable *Ordinary*, refers to them (the Roll GG excepted) by the letters prefixed. Mr. Greenftreet, in *The Genealogift*, vol. V., and elfewhere, calls them by the names here applied to them.

B. "Glover's Roll:" about 1240-45. 218 coats in blazon. Edited by Nicolas. London: 1829, 8vo. And by Mr. G. J. Armytage. London: 1868, 4to.

C. "Walford's Roll;" about 1275-80. 180 coats in blazon. Publifhed, with two other Rolls, in *Archæologia*, vol. XXXIX. The article was afterwards printed for private diftribution as *Three Rolls of Arms*, etc., edited by W. S. Walford, Efq., F.S.A., and C. S. Perceval, Efq., LL.D., F.S.A. London: 1864, 4to. (This Roll occupies pp. 8—15.)

D. "Camden's Roll:" about 1286. 256 coats, in blazon and in trick. Edited by Mr. Greenftreet, as an Ordinary, in *The Genealogift*, vol. III. (pp. 216-220, 260-270.) And, from the original Roll (Cottonian Roll, xv 8), in *The Journal of the Britifh Archæological Affociation*, vol. xxxviii. p. 308-328. Some copies feparately printed, 1882, 8vo.

E. "St. George's Roll," (fometimes called "Charles's"—as by Meffrs. Planché, Boutell, and Armytage): about 1278-95. 677 coats in trick. Publifhed in *Archæologia*, vol. XXXIX., and in *Three Rolls*, etc. London: 1864, 4to. (pp. 46-68.) Alfo, edited by Mr. G. J. Armytage. London: 1869, 4to.

F. "Charles's Roll" (belonging to the Society of Antiquaries): about 1283-95. 486 coats, in trick. Publifhed in *Archæologia*, vol. XXXIX., and in *Three Rolls*, etc. London: 1864, 4to. (pp. 27-45.)

G. "Segar's Roll:" about 1280-90. 212 coats, in trick. Edited by Mr. Greenftreet, as an Ordinary, in *The Genealogift*, vol. IV. (pp. 50-58, 90-97.)

GG. "The Firft Nobility Roll," or, as it might well be called, "The Salifbury Roll:" 1297. 94 coats, in trick. Publifhed in *Notes and Queries*, 5 Feb. 1876.

H. is "The Falkirk Roll:" 1298. 111 coats and more, in blazon.

There are feveral other Rolls of the clofe of this and the early part of the following century, which might be compared with the above.

1298.
Rolls of the Horses of the English Army in Scotland.

The two Rolls distinguished.
Amongst the "Ancient Miscellanea" of the Exchequer are two Rolls containing a valuation of the horses used by the leaders of the English army during this campaign. One concerns the horses of bannerets, simple knights, esquires, and valets attached to the Household of the King: the other those of bannerets and officers of lower rank who

Their importance.
were not of the Royal Household. These documents will be of considerable interest to the historian and the genealogist, especially as authentic records of the names of those who took part in this expedition on the English side, and particularly on the field of Falkirk, where many of the horses are stated to have been killed. The Rolls are also interesting, inasmuch as they supply several dates, and thus far serve to confirm or correct, sometimes to amplify, the generally meagre narratives of the contemporary Chronicles.

Alterations.
In the original Rolls each entry occupies one line. The words printed in *italics* are struck out of the records. Certain other words are interlined, usually in place of cancelled words. These are printed within parentheses. Words printed in smaller type are notes, subsequently added.

Dates.
The dates occurring in these Rolls are noticed in the Introduction to this volume. When a date occurs without explanation, it apparently denotes the day on which a horse was valued.

Kinds of horses.
Of the horses mentioned some are styled "dextrarii," that is, chargers; others "runcini," that is, beasts of an inferior kind. Chaucer uses corresponding words in English; "destrer" for a war-horse, "rouncy" for a common hackney horse. The horses described as "powis" were of a breed peculiar to Powys-land.

Their colours.
Some of the terms employed to describe the colours of the horses demand a few words of explanation.[1] It will be observed that they occur in various combinations:—

"Badius": bay. "Clarus badius" is bright bay.

"Bauzain, baucayn," &c.: parti-coloured, pied. "Baucendus: equus albo et nigro interstinctus. Bauchant, baucent, bauceant: bipartitum ex albo [et] nigro."[2] According to Cotgrave and others, "balzan" is "a horse that hath a white leg or spot."

"Brunus": brown.

"Doyn": dun coloured.

"Favus": yellow, or reddish; French *fauve*.

---

[1] These notes are chiefly extracted from the Glossary appended to the *Liber Quotidianus Contrarotulatoris Garderobæ*, A.D. 1299-1300. Londini: 1787, 4to. p. 364.

[2] This explains the name of the Templars' banner, commonly called *beauseant*. It was parted horizontally, black and white. Jacques de Vitry, Bishop of Acre, who lived during the existence of the Order, gives the following explanation of the name, and it has been adopted by many later writers.—"Vexillum bipartitum ex albo et nigro quod nominant *beau-scant*, id est Gallicâ linguâ *bien-scant;* eo quod Christi amicis candidi sunt et benigni, inimicis vero terribiles atque nigri." *Hist. Hierosol.*, in *Gesta Dei*, cap. lxiv.

Rolls of the Horſes.

"Ferrandus": dappled, perhaps iron-ſpotted. Said to be from the Arabic *faras*, but it ſeems quite as likely to be from the Latin *ferrum*. Some underſtand it to mean white.
"Griſius": grey.
"Liardus": iron-grey.
"Morellus": mulberry-coloured; roan.
"Piole, pile": probably pied.
"Pomele": ſpotted.
"Roughe": red.
"Sorus, ſaurus": ſorrel; "ſubruſus et pene flavus."

I.—Horses belonging to the Royal Household.

Exchequer, Q.R. Army. 26 Edw. I. $\frac{22}{30}$.

Rotulus[1] de equis Banerettorum, Militum ſimplicium, Scutiferorum, Vallettorum, Hoſpicii Regis, appreciatis in guerra Scocie, anno viceſimo ſexto.

xxx die Maij	Dñs Robertus de Bures habet unum equum ferrandum pomele, precii	
Interfectus apud Faukirke, xxij die Julij.	Dñs Henricus Cantoke habet unum *equum favum cum una liſta nigra*, precii - - - -	xxx mar.
	Robertus de Boſco, valettus ejuſdem, habet j equum powis, precii - - - - -	xij mar.
	Robertus filius Ricardi, vallettus ejuſdem, habet unum equum badium, precii - - - -	x mar.

---

[1] This roll, ſixteen feet ſeven inches in length and ten inches and a half in width, is throughout admirably preſerved. Nothing is illegible. Every entry, therefore, that appears incomplete, is in like manner left unfiniſhed on the roll. *Italics* denote words *ſtruck through* with the pen, the cauſe of cancellation being ſtated on the margin.

Falk.

162   26 Edw. I. 1298.

	Willelmus Warin, hoſtiarius aule, habet j equum album, precii	x li.
	Walterus Hakelutel habet j equum ſorum bauzayn, precii -	xij li.
Redd. ad elem.¹ apud Liſmago, menſe Aug. in fine.	Ricardus Hakelutel habet j equum *ferrandum pomele*, precii -	*viij mar.*
	Edmundus Hakelutel	
	Johannes de Mentrigge, ſocius Walteri Hakelutel	
Interfectus apud Foukirke.	Dñs Rogerus de Leys habet j [equum] ſorum, precii	vj mar.
	Johannes de Aſsheburne, vallettus ejuſdem, habet unum equum album pile, precii - - -	vj mar.
	Laurentius Flambart² habet j equum veironem pomele, precii -	xvj mar.
	Matheus de Sancto Omero, ſocius ejuſdem, habet unum equum nigrum cum ſtella in fronte, precii - -	x mar.
	Dñs Ricardus de Welles	
	Egidius de Barintoñ, vallettus ejuſdem	
	Hugo de Bromfeld, vallettus ejuſdem, habet unum equum liardum pomele, precii - - -	x mar.
	Andreas le Treour habet j equum ferrandum pomele, precii -	x li.
	Augerus de Leniĩ, ſocius ejuſdem, habet j equum nigrum liardum pomele, precii - - -	viij mar.
	Stephanus de Pirpount habet j equum ſorum bauzan, precii -	ix mar.
	Dñs Philippus de Vernay habet j equum badium cum uno pede poſteriori albo, precii - - -	xx mar.
Mortuus apud Berwicum, aº xxvij.	Walterus de Wynterton, vallettus ejuſdem, *habet j equum album pomele*, precii - - -	*x mar.*
	Elias de Spot habet j equum ſorum, precii -	viij mar.
	Dñs Thomas de Bikenore habet j equum badium, precii -	xxxv mar.
	Robertus Beneit, vallettus ejuſdem, habet j equum nigrum, precii - - -	xx mar.
[Ad] kar.³ apud Karliolum, xx die Sept.	Johannes de Bikenore, vallettus ejuſdem, habet j equum *powis pomele*, precii - - -	*viij mar.*

---

¹ "Redditur ad ele[e]moſynam," or "redditus," probably the former; for, in a few inſtances (pp. 166, 174, 175), it is written "reddit'. The phraſe means, "reſtored as alms, not as matter of obligation." *Lib. Quotid.* (Wardrobe Accounts, 28 Edw. I.), Gloſſary, p. 364.

² Written "Flambt."

³ "Ad karvannum." This word, very frequently contracted, but occaſionally written at length on the roll (p. 187), is the Arabic *kairawan*, from *karau*, to ſtretch along, to follow, to proceed from place to place,

Rolls of the Horses. 163

	Willelmus de Echingham, vallettus ejusdem, habet j equum pomele, qui non appreciatur quia habuit ipsum de Rege.	
	Robertus Malore habet unum equum forum bauzan, precii	ix mar.
	Johannes de Dovedale	
Ad elem. apud Jeddeworthe, mense Octobr.	Petrus Adrian, socius ejusdem, habet j equum *badium cum duobus pedibus posterioribus albis*, precii	x li.
	Robertus de Claverigge, socius ejusdem, habet j equum doyn, precii	x mar.
	Johannes de Spina habet j equum liardum pomele, qui non appreciatur quia habuit de dono Regis.	
Redd. ad elem. vij die Octobris, apud Jeddeworthe.	Henricus Touke habet *unum runcinum nigrum*, precii	xij li.
	Johannes de Maundevill, socius ejusdem, habet unum runcinum badium, precii	x li.
	Philippus Fraunke, socius ejusdem, habet unum equum badium, precii	vj mar.
	Dñs Johannes Bourdun habet j equum	
	Dñs Johannes de Luda habet j equum ferrandum pomele, precii	xx mar.
	Idem Johannes habet j equum nigrum, precii	xx mar.
	Robertus Cheval habet j equum nigrum, precii	vj mar.
	Petrus de Bramptoñ habet j runcinum forum, precii	
	Alexander Candele habet j equum badium, precii	xij mar.
	Adam de Monte alto habet j equum powis, precii	C s.
	Ricardus de Culeworthe, vallettus ejusdem, habet j equum grisium, precii	C s.
	Willelmus de Grettoñ, vallettus ejusdem, habet j equum album, precii	C s.
	Petrus de Bromptoñ, de hospicio Regis, habet j equum nigrum precii	viij mar.
Ultimo die Maij.	Robertus de Vilar' habet j runcinum forum bauzan cum iiij pedibus albis, precii	v mar.
	Dominus Laurencius de la Rivere habet j equum forum badium cum macula super croupam, precii	x li.

and apparently denotes that division of the army which had charge of the baggage. See *Liber Quotid.*, Preface, p. xxxvii., where *karvannarius* is regarded as equivalent. This, however, seems rather to signify the officer in charge of the caravan.

164   26 *Edw. I.* 1298.

	Andreas de Bothebi, vallettus ejufdem, habet j equum favum, precii - - - - -	x li.
	Ricardus de la Cornere, vallettus ejufdem, habet j runcinum ferrandum, precii - - - - -	vj mar.
Redd. ad clem. apud Karl., menfe Septembr.	Thomas de Wedoñ habet j *equum album*, precii -	C s.
Mortuus apud Faukirke, in bello.	Dñs Thomas de Morham habet j equum *nigrum*, precii	xxiiij mar.
	Petrus le Paumer, vallettus ejufdem, habet j runcinum badium, precii - - - - -	xij mar.
	Johannes de Weftoñ clericus habet j runcinum forum bauzan, precii - - - - -	vj mar.
xxvj die Junij.	Dñs Robertus de Tony habet unum equum *liardum pomele*, precii	iiij^{xx} mar.
Redd. ad karv. (Mortuus) apud Arc, xxvij die Aug.	Dñs Adam de la Forde, miles ejufdem, habet unum equum ferrandum pomele, precii - - - -	xxx mar.
	Dñs Willelmus de Chabenore, miles ejufdem, habet unum equum ferrandum pomele, precii - - -	xxiiij mar.
Redd. ad clem. apud Karl., xx die Sept.	Magifter Johannes Walweyn, clericus ejufdem, habet unum *equum nigrum*, precii - - - -	xij mar.
	Galfridus Page, vallettus ejufdem, habet unum runcinum album, precii - - - - -	xij li.
Mortuus apud Jeddeworthe, primo die Oct.	Nicholaus Walweyn, vallettus ejufdem, habet unum *runcinum ferrandum pomele*, precii - - - -	x mar.
	Willelmus de Sanfto Homero, vallettus ejufdem, habet unum runcinum badium, precii - - - -	C s.
	Johannes le Vavaceur, vallettus ejufdem, habet unum runcinum ferrandum pomele, precii - - -	C s.
Tony.	Petrus de Neketoñ, vallettus ejufdem, habet unum runcinum forum, precii - - - - -	xij mar.
Mortuus apud la Faukirke.	Thomas Sturgeun, vallettus ejufdem, habet unum runcinum *liardum pomele* (album, precii) precii - - -	C s. (vj mar.)
	Willelmus de Hamme, vallettus ejufdem, habet unum runcinum liardum pomele, precii - - - -	xij mar.
	Hercvy de Diltoñ, vallettus ejufdem, habet unum runcinum badium, precii - - - - -	viij mar.
	Ricardus de Biltoñ, vallettus ejufdem, habet unum runcinum forum baucain, precii - - - -	vj mar.
	Rogerus de Hereforde, vallettus ejufdem, habet unum runcinum nigrum, precii - - - -	viij mar.

Rolls of the Horses. 165

Ad clem. xx die Sept.	Ricardus de Stanlawe, vallettus ejufdem, habet unum *runcinum badium cum ftella in fronte*, precii - - -	*xij mar.*
Ad clem. xx die Sept.	Johannes de. Cumpton habet unum runcinum *badium*, precij (nigrum, precij). - - - -	*v mar.* (iiij mar.)
Redd. ad karv. apud Loghmaban, iiij die Sept.	Thomas de Weftacre, vallettus ejufdem, habet unum runcinum *badium baucayn*, precii - - -	C s.
	Robertus Jolife, vallettus ejufdem, habet unum runcinum *nigrum* (forum), precii - - -	vj mar.
xxij die Julij.	Magifter Johannes Waleweyn, clericus ejufdem, habet j equum badium bauzan cum tribus pedibus albis, precij - -	x mar.
De Thorpe.	Dñs Johannes de *Toft* (Torpe) habet unum dextrarium badium cum iij pedibus albis, precii - - -	xl mar.
	Joh' (Georgius) de Toft, frater ejufdem, habet unum runcinum clarum badium baucayn cum ij pedibus albis, precii -	x mar.
	Johannes de Meriet, vallettus ejufdem, habet unum runcinum badium baucayn cum ij pedibus pofterioribus albis, precii -	x li.
	Johannes de Lymar, vallettus ejufdem, habet unum runcinum *forum* (clarum badium baucayn) cum j pede pofteriori albo, precii -	xij li.
Ad karv. apud Karliolum, ix die Sept.	Radulphus le Convers, ferviens Regis ad arma, habet unum *runcinum badium*, precii - - - -	*viij mar.*
	Johannes le Convers, pater ejufdem, habet unum runcinum liardum pomele, precii .. - - -	C s.
Interfectus apud Faukirke.	Garfias de Ryons habet j *runcinum badium bauzain*, precii -	C s.
xxvij die Junij. Interfectus apud Faukirke.	Bafculus Baliftarius habet j runcinum album, precij - - - -	x mar.
	Ifarnus de Monte Gifcardi habet j runcinum brunum badium, precij - - - - -	xij li.
xxviij die Junij. Mort. apud Northt. a° xxix°.	Benedictus de Fletwike habet j *runcinum ferrandum pomele*, precii - - - -	x li.
	Willelmus de Rede habet j runcinum badium, precij -	vij mar. di.
iiij die Julij.	Bernardus de Grignaghe habet j *runcinum forum bauzain*, precii - - - - -	vj mar. quia ad karv. apud Weftm. xviij die Julij, anno xxx.
vj die Julij. Redd. ad karvan. apud Novum Caftrum.	Henricus Nafarde habet *j runcinum ferrandum pomele*, precii - - - - -	x li.
xx die Julij. Mortuus apud Loghmaban, iiij die Sept.	Ranulphus le Charron habet j *runcinum favum cum lifta nigra*, precii - - - -	vj mar.

26 Edw. I. 1298.

x° die Aug.	Basculus Balistarius[1] habet j runcinum nigrum cum stella in fronte, precii - - - - -	x li.
	Robertus de Neketoñ habet j runcinum ferrandum pomele, precii - - - - -	C s.
xvj die Aug.	Johannes de Luc habet j runcinum nigrum liardum, precii -	xiiij mar.
xxvj die Junij.	Henricus de Helyon habet unum runcinum nigrum baucayn cum j pede posteriori albo, precii - - -	x li.
	Johannes de Londoñ habet unum runcinum nigrum, precij -	xl mar.
	Dñs Robertus de Creuker [habet] unum equum ferrandum pomele cum j musello albo, precii - - -	x mar.
	Johannes de Pulle, vallettus ejusdem, habet j runcinum powys, precii - - - - -	viij mar.
	Robinettus Cissor habet unum[2]	
	Albinus de Bevery habet j runcinum favum baucain cum lista nigra, precii - - - - -	xij li.
	Thomas Cokerel habet j runcinum badium baucayn cum ij pedibus albis, precii - - - -	x li.
Mortuus apud Faukirke. Redd. ad clem. iij die Sept.	Dñs Johannes Botetorte habet *unum dextrarium album piole*, p'cii	*Lx mar.*
	Dñs Robertus de Feltoñ, miles ejusdem, habet unum *equum nigrum cum pede dextro posteriori albo*, precii - -	*L mar*
Mortuus apud Faukirke.	Dñs Robertus de Bavent, miles ejusdem, habet j *equum forum*, precii - - - - -	*xxiiij mar.*
Mortuus est ibidem.	Dñs Johannes de Preyeres, miles ejusdem, habet j equum *album piole* (badium), precii - - -	*xx mar.* (C s.)
Mortuus cum predictis.	Guido Botetorte, frater ejusdem, habet j runcinum *album* (nigrum), precii - - - - -	*xx mar.* (viij mar.)
Mortuus cum predictis.	Willelmus Botetourte, vallettus ejusdem, habet j runcinum *badium (ferrandum pomele)*, precii - - -	Mort. in com. de Karrike, mense Aug. *xij li.* (*viij mar.*)
Redditur ad clem. apud Listoñ.	David de Hereforde, vallettus ejusdem, habet j *runcinum ferrandum pomele*, precii - - - -	*xij li.*
	Thomas de Preieres, vallettus ejusdem, habet j runcinum nigrum cum stella in fronte, precii - - -	xij mar.
	Guido de Tymeworthe, vallettus ejusdem, habet j runcinum forum bauzain cum iiij pedibus albis, precii - -	x mar.

[1] See page 165.   [2] See page 183.

Rolls of the Horses. 167

	Petrus le Marefchal, vallettus ejufdem, habet j runcinum ferrandum pomele, precii - - - - x li.
	Johannes de Feltoñ, vallettus ejufdem, habet j runcinum clarum badium, precii - - - - xij li.
	Johannes Boffe, vallettus ejusdem, habet j runcinum ferrandum pomele, precii - - - - xij mar.
Redd. ad clem. apud Karliolum, viij die Sept.	Willelmus Blecche, vallettus ejufdem, habet j runcinum *nigrum*, precii - - - - *viij mar.*
	Johannes de Bavent, vallettus ejufdem, habet j runcinum rough' liardum, precii - - - - viij mar.
	Ricardus de Camera, vallettus ejufdem, habet j runcinum vayron, precii - - - - x mar.
	Willelmus de Flyntham vallettus ejufdem, habet j runcinum doyn bauzain, precii - - - - vj mar.
	Walterus le Poure, vallettus ejufdem, habet j runcinum ferrandum pomele, precii - - - - v mar.
	Dñs *Almericus* (Amanevus) de la Bryt habet unum dextrarium habet unum dextrarium[1] badium cum pede dextro pofteriori albo, precii - - - - Lx mar.
	Dñs Ebulo de Lynan, miles ejufdem, habet j equum ferrandum pomele, precii - - - - xxv mar.
xiiij die Julij.	Dñs Guichardus,[2] miles ejufdem, habet j equum badium cum pedibus pofterioribus albis, precii - - - xxxv mar.
Redd. apud Dunolmum, et admiffus per preceptum Regis.	Reymundus de Pinfake, vallettus ejufdem, habet j *runcinum album ferrandum*, precii - - - - xx mar.
Mort. apud Ceftriam Dunolm., et admiffus per preceptum Regis.	Seigneronus de Maureake, vallettus ejufdem, habet j *runcinum badium liardum*, precii - - - xxx mar.
Interfectus apud Faukirke.	Reymundus Arnaud, vallettus ejufdem, habet j runcinum *badium bauzain cum pede dextro pofteriori albo*, precii- - xl mar.
Redd. ad clem. apud Jeddeworthe.	Guillelmus Reym. Deygod, vallettus ejufdem, habet j runcinum *badium bauzain*, precii - - - xxiiij mar.
Redd. ad clem. apud Are.	Bernardus de Ham, vallettus ejufdem, habet j *runcinum album ferrandum*, precii - - - x li.

[1] Three words repeated by miftake. [2] This and the five following names are written on a fchedule fewn to the roll, and are marked (on both fchedule and roll) for infertion here.

26 Edw. I. 1298.

Ad karvannum xij° die Octobris. — Gerardus de Gut, vallettus ejusdem, habet j runcinum *badium bauzain* cum iij pedibus albis, precii - - - L mar.

Ad karv. iij die Sept. — Johannes de Burgo, vallettus ejusdem, habet j runcinum *album*, precii - - - - xx mar.

Mortuus apud Logmaban, mense Sept. in principio. — Bertramus de Milymar, vallettus ejusdem, habet j *runcinum badium cum iij pedibus albis*, precii - - - xij mar.

Bertramus de Savynaco, vallettus ejusdem, habet j runcinum badium cum ij pedibus posterioribus albis, precii - - xx mar.

Gaillardus de Pinsake habet j runc' ferrandum pomele, precii - x li.

Bernardus de Blankeforde, vallettus ejusdem, habet j runcinum ferrandum pomele, precii - - - - C s.

Guillelmus Amanevi de Lynano, vallettus ejusdem, habet j runcinum nigrum liardum, precii - - - xx mar.

Petrus de Budos, vallettus ejusdem, habet j runcinum badium cum stella in fronte et iij pedibus albis, precii - - xxiiij mar.

Booz de Burdell, vallettus Regis, habet j runcinum nigrum cum stella in fronte et iij pedibus albis, precii - - xxiiij mar.

Fulco de Vileboys, socius ejusdem, habet j runcinum *forum bauzain* (grisium), precii - - - - x li.

Lupus Burgundi habet j runcinum forum bauzayn, precii - xij mar. li.

Ogerus de Duzon, socius ejusdem, habet j runc' badium, precii - x mar.

Ad karv. xxj die Sept. — Dñs Petrus de Chauvent habet j dextrarium favum, precii - xx mar.

Dñs Bartholomeus de Somertoñ, miles ejusdem, habet j *equum badium*, precii - - - - - x li.

Dñs Radulphus Bigod, miles ejusdem, habet j equum badium, precii - - - - - - xxv mar.

Dñs Petrus de Leyns, miles ejusdem, habet j equum ferrandum pomele, precii - - - - xvj mar.

Johannes de Tilleie, vallettus ejusdem, habet j runcinum clarum badium, precii - - - - x li.

Bonettus de Stama, vallettus ejusdem, habet j runcinum badium bauzain monoculum, precii - - - x li.

Johannes de Ouefeie, vallettus ejusdem, habet j runcinum album, precii - - - - - xij mar.

Rolls of the Horses. 169

Interfectus apud Faukirke.	Stephanus de Tudemerſhe, vallettus ejuſdem, habet j *runcinum badium*, precii - - - - -	x mar.
	Drocus de Alta ripa,[1] vallettus ejuſdem, habet j runcinum badium, precii - - - - -	x mar.
	Theobaldus de Haſtingge habet j runcinum liardum pomele, precii - - - - -	C s.
	Guichardus de Mervaux, vallettus ejuſdem, habet j runcinum ferrandum pomele, precii - - - -	x mar.
	Johannes le Mareſchal, vallettus ejuſdem, habet j runcinum badium, precii - - - -	C s.
	Matheus de Fulebourne, vallettus ejuſdem, habet j runcinum nigrum, precii - - - -	C s.
	Dñs Johannes de Chauvent habet j equum badium bauzain cum iij pedibus albis, precii - - -	xxx mar.
	Dñs Stephanus de Depham, miles ejuſdem, habet j equum ferrandum pomele, precii - - -	viij mar.
	Gerardus de Spineto, vall	
	Thomas Bacun, vallettus ejuſdem, habet j runcinum favum cum liſta nigra, precii - - -	viij mar.
xvij die Julij.	Walterus de Rudham, vallettus ejuſdem, habet j runcinum badium, precii - - - -	vj mar.
xxvj die Junij.	Dñs Richardus Siwarde habet j equum pro corpore suo de dono Regis.	
	Dñs Michael Leſcot,[2] miles ejusdem, habet j equum badium, precii - - - - -	x li.
	Thomas de Butencumbe, vallettus ejuſdem, habet j runcinum nigrum, precii - - - -	viij mar.
	Johannes de Aſſhetoſi, vallettus ejuſdem, habet j runcinum nigrum, precii - - - -	viij mar.
	Willelmus de Camera, vallettus ejuſdem, habet j runcinum album piole, precii - - -	vj mar.
	Thomas le Graunt habet unum runcinum badium, precii -	xxxv mar.

---

[1] Dealtry, or Hawtrey.   [2] Or, Michael le Scot.

Falk.

26 *Edw. I.* 1298.

	Dñs Robertus de Hauſtede habet j equum ferrandum pomele, precii - - - - - -	xx mar.
	Johannes de Hauſtede, filius ejuſdem, habet j runcinum nigrum cum ſtella in fronte, precii - - -	xxiiij mar.
Redd. ad elem. apud Karliolum menſe Septembris.	Willelmus de Rolleſtoñ, vallettus ejuſdem, habet j *equum badium*, precii - - - - -	*x li.*
	Ricardus de Turri, vallettus ejuſdem, habet j runcinum badium, precii - - - - -	C s.
	Johannes de Weſtoñ habet j runcinum ferrandum pomele, precii - - - - -	vj mar.
	Dñs Johannes filius Johannis habet j equum ferrandum pomele, precii - - - -	x li.
	Johannes de Chandos, vallettus ejuſdem, habet j runcinum nigrum, precii - - - -	x mar.
	Johannes de Rully, vallettus ejuſdem, habet j runcinum nigrum, precii - - - -	vj mar.
iiij die Julij.	Henricus le Bretoñ, vallettus ejusdem, habet j runcinum forum cum ſtella in fronte, precii - -	v mar.
xxvj die Junij.	Dñs Robertus de Scales habet j dextrarium nigrum, precii -	xx mar.
Interfectus apud Faukirke.	Dñs Johannes de Vallibus, miles ejuſdem, habet j equum *forum cum ſtella in fronte*, precii - • -	*xij mar.*
Ad karv. v die Sept.	Radulphus de Scales, vallettus ejuſdem, habet j equum *nigrum bauzain*, precii - - - -	xx *mar.*
Interfectus apud Faukirke.	Matheus de Oſgodeby, vallettus ejuſdem, habet j *equum badium pomele*, precii - - - -	*x li.*
	Edmundus de Wyrham, vallettus ejuſdem, habet j equum powis pomele, precii - • • -	x mar.
	Robertus de Oſgodeby, vallettus ejuſdem, habet j equum ferrandum pomele, precii • - - -	viij mar.
Interfectus apud Faukirke.	Willelmus Cocus, vallettus ejuſdem, habet j *runcinum badium*, precii - - - - -	*vj mar.*
	Willelmus Houel, vallettus ejuſdem, habet j runcinum badium, precii - - - -	lx s.

Rolls of the Horses.   171

	Dñs R. filius Pagani habet unum dextrarium forum *bauzain*, precii (cum ftella in fronte, precii) - - -	C mar. (xxx mar.)
Interfecti apud Faukyrke.	Dñs Simon de Raleghe, miles ejufdem, habet j *equum ferrandum pomele*, precii - - -	xxv mar.
	Dñs Willelmus Wygebere, miles ejufdem, habet j *equum powys pomele*, precii - - - -	xx mar.
xx die Julij.	Dñs Johannes Hoese,[1] miles ejufdem, habet j equum nigrum bauzain, precii - - - -	xl mar.
	Dñs Ingeramus Benynger, miles ejufdem, habet j equum badium, precii - - - -	xxv mar.
	Galfridus de True, vallettus ejufdem, habet j runcinum ferrandum pomele, precii - - -	xxv mar.
	Michael Criketot, vallettus ejufdem, habet j runc' doygne, p'cii	xvj mar.
Interfectus apud Faukirke.	Frarius de Ameney, valettus ejufdem, *habet j runc' badium*, p'cii	xx li.
	Jacobus de Perham, vallettus ejufdem, habet j runcinum forum bauzain, precii - - -	viij mar.
	Robinettus filius Pagani, vallettus ejufdem, habet j equum powis vairoñ, precii - - -	xxv mar.
	Reginaldus de Pavely, vallettus ejufdem, habet j equum liardum pomele, precii - - -	x li.
	Galfridus de la Linde, vallettus ejufdem, habet j equum album pomele, precii - - -	xij mar.
	Johannes de Derneforde, vallettus ejufdem, habet j equum brunum badium, precii - - -	x li.
Interfectus apud Faukirke.	Thomas de Bradenftoñ, vallettus ejufdem, habet j *equum nigrum*, precii - - - -	xij mar.
	Thomas le Bruyn, vallettus ejufdem, habet j equum bad' precii	x mar.
	Johannes de Cary, vallettus ejufdem, habet j runcinum powys cum lifta nigra, precii - - -	x mar.
Ad karv. xiij die Sept.	Johannes Georg[ii], vallettus ejufdem, habet j runcinum *nigrum liardum*, precii - - -	x mar.
Ad karv. xiij die Sept.	Galfridus de Hardeñ, vallettus ejufdem, habet j *runcinum doyn cum lifta nigra*, precii - - -	xij mar.
Mortuus apud Torfighyn, x die Aug.	Ricardus de Wygebere, vallettus ejufdem, habet j runc' *doyn*, p'cii	C s.
	Petrus Marefcallus, vallettus ejufdem, habet j runcinum badium, precii - - - -	C s.

[1] This and the five following names on a fchedule fewn to the Roll.

26 *Edw. I.* 1298.

Interfectus apud Faukirke.
    Dñs Henricus de Bello monte habet j dextrarium *brunum badium*, precii - - - - - Lx mar.

Interfectus apud Faukirke.
    Dñs Johannes de Claron, miles ejusdem, habet j *equum nigrum, precii*, (equum badium precii) - - - xxx mar. (xij li).

- - - - - [1]
    Gilemotus de Poyntz, vallettus ejusdem, habet j *runcinum nigrum*, precii - - - - - x li.

    Simon de Mildehale, vallettus ejusdem, habet j runcinum forum bauzain cum iiij pedibus albis, precii - - xij mar.

    Johannes Chandel, vallettus ejusdem, habet j runcinum doyn, precii - - - - - x mar.

    Willelmus le Mareschal, vallettus ejusdem, habet j runcinum liardum pomele, precii - - - - v mar.

xxv die Sept.
    Dñs Henricus de Bello monte habet j equum badium bauzain cum iij pedibus albis, precii - - - xl mar.

    Arnoldus de Caumont habet j equum badium, precii - x li.

    Dñs Adam de Welles habet j dextrarium nigrum bauzain cum iiij pedibus albis, precii - - - L mar.

    Dñs Philippus de Welles, frater ejusdem, habet j equum nigrum, precii - - - - - xij li.

    Dñs Johannes de Caltoft, miles ejusdem, habet j equum doyne, precii - - - - - xvj mar.

    Philippus de Castello, vallettus ejusdem, habet j runcinum ferrandum pomele, precii - - - - xvj mar.

    Dñs Philippus Paignel, miles ejusdem, habet j equum nigrum, precii - - - - - xij li.

    Johannes de Wakerle, vallettus ejusdem, habet j runcinum nigrum liardum, precii - - - - x mar.

    Henricus de Yelthorpe, vallettus ejusdem, habet j runcinum nigrum, precii - - - - - x mar.

    Ricardus de Audewyncle, vallettus ejusdem, habet j runcinum nigrum cum stella in fronte, precii - - C s.

    Rogerus de Hastingge, vallettus ejusdem, habet j runcinum badium, precii - - - - - x mar.

---

[1] An erasure here.

Rolls of the Horses. 173

	Willelmus de Caltoft, vallettus ejufdem, habet j runcinum nigrum liardum, precii - - - -	x mar.
	Stephanus Paignel, vallettus ejufdem, habet j runcinum powys pomele, precii - - - -	x mar.
	Johannes de Rothewell, vallettus ejufdem, habet j runcinum nigrum, precii - - - -	C s.
	Willelmus de Rolleſtoñ, vallettus ejufdem, habet j runcinum forum, precii - - - -	viij mar.
Ad elem. v die Sept.	Petrus de Thaxtoñ, vallettus ejufdem, habet j *runcinum forum*, precii - - - -	vj mar.
	Ricardus de Lyndefeie, vallettus ejusdem, habet j runcinum forum, precii - - - -	Lx s.

	Thomas de Verdon habet j runcinum badium, precii	xxx mar.
	Johannes de Wachefham, focius ejufdem, habet j runcinum nigrum, precii - - - -	x li.
	Robertus de Suwolde, focius ejufdem, habet j runcinum album pomele, precii - - -	viij mar.

Adam de Riſtoñ habet j runcinum nigrum liardum, precii		x li.
Adam de Bray habet j runcinum forum, precii		x mar.
Willelmus le Marefchal habet j runcinum badium, precii		xij mar.

	Dñs Simon Fraſel habet unum equum ferrandum pomele pro corpore fuo de dono Regis.	
Interfectus in foreſta de Selkirke, iijº die Octobris.	Dñs Simon de Horfbroke, miles ejufdem, habet *j equum brunum badium*, precii - - -	*xij li.*
	Thomas de Lillou, vallettus ejusdem, habet j runcinum badium bauzain cum iiij pedibus albis, precii - -	x mar.
	Galfridus Ridel, vallettus ejufdem, habet j runcinum badium, precii - - - -	x mar.
	Rogerus de Kerfewelle, vallettus ejufdem, habet j runcinum nigrum bauzain, precii - - -	L s.

Johannes le Leuteur habet j runcinum ferrandum pomele, precii - - - - -	viij mar.

	Walterus de Stourton habet j runcinum album, precii	viij mar.
	Stephanus de Vienna, vallettus ejufdem, habet j runcinum ferrandum pomele, precii	vj mar.
	Ivo de Stourton, vallettus ejufdem, habet j runcinum ferrandum pomele, precii	C s.
	Thomas de Clopton, vallettus ejufdem, habet j runcinum vairon', precii	vj mar.
	Adam de Wynton, fubclericus Coquine, habet unum equum forum cum ftella in fronte, precii	xj mar.
	Dñs Johannes de Drokenesforde habet unum equum powis pomele, precii	xxx mar.
Mortuus apud Faukirke.	Dñs Rogerus le Savage, miles ejufdem, habet *j equum badium*, precii	Mortuus et alius bauzan forus appreciatus—xxx mar. *xxx mar.*
	Dñs Hugo de Sancto Phileberto habet j equum doyn, precii	xl mar.
	Dñs Johannes de Scures, miles ejusdem, habet j equum ferrandum pomele, precii	xxx mar.
	Johannes Flambarde, vallettus ejufdem, habet unum runcinum nigrum cum ftella in fronte et iij pedibus albis, precii	xx mar.
	Henricus de Farnhulle, vallettus ejufdem, habet j runcinum badium cum ftella in fronte, precii	xx mar.
	Michael de Droken', frater ejufdem, habet j runcinum album, precii	xij li.
	Hamo Leftmor, vallettus ejufdem, habet j runcinum forum bauzain, precii	x li.
	Thomas Launceleneie, vallettus ejufdem, habet j runcinum nigrum, precii	xij li.
	Thomas de Burhunte, vallettus ejufdem, habet j runcinum ferrandum pomele, precii	xij li.
Redd. ad karv. iiij die Sept.	Johannes le Savage, vallettus ejufdem, habet j *runcinum album*, precii	*xij li.*
	Jacobus de Molendinis, vallettus ejufdem, habet j runcinum badium, precii	xij mar.
Interfectus apud la Faukirke xxij die Julij.	Stephanus de Bannebury, vallettus ejufdem, habet j *runcinum ferrandum pomele*, precii	*xvj mar.*
	Walterus de Wyndefore, vallettus ejufdem, habet j runcinum badium, precii	x li.

Rolls of the Horses. 175

	Johannes de Loumere, vallettus ejusdem, habet j runcinum nigrum cum pedibus posterioribus albis, precii - -	C s. Redditur Regi.
	Willelmus de Faucomberge, vallettus ejusdem, habet j runcinum brunum badium, precii - - -	x mar.
	Henricus Urry, vallettus ejusdem, habet j runcinum nigrum, precii - - - - - -	x mar. Redditur Regi et aliut apprec. eodem modo.
	Johannes Dureme, vallettus ejusdem, habet j runcinum nigrum, precii - - - - -	x mar.
	Robertus de Hamme, vallettus ejusdem, habet j runcinum powis pomele, precii - - - -	x mar.
Mortuus apud Karliolum, mense Sept.	Ricardus de la More, vallettus ejusdem, habet j runcinum forum, precii - - - - -	xv mar.
Interfectus apud Faukirke.	Gilbertus Wuderove, vallettus ejusdem, habet j runcinum nigrum, precii - - - - -	vj mar.
	Walterus de Bedewynde, clericus ejusdem, habet j runcinum nigrum cum j pede posteriori albo, precii - -	xij mar. quia venditur.
Mortuus apud Faukirke, xxij die Julij.	Adam de Staneie, vallettus ejusdem, habet j runcinum nigrum, precii - - - - - -	x mar.
Mortuus apud Arc, mense Aug.	Benedictus de Blakenham, vallettus ejusdem, habet j equum forum cum stella in fronte, precii - -	xiiij mar.
Redd. ad elem. apud Jedde. xviij° die Oct.	Ricardus de Coleshulle, vallettus ejusdem, habet j equum forum bauzain cum iiij pedibus albis, precii -	viij mar.
Ad elem. apud Karl. xj die Sept.	Thomas de Burewell, vallettus ejusdem, habet j runcinum badium, precii - - - - -	xij mar.
Redd. ad elem. apud Karl, x die Sept.	Stephanus de Bannebure, vallettus ejusdem, habet j runcinum album, precii - - - - -	x li.
	Robertus de Bringeste, vallettus d'ni Thome de Chaucombe, habet j runcinum badium, precii - - - -	x mar. Quia alibi in comitiva ejusdem d'ni Thome.
Redd. ad elem. apud Karl. viij die Sept.	Magister Petrus, Ciru[r]gicus Regis, habet j equum forum stella in fronte, precii - - - -	xvj mar.
	Johannes le Mareschal, vallettus ejusdem, habet j equum powis pomele, precii - - - -	xvj mar.
	Dñs Adam de Blida habet j equum forum bauzain cum iiij pedibus albis, precii - - -	xx mar.

	Dñs Willelmus le Bruyn habet j equum nigrum cum mufello albo, precii - - - -	xxx mar.
Capit vadia per fe.	Dñs Mauricius, filius ejufdem, habet j equum *(forum)* clarum badium, precii - - -	xl mar.
Mortuus apud Faukirke.	Johannes de Roches, vallettus ejufdem, habet j runcinum badium cum *ftella in fronte*, precii - -	*xxxv mar.*
	Petrus de Roches, vallettus ejufdem, habet j runcinum nigrum bauzain cum iiij pedibus albis, precii -	xxx mar.
	Willelmus de Dreycote, vallettus ejufdem, habet j runcinum rough' liardum, precii - - -	xxv mar.
	Reginaldus de Tudeputte, vallettus ejufdem, habet j runcinum badium, precii - - -	xx mar.
	Hugo de Godefhulle, vallettus ejufdem, habet j runcinum badium, precii - - -	x li.
	Thomas Peverel, vallettus ejufdem, habet j runcinum nigrum, precii - - - -	viij mar.
	Reginaldus de Forde, vallettus ejufdem, habet j runcinum ferrandum pomele, precii - -	xx mar.
	Gerardus Dorums de Champvent habet j runcinum brunum badium, precii - - -	x mar.
	Dñs Johannes de Ufflet habet j equum nigrum liardum cum ij pedibus albis et ftella in fronte, precii -	xx mar.
	Dñs Petrus Deyville, miles ejufdem, habet j equum vairon', precii - - - -	xvj mar.
	Willelmus de la Mare, vallettus ejufdem, habet j runcinum ferrandum pomele, precii - -	x li.
	Johannes de Burtoñ, vallettus ejufdem, habet j runcinum nigrum, precii - - -	vj mar.
	Hugo de Pikeworthe, vallettus ejufdem, habet j runcinum nigrum, precii - - -	C s.
xj die Julij.	Johannes de Cane, vallettus ejufdem, habet j runcinum nigrum, precii - - -	C [s]
	Bartholomeus Napare habet j runcinum nigrum liardum, precii - - - -	xx mar.

Rolls of the Horses.

xxvj die Junij. Interfectus apud Faukirke, xxij^do die Julij.	Dñs Johannes de Benftede, habet j *equum nigrum cum pede pofteriori albo* (favum pomele cum cauda liarda), precii -	xxx mar. (L mar.)
	Dñs Willelmus de Mere, miles ejufdem, habet j equum nigrum, precii - - - - -	xx mar.
	Dñs Robertus de Duttoñ, miles ejufdem, habet j equum liardum pomele, precii - - - -	xxiiij mar.
	Johannes de Verdon, vallettus ejufdem, habet j runcinum badium, precii - - - - -	x mar.
Redd. ad karvann. apud Karl. x die Sept.	Petrus de Colyngboruñ, clericus ejufdem, habet j *runcinum liardum*, precii - - - - -	x li.
	Johannes de Wyntoñ, clericus ejufdem, habet j runcinum *rough' liardum* (powis pomele), precii - -	viij mar. (x li.)
	Alexander de Nortoñ, vallettus ejufdem, habet j runcinum badium pomele, precii - - - -	x li.
Ad karv. apud Karliolum, ix die Sept.	Johannes le Flemenge, vallettus ejufdem, habet j runcinum *favum bauzain*, precii - - - -	xij mar.
	Walterus de Hikelingge, vallettus ejufdem, habet j runcinum nigrum, precii - - - - -	x mar.
	Johannes de Aultoñ, vallettus ejufdem, habet j runcinum ferrandum pomele, precii - - - -	C s.
Redd. ad clem. apud Strivelin.	Johannes de Weftoñ, vallettus ejufdem, habet j *runcinum powys vairon*', precii - - - -	C s.
Interfectus apud Paukirke.	Willelmus Chenny, vallettus ejufdem, habet j *runcinum vairon' bauzain*, precii - - - -	vj mar.
	Johannes de Stauntoñ, vallettus ejufdem, habet j runcinum powys, precii - - - - -	vj mar.
	Galfridus de Stokes, clericus ejufdem, habet j runcinum nigrum, precii - - - - -	vj mar.
	Warinus de Staundoñ, vallettus ejufdem, habet j runcinum album powis, precii - - - -	x li.

Dñs Willelmus de Cantilupo habet j dextrarium ferrandum pomele, precii - - - - -	L mar.
Dñs Ricardus Mauleverer, miles ejufdem, habet j equum clarum badium, precii - - - -	xvj mar.
Dñs Ricardus de Neiville, miles ejufdem, habet j equum nigrum liardum, precii - - - -	xx mar.

Falk.

26 *Edw. I.* 1298.

	Willelmus de Waldingfelde, vallettus ejusdem, habet j runcinum nigrum, precii - - - -	viij mar.
	Edmundus de Tudeham, vallettus ejusdem, habet j runcinum ferrandum pomele, precii - - - -	vj mar.
	Henricus de Grenewude, vallettus ejusdem, habet j runcinum badium, precii - - - - -	x mar.
Interfectus apud Faukirke.	Robertus le Tailleur, vallettus ejusdem, habet j *runcinum album*, precii - - - - -	v mar.
Non debet computari.	Johannes le Harpeur, vallettus ejusdem, habet j runcinum ferrandum pomele, precii - - - -	v mar.
	Johannes de Neville, vallettus ejusdem, habet j runcinum powys pomele, precii - - - -	vj mar.
	Robertus de Manham, vallettus ejusdem, habet j runcinum badium, precii - - - - -	C s.
	Simon de Cretoñ, vallettus ejusdem, habet j runcinum forum, precii - - - - -	vj mar.
	Radulphus de Wurtele, vallettus ejusdem, habet j runcinum nigrum, precii - - - -	vj mar.
	Dñs Radulphus de Mantoñ habet j equum *doygn favum pomele cum cauda liardа* (clarum badium), precii -	Quia superius pro J. de Benstede. L mar. (xxx mar.)
Ad karv. xxij die Aug.	Willelmus de Colebroke habet j *runcinum badium cum stella in fronte*, precii - - - - -	xv li.
Redd. ad clem. apud Karll. xx die Sept.	Johannes le Rous, vallettus ejusdem, habet *j runcinum badium*, precii - - - - -	xxvj mar.
Ad clem. apud Karll. mense Sept.	Ricardus de Haveringge, vallettus ejusdem, habet j runcinum powis, precii - - - -	xij mar.
Redd. ad clem. primo die Sept.	Alexander le Convers habet j equum *rough' liardum*, precii	x mar.
	Elias Cotele habet j runcinum ferrandum pomele, precii	xij mar.
	Robertus de Meysy, socius ejusdem, habet j runcinum album, precii - - - - -	xij mar.

Rolls of the Horses. 179

	Ricardus Lovel habet j runcinum ferrandum pomele, precii -	x li.
	Bonefacius Skarle, focius ejufdem, habet j runcinum badium, precii - - - - - -	xij mar.
	Willelmus Punchardon, focius ejufdem, habet j runcinum nigrum, precii - - - - -	x mar.
	Johannes Burel, focius ejufdem, habet j runcinum album, precii - - - - - -	viij mar.
	Hugo Sturgeun, focius ejufdem, habet j runcinum badium, precii - - - - -	x mar.
Mortuus apud Jedde-worthe, menfe Sept.	Willelmus de Eftforde, focius ejufdem, habet j runcinum *badium clarum*, precii - - - -	v mar.

xxvij die Junij.	Dñs Thomas Comes Lancaftrie habet j equum de dono Regis.	
	Dñs Henricus, frater ejufdem, habet j equum fimiliter de dono Regis.	
	Dñs Walterus de Bathonia, miles ejufdem, habet j equum badium, precii - - - -	xxx mar.
Mortuus apud Strive-lyn, ultimo die Julij.	Dñs Willelmus Wither, miles ejufdem, habet j *equum nigrum cum ij pedibus albis*, precii - - -	xxx mar.
	Dñs Reginaldus de Sancto Martino, miles ejufdem, habet j equum forum cum ftella in fronte, precii - -	xxiiij mar.
	Dñs Alanus Waldefhefe, miles ejufdem, habet j equum badium, precii - - - -	xvj mar.
	Dñs Henricus de Glafton[ia], miles ejufdem, habet j equum ferrandum pomele, precii - - -	xij li.
	Dñs Edmundus de Langele, miles ejufdem, habet j equum badium, precii - - - -	x li.
	Dñs Nicholaus de Sancto Mauro	
	Dñs Petrus de Grauntzon	
	Dñs Willelmus le Longe, miles ejufdem, habet j equum nigrum cum ftella in fronte, precii	xlv mar.
Interfectus apud Fau-kerke, xxij die Julij.	Ricardus de Lughtburghe, clericus ejufdem, habet j *equum nigrum*, precii - - - -	xx li.
	Jordanus Label, vallettus ejufdem, habet j runcinum liardum pomele, precii - - - -	x li.
Interfectus apud Fau-kirke, xxij die Julij.	Johannes de Sancto Laurentio, vallettus ejufdem, habet j runcinum nigrum bauzain cum iij pedibus albis, precii	x li.

26 Edw. I. 1298.

Interfectus apud Faukirke.	Johannes Ruffel, vallettus ejufdem, habet j runcinum badium bauzain cum iij pedibus albis, precii - - -	xij mar.
	Willelmus de Lughtburghe, vallettus ejufdem, habet j runcinum *nigrum badium cum ftella in fronte*, precii - -	x li.
Mortuus apud Are.	Alexander Arcas, vallettus ejufdem, habet j runcinum *nigrum*, precii - - - - - -	xij mar.
	Robertus de Hollande, vallettus ejufdem, habet j runcinum ferrandum pomele, precii - - - -	xx mar.
	Willelmus de Bafingge, vallettus ejufdem, habet j runcinum nigrum, precii - - - - -	x mar.
	Nicholaus de Grendale, vallettus ejufdem, habet j runcinum album pomele, precii - - - -	x mar.
	Johannes de Whifton, vallettus ejufdem, habet j runcinum nigrum, precii - - - - -	x mar.
	Rogerus de Tydemerfhe, vallettus ejufdem, habet j runcinum ferrandum pomele, precii - - - -	viij mar.
	Hugo de Cafterii, vallettus ejufdem, habet j runcinum nigrum bauzain cum iiij pedibus albis, precii - -	xij mar.
Interfecti apud Faukirke.	Johannes de Mothom, vallettus ejufdem, *habet j runcinum badium*, precii - - - - -	xij mar.
	Warinus de Sancto Mauro, vallettus ejufdem, habet j *runcinum ferrandum pomele*, precii - - - -	xvj mar.
	Johannes de Kenilworthe, vallettus ejufdem, habet j runcinum powis pomele, precii - - - -	xij mar.
	Adam de Skelton, vallettus ejufdem, habet j runcinum liardum piole, precii - - - - -	x li.
	Robertus de Strode, vallettus ejufdem, habet j runcinum nigrum cum ftella in fronte, precii - -	xxiiij mar.
	Johannes de Holte, vallettus ejufdem, habet j runcinum forum, precii - - - - -	x mar.
Interfectus apud Faukirke.	Stephanus de Dify, vallettus ejufdem, habet j *runcinum album piole*, precii - - - - -	x li.
	Ricardus de Melebourn, vallettus ejufdem, habet j runcinum badium, precii - - - - -	C s.
Mortuus apud Loghemaban, iiij die Sept.	Richardus Waldefhefe, vallettus ejusdem, habet j runcinum *ferrandum pomele*, precii - - -	x mar.
Ad elem. apud Karliolum, xx die Sept.	Ricardus de Sancto Martino, vallettus ejufdem, habet j runcinum *ferrandum pomele*, precii - -	x li.

Rolls of the Horses. 181

Interfectus apud Faukirke.	Robertus Georg[ii], vallettus ejufdem, habet j *runcinum badium bauzain cum iiij pedibus albis*, precii - - -	xij mar.
	Mauricius de Bamptoñ, vallettus ejufdem, habet j runcinum ferrandum pomele, precii - - - -	viij mar.
	Robertus Jorz, vallettus ejufdem, habet j runcinum ferrandum pomele, precii - - - - -	vj mar.
Interfectus apud Faukirke.	Johannes le Harpeur, vallettus ejufdem, habet j *runcinum liardum pomele*, precii - - - -	xij mar.
	Willelmus de Bonyngtoñ, vallettus ejufdem, habet j runcinum rough' liardum, precii - - - -	x li.
	Johannes de Swynnretoñ, vallettus ejufdem, habet j runcinum nigrum, precii - - - - -	x li.
Interfectus apud Faukirke.	Willelmus de Hulcote, vallettus ejufdem, habet j *runcinum album*, precii - - - - -	xij mar.
	Rogerus de Bray, vallettus ejufdem, habet j runc' badium p'cii	x mar.
	Johannes de Stafforde, vallettus ejufdem, habet j runcinum badium cum ftella in fronte, cum pedibus anterioribus albis, precii - - - - - -	xij mar.
	Walterus de Wodenham, vallettus ejufdem, habet j runcinum favum, precii - - - - -	xij mar.
Mortuus apud la Foukirke.	Johannes de Knilby, vallettus ejufdem, habet j runcinum *badium cum uno pede albo*, precii - - -	xl mar.
	Willelmus de Lughteburghe, vallettus ejufdem, habet j runcinum nigrum, precii - - - -	x li.
Interfectus apud la Foukirke.	Henricus Scot, vallettus ejufdem, habat j runcinum *clarum badium*, precii - - - - -	C s.
	Johannes la Ware habet j runcinum rough' liardum, precii -	xxx mar.
	Edmundus de Wilingtoñ, focius ejufdem, habet j runcinum album, precii - - - - -	xij mar.
	Hugo de Toppeffelde, focius ejufdem, habet j runcinum badium, precii - - - - -	vj mar.
	Ricardus de Aynou, focius ejufdem, habet j runcinum album, precii - - - - -	vj mar.
Primo die Aug.	Henricus de Wylyngtoñ, focius Johannis la Ware, habet j runcinum album, precii - - - -	x mar.
	Stephanus de Tudemerfhe, focius ejufdem, habet j *runcinum powis*, precii - - - - - -	C s.

26 Edw. I. 1298.

xxvij die Junij.	Willelmus de Cambhou habet j runcinum liardum pomele, precii	viij mar.
	Johannes de Affhendeñ, socius ejusdem, habet j runcinum liardum pomele, precii - - - -	vj mar.
	Edmundus de Cornubia, habet j runcinum badium, precii	x mar.
	Johannes filius Radulphi, socius ejusdem, habet j runcinum nigrum cum stella in fronte, [precii] - - -	x li.
	Egidius filius Radulphi, socius ejusdem, habet j runcinum	
xxvij die Julij.	Adam de la Strode, socius ejusdem, habet j runcinum liardum pomele, precii - - - - -	x li. De Fornis'.
xxvij die Junij.	Willelmus Biset, habet j runcinum favum *cum stella in fronte* (bauzain) *et* iij pedibus albis, precii - -	viij mar.
Mortuus apud Tibres, iij die Sept.	Willelmus Bartholomeu, socius ejusdem, habet j *runcinum ferrandum pomele*, precii - - - -	viij mar.
	Willelmus Champeneys, socius ejusdem, habet j runcinum liardum pomele, precii - - - -	C s.
vj die Julij.	Ricardus Biset, socius ejusdem, habet j runcinum ferrandum pomele, precii - - - - -	vj mar.
	Johannes Biset, socius ejusdem, habet j runcinum brunum badium, precii - - - - -	vij mar.
xxvij die Junij.	Nicholaus Malemeyns habet j runcinum brunum badium cum uno pede posteriori albo, precii - - -	xx mar.
	Nicholaus de la Leye, socius ejusdem, habet j runcinum nigrum cum pede posteriori albo, precii - -	x li.
	Johannes Siwarde, socius ejusdem, habet j runcinum clarum badium, precii - - - - -	xij mar.
Redd ad karv apud Karliolum, xxij die Sept.	Willelmus Burnel, socius ejusdem, habet j *runcinum badium*, *precii* - - - - -	viij mar.
	Dñs Thomas de Hamulle habet j equum badium, precii	xxv mar.
iiij^{to} die Julij.	Ricardus de Lymforde, vallettus ejusdem, habet j runcinum *vairou'* liardum, precii - - - -	xij mar. (vij mar.)
xxvij die Junij.	Gilbertus filius Baldewyni, vallettus ejusdem, habet j runcinum badium bauzain, precii - - -	vj mar.
	Jakemino de Cireneye habet j runcinum *badium bauzain* (ferrandum pomele), precii - - -	viij mar.

Rolls of the Horses.

	Thomas de Hamulle habet j runcinum vaironum liardum, precii	xij mar.
	Nicholas de Gnoddeſhale, focius ejuſdem, habet j runcinum ferrandum pomele, precii - - - -	vj mar.
	Hugo Aquar[ius] habet j runcinum nigrum, precii - -	vj mar.
	Dn̄s Johannes de Merke, habet j *runcinum badium*, precii -	xxx mar.
Interfecti apud la Foukirke.	Ricardus Graundram, vallettus ejuſdem, habet j *runcinum badium*, precii - - - - -	x li.
Mortuus apud Jedeworthe.	Willelmus de Shalfhonte, vallettus ejuſdem, habet j *runcinum ſorum*, precii - - - - -	x mar.
	Radulphus de Bavent habet j runcinum album pomele, precii - - - - -	x mar.
	Robinettus Ciſsor habet j runcinum nigrum, precii -	x li.
Redd. ad karv. apud Strivelin, menſe Julij.	Dn̄s Walterus de Bello campo habet j dextrarium *nigrum* (*badium cum ſtella in fronte*), precii - - -	Lxx mar. iiij^{rc} mar.
Mortuus ap^d Strivelyn. Ad karv. apud Karl. xj die Sept.	Dn̄s Walterus, filius ejuſdem, habet j equum *rough' liardum*, precii (*ferrandum pomele*, precii) - - -	xl mar. xxx mar. Lxx mar.
Redd. ad clem. apud Strivelin, xxvij die Julij.	Dn̄s Willelmus, filius ejuſdem, habet j equum *ferrandum pomele* (*ferrandum pomele, precii*) precii - -	xxx mar. xl mar. xxv mar.
	Dn̄s Stephanus de la More, miles ejuſdem, habet j equum nigrum liardum, precii - - - -	xxiiij mar.
	Dn̄s Simon le Chamberleyn, miles ejuſdem, habet j equum nigrum, precii - - - - -	xx mar.
Ultimo die Julij.	Dn̄s Willelmus le Blount, miles ejuſdem, habet j equum nigrum, [precii] - - - -	x li.
	Rogerus de la Mare, vallettus ejuſdem, habet j runcinum clarum badium, precii - - - -	xij li.
	Johannes Paynot, vallettus ejuſdem, habet j runcinum nigrum cum ſtella in fronte, precii - - -	xvj mar.
	Johannes le Butiller, vallettus ejuſdem, habet j runcinum nigrum cum ſtella in fronte, precii - - -	xij mar.
	Willelmus le Skyrmeſeur, vallettus ejuſdem, habet j runcinum album, precii - - - - -	x li.
	Willelmus de Bello campo, vallettus ejuſdem, habet j runcinum nigrum, precii - - - - -	x mar.
	Edmundus de la Mare, clericus ejuſdem, habet j runcinum badium, precii - - - - -	x li.

	Ricardus le Harpeur, vallettus ejuſdem, habet j *runcinum nigrum*, precii - - - - -	*x li.* Quia appreciatur ſuperius pro d'no Will'o le Blount.
	Rogerus de Bromfelde, vallettus ejuſdem, habet j runcinum ſorum, precii - - - - -	x li.
Mortuus apud Faukirke.	Rogerus de Hamſlape, vallettus ejuſdem, habet j runcinum *liardum pomele*, precii - - - -	*viij mar.* Non percipit vadia pro iſto, quia fuit centenarius.
Interfectus apud Faukirke.	Walterus le Blunt, vallettus ejuſdem, habet j *runcinum album* precii - - - - -	x mar.
	Johannes de Sautemarreis, vallettus ejuſdem, habet j runcinum nigrum, precii - - - -	C s.
Redd. ad clem. apud Faukirke, xxiiij^{to} die Julij.	Nicholaus de Glouceſtre, vallettus ejuſdem, habet j *runcinum favum*, precii - - - -	xij mar.
	Jerewarde ab Griffithe, vallettus ejuſdem, habet j runcinum liardum pomele, precii - - -	viij mar.
Redd. ad karv. apud Are, xxix die Aug.	Johannes de Kendale, vallettus ejuſdem, habet *j runcinum ſorum*, precii - - - -	*viij mar.*
	Walterus de Brompton, vallettus ejuſdem, habet j runcinum badium, precii - - - -	vj mar.
	Ricardus de Bromfelde, vallettus ejuſdem, habet j runcinum badium, precii - - - -	C s.
Redd. ad clem. apud la Redehalle, menſe Aug.	Galfridus fillus Warini, vallettus ejuſdem, habet j *runcinum liardum pomele*, precii - - -	C s.
	Johannes de Ranham, vallettus ejuſdem, habet j runcinum album liardum cum liſta nigra, precii - -	vj mar.
	Mauricius de Kemmeis, vallettus ejuſdem, habet j runcinum nigrum liardum, precii - - -	x mar.
xj die Julij.	Simon de Verdon, vallettus ejuſdem, habet j runcinum nigrum liardum, precii - - - -	C s.
xij die Septemb'. Redd. ad clem. apud Iedeworthe.	Dominus Walterus de Bello campo junior habet j *equum nigrum cum ſtella in* fronte et ij pedibus albis, precii - - - - -	xxiiij mar.
xiiij die Julij.	Gilbertus de Haunleghe, vallettus ejuſdem, habet j runcinum powis, precii - - - -	vij mar.

Rolls of the Horses.

	Dñs Gilbertus Talebote habet j equum ferrandum pomele, precii - - - - -	xxx mar.
xj die Julij.	Ricardus de Rihale, vallettus ejufdem, habet j runcinum nigrum, precii - - - - -	viij mar.
Interfectus apud la Faukirke.	Johannes de Knoky, vallettus ejufdem, habet j *runcinum nigrum liardum*, precii - - - -	x mar.
xiiij die Julij.	Willelmus de Penbrigge, vallettus ejufdem, habet j runcinum powis, precii - - - - -	viij mar.
Redd. ad elem. apud Karll. menfe Sept.	Thomas le Blunt, frater domini Willelmi le Blunt, habet *j runcinum powys*, precii - - - -	iiij mar.
xxvij die Junij.	Dñs Johannes de Kyngeftoñ habet j equum nigrum bauzain cum iij pedibus albis, precii - - -	xl mar.
Redd. ad karv. apud Jeddeworthe, xvij die Octobr.	Ofbertus de Kyngeftoñ, vallettus ejufdem, habet *j runcinum ferrandum pomele*, precii - - - -	xvj mar.
Redd. ad karv. apud Arc. xxix die Aug.	Johannes le Fauconer, vallettus ejufdem, habet *j runcinum ferrandum pomele*, precii - - - -	xij mar.
	Edmundus de Cornubia, vallettus ejufdem, habet j runcinum nigrum cum ftella in fronte, precii - -	viij mar.

Robinettus le Sor, vall

Dñs Willelmus Ruffel habet j equum nigrum cum pede pofteriori albo, precii - - - - -	xl mar.
Johannes de Staundoñ, vallettus ejufdem, habet j runcinum forum, precii - - - - -	xij li.
Thomas de la Mare, vallettus ejufdem, habet j runcinum favum cum lifta nigra, precii - - -	x mar.
Robertus Gobyon, vallettus ejufdem, habet j runcinum forum, precii - - - - -	vj mar.
Thomas de Helles habet j runcinum ferrandum pomele, precii - - - - -	x mar.
Henricus de Appeldorfelde habet j runcinum liardum pomele, precii - - - - -	viij mar.
Thomas de Camville habet j runcinum nigrum, precii	viij mar.

26 Edw. I. 1298.

    Galfridus le Tailleur habet j runcinum favum cum lifta nigra,
    precii - - - - - x mar.
    Willelmus de Tholoufe habet j runcinum forum bauzain,
    cum ij pedibus albis, precii - - - - viij mar.

    Petrus Burdet habet j runcinum *ferrandum pomele* (badium
    bauzain cum iiij pedibus albis), precii - - - xl mar.
    Bernardus Burdet, filius ejufdem, habet j *runcinum badium*
    (ferrandum pomele), precii - - - vj mar.

    Perrotus de Gaveftoñ habet unum runcinum badium, precii - x mar.

Moriebatur apᵈ Jedde- Thomas de Waletoñ habet unum runcinum powys pomele,
worthe, menfe Oct.   precii - - - - - x mar. Non percipi-
Moriebatur apud Tor- Philippus de Leghtoñ habet unum runcinum *album piole*, unt vadia.
phigel menfe Aug.   precii - - - - - C s.
               Ricardus Revel habet unum runcinum album, precii - x mar.
Ad clem. v die Sept. Johannes de Waltham habet unum *runcinum favum*, precii - v mar. Non per-
               Magr Robertus Panetar[ius] habet j runcinum nigrum liardum, cipit vadia.
               precii - - - - - x li.
               Magr Ricardus Cocus habet j runcinum nigrum, precii - x mar.
               Magr Johannes Salfar[ius] habet j runcinum favum cum lifta
               nigra, precii - - - - - viij mar.
               Jacobus de Stafforde habet j runcinum ferrandum pomele,
               precii - - - - - x mar.
xxviij die Junij.   Johannes de Swanelonde habet j runcinum *rough' liardum*,
Redd. ad karv. apud precii - - - - - C s.
Dalkarno, iij die Sept.
Mortuus apud Karl. Galfridus de Hamulle habet j runcinum *album pomele*,
menfe Sept.   precii - - - - - C s.
               Thomas de Erlham habet j runcinum nigrum, precii - vij mar.
               Gilbertus Goldftoñ habet j runcinum ferrandum pomele, precii x li.
               Johannes Haiwarde habet j runcinum ferrandum pomele, precii- x li.

    Petrus de Ciceftre habet j runcinum album cum capite piole,
    precii - - - - - xx mar.
    Thomas de Ciceftre, frater ejufdem, habet j runcinum badium
    precii - - - - - x mar.
    Robertus de Norffolcia, vallettus ejufdem, habet j runcinum
    badium, precii - - - - - xij mar.

Rolls of the Horses. 187

	Henricus de Bradeleie habet j runcinum badium, precii	x mar.
	Galfridus de la Lee, vallettus Pan[etrie] oris Regis, habet j runcinum forum, precii	x mar.
Redd. ad karvannum, xxvij die Nov.	Robertus Gentilcors habet j runcinum *nigrum*, precii	v mar. iiij mar.
	Walterus de Kyngeshemede habet j runcinum badium, precii	C s.
	Reginaldus Janitor habet j runcinum album, precii	vj mar.
xxix die Junij. Redd. ad karv. xv die Aug.	Dñs Hugo le Defpenfer habet j dextrarium *nigrum bauzain cum iiij pedibus albis*, precii	vj*·* mar.
	Dñs Johannes de Badeham, miles ejufdem, habet j equum badium cum ftella in fronte et ij pedibus albis, precii	C mar.
	Dñs Henricus de Segrave, miles ejufdem, habet j equum nigrum cum ftella in fronte et j pede pofteriori albo, precii	Lx mar.
Redd. ad clem. vij die Sept.	Dñs Nicholaus de Bofco, miles ejufdem, habet *j equum rough' liardum*, precii	xl mar.
	Dñs Johannes de Haftang', miles ejufdem, habet j equum cum ftella in fronte et pedibus pofterioribus albis, precii	xl mar.
Mortuus apud Faukerke.	Dñs Willemus de Harpedeñ, miles ejufdem, habet *j equum forum bauzain cum pedibus pofterioribus albis*, precii	xxxv mar.
	Dñs Walterus Haket, miles ejufdem, habet j equum nigrum bauzain cum uno pede anteriori albo, precii	xxx mar.
Mortuus apud Faukirke.	Dñs Johannes de Hamme, miles ejufdem, habet *j equum forum*, precii	xx mar.
Mortuus ibidem.	Dñs Thomas de Coudrey, miles ejufdem, habet j *equum ferrandum pomele*, precii	xij li.
Redd. ad elem. apud Karliolum, xvij die Sept.	Theobaldus de Sancto Georgio, vallettus ejufdem, habet *j equum forum bauzain cum iiij pedibus albis*, precii	L mar.
	Alanus Bretoñ, vallettus ejufdem, habet j runcinum powis pomele, precii	xxx mar.
	Johannes de Hanlon, vallettus ejufdem, habet j runcinum ferrandum pomele, precii	xxx mar.
	Thomas de Wyncelade, vallettus ejufdem, habet j runcinum nigrum, precii	xx mar.
	Johannes Ruffel, vallettus ejufdem, habet j runcinum favum, precii	xxx mar.
Mortuus apud Faukirke.	Johannes de Ratingdeñ, vallettus ejufdem, habet *j runcinum nigrum*, precii	xxv mar.

Mortuus ibidem.	Willelmus de Haloule, vallettus ejufdem, habet j *runcinum nigrum*, precii - - - -	xxx mar.
	Radulphus de Cammeys, vallettus ejufdem, habet j runcinum badium cum ftella in fronte, precii - - -	xxiiij mar.
Mortuus apud Faukirke.	Robertus de la Mare, vallettus ejufdem, habet *j runcinum ferrandum pomele*, precii - - - -	xij li.
	Elias le Tailleur, vallettus ejufdem, habet j runcinum badium, precii - - - - -	xx mar.
Redd. ad karv. v die Aug.	Ricardus de Everle, vallettus ejufdem, habet j *runcinum badium* precii - - - -	xx mar.
	Robertus le Marefchal, vallettus ejufdem, habet j runcinum nigrum bauzain cum j pede pofteriori albo, precii	xij mar.
Mortuus apud Faukirke.	Thomas de la Mare, vallettus ejufdem, habet j *runcinum badium cum pedibus pofterioribus albis*, precii - -	xij mar.
	Rogerus de Cobeham, vallettus ejnfdem, habet j runcinum ferrandum pomele, precii - - - -	xxv mar.
Mortuus apud Faukirke	Walterus Vidulator, vallettus ejufdem, habet j *runcinum badium cum j pede pofteriori albo*, precii - -	xxv mar.
Ad karv. v die Sept.	Radulphus de Treauntoñ, vallettus ejufdem, habet j *runcinum liardum pomele*, precii - - - -	xxv mar.
	Mauricius le Barber (Johannes Joce), vallettus ejufdem, habet j runcinum nigrum bauzain cum iiij pedibus albis, precii - - - - -	xij mar.
	Galfridus de Hibernia, vallettus ejufdem, habet j runcinum liardum, precii - - - - -	x mar.
	Ricardus de Sparkeforde, vallettus ejufdem, habet j runcinum favum cum lifta nigra, precii - - -	viij mar.
	Willelmus le Galeis, vallettus ejufdem, habet j runcinum powis pomele, precii - - - -	x mar.
	Johannes le Galeis, vallettus ejufdem, habet j runcinum ferrandum pomele, precii - - - -	x mar.
	Johannes le Fraunceis, vallettus ejufdem, habet j runcinum brunum badium, precii - - - -	xij mar.
	Thomas Bacun, vallettus ejufdem, habet j runcinum nigrum, precii - - - - -	x mar.
Mortuus apud Faukirke.	Rogerus Gofcelyn, vallettus ejufdem, habet *j runcinum ferrandum* pomele, precii - - - -	x mar.

Rolls of the Horses. 189

Henricus de Harpedeñ, vallettus ejufdem, habet j runcinum album piole, precii - - - - xx mar.

Johannes de Shotebroke, vallettus ejufdem, habet j runcinum powis pomele, precii - - - - xij mar.

Nicholaus de Theddeñ, vallettus ejufdem, habet j runcinum brunum badium, precii - - - - x mar.

Nicholaus Hoefe, vallettus ejufdem, habet j runcinum badium, precii - - - - - viij mar.

Johannes le Marefchal, vallettus ejufdem, habet j runcinum favum cum lifta nigra, precii - - - xij mar.

Redd. ad clem. xv die Aug.

Egidius de Argenteyn, vallettus ejufdem, habet *j runcinum forum cum ftella in fronte*, precii - - - xx mar.

Henricus Courzon, vallettus ejufdem, habet j runcinum favum forum, precii - - - - - viij mar.

Gillotus de Rihale, vallettus ejufdem, habet j runcinum liardum pomele, precii - - - - - x mar.

Dñs Willelmus de Ferrariis, miles ejufdem, habet j equum nigrum cum ftella in fronte cum iij pedibus albis, precii - - - - - Lxx mar.

Dñs Petrus Pigot, miles ejufdem, habet j equum ferrandum pomele, precii - - - - - xvj mar.

Thomas Bacun, vallettus ejufdem, habet j equum album, precii - - - - - - xx mar.

Gervaf de Clifton, (Alexander Harcas), vallettus ejufdem, habet j equum powis, precii - - - viij mar.

Galfridus de Querindoñ, vallettus ejufdem, habet j runcinum forum, precii - - - - - vj mar.

Johannes de Ferrariis, vallettus ejufdem, habet j runcinum nigrum cum ij pedibus albis, precii - - - v mar.

Thomas Botencombe, vallettus ejufdem, habet j runcinum ferrandum pomele, precii - - - - x mar.

Mauricius de Grouby, vallettus ejufdem, habet j runcinum nigrum, precii - - - - - vj mar.

Johannes Lefcot, vallettus ejufdem, habet j runcinum ferrandum pomele, precii - - - - vj mar.

26 *Edw. I.* 1298.

xxix die Junij. *Interfectus ad bellum de Faukirke.*	Dñs Bartholomeus de Badelefmere habet *j equum ferrandum pomele*, precii - - - -	*xl mar.*
Redd. ad karv. apud Liftoñ, xviij die Julij.	Stephanus de Burgaffhe, vallettus ejufdem, habet j *runcinum ferrandum pomele*, precii - - -	*xxxv mar.*
	Ricardus Peyfrer, vallettus ejufdem, habet j runcinum *ferrandum pomele*, precii - - - -	*xij li.*
Interfecti ad bellum de Faukirke	Ricardus de Blynne, vallettus ejufdem, habet j *runcinum ferrandum pomele*, precii - - - -	*x li.*
	Robertus Savage, vallettus ejufdem, habet j *runcinum album monoculum*, precii - - - -	*vj mar.*
	Henricus de Chelre habet j runcinum rough' liardum, precii -	*x li.*
Redd. ad karv. apud Jeddeworthe, xvj die Octobr.	Robertus de Cotingham habet j equum *ferrandum pomele*, precii - - - -	*C s.*
Primo die Julij.	Dominus Alexander de Friville habet j equum *powis*, precii - - - -	*xij li.* xx mar.
Mortuus apud Are, menfe Aug. in fine. Redd. ad elem. apud Arc.	Willelmus Cocus, vallettus ejufdem, habet j runcinum ferrandum pomele, precii - - -	*viij mar.* x mar.
Mortuus apud Loghmaban, iiij die Sept.	Johannes de Everous, vallettus ejufdem, habet j *runcinum ferrandum pomele*, precii - - -	*vj mar.*
iiij die Julij.	Alanus Plukenet habet j runcinum liardum pomele, precii -	xxv mar.
	Hamo Bigod, focius ejufdem, habet j runcinum ferrandum pomele, precii - - - -	xij mar.
	Alanus de Sumbourñ, focius ejufdem, habet j runcinum ferrandum pomele, precii - - -	xij mar.
	Willelmus de Stoke, focius ejufdem, habet j runcinum badium bauzain, precii - - - -	x li.
	Johannes de Benetfelde, focius ejufdem, habet j runcinum ferrandum pomele, precii - - -	xij mar.
	Dñs Johannes Dengaygne habet j equum badium cum pedibus pofterioribus albis, precii - - -	xxx mar.
	Dñs Waleramus de Rocheforde, miles ejufdem, habet j equum morellum cum pedibus pofterioribus albis, precii -	xxx mar.
	Dñs Jordanus de Mitforde, miles ejufdem, habet j equum nigrum, precii - - - -	xxiiij mar.

Rolls of the Horses

Interfectus apud Foukirke, xxij die Julij.	Johannes le Graunt, vallettus ejufdem, habet j *runcinum ferrandum pomele*, precii - - - -	x li.
	Robertus de Scaccario, vallettus ejufdem, habet j runcinum clarum badium, precii - - - -	x mar.
Interfectus apud Foukirke, xxij die Julij.	Robertus Launcelyn, vallettus ejufdem, habet j *runcinum favum cum lifta nigra*, precii - - -	xij mar.
	Willelmus Launcelyn, vallettus ejufdem, habet j runcinum nigrum, precii - - - - -	viij mar.
	Rogerus le Fauconer, vallettus ejufdem, habet j runcinum nigrum liardum, precii - - - -	viij mar.
	Robertus le Parker, vallettus ejufdem, habet j runcinum nigrum cum ftella in fronte et iiiij pedibus albis, precii -	vj mar.
	Warinus filius *Ric'i* (Willelmi), vallettus ejufdem, habet j runcinum forum bauzain cum pedibus pofterioribus albis, precii -	x mar.
	Walterus de Bodenham habet j runcinum liardum pomele cum pede dextro anteriori albo, precii - - -	xij mar.
	Johannes de Bikenore habet j runcinum liardum pomele, precii - - - - -	x mar.
	Willelmus de Ledes, focius ejufdem, habet j runcinum nigrum, precii - - - - -	viij mar.
Dextrarius interficiebatur in bello.	Dñs Euftachius de la Hecche habet j dextrarium badium cum pedibus pofterioribus albis, precii - - -	C mar.
	Dñs Willelmus de Hardeſhulle, miles ejufdem, habet j *equum badium*, precii - - - - -	iiij[xx] mar.
	Dñs Nicholaus Tremenel, miles ejufdem, habet j *equum album piole* precii (badium cum i pede pofteriori albo, precii) -	xx mar. (xij li.)
Interficiebantur in bello.	Johannes Tremenel, vallettus ejufdem, habet j *runcinum badium*, precii - - - - -	x li.
	Thom' (Ricardus) de la Forde, vallettus ejufdem, habet j *runcinum album liardum* precii - - -	xij mar.
	Egidius de Hardeſhulle, vallettus ejufdem, habet j runcinum ferrandum pomele, precii - - - -	xij mar.
Redd. ad elem. apud Jeddeworthe, iiij die Oct.	Johannes de Monceaux, vallettus ejufdem, habet j *runcinum album liardum*, precii - - - -	xij mar.

Redd. ad karvannum ibidem xj die Oct.	Robertus de Bettoñ, vallettus ejusdem, habet j *runcinum favum cum lista nigra*, precii - - - -	x mar.
Interficiebatur in bello.	Hugo Tremenel, vallettus ejusdem, habet j runcinum *album piole*, precii - - - -	viij mar.
Idem percipit vadia pro dño Roberto Giffarde de com. Cornubie.	Galfridus de Briggeforde, vallettus ejusdem, habet j runcinum badium, precii - - - -	x mar.
	Joh' de *Ete* (Thomas Burd'), vallettus ejusdem, habet j runcinum badium cum iij pedibus albis, precii -	viij mar.
xxv die Sept.	Willelmus de Rameshulle, vallettus ejusdem, habet j equum badium, precii - - - -	x li.
	Dñs Johannes Tregoz habet j equum powis pomele, precii -	xxv mar.
	Dñs Laurencius de Hameldeñ, miles ejusdem, habet j runcinum ferrandum pomele, precii - - - -	xij li.
	Dñs Radulphus de Piccheforde, miles ejusdem, habet j equum badium, precii - - - -	xij mar.
	Walterus de Huntele, vallettus ejusdem, habet j runcinum ferrandum pomele, precii - - - -	xij li.
	Walterus de Bradele, vallettus ejusdem, habet j runcinum liardum pomele, precii - - - -	x li.
	Willelmus Hathewy, vallettus ejusdem, habet [j] runcinum badium, precii - - - -	C. s.
Mortuus apud Strivelyn.	Rogerus de Marcle, vallettus ejusdem, habet j *runcinum ferrandum pomele*, precii - - - -	vj mar.
	Johannes de Piccheforde, vallettus ejusdem, habet j runcinum nigrum liardum, precii - - - -	vj mar.
	Walterus de Hornmede, vallettus ejusdem, habet j runcinum nigrum liardum, precii - - - -	xij mar.
	Simon de Hoo, vallettus ejusdem, habet j runcinum badium cum iij pedibus albis, precii - - -	x mar.
	Hugo Ragun, vallettus ejusdem, habet j runcinum doign', cum lista nigra, precii - - - -	x li.
Mortuus apud Stryvelyn.	Willelmus Joze, vallettus ejusdem, habet j *runcinum favum cum lista nigra, cum iij pedibus albis*, precii -	x mar.
	Gilbertus de Staundoñ, vallettus ejusdem, habet j runcinum nigrum liardum, precii - - - -	x mar.

Rolls of the Horses.

Interfectus apud Faukirke.	Magr Nicholaus, emptor Regis, habet j *runcinum album*, precii - - - - -	*xij mar.*
xj die Julij.	Willelmus de Burgo, clericus ejufdem, habet j runcinum ferrandum pomele, precii - - - -	C s.
Mortuus apud Faukirke, xxij die Julij.	Johannes de Arderñ, emptor Regis, habet j *runcinum ferrandum pomele*, precii - - - -	*x mar.*
iiij die Julij.	Galfridus de Lorcun habet j runcinum liardum pomele, precii - - - - -	xxv mar.
	Dñs Johannes de Bello campo de Somerf' habet j dextrarium nigrum, precii - - - - -	xl mar.
	Dñs Umfridus de Bello campo, miles ejufdem, habet j equum nigrum, precii - - - - -	*xl mar.* xxx mar.
	Dñs Simon de Affhetoñ, miles ejufdem, habet j equum ferrandum pomele, precii - - - -	x li.
	Johannes de Mortoñ, vallettus ejufdem, habet j runcinum nigrum liardum, precii - - - -	xij li.
	Walterus de Congrefbury, vallettus ejufdem, habet j runcinum favum, precii - - - - -	C s.
	Johannes de Trefcoyte, vallettus ejufdem, habet j runcinum favum cum lifta nigra, precii - - - -	x mar.
	Ricardus de Mortoñ, vallettus ejufdem, habet j runcinum favum cum lifta nigra, precii - - - -	xij mar.
Interfectus apud Faukirke.	Ricardus de Gyveltoñ, vallettus ejufdem, habet *j runcinum nigrum*, precii - - - - -	x mar.
	Ricardus de Holne, vallettus ejufdem, habet j runcinum badium, precii - - - - -	xij mar.
	Rogerus le Brit, vallettus ejufdem, habet j runcinum badium bauzain, cum pedibus pofterioribus albis, precii -	x mar.
Interfectus apud la Foukirke.	Henricus de Broke, vallettus ejufdem, habet j runcinum liardum pomele, precii - - - -	xx mar.
vj die Julij.	Ricardus le Chamberleyn ven[iens] pro dño Waltero de Urtiaco, habet j runcinum liardum, precii - -	C s.

Falk.   2 c

26 Edw. I. 1298.

iiij die Julij.	Gerardus Dorum habet j *runcinum nigrum*, precii	xxv mar.
Redd. ad ap^d Jeddeworthe.	Robinettus de Arderñ, focius ejufdem, habet j runcinum badium bauzain, precii	xxv mar.
	Reginaldus de Lofana, focius ejufdem, habet j runcinum nigrum cum ftella in fronte, precii	xij mar.
vj^{to} die Julij.	Dñs Willelmus de Leybourñ	
Interfectus apud Faukirke.	Dñs Thomas de Leybourñ, filius ejufdem, habet j *dextrarium badium bauzain cum iij pedibus albis*, precii	C mar.
Redd. ad elem. apud Strivelin, menfe Julij.	Dñs Willelmus de Etlingg' miles ejufdem, habet j *equum nigrum cum mufello albo*, precii	xl mar.
Mortuus apud Karliolum, menfe Sept.	Dñs Fulco Peyferer, miles ejufdem, habet *j equum nigrum*, precii	xxx mar.
Interfectus apud Faukirke.	Johannes de Fiffhebourñ, vallettus ejufdem, habet j *runcinum nigrum*, precii	xij li.
	Edmundus de Sancto Ligero, vallettus ejufdem, habet j runcinum clarum badium, precii	xxiiij mar.
	Willelmus de Iffeud, vallettus ejufdem, habet j runcinum vairon', precii	xij mar.
	Walterus de Newetoñ, vallettus ejufdem, habet j runcinum ferrandum pomele, precii	x li.
Interfectus apud Faukirke.	Johannes de Clyve, vallettus ejufdem, habet j *runcinum album plote*, precii	vj mar.
	Willelmus le Marefchal, vallettus ejufdem, habet j runcinum nigrum, precii	x mar.
	Johannes Loveloke, vallettus ejufdem, habet j runc' bad' precii	x mar.
	Magr Willelmus, cocus ejufdem, habet j runc' doign', precii	viij mar.
xx die Julij.	Johannes de Campan[ia], vallettus ejufdem, habet j runcinum nigrum, precii	xij mar.
	Johannes de Villar[iis], vallettus ejufdem, habet j runcinum nigrum cum ftella in fronte, precii	x mar.
	Johannes de Wattoñ, vallettus ejufdem, habet j runcinum morellum, precii	x mar.
	Robertus de Ruges, vallettus ejufdem, habet j runcinum badium bauzain, precii	x li.
	Thomas de Sancto Leodegario, vallettus ejufdem, habet j runcinum badium, precii	xx mar.

Rolls of the Horses. 195

vj die Julij. Interfectus apud Faukirke.	Dñs Milo Picharde habet j *equum ferrandum pomele, precii*	xx mar.
	Andreas de Bafcreville, vallettus ejufdem, habet j runcinum ferrandum pomele, precii - - - -	x li.
	Johannes de Staundoñ, vallettus ejufdem, habet j runcinum clarum badium, precii - - - -	C s.
Interfectus apud Foukirke.	Dñs Edwardus de Charles habet j equum *brunum badium*, precii - - - - -	xl mar.
	Johannes de Bockeftede, vallettus ejufdem, habet j runcinum album, precii - - - - -	xij mar.
	Willelmus de Shoreham, vallettus ejufdem, habet j runcinum badium, precii - - - - -	viij mar.
Redd. ad karv. apud Karl. menfe Sept.	Thomas de Harlefdeñ, vallettus ejufdem, habet j *runcinum nigrum*, precii - - - -	viij mar.
	Rogerus de Eftoñ, vallettus ejufdem, habet j runcinum forum cum ftella in fronte, precii - - - -	v mar.
	Dñs Adam de Swyneborñ habet j equum nigrum cum mufello albo, cum iij pedibus albis, precii - -	xx mar.
	Egidius le Flemmynge, vallettus ejufdem, habet j runcinum badium, precii - - - - -	viij mar.
	Johannes Thirlewalle, vallettus ejufdem, habet j runcinum rogh' liardum cum ftella in fronte, precii - -	viij mar.
Interfectus apud Foukirke.	Dñs Willelmus de Feltoñ habet j equum *ferrandum pomele*, precii - - - - -	xxxviij mar.
	Willelmus de Otleye, vallettus ejufdem, habet j runcinum album ferrandum, precii - - - -	xx mar.
	Nicholaus de Feltoñ, vallettus ejufdem, habet j runcinum album, precii - - - - -	xx mar.
	Robertus de Clifford, vallettus ejufdem, habet j runcinum nigrum, precii - - - - -	viij mar.
	Robertus de Naffertoñ, vallettus ejufdem, habet j runcinum nigrum, precii - - - - -	xij mar.
	Johannes de Cornbrigge, vallettus ejufdem, habet j runcinum nigrum cum pedibus pofterioribus albis, precii -	xvj mar.
	Gerardus de Hefelrygge, vallettus ejufdem, habet j runcinum forum bauzain, precii - - -	x mar.

	Johannes de Wetherigtoñ, vallettus ejufdem, habet j runcinum rough' liardum, precii - - -	viij mar.
	Gilbertus de Feltoñ, vallettus ejufdem, habet j runcinum ferrandum pomele, precii - - -	xx mar.
	Henricus de Teyfedale, vallettus ejufdem, habet j runcinum ferrandum pomele, precii - - -	C s.
	Ricardus de Clifford, vallettus ejufdem, habet j runcinum nigrum, precii - - - -	v mar.
	Thomas de Burtoñ, vallettus ejufdem, habet j runcinum nigrum liardum, precii - - -	x mar.
xv die Julij.	Johannes de Kirkeby, vallettus ejufdem, habet j runcinum forum cum ftella in fronte, precii - -	x mar.
	Thomas de Wetwode, vallettus ejufdem, habet j runcinum nigrum, precii - - - -	viij mar.

vj die Julij.	Dñs Robertus de Clifford habet j dextrarium ferrandum pomele, precii - - - -	xlv mar.
Ad karvannum xxiij die Julij. Reftituitur equus dicto d'no Rob'- to apud Dunolm.	Dñs Simon de Clifford, miles ejufdem, habet j *equum ferrandum pomele, precii* (doignum cum ftella [in] fronte, precii) -	xxx mar. (xx li.) Non habebit reftaurum, quia equus reftituitur fanus apud Dunolmum.
Ad karvan. xxiij die Julij. Quia equus reftituitur dicto d'no Roberto fanus. Interfectus apud Faukirke.	Dñs Johannes de Cromwelle, miles ejufdem, habet j equum ferrandum pomele, precii - - -	xxx mar.
	Dñs Robertus de Hauftede fillus, miles ejufdem, habet j equum *forum bauzan*, precii - - -	xxv mar. Non habebit reftaurum,[1]
	Dñs Ricardus de Kirkebride, miles ejufdem, habet j equum *brunum badium*, precii - - -	xx mar.
	Dñs Rogerus de Kirkepatrike, miles ejufdem, habet j equum brunum badium, precii - - -	x li.
Ad karv. menfe Julij in fine.	Dñs Jacobus de Torthorald, miles ejufdem, habet j equum *badium*, precii - - -	x li.
Interfectus apud Faukirke.	Dñs Thomas de Hellebeke, miles ejufdem, habet j equum *brunum badium*, precii - - -	xij li.
	Dñs Robertus le Engleys, miles ejufdem, habet j equum badium, precii - - - -	xij mar.

[1] quia equ[u]s ille reftitutus fuit eidem Roberto apud Novum Caftrum fuper Tynam per manus Henrici de Waterfal clerici fui, equum predictum recipientis fanum.

Rolls of the Horses.

	Thomas de Mounteny, vallettus ejufdem, habet j runcinum ferrandum pomele, precii - - - -	xxiiij mar.
Interfecti apud le Faukirke.	Thomas de Hauteclou, vallettus ejufdem, habet j runcinum forum cum ftella in fronte, precii - - -	xvj mar.
	Johannes de Mounteny, vallettus ejufdem, habet j runcinum ferrandum pomele, precii - - - -	xxv mar.
	Guydo Gumbaud, vallettus ejufdem, habet j runcinum ferrandum pomele, precii - - -	xx mar.
	Willelmus de Hertcla, vallettus ejufdem, habet j runcinum forum bauzan, precii - - -	xx mar.
	Johannes de Teyfedale, vallettus ejufdem, habet j runcinum forum, precii - - - -	C s.
Interfecti apud Faukirke.	Johannes de Holande, vallettus ejufdem, habet j runcinum *album piole*, precii - - - -	x li.
	Willelmus de Pytoñ, vallettus ejufdem, habet j runcinum *ferrandum pomele*, precii - - -	C s.
Ad elem. primo die Aug.	Adam de Mounteny, vallettus ejufdem, habet j runcinum *album pomele*, precii - - - -	x mar.
	Gilbertus Mauduyt, vallettus ejufdem, habet j runcinum rogh' liardum, precii - - -	xij mar.
Interfectus apud Faukirke.	Rogerus de Lynacre, vallettus ejufdem, habet j *runcinum clarum badium*, precii - - -	xij mar.
	Ricardus le Latemer, vallettus ejufdem, habet j runcinum ferrandum pomele, precii - - -	x li.
	Alanus de Hortoñ, vallettus ejufdem, habet j runcinum favum cum lifta nigra, precii - - -	viij mar.
	Willelmus de Thornhaghe, vallettus ejufdem, habet j runcinum forum bauzain, precii - - -	x mar.
	Thomas de Novo mercato, vallettus ejufdem, habet j runcinum liardum pomele, precii - - -	x li.
	Gilbertus de Elleffeude, vallettus ejufdem, habet j runcinum album, precii - - - -	x li.
	Radulphus Simonis, vallettus ejufdem, habet j runcinum clarum badium, precii - - -	x mar.
	Johannes Lengleis, vallettus ejufdem, habet j runcinum liardum pomele, precii - - -	C s.
	Robertus de Whiterigge, vallettus ejufdem, habet j runcinum badium, precii - - - -	viij mar.

26 *Edw. I.* 1298.

Nicholaus de Vifpont, vallettus ejufdem, habet j runcinum nigrum, precii - - - - -	x mar.
Willelmus de Boyville, vallettus ejufdem, habet j runcinum powis pomele, precii - - - - -	xij mar.
Walterus de Kirkebride, vallettus ejufdem, habet j runcinum badium, precii - - - - -	vj mar.
Hugo de Mitoñ, vallettus ejufdem, habet j runcinum nigrum liardum, precii - - - - -	C s.
Thomas de Hiltoñ, vallettus ejufdem, habet j runcinum doign', precii - - - - -	x mar.
Rogerus de Shrepolaunde, vallettus ejufdem, habet j runcinum badium, precii - - - - -	xxx mar.
Johannes de Hefefeude, vallettus ejufdem, habet j runcinum powys, precii - - - - -	x li.

Interfectus apud Faukirke, xxij die Julij.

Redd. ad clem. apud Jeddeworthe, menfe Octobris.

Dñs Petrus de Donewico, habet j *equum liardum pomele*, precii - - - - -	xxv mar.
Walterus de Weftoñ, vallettus ejufdem, habet j runcinum ferrandum pomele, precii - - - -	vij mar.
Edmundus Thoralde, vallettus ejufdem, habet j runcinum forum bauzain, precii - - - -	v mar.
Rogerus de Bekles, vallettus ejufdem, habet j runcinum badium, precii - - - - -	v mar.

Magr J. Waffrar[ius], habet j runcinum roughe liardum, precii - - - - -	v mar.
Johannes de Depe, trumpator, habet j runcinum badium, precii - - - - -	vj mar.

Dñs Richardus de Wyntoñ, clericus Coquine, habet j runcinum ferrandum pomele, precii - - -	xij mar.
Johannes Vincent, clericus ejufdem, habet j runcinum badium bauzain cum iij pedibus albis, precii - - -	viij mar.

Rolls of the Horses.

vij die Julij.	Dñs Jacobus de la Plaunche, habet j equum album, precii -	Lxx mar.
Mortuus apud Abercorn.	Dñs Willelmus Trumewyn, miles ejufdem, habet j *equum nigrum*, precii - - - - -	Lx mar.
	Stephanus de Nefrile, vallettus ejufdem, habet j runcinum forum bauzain cum iij pedibus albis, precii -	xvj mar.
	Willelmus de Sandcrofte, vallettus ejufdem, habet j runcinum album pomele, precii - - - -	x li.
xx die Julij.	Robertus de Parco, vallettus ejufdem, habet j runcinum badium, precii - - - - -	vj mar.
vij die Julij.	Ricardus de Merewelle h	
Interfectus apud Faukirke.	Nicholaus de Merewelle, focius ejufdem, habet unum runcinum favum *cum lifta nigra*, precii - - -	xij mar.
	Nicholaus Selveftre, focius ejufdem, habet unum runcinum ferrandum pomele, precii - - - -	C s.
xj die Julij.	Philippus de Somerfet', habet j runcinum album, precii -	v mar.
	Dñs Gilbertus de Briddefhale habet j equum album pi[o]le, precii - - - - - -	xxx mar.
	Johannes de Uppefhale, vallettus ejufdem, habet j runcinum nigrum, precii - - - - -	x mar.
Mortuus apud Lanarke.	Willelmus de Bareville, vallettus ejufdem, habet *j runcinum nigrum*, precii - - - - -	vij mar.
	Rogerus de Ripon, vallettus ejufdem, habet j runcinum forum liardum cum ftella in fronte, precii - -	x li.
	Dñs Gilbertus de Beverlaco, capellanus, habet j runcinum nigrum, precii - - - - -	viij mar.
xiiij die Julij. Mortuus apud Karl. menfe Sept.	Johannes de Vienna habet j *runcinum ferrandum pomele*, precii - - - - -	xij li.
	Robertus de Vienna habet j runcinum liardum pomele, precii -	x mar.
	Morganus ab Mereduke habet j runcinum favum cum lifta nigra, precii - - - - -	x li.
	Galfridus Makarewy, focius ejufdem, habet j runcinum nigrum, precii - - - - -	x li.
	Ries ab Traharn, focius ejufdem, habet j runcinum ferrandum pomele, precii - - - -	x mar.

26 *Edw. I.* 1298.

	Philippus de Beluaco habet j runcinum badium cum ftella in fronte, precii - - - - -	x li.
	Philippus de Beluaco, filius ejufdem, habet j runcinum liardum pomele, precii - - - -	xij mar.
	Johannes Alefaundre, vallettus ejufdem, habet j runcinum album, precii - - - - -	viij mar.

Johannes Burel habet j runcinum badium, precii

xvij die Julij. Thomas le Jay habet j runcinum ferrandum pomele, precii - x mar.

Dñs Robertus Acharde habet unum equum badium cum ftella in fronte, cum uno pede pofteriori albo, precii - xij mar.

Henricus Peffon, vallettus ejufdem, habet j runcinum badium, precii - - - - - - vij mar.

Mortuus apud Karliolum menfe Sept. Johannes de Claville, vallettus ejufdem, habet j runcinum *doign' bauzain*, precii - - - - *vij mar.*

xx die Julij. Adam Aurifaber Regis habet j runcinum badium, precii - xij mar.

Dñs Johannes de Boclande habet j equum morellum, precii - xxiiij mar.

Interfectus apud Faukirke. Johannes de Welles, vallettus ejufdem, habet j *runcinum liardum pomele*, precii - - - - x li.

Mortuus apud Karliolum, menfe Sept. Johannes de Normaville, vallettus ejufdem, habet j runcinum nigrum, precii - - - - - xij mar.

Ricardus de Somercote, vallettus ejufdem, habet j runcinum forum bauzain, precii - - - - C s.

Georgius Falcon[arius] habet j runcinum nigrum, precii - C s.

Magr Ricardus de Haveringge habet unum equum ferrandum pomele, precii - - - - xxx mar.

Andreas de Kendale, vallettus ejufdem, habet j runcinum nigrum, precii - - - - - C s.

Galfridus Valentin, vallettus ejufdem, habet j runcinum nigrum bauzain, precii - - - - vj mar.

Mag'r *Joh's de Kenle* habet j equum

Rolls of the Horses.

xxvij die Julij.
- Pontius de Varefe habet unum runcinum forum bauzain, precii - - - - - xxx mar.
- Burnetus de Levenake, focius ejufdem, habet unum runcinum badium, precii - - - - - xxiiij mar.
- Arnoldus Guillelmi de Surilly, focius ejufdem, habet j runcinum nigrum cum uno pede pofteriori albo, precii - viij mar.
- Petrus Acard', focius ejufdem, habet j runcinum nigrum cum pedibus pofterioribus albis, precii - - xxiiij mar.

Primo die Aug.
- Magr Johannes de Kenle habet j runcinum ferrandum pomele, precii - - - - - xij li.
- Willelmus le Marefchal, vallettus ejufdem, habet j runcinum liardum, precii - - - - - vj mar.

iiij die Aug.
- Dñs Robertus de Segre habet j equum ferrandum pomele, precii - - - - - xxx mar.
- Johannes de Wike, vallettus ejufdem, habet j runcinum forum bauzain, precii - - - - xij li.

vj die Aug.
- Dñs Johannes de Gorges habet j runcinum ferrandum pomele, precii - - - - - xx mar.
- Johannes Baffet, vallettus ejufdem, habet j runcinum ferrandum pomele, precii - - - - vij mar.

x°. die Augufti.
- Dñs Willelmus de Grandifono habet j dextrarium nigrum doignum, precii - - - - Lx mar.
- Dñs Nicholaus de Valeis, miles ejufdem, habet j equum nigrum, precii - - - - - xxx mar.
- Dñs Johannes de Hamme, miles ejufdem, habet j equum nigrum, precii - - - - - xij mar.
- Reginaldus de Abehale, valleétus ejufdem, habet j runcinum badium bauzayn, precii - - - - x mar.
- Willelmus de Brademere, vallettus ejufdem, habet j runcinum nigrum liardum, precii - - - - v mar.
- Walterus le Taylleur, valleétus ejufdem, habet j runcinum ferrandum pomele, precii - - - - viij mar.
- Johannes de Penebrigge, valleétus ejufdem, habet j runcinum album, precii - - - - - xij mar.

Falk.

26 *Edw. I.* 1298.

	Perrotus Daugolon, valle&tus ejufdem, habet j runcinum favum cum lifta nigra, precii - - -	x mar.
	Diconus de Haconefhoghe, valle&tus ejufdem, habet j runcinum ferrandum pomele, precii - - -	viij mar.
Mortuus apud Jedd' menfe Octobris.	Willelmus de Hamme, vallectus ejufdem, habet j *runcinum badium* cum ftella in fronte, precii - - -	x li.
	Gerardus Dorgoyl habet j runcinum forum bauzain, precii -	*x mar.*
xiiij die Aug.	Johannes de Arundel habet j runcinum badium, precii -	xxiiij mar.
	Dñs Johannes de Ryvers habet j equum ferrandum pomele, precii - - - - -	xl mar.
	Dñs Simon de Crey, miles ejufdem, habet j equum forum bauzain, precii - - - - -	xxx mar.
	Robertus Faufelion, valle&tus ejufdem, habet j equum clarum badium, precii - - - -	x li.
	Ivo le Galeys, valle&tus ejufdem habet j runcinum rough' liardum, precii - - - -	xij mar.
	Rogerus de Rivers, valle&tus ejufdem, habet j runcinum nigrum liardum, precii - - - -	x mar.
	Simon de Parco, valle&tus ejufdem, habet j runcinum doignum liardum, precii - - - -	vj mar.
Redd' ad ulem apud Jedd', xvj die Octobris.	Johannes de Sheltoñ, valle&tus ejufdem, habet j *runcinum forum cum lifta*, precii - - -	xij mar.
	Rogerus de Cray, valle&tus ejufdem, habet j runcinum liardum pomele, precii - - - -	C s.
	Johannes de Godingham, valle&tus ejufdem, habet j runcinum badium, precii - - - -	x mar.
	Willelmus de Hobrigge, valle&tus ejufdem, habet j runcinum favum cum ftella in fronte, precii - - -	vj mar.
xvij die Augufti.	Dñs Gilbertus Peche habet j equum badium cum j pede pofteriori albo, precii - - - -	xxx mar.
	Willelmus Turnetour, valle&tus ejufdem, habet j runcinum nigrum liardum, precii - - - -	x mar.
	Gilettus de Gynes, valle&tus ejufdem, habet j runcinum nigrum, precii - - - - -	viij mar.

Rolls of the Horses. 203

	Johannes Peche, valle&tus ejufdem, habet j runcinum album pomele, precii - - - - -	v mar.
	Ricardus de Suttoñ, valle&tus ejufdem, habet j runcinum brunum badium, precii - - - -	vj mar.
	Rogerus de Audham, valle&tus ejufdem, habet j runcinum badium, precii - - - - -	vij mar.
	Thomas de Leghe, valle&tus ejufdem, habet j runcinum nigrum bauzain cum j pede pofteriori albo, precii	vij mar.
Interfectus apud Faukirke, xxij die Julij.	Dñs Johannes de la Mare habet j *dextrarium badium*, precii - - - - -	xl li.
Redd. ad clem. xvij die Oct., apud Jeddeworthe.	Dñs Willelmus de Monte forti, miles ejufdem, habet j *dextrarium badium cum ftella in fronte*, precii -	xx li.
	Dñs Johannes de la Mare, miles ejufdem, habet j dextrarium forum badium, precii - - -	xl mar.
	Dñs Willelmus de Orkefleghe, miles ejufdem, habet j dextrarium ferrandum, precii - - -	xxxv mar.
Apprec' xxj die Julij.	Dñs Johannes de Molintoñ, miles ejufdem, habet j dextrarium ferrandum pomele, precii - - - -	xl mar.
	Edmundus de Dunftanville, valle&tus ejufdem, habet j runcinum badium, precii - - -	xviij mar.
	Henricus de Orkefleghe, valle&tus ejufdem, habet j runcinum liardum, precii - - - - -	xv mar.
Interfectus apud Faukirke.	Humfridus de Counteville, valle&tus ejufdem, habet j runcinum nigrum, precii - - -	xv mar.
Interfectus apud Faukirke.	Johannes Polgrim, valle&tus ejufdem, habet j' runcinum ferrandum pomele, precii - - -	xxx mar.
	Willelmus Pafterel, valle&tus ejufdem, habet j runcinum powyz, precii - - - - -	xv mar.
	Nicholaus de Sancto Claro, valle&tus ejufdem, habet j runcinum badium, precii - - -	xij mar.
	Ricardus Wace, valle&tus ejufdem, habet j runcinum favum, precii - - - - -	xiij mar.
	Galfridus le Moigne, valle&tus ejufdem, habet j runcinum nigrum cum ftella in fronte, precii - -	xx mar.
	Thomas de la Dune, valle&tus ejufdem, habet j runcinum doyn, precii - - - -	xvj mar.

26 Edw. I. 1298.

	Willelmus de Stiveton, vallectus ejufdem, habet j runcinum album, precii - - - - - x mar.
Interfectus apud Faukirke.	Thomas de Boulton, vallectus ejufdem, habet *j runcinum powyz, precii* - - - - - *xij mar.*
	Willelmus Pykenot, vallectus ejufdem, habet j runcinum album, precii - - - - - x mar.
	Walterus de London, vallectus ejufdem, habet j runcinum nigrum, precii - - - - - viij mar.
Apud Dunolm. x^{mo} die Nov.	Johannes de la Caufade, de novo ferviens admiffus ad arma, habet unum equum forum bauzan cum alba lifta in fronte, precii - - - - - xij mar.
xxviij die Octobr.	Willelmus de Hulle, de novo ferviens admiffus ad arma, habet unum equum album piole, precii - - x mar.
Mortuus apud Loghmaban, menfe Oct.	Dñs Robertus de Cantilupo habet unum equum *badium cum ftella in fronte*, precii - - - - xx li.
	Dñs de Caftellion (Poncius de Caftellione) habet unum dextrarium morellum, precii - - -
Apprec' xxj die Julij.	Du's *Reymundus de Sancto Quintino, miles ejufdem, habet j dextrarium badium, precii* - - -
	Dñs Arnoldus de Lungaynes, miles ejufdem, habet j dextrarium badium bauzain, precii - - -
	Petrus de la Foy, vallectus ejufdem, habet j equum liardum, precii - - - - -
	Baudettus le Flemenge, vallectus ejufdem, habet j equum morellum, precii - - - -
Interfecti apud bellum de Faukirke.	Bernardus Reymundi, vallectus ejufdem, habet j equum badium bauzain cum ftella in fronte, precii (*xxxli.*) -
	Reymundus de Luzake, vallectus ejufdem, habet j equum morellum, precii (*xxv li.*) - - - -
	Johannes le Galeys, vallectus ejufdem, habet j equum forum bauzain, precii - - - -
	Ernaldus de Montlon, vallettus ejufdem, habet j equum grifium - - - -

Rolls of the Horses. 205

  Dñs Petrus Amanevi, Capitan[eus] de Busche,[1] habet j dextrarium badium, precii - - - -

  Dñs Oliverus de Laffite, miles ejusdem, habet j equum grisium pomele, precii - - - -

  Amanevus de Busche, vallectus ejusdem, habet j equum nigrum liardum, precii - - - -

  Guillelmus de Burdegal', vallettus ejusdem, habet j equum liardum pomele, precii - - - -

Mortuus apud Faukirke. Augerus de Artica mala, vallettus ejusdem, habet j equum badium, precii (*xv li.*) - - - -

  Achardus de Geneveys, vallettus ejusdem, habet j equum morellum, precii - - - -

Mortuus apud Faukirke. Reymundus de Marzan, vallettus ejusdem, habet j equum badium, precii (*xj li.*) - - - -

  Dñs Reymundus de Sancto Quintino,[2] miles, habet unum dextrarium badium, precii - - - -

  Petrus de la Foy, vallectus ejusdem, habet j equum lyardum, precii - - - -

Interfectus apud bellum de Faukirke. Baudectus le Flemenge, vallectus ejusdem, habet unum equum morellum, precii (*xv li.*)[3] - - - -

---

[On the dorse of the concluding membrance is written:]
  " Rotulus equorum de Hospicio."

---

[1] The Captal de Buch. See page 142. [2] See page 204.

[3] From the name "Dñs Poncius de Castellione" (page 204) to the end of the Roll no values are affixed in the usual column; the reason, doubtless, being that the entries were hurriedly made (as appears by the marginal note) on the day immediately preceding the battle. There are also signs of haste and inadvertence in the repetition of the three last names, which had been already entered above (page 204). Nevertheless, the casualties that occurred in the engagement were subsequently recorded, the prices being in those cases severally allowed, and then cancelled.

II.—Horses not belonging to the Royal Household.

Exchequer, Q.R. Army. 26 *Edw. I.* 22/31.

ROTULUS[1] de equis Banerettorum, Militum simplicium, Scutiferorum, Vallettorum, qui non sunt de Hospicio Regis, appreciatis in guerra Scocie, anno vicesimo sexto.

	Radulphus filius Michaelis de London. habet j equum forum bauzan, precii - - - - -	x li.
xxx die Maij.	Henricus de Insula habet j equum brunum badium cum stella in fronte, precii - - - -	vj mar.
	Nicholaus de Leeke de comitatu Notingham habet j equum ferrandum pomele, precii - - -	C s.
	Robertus de Evenele de comitatu Norhampton. habet j equum favum cum j lista nigra, precii	v mar.
	Galfridus de Beufour de comitatu Hereford. habet j equum powis pomele, precii - - -	viij mar.
	Willelmus de Sancto Claro de eodem comitatu habet j equum nigrum, precii - - - - -	vj mar.
	Willelmus de Bergeveni habet j equum clarum badium, precii -	vj mar.
xxvj die Junij.	Dñs Johannes de Bosco de comitatu Linc. habet unum dextrarium rough' liardum cum duobus pedibus albis, precii	xxx mar.
	Willelmus de Cunynggesby, vallettus ejusdem, habet unum runcinum liardum pomele, precii - - -	vj mar.
	Philippus de Gonneys habet unum runcinum album, precii	x li.
	Johannes Sampson de comitatu Ebor. habet unum runcinum badium, precii - - - - -	x li.
	Walterus Wascelyn de comitatu Ebor., socius ejusdem, habet j runcinum badium, precii - - - -	v mar.

[1] This Roll, twelve feet four inches in length and ten inches in width is, like the foregoing, also in a good state of preservation. See the note on page 161, which applies equally to this Roll.

	Johannes Cocus, focius ejufdem, habet j runcinum album, precii	
Mortuus apud Faukirke, xxij die Oct.	Johannes de Caftello de comitatu Norff. habet j *runcinum clarum badium cum j' mufello albo*, precii - -	*xvj mar*.
	Johannes de Hedeñ, vallettus domini Walrandi de Mortuo mari de comitatu Linc., habet j runcinum favum cum lifta rubea, precii - - - - -	x mar.
Pres. v⁵. Debent fubtrahi.	*Hugo de Myton de comitatu Ebor.* habet *unum runcinum nigrum liardum*, precii - - - -	C s.
	Johannes Buffarde, vallettus domini J. filii Reginaldi, habet j runcinum liardum pomele, precii - - -	viij mar.
Pro dño J. filio Reginaldi.	Johannes filius Johannis, vallettus ejufdem, habet j runcinum ferrandum pomele, precii - - - -	*xij mar*. x li.
	Robertus de Caytoñ, vallettus ejufdem, habet j runcinum nigrum liardum, precii - - - -	vj mar.
	Johannes de Stanforde, vallettus ejufdem, habet j runcinum doyn baucayn, precii - - - -	iiij mar.
Pres. v⁵.	Thomas Nowel de comitatu Ebor. habet j runcinum forum, precii - - - - -	vj mar.
Pres. v⁵.	Willelmus de Bateleie de eodem comitatu habet j runcinum forum baucain, precii - - - -	Lx s.
Pres. v⁵.	Hugo de Skauntoñ de eodem comitatu habet j runcinum nigrum cum ftella in fronte, [precii] - -	Lx s.
Pres. v⁵.	Alexander de Somerville de comitatu Warr. habet j runcinum forum baucain, precii - - -	Lx s.
	Dñs Willelmus de Monte Gomeri habet unum dextrarium nigrum cum j pede pofteriori albo, precii -	*xl mar*. xxx mar.
Redd. ad karv. apud Abrecorne, xiij die Aug.	Johannes de Monte Gomeri, frater ejufdem, habet j *runcinum badium*, precii - - - - -	*x li*.
	Johannes de Bakepuz, vallettus ejufdem, habet j runcinum forum, precii - - - -	xvj mar.
De Monte Gomeri.	Ricardus de Shaventoñ, vallettus ejufdem, habet j runcinum album pomele, precii - - -	x li.
	Willelmus filius Herberti, vallettus ejufdem, habet j runcinum liardum pomele, precii - - - -	C s.
	Radulphus de Rocheforde, vallettus ejufdem, habet j runcinum badium, precii - - - -	vj mar.
	Johannes filius Herberti, vallettus ejufdem, habet j runcinum badium, precii - - - -	viij mar.

26 *Edw. I.* 1298.

Dñs Henricus Hoese habet j dext
Willelmus Tureville, vallettus domini Henrici Hoese, habet
j runcinum favum cum lista, precii   -   -   -   xij mar.
Johannes de Feringge, vallettus ejusdem, habet j runcinum
brunum badium, precii   -   -   -   -   C s.

Dñs Hugo de Curteney habet j dextrarium nigrum bauzain
cum ij pedibus albis, precii -   -   -   -   Lx mar.
Dñs Stephanus de Haccombe, miles ejusdem, habet j equum
nigrum cum j pede posteriori albo, precii   -   -   xxx mar.
Dñs Thomas de Cirncestre, miles ejusdem, habet j equum
album powis, precii   -   -   -   -   xx mar.
Johannes de Chevrestoñ, vallettus ejusdem, habet j runcinum
album, precii -   -   -   -   -   xij li.
Ricardus Wastehoes, vallettus ejusdem, habet j runcinum
ferrandum pomele, precii   -   -   -   -   xx mar.
Willelmus de Sullye, vallettus ejusdem, habet j runcinum
nigrum, precii -   -   -   -   -   xx mar.
Augerus Joze, vallettus ejusdem, habet j runcinum album
pomele, precii   -   -   -   -   -   xij mar.
Alanus de Roseles, vallettus ejusdem, habet j runcinum
nigrum, precii -   -   -   -   -   xij li.
Eustachius Deyville, vallettus ejusdem, habet j runcinum
nigrum, precii -   -   -   -   -   x li.
Robertus Beaupel, vallettus ejusdem, habet j runcinum rough'
liardum, precii -   -   -   -   -   x li.
Radulphus Beaupel, vallettus ejusdem, habet j runcinum
sorum pomele, precii   -   -   -   -   xij mar.
Nicholaus de Romeseie, vallettus ejusdem, habet j runcinum
powis pomele, precii   -   -   -   -   x mar.

Robertus de Pothou de comitatu Ebor. habet j runcinum
favum cum lista nigra, precii -   -   -   -   Lx s.
Resus Mailgon habet j runcinum liardum, precii   -   v mar.
Audoenus Goghe habet j runcinum badium, precii   -   Lx s.
Pres. v.   Ricardus de Ludelawe de comitatu Salop. habet j runc' album, p'cii   vj mar.
Rogerus de Moubray de comitatu Ebor. habet j runcinum
liardum, precii -   -   -   -   -   vj mar.

	Willelmus le Moigne de comitatu Not. habet j runc'	
	Ricardus de Brightwell de comitatu Berk. habet j runcinum rough' liardum, precii - - - -	v mar.
	Walterus de Rye de comitatu Suthampt. habet j runcinum forum, precii - - - - -	viij mar.
Interfectus apud Faukirke.	Dñs Robertus de Monte alto habet unum dextrarium badium cum ftella in fronte (*bauzain cum iij pedibus albis*), precii -	C mar.
	Dñs Johannes de Bracebrigge, miles ejufdem, habet j equum nigrum liardum, precii - - - -	xl mar.
Redd. ad karv. apud Faukirke.	Dñs Rogerus de Bilneie, miles ejufdem, habet j equum *forum bauzain*, precii - - - - -	L mar.
	Nicholaus de Monte alto, frater ejufdem, habet j runcinum badium cum ftella in fronte et j pede pofteriori albo, precii -	xxiiij mar.
Interfectus apud Faukirke.	Willelmus de Binleie, vallettus ejufdem, habet j *runcinum nigrum liardum*, precii - - - -	xij li.
	Raulinus de Kerdife, vallettus ejufdem, habet j runcinum doyn bauzain cum lifta, precii - - -	x li.
	Robertus Botemleyne, vallettus ejufdem, habet j runcinum ferrandum pomele, precii - - - -	x li.
	Thomas Fattinge, vallettus ejufdem, habet j runcinum ferrandum pomele, precii - - - -	x mar.
	Ricardus Strecche, vallettus ejufdem, habet j runcinum rough' liardum, precii - - - - -	xij mar.
	Adam Place, vallettus ejufdem, habet j runcinum favum cum lifta nigra, precii - - - -	x mar.
	Adam de Weringtoñ, vallettus ejufdem, habet j runcinum favum cum lifta nigra, precii - - -	viij mar.
Interfectus apud Faukirke.	Nicholaus de Lalleforde, vallettus ejufdem, habet j *runcinum morellum*, precii - - - - -	xij mar.
	Bartholomeus de Morle, vallettus ejufdem, habet j runcinum brunum badium, precii - - - -	xij mar.
	Willelmus de Bibingtoñ, vallettus ejufdem, habet j runcinum nigrum, precii - - - - -	x mar.
	Johannes de la Mare, vallettus ejufdem, habet unum runcinum badium cum j pede pofteriori albo, precii - -	viij mar.
iiij{to} die Julij.	Galfridus de Bracebrigge, vallettus ejufdem, habet unum runcinum forum bauzain, precii - - -	v mar.

26 Edw. I. 1298.

	Simon le Meſſager habet j runcinum favum cum liſta, precii - - - - -	vj mar.
Quia in rotulo de forinſ[1]	Johannes de Aſſhendene habet j runcinum liardum pomele, precii - - - - -	vj mar.
xxvij die Junij.	Nicholaus de Veer, ven[iens] pro dño Willelmo de Kirkby de comitatu Norhampton., habet j runcinum nigrum cum ſtella in fronte, precii - - - -	x mar.
	Willelmus de la Graue, ven[iens] pro eodem, habet j runcinum liardum pomele, precii - - -	C s.
	Alanus de Walinforde de comitatu Berk. habet j runcinum forum, precii - - - - -	vj mar.
Beř.	Nicholaus de Waterville de comitatu Norhampt. habet j runcinum nigrum bauzain cum iij pedibus albis, precii - - - - -	C s.
	Thomas de Bolweby de comitatu Ebor. habet j runcinum clarum badium, precii - - - -	vj mar.
Pres. v'.	Rogerus Warde de comitatu Buk. habet j runcinum clarum badium, precii - - - -	vj mar.
	Johannes Thirlewalle de comitatu Norhumbr. habet j runcinum ferrandum pomele, precii - - -	xij mar.
	Robinettus le Sor, vallettus dñi David le Grant, habet j runcinum ferrandum pomele, precii - - -	xxiiij mar.
	Johannes Beautrip, vallettus ejuſdem, habet j runcinum album, precii - - - - -	vj mar.
	Willelmus de Beteſle, vallettus ejuſdem, habet j runcinum badium, precii - - - -	x mar.
	Michael le Flemenge, vallettus ejuſdem, habet j runcinum ferrandum pomele, precii - - -	vj mar.

[1] Probably for "forinſecis."

Rolls of the Horses. 211

Dñs Thomas de Furnyval habet j dextrarium favum cum lifta nigra, precii - - - - - xxx mar.

Dñs Thomas Deyville, miles ejufdem, habet j equum nigrum, precii - - - - xxv mar.

Dñs Edmundus Foliot, miles ejufdem, habet j equum ferrandum pomele, precii - - - x li.

Thomas de Furneux, vallettus ejufdem, habet j runcinum favum cum ftella in fronte, precii - - - xij mar.

Johannes de Charnel, vallettus ejufdem, habet j runcinum ferrandum pomele, precii - - - - xx mar.

Thomas de Oeyly, vallettus ejufdem, habet j runcinum ferrandum pomele, precii - - - - x li.

Robertus de Bradefelde, vallettus ejufdem, habet j runcinum liardum pomele, precii - - - x li.

Adam de Cateby, vallettus ejufdem, habet j runcinum nigrum, precii - - - - - xij mar.

Willelmus Clarel, vallettus ejufdem, habet j runcinum favum cum lifta nigra, precii - - - xij mar.

Edmundus de Mifne, vallettus ejufdem, habet j runcinum liardum pomele, precii - - - x mar.

	Simon de Houlande de comitatu Lanc. habet j runcinum nigrum, precii - - - -	xij mar.
Ad karv. apud Karliolum, xj die Sept.	Baldewynus le Flemenge habet j runcinum *favum cum lifta nigra*, precii - - - -	x mar.
Pres. v^t.	Nicholaus Lenginneur de comitatu Ceftr. habet j runcinum ferrandum pomele, precii - - -	viij mar.
Pres. v^t.	Willelmus le Moigne de comitatu Not. habet j runcinum badium, precii - - - -	vj mar.
Redditur ad karv. xiiij die Aug.	Rogerus de Naveneby de comitatu Leyc. habet j *runcinum doygn bauzain*, precii - - -	C s.
Pres. v^t.	Robertus de Efingtoñ de comitatu Ebor. habet j runcinum ferrandum pomele, precii - - -	viij mar.

	Dñs Warinus Martin habet unum equum favum cum lista nigra, precii - - - - -	xxx mar.
	Philippus de la Stone, vallettus ejusdem, habet j runcinum forum, precii - - - - -	xx mar.
	Thomas Cundy, vallettus ejusdem, habet j runcinum forum cum stella in fronte, precii - - - -	x li.
	Johannes le Caufe, vallettus ejusdem, habet j runcinum nigrum liardum, precii - - - -	xij mar.
	Johannes de la Hay, vallettus ejusdem, habet j runcinum piole, precii - - - -	xij mar.
	Ricardus Beupel, vallettus ejusdem, habet j runcinum badium, precii - - - -	xij mar.
Pres. v'.	Radulphus de Rotheclyve de comitatu Ebor. habet j runcinum badium, precii - - -	vj mar.
xxvij die. Junij.	Dñs Hugo de Herci habet j equum forum, precii -	x li.
	Willelmus de Morteyne, vallettus ejusdem, habet j runcinum forum, precii - - - -	vj mar.
	Robertus de Tideshale habet j runcinum badium bauzain cum ij pedibus posterioribus albis, precii -	x li.
	Johannes de Paxtoñ habet j runcinum nigrum, precii -	vj mar.
	Walterus de Gillingge de comitatu Ebor. habet j runcinum badium, precii - - - -	viij mar.
	Henricus de Denarstoñ de comitatu Suff. habet j runcinum nigrum bauzain cum iiij pedibus albis, precii -	x mar.
	Rogerus de Bikenore habet j runcinum doygn cum iij pedibus albis [et] stella in fronte, precii - -	x li.
Pres. xv'.	Johannes Byron de comitatu Cestr. habet j runcinum badium, precii - - - -	vj mar.
	Willelmus de Bremmesgrave de comitatu Wygorn. habet j runcinum forum, precii - - - -	v mar.

xxix die Junij.	Dñs Willelmus de Echingham habet j dextrarium nigrum, cum stella in fronte et iij pedibus albis, precii - -	L mar.
	Robertus de Echingham, frater ejusdem, habet j runcinum badium, precii - - - - -	xij li.
	Petrus de Ros, vallettus ejusdem, habet j runcinum badium bauzain, precii - - - - -	xxv mar.
	Robertus Mowyn, vallettus ejusdem, habet j runcinum badium, precii - - - - - -	xij mar.
	Simon de Lundreforde, vallettus ejusdem, habet j runcinum forum bauzain, precii - - - -	C s.
	Willelmus de Betingham, vallettus ejusdem, habet j runcinum badium clarum, precii - - - -	x mar.
	Willelmus Comyn, de hospicio filii Regis, habet j runcinum powis pomele, precii - - - -	C s.
Ultimo die Junij.	Dñs Nicholaus Braunche habet j equum album, precii -	xij mar.
Rokesb.	Richardus de Trewe, vallettus ejusdem, habet j runcinum powis pomele, precii - - - - -	x mar.
	Radulphus de Nony, vallettus ejusdem, habet j runcinum powis pomele, precii - - - -	C s.
iiij^{to} die Julij.	Johannes Grymet, vallettus dñi Johannis Lithegreyns, habet j runcinum album, precii - - - -	xij mar.
	Nicholaus de Eggeston, vallettus ejusdem, habet j runcinum ferrandum pomele, precii - - - -	xx mar.
	Hugo de Eggeston, vallettus ejusdem, habet j runcinum ferrandum pomele, precii - - - -	x mar.
	Dñs Ricardus de Aston' habet j equum clarum badium, precii -	xxx mar. Quia in rotulo hospicii pro R. de Manton.
	Willelmus de Essex., vallettus ejusdem, habet j runcinum ferrandum pomele, precii - - - -	x li.
Interfectus apud la Foukirke.	Willelmus Caus, vallettus ejusdem, habet j runcinum ferrandum pomele, precii - - - -	x mar.
	Willelmus le Irreys, vallettus ejusdem, habet j *runcinum album*, precii - - - - -	xij mar.
	Willelmus Port, vallettus ejusdem, habet j runc' album, precii -	vj mar.
vj die Julij.	Petrus Sprot, vallettus ejusdem, habet j runcinum nigrum, precii - - - - - -	x mar.

iiij die Julij. *Interfectus apud Faufkirke.*	Dñs Thomas Wale[1] habet j equum *nigrum, precii* - -	xx li.
	Johannes de Haldenby, valleƈtus ejufdem, habet j runcinum nigrum, precii - - - - -	xij mar.
	Breto de Tekne, valleƈtus ejufdem, habet j runcinum forum, precii - - - - -	x mar.
Quia de hofpicio.	Petrus de Lincoln. habet j runcinum badium bauzain cum uno pede pofteriori albo, precii - - -	v mar.
iiij die Julij. *Pres. x'.*	Johannes de Ixinynge, ven[iens] pro dño Hugone le Blount de comitatu Effex., habet j runcinum badium cum ftella in fronte, precii - - - -	x li.
Pres. x'.	Robertus de Gerlefton de comitatu Ebor. habet j runcinum badium bauzayn cum pedibus pofterioribus albis, precii -	viij mar.
Pres. x'. Ber. et Rok.	Alexander de Staunforde de comitatu Linc. habet j runcinum nigrum, precii - - - - -	xij mar.
	Andreas de Thorp de comitatu Ebor. habet j runcinum badium, precii - - - - -	C s.
Pres. j mar.	Euftachius de Parles de comitatu Norhampt. habet j runcinum powys cum lifta nigra, precii - -	x mar.
	Robertus de Ponthope, ven[iens] pro dño Willelmo de Haulton de comitatu Norhumbr., habet j runc' nigrum, p'cii -	x mar.
Rok.	Walterus de la Vare, ven[iens] pro dño Hugone de la Vare de comitatu Norhumbr., habet j runcinum nigrum, precii -	x mar.
	Johannes de Hedleghe, ven[iens] pro eodem, habet j runcinum ferrandum pomele, precii - - -	viij mar.
	Willelmus de Sk	
Pres. x'.	Johannes de Monte forti de comitatu Somerf. habet j runcinum album liardum, precii - - - -	C s.
Ber. et Rok.	Hugo de la Mare de comitatu Ebor. habet j runcinum badium cum ftella in fronte, precii - - -	C s.
Pres. x'.	Rogerus de Wetwude de comitatu Norhumbr. habet j runcinum nigrum, precii - - - -	viij mar.
Pres. x'.	Adam de Dokefforde de eodem comitatu habet j runcinum ferrandum pomele, precii - - -	vj mar.

---

[1] This and the two following names are written on a fchedule fewn to the roll.

Rolls of the Horses. 215

Pres. x^t.	Alanus de Clautoñ de comitatu Lanc. habet j runcinum nigrum liardum, precii - - - - -	vij mar.
	Thomas Hauard, ven[iens] pro dño Ricardo de Byngham, habet j runcinum favum cum lista nigra, precii - -	xij mar.
	Petrus de Montz de comitatu Norhampt. habet *j runcinum ferrandum pomele*, precii - - - -	x mar.
	Henricus de Montz, filius ejusdem, habet j runcinum nigrum liardum, precii - - - - -	viij mar.
	Adam de Chetewynde de comitatu Stafford. habet j runcinum nigrum liardum, precii - - - -	C s.
	Galfridus de Bracebrigge de comitatu Linc. habet j runcinum sorum bauzain cum uno pede posteriori albo, precii - -	*v mar.* Quia superius in comitiva dñi Roberti de Monte alto.
	Richardus Gervais de comitatu Staff. habet j runcinum badium, precii - - - - -	vj mar.
	Dñs Hugo Poyntz habet j dextrarium badium bauzain cum iij pedibus albis, precii - - - -	xx mar.
	Dñs Nicholaus Poyntz, filius ejusdem, habet j equum powis pomele, precii - - - - -	xij li.
Interfectus apud la Foukirke.	Robertus Russel, vallettus ejusdem, habet j runcinum *rough'* *liardum*, precii - - - - -	x li.
	Isambertus de Sancto Blimundo, vallettus ejusdem, habet j runcinum badium, precii - - - -	xij mar.
	Walterus Baril, vallettus ejusdem, habet j runcinum sorum, precii - - - - -	x mar.
	Michael de Cruket, vallettus ejusdem, habet j runcinum liardum, precii - - - - -	viij mar.
v^{to} die Julij.	Fulco filius Warini habet j runcinum album, precii -	x li.
	Dñs Thomas de Scalariis, miles ejusdem, habet j equum nigrum liardum, precii - - - - -	x li.
	Ricardus de Leylande, vallettus ejusdem, habet j runcinum ferrandum pomele, precii - - - -	x mar.
	Rogerus Dieu, vallettus ejusdem, habet j runcinum ferrandum pomele, precii - - - - -	C s.
	Willelmus Fulco, vallettus ejusdem, habet j runc' badium precii	viij mar.
	Thomas le Moigne, vallettus ejusdem, habet j runcinum nigrum, precii - - - - -	C s.

Walterus Ster de comitatu Westmerl. habet j runcinum nigrum,
precii - - - - - viij mar.

vj die Julij.
Audoenus de Monte Gomeri, clericus, habet j equum ferrandum
pomele, precii - - - - x mar.
Ricardus Porcel, vallettus ejufdem, habet j runcinum nigrum
liardum, precii - - - - vj mar.

Hugo de Sancto Georgio de comitatu Salop. habet j runcinum
ferrandum pomele, precii - - - - viij mar.

Dñs Audomarus de Valencia habet j dextrarium nigrum, precii - Lx mar.
Dñs Thomas de Bercle, miles ejufdem, habet j equum forum
bauzain cum uno [pede] pofteriori albo, precii - Lx mar.

Interfectus apud la Faukyrke, xxij die Julij.

Dñs Mauricius de Bercle, miles ejufdem, habet *j equum ferrandum pomele*, precii - - - xxx mar.
Dñs Johannes de Columbariis, miles ejufdem, habet j equum
favum bauzain, precii - - - - xx mar.
Dñs Nicholaus de Carry, miles ejufdem, habet j equum ferrandum, precii - - - - xxv mar.
Dñs Thomas de Bercle filius, miles ejufdem, habet j equum
nigrum liardum, precii - - - - xvj mar.
Dñs Johannes de la Rivere, miles ejufdem, habet j equum
nigrum, precii - - - - xxx mar.
Dñs Willelmus de Walton, miles ejufdem, habet j equum
ferrandum pomele, precii - - - - x li.
Dñs Thomas de Gurneye, miles ejufdem, habet j equum
nigrum, precii - - - - xx mar.
Walterus Gafcelin, vallettus ejufdem, habet j runc' nigrum, p'cii xij li.
Radulphus de Caftro Martini, vallettus ejufdem, habet j runcinum badium, precii - - - - xij li.

Interfectus apud la Faukyrke, xxij die Julij.

Ricardus de la Rivere, vallettus ejufdem, habet *j runcinum
badium cum ftella in fronte* et iij pedibus albis, precii - xxx mar.
Philippus de Stakepol, vallettus ejufdem, habet j runcinum
ferrandum pomele, precii - - - - xx mar.
Ricardus de Sakeville,[1] vallettus ejufdem, habet j runcinum
powis, precii - - - - x li.

---

[1] On the dorse of the roll is the fum : M^{l.} M^{l.} M^{l.} lxxij li. xiiij s. o.

Rolls of the Horses. 217

Rogerus de Ingepenne, vallettus ejufdem, habet j runcinum ferrandum pomele, precii - - - -	xx mar.
Galfridus Petryne, vallettus ejufdem, habet j *runcinum ferrandum pomele, precii* - - -	xx mar.
Ricardus Peyferer, vallettus ejufdem, habet j runcinum badium clarum bauzain, precii - - - -	xij mar.
Ricardus le Barber, vallettus ejufdem, habet j runcinum badium, precii - - - - -	xxx mar.
Willelmus Symeon, vallettus ejufdem, habet j runcinum badium, precii - - - - -	x li.
Hugo le Tailleur, vallettus ejufdem, habet j runcinum badium cum albo mufello et pedibus pofterioribus albis, precii -	xxx mar.
Johannes de Camera, vallettus ejufdem, habet j runcinum liardum pomele, precii - - - -	x mar.
Ricardus de Mundeñ, vallettus ejufdem, habet j runcinum nigrum liardum, precii - - - -	x mar.
Magr Rogerus, cocus ejufdem, habet j runcinum forum, precii - - - - - -	x li. xij mar.
Henricus de Box, vallettus ejufdem, habet j runcinum nigrum, precii - - - - - -	x li.
Rogerus de Westoñ, vallettus ejufdem, habet j runcinum badium, precii - - - - -	x li.
Gilbertus de Parif', vallettus ejufdem, habet j runcinum nigrum cum pedibus pofterioribus albis, precii -	xij mar.
Wyardus filius Wy, vallettus ejufdem, habet j runcinum ferrandum pomele, precii - - - -	xij li.
Robertus Bende, vallettus ejufdem, habet j *runcinum badium*, precii - - - - -	xij mar.
Johannes de Berele, vallettus ejufdem, habet j *runcinum favum cum lifta nigra*, precii - - -	xij li.
Johannes de Helyon, vallettus ejufdem, habet j runcinum ferrandum pomele, precii - - -	xvj mar.
Ricardus de Brokenburghe, vallettus ejufdem, habet j runcinum ferrandum pomele, precii - - -	x li.
Johannes Gafcelyn, vallettus ejusdem, habet j runcinum powis pomele, precii - - - -	xvj mar.
Johannes de Stodleie, vallettus ejufdem, habet j runcinum ferrandum pomele, precii - - -	x li.

Marginalia:
- Interfectus apud la Faukyrke, xxij die Julij.
- Interfectus apud la Faukyrke, xxij die Julij.
- Interfectus apud la Faukyrke, xxij die Julij.

Elias Ferrator, vallettus ejufdem, habet j runcinum ferrandum pomele, precii - - - - - x li.
Johannes le Gras, vallettus ejufdem, habet j runcinum ferrandum pomele, precii - - - - x mar.
Willelmus Gamage, vallettus ejufdem, habet j runcinum badium, precii - - - - - x mar.
Johannes de Waltoñ, vallettus ejufdem, habet j runcinum badium, precii - - - - - x mar.
Willelmus de Actoñ, vallettus ejufdem, habet j runcinum badium, precii - - - - - xij mar
Johannes Roges, vallettus ejufdem, habet j runcinum nigrum, precii - - - - - xij mar.
Willelmus Launfas, vallettus ejufdem, habet j runcinum nigrum precii - - - - - viij mar.
Perrotus de Parif[iis], vallettus ejufdem, habet j runcinum clarum badium, precii - - - - x li.
Ricardus Pauncefot, vallettus ejufdem, habet j runcinum nigrum, precii - - - - - xij mar.
Robertus *de Balliolo* (le Tailleur), vallettus ejufdem, habet j runcinum badium bauzain cum pedibus pofterioribus albis, precii - - - - - x mar.
Johannes de Haunleghe, vallettus ejufdem, habet j runcinum rough' llardum, precii - - - - viij mar.
Johannes de Hamulle, vallettus ejufdem, habet j runcinum powis pomele, precii - - - - x li.
Willelmus de Wyke, vallettus ejufdem, habet j runcinum nigrum, precii - - - - - C. s.
Ricardus Wyriot, vallettus ejufdem, habet j runcinum doign cum lifta nigra, precii - - - - C s.
Rogerus de Sakeville, vallettus ejufdem, habet j runcinum nigrum, precii - - - - - viij mar.
Ricardus filius Galfridi, vallettus ejufdem, habet j runcinum album, precii - - - - - C s.
Willelmus Trewent, vallettus ejusdem, habet j runcinum album, precii - - - - - vj mar.

xiiij die Julij. Rogerus de Somerville, vallettus ejufdem, habet j runcinum badium cum j pede pofteriori albo, precii - x mar.

Rolls of the Horses. 219

vj die Julij.	Dñs Nicholaus de Kyriel habet j equum badium *precii* (bauzain) cum pede dextro posteriori albo, precii - -	xxv mar.
	Willelmus le Pel, vallettus ejusdem, habet j runcinum album, precii	viij mar.
Ad clem. apud Strivelin, viij die Aug.	Rogerus de Herst, vallettus ejusdem, habet j runcinum *badium cum iij pedibus albis*, precii - - -	C s.
	Dñs Johannes de Faucomberge habet j equum morellum, precii . . . - .	xij li.
	Johannes de Midelton, vallettus ejusdem, habet j runcinum nigrum, precii -	viij mar.
	Dñs Nicholaus Daudele habet j dextrarium badium bauzain, precii	xl mar.
	Dñs Robertus de Staundon, miles ejusdem, habet j equum ferrandum pomele, precii - . . .	xvj mar.
	Dñs Rogerus Tremowyn, miles ejusdem, habet j equum favum, precii	xx mar.
	Dñs Willelmus Favel, miles ejusdem, habet j equum badium, precii	xxiiij mar.
	Willelmus le Butiller, vallettus ejusdem, habet j runcinum ferrandum pomele, precii - . . .	xx mar.
	Robertus de Meny, vallettus ejusdem, habet j runcinum nigrum, precii -	x li.
	Rogerus le Burgoillon, vallettus ejusdem, habet j runcinum nigrum, precii -	xij mar.
	Ricardus le Mareschal, vallettus ejusdem, habet j runcinnm doygn', precii -	xvj mar.
	Ricardus le Parker, vallettus ejusdem, habet j runcinum liardum pomele, precii	x li.
	Simon de Maddele, vallettus ejusdem, habet j runcinum doygn' cum lista nigra, precii . . .	x mar.
Redd. ad clem., xiij die Aug.	Martinus le Taburer, vallettus ejusdem, habet j *runcinum forum bauzain* cum pedibus posterioribus albis, precii - .	xij li.
	Johannes Goberd, vallettus ejusdem, habet j runcinum ferrandum pomele, precii	x mar.

Raulinus le Butiller, vallettus ejufdem, habet j runcinum
ferrandum pomele, precii - - - - xij li.
Ricardus de Cluburi, vallettus ejufd'
Galfridus de la Mare, vallettus ejufdem, habet j runcinum
badium, precii - - - - - C s.
Fulco le Butiller, vallettus ejufdem, habet j runcinum rough'
liardum, precii - - - - - xij mar.

Dñs Radulphus Piparde habet j equum liardum, precii - xxxv mar.
Dñs Robertus Barri, miles ejufdem, habet j equum badium,
precii - - - - - xxiiij mar.
Dñs Willelmus de Scalebroke, miles ejufdem, habet j equum
badium, precii - - - - - xviij mar.
Radulphus le Marefchal, vallettus ejufdem, habet j runcinum
piardum[1] pomele, precii - - - - xvj mar.
Simon Barry, vallettus ejufdem, habet j runcinum badium,
precii - - - -. - - x li.
Johannes Giffarde, vallettus ejufdem, habet j runcinum doign'
cum iij pedibus albis, precii - - - xij mar.
Georgius Giffarde, vallettus ejufdem, habet j runcinum ferrandum pomele, precii - - - - C s.
Johannes de Camera, vallettus ejufdem, habet j runcinum
nigrum liardum pomele, precii - - - xvj mar.
Willelmus le Waleys, vallettus ejufdem, habet j runcinum
vairon', precii - - - - - C s.
Adam le Marefchal, vallettus ejufdem, habet j runcinum
ferrandum pomele, precii - - - - C s.
Johannes de Scalebroke, vallettus ejufdem, habet j runcinum
favum, precii - - - - - xij mar.
Johannes de Twyforde, vallettus ejufdem, habet j runcinum
badium, precii - - - - - vij mar.
Galfridus de Stoke, vallettus ejufdem, habet j runcinum badium,
precii - - - - - C s.
Willelmus de Lyons, vallettus ejufdem, habet j runcinum
badium, precii - - - - - C s.

[1] Read "liardum."

Rolls of the Horses. 221

	Radulphus de Lymforde, clericus ejufdem, habet j runcinum badium, precii - - - - -	vij mar.
	Johannes de Couele, vallettus ejufdem, habet j runcinum badium, precii - - - - -	vj mar.
	Willelmus Parent, vallettus ejufdem, habet j runcinum badium cum ftella in fronte, precii - - - -	C s.
	Radulphus filius Radulphi, vallettus ejufdem, habet j runcinum nigrum, precii - - - - -	v mar.
xvij die Julij.	Radulphus le Marefchal junior, vallettus ejufdem, habet j runcinum ferrandum pomele, precii - - -	x li.
	Diis Radulphus de Seccheville, miles ejufdem, habet j equum nigrum, precii - - - - -	xij li.
	Nicholaus de Edenham, vallettus ejufdem, habet j runcinum liardum pomele, precii - - - -	v mar.
vj die Julij.	Diis Hugo Bardolfe habet j equum ferrandum pomele, precii -	L mar.
	Diis Robertus filius Nigelli, miles ejufdem, habet j equum badium, precii - - - - -	xxx mar.
	Diis Rogerus Bardolfe, miles ejufdem, habet j equum liardum pomele, precii - - - - -	xxv mar.
	Diis Johannes Bardolfe, miles ejufdem, habet j equum ferrandum pomele, precii - - - -	xxv mar.
	Willelmus de Calvele, vallettus ejufdem, habet j runcinum nigrum liardum, precii - - - -	xvj mar.
	Alexander de Monte forti, vallettus ejufdem, habet j runcinum nigrum, precii - - - - -	x li.
	Warinus de Baffingborne, vallettus ejufdem, habet j runcinum badium cum ftella in fronte, precii - - -	xxv mar.
Interfectus apud Foukyrke.	Hugo de Lulleforde, vallettus ejufdem, habet j *runcinum ferrandum pomele*, precii - - - -	x mar.
	Johannes Payn, vallettus ejufdem, habet j runcinum badium bauzain cum duobus pedibus albis, precii - -	xij mar.
	Stephanus de Elleye, vallettus ejufdem, habet j runcinum liardum pomele, precii - - - -	xij li.
	Rogerus de Bracy, vallettus ejufdem, habet j runcinum badium, precii - - - - -	x li.

26 Edw. I. 1298.

	Jolinus de Wyntringham, vallettus ejufdem, habet j runcinum brunum badium, precii - - - -	viij mar.
	Ricardus Cocus ejufdem, vallettus ejufdem, habet j runcinum doign' bauzain cum pedibus pofterioribus albis, precii -	x mar.
	Willelmus de Mortuo mari, vallettus ejufdem, habet j runcinum liardum pomele, precii - - - -	x mar.
Redd. ad karv. apud Karliolum, xj die Sept.	Simon de Weftoñ, vallettus ejufdem, habet j *runcinum nigrum*, precii - - - - -	xij mar.
	Dñs Nicholaus de Meyny habet j dextrarium badium pomele, precii - - - - -	L mar.
	Dñs Nicholaus, filius ejufdem, habet j equum nigrum, precii -	xij li.
	Joh's de Dñs Johannes de Bartoñ, miles ejufdem, habet j equum ferrandum pomele, precii - - - -	xij li.
	Rogerus de Creffy, vallettus ejufdem, habet j runcinum clarum badium, precii - - - - -	xij mar.
	Robertus de la More, vallettus ejufdem, habet j runcinum ferrandum pomele, precii - - - -	x mar.
	Stephanus de Rofeles, vallettus ejufdem, habet j runcinum badium, precii - - - - -	x mar.
	Robertus de Bordefdeñ, vallettus ejufdem, habet j runcinum ferrandum pomele, precii - - - -	x mar.
	Rogerus Terry, vallettus ejufdem, habet j runcinum nigrum, precii - - - - -	viij mar.
	Dñs Henricus de Pinkeny habet j equum badium, precii -	xxv mar.
	Willelmus de Suthwike, vallettus ejufdem, habet j *dextrarium* runcinum album, precii - - - -	x li.
In comitiva Dñi Thome Furnival.	Petrus de Ridale, vallettus ejufdem, habet j runcinum powys pomele, precii - - - - -	xij mar.
	Thomas de Chelry, vallettus ejufdem, habet j runcinum nigrum bauzain cum iiij pedibus albis, precii - - -	x li.
	Nicholaus de Hockele, vallettus ejufdem, habet j runcinum nigrum, precii - - - - -	x mar.
	Thomas de Touetone, vallettus ejufdem, habet j runcinum badium, precii - - - - -	L s.
	Johannes de Lewes, vallettus ejufdem, habet j runcinum nigrum liardum, precii - - - -	vij mar.

Rolls of the Horses. 223

	Dn's *Alanus de Cantilupo* habet j equum nigrum, precii	xij mar.	Ifti duo equi can-
Interfectus apud Foukirke.	Robertus de Caftello, vallettus ejufdem, habet j *runcinum ferrandum pomele*, precii	xij li.	cell' quia apprec' in Rotulo Gar-
	Willelmus de Chaunceux, vallettus ejufdem, habet j runcinum badium cum ftella in fronte, precii	vij mar.	nifture.

Dñs Willelmus de *Urtiaco* (Mortuo mari de Caftro Ricardi) habet j equum, precii — xvj mar.

Alexander de Abetot, vallettus ejufdem, habet j runcinum badium, precii — L s.

Stephanus de Waletoñ de comitatu Salop. habet j runcinum powis, precii — x mar.

Willelmus filius Bertrami de comitatu eodem habet j runcinum album piole, precii — vj mar.

Pres. x^t. Willelmus de Alreby de comitatu Ebor. habet j runcinum ferrandum pomele, precii — C s.

Ber. Rogerus Mauger de eodem comitatu habet j runcinum nigrum liardum, precii — viij mar.

Pres. x^s. Ricardus de Martoñ de eodem comitatu habet unum runcinum nigrum bauzain cum pedibus pofterioribus albis, precii — x li.

Pres. x^s. Willelmus le Venour, focius ejufdem, habet j runcinum forum bauzain, precii — vij mar.

Johannes de Herle de comitatu Norhumbr. habet j runcinum nigrum, precii — vj mar.

Ber. Pres. x^s. Willelmus de Burtoñ de comitatu Ebor. habet j runcinum doign' cum lifta nigra, precii — x mar.

Quia in comitiva Nicholai Malemeyns. Willelmus Burnel de comitatu Salop. habet j runcinum badium, precii — viij mar.

Ber. Pres. x^s. Johannes de Gunnildthwet de comitatu Ebor. habet j runcinum badium, precii — v mar.

Herebertus de Elmham de Norff. habet j runcinum badium, precii — ix mar.

Ber. Pres. x^t. Johannes Mauncel de comitatu Ebor. habet j ferrandum pomele, precii — vj mar.

	Dñs Radulphus Baſſet habet j dextrarium ſorum bauzain, precii - - - -	L mar.
	Dñs Thomas de Sancto Laudo, miles ejuſdem, habet j equum nigrum, precii - - - -	xx mar.
	Dñs Hugo de Quilly, miles ejuſdem, habet j runcinum badium cum uno pede poſteriori albo, precii - -	xxv mar.
	Radulphus Baſſet, filius ejuſdem, habet j runcinum badium cum iij pedibus albis, precii - -	xxx mar.
	Johannes le Flemenge, vallettus ejuſdem, habet j runcinum nigrum bauzain cum iij pedibus albis, precii -	xxx mar.
	Robertus de Sheldoñ habet j runcinum clarum badium, precii -	xxv mar.
	Thomas de Neville habet j runcinum brunum badium, precii -	x mar.
	Stephanus Maulouel habet j runcinum vairon', precii	x mar.
	Thomas de Abenhale habet j runcinum album, precii	viij mar.
	Simon de Wygeforde habet j runcinum album piole, precii	x mar.
	Walterus Ferrator habet j runcinum nigrum bauzain, precii	viij mar.
	Robertus Savage habet unum runcinum favum cum liſta nigra, precii - - - - -	C s.
	Dñs Rogerus de Mortuo mari habet unum dextrarium ſorum, precii - - - -	xl mar.
	Dñs Henricus de Mortuo mari habet unum equum nigrum, precii - - - -	xvj mar
Interfectus apud Faukyrke.	Dñs Johannes de Mortuo mari habet unum *equum badium cum ped[ibus] dextr[is albis]*, precii - -	xxx mar.
	Dñs Hugo Godard, miles ejuſdem, habet unum equum nigrum, precii - - - -	xij mar.
	Rogerus Riffeni, vallettus ejuſdem, habet unum runcinum liardum pomele, precii - - -	xij mar.
	Rogerus de Euerois habet unum runcinum powys, precii	xij mar.
	Ricardus de Benetle habet unum runcinum powys, precii	x li.
	Ricardus Labaud habet unum runcinum ferandum pomele, precii - - - - -	x mar.
Redd. ad clem. apud Strivelyn, ultimo die Julij.	Robertus Stourmy habet unum runcinum *favum bauzain cum liſta nigra*, precii - - -	xij mar.
	Thomas del Aſſhe habet unum runcinum nigrum, precii	x mar.
	Ricardus de Burghope habet unum runcinum ſorum badium cum ped[ibus] dex[tris albis], precii - -	xij mar.

Rolls of the Horses.

	Henricus de Wyntoñ habet unum runcinum badium, precii	x mar.
	Willelmus Rede habet unum runcinum liardum pomele, precii	x mar.
	Jereward Voiel habet unum runcinum powys, precii	x mar.
	Ivan ab Adam habet unum runcinum nigrum liardum, precii	viij mar.
	Willelmus Stourmy habet unum runcinum powys cum lifta nigra, precii	viij mar.
Interfectus apud Faukirke.	Walterus de Shopdoñ habet *unum runcinum favum cum lifta nigra*, precii	xij mar.
	Rogerus de Mortemer habet unum runcinum ferrandum pomele, precii	vij mar.
	Adam de Draz habet unum runcinum favum cum lifta nigra, precii	viij mar.
Interfectus apud Faukirke. xvij die Julij.	Adam de Wygemor habet *unum runcinum powys pomele*, precii	x mar.
	Thomas Godarde, vallettus ejufdem, habet j runcinum powis pomele, precii	x mar.
vj die Julij.	Galfridus de Hornclive de comitatu Northumbr. habet j runcinum nigrum, precii	
Pres. x'.		viij mar.
Pres. x'.	Willelmus de Elreby de comitatu Ebor. habet unum runcinum doign', precii	vj mar.
Pres. x'. Per Mancel.	Johannes de Leeke de comitatu eodem habet unum runcinum liardum, precii	iiij mar.
x die Julij.	Gaillardus de Garfake habet unum runcinum badium, precii	L mar.
	Gerardus de Sancto Odone habet unum runcinum forum bauzain cum pedibus pofterioribus albis, precii	x li.
	Petrus de Libant, vallectus ejufdem, habet j runcinum rough' liardum, precii	xx mar.
	Guillelmus Bertram, vallectus ejufdem, habet j runcinum nigrum liardum, precii	xij li.
Mortuus apud Karliolum, xj die Sept. Interfectus apud Faukirke.	Bidalus de Mazere, vallectus ejufdem, habet j runcinum *badium*, precii	x mar.
	Elias Audewyn habet j runcinum badium bauzain cum iiij pedibus albis, precii	x li.
	Petrus de Grifnaghe habet j runcinum ferrandum pomele, precii	xx mar.
	Alfonfus Petri habet j runcinum badium brunum cum j pede pofteriori albo, precii	x li. j mar.

Falk.

xj die Julij.	Dñs Willelmus de Rithre[1] habet j equum nigrum, precii	xx mar.
	Dñs Johannes Burdon, miles ejufdem, habet j equum powis pomele, precii	xij mar.
	Dñs Nicholaus de la Lande, miles ejufdem, habet j equum album pile, precii	viij mar.
Mortuus apud Karliolum, xxv die Julij.	Willelmus de la Chambre vallettus ejufdem, habet *j runcinum favum*, precii	*viij mar.*
	Reymondus de Sancto Albano, vallettus ejufdem, habet j runcinum nigrum, precii	xij mar.
Mortuus apud Karliolum, xx die Sept.	Simon de Blakefhale, vallettus ejufdem, habet j runcinum *badium bauzain*, precii	x li.
	Thomas de Langele, vallettus ejufdem, habet j runcinum powis pomele, precii	x mar.
	Willelmus de Penyto, vallettus ejufdem, habet j runcinum powis pomele, precii	x mar.
	Henricus le Noreys, vallettus ejufdem, habet j runcinum ferrandum pomele, precii	viij mar.
	Alexander de Dunolm. habet j runcinum ferrandum pomele, precii	viij mar.
viij die Julij.	Robertus de Bartoñ clericus habet j runcinum nigrum liardum, precii	x mar.
xiiij die Julij.	Robertus de Soleby, vallectus dñi Rogeri de Morteyn, habet j runcinum badium, precii	xvj mar.
	Jacobus de Sancto Paulo, vallectus ejufdem domini R., habet j runcinum liardum pomele, precii	vj mar.
Pres. xxx[1].	Ricardus de Waletoñ, vallettus ejufdem, habet j runcinum nigrum, precii	C s.
	Johannes de Deure de comitatu Ebor. habet j runcinum album, precii	viij mar.
	Bartholomeus Benett de eodem comitatu habet j runcinum album pile, precii	v mar.
	Ricardus Benett de eodem comitatu habet j runcinum doign' powis cum ftella in fronte, precii	vij mar.

---

[1] This and the nine following names are on a fchedule fewn to the roll.

Rolls of the Horses. 227

	Dñs Andreas de Hengham habet j equum ferrandum pomele, precii - - - - -	vij mar.
	Thomas Bret, vallettus ejufdem, habet j runcinum nigrum, precii - - - - -	v mar.

Ricardus de Shurle de comitatu de Derb. habet j runcinum nigrum, precii - - - - - vj mar.
Willelmus de Blakhom de comitatu Ebor. habet j runcinum badium, precii - - - - - vij mar.

Dñs Robertus de Cantilupo habet j equum powis pomele, precii - - - - - xij mar.
Robertus de Lerlingge, vallettus ejufdem, habet j runcinum badium, precii - - - - - v mar.

xv die Julij. Henricus de Teyfdale de comitatu Norbumbr. habet j runcinum ferrandum pom·le, precii - - - - C s. Quia in comitiva d'ni W. de Felton' in rotulo Hofpicij.
Johannes de Moltoñ de comitatu Richem. habet j runcinum nigrum cum pedibus pofterioribus albis, precii - - x li.
Willelmus Darel de comitatu Ebor. habet j runcinum album pile, precii - - - - - vj mar.

xvij die Julij. Dñs Umfridus de Gardinis habet j equum nigrum cum ftella in fronte et iiij pedibus albis, precii - - - xij mar.
Willelmus de Gardinis, vallettus ejufdem, habet j runcinum badium, precii - - - - - vj mar.
Ingeramus de Monceaux, vallettus ejufdem, habet j runcinum ferrandum pomele, precii - - - - v mar.
Johannes le Marefchal, vallettus ejufdem, habet j runcinum nigrum, precii - - - - - v mar.

Primo die Augufti. Athelardus de Weftoñ habet j equum nigrum monoculum, precii - - - - - C s.

xvij die Julij. Dñs Thomas Thorferande habet j equum *ferrandum pomele*, precii - - - - - C s.
Mortuus apud Arc, xxx die Aug.
David le Marefchal, vallettus ejufdem, habet j runcinum nigrum, precii - - - - - v mar.

26 *Edw. I.* 1298.

Dñs Johannes Kirkpatrike habet j equum nigrum, precii - x mar.

Willelmus de Merſhe de comitatu Ebor. habet j runcinum
nigrum, precii - - - - - - - v mar.
Galfridus de Ambelforde de eodem comitatu habet j runcinum
badium, precii - - - - - - x li.
Walterus de Boctoñ de eodem comitatu habet j runcinum
rough' liardum, precii - - - - viij mar.
Nicholaus de Bovyngtoñ de eodem comitatu habet j runcinum
liardum pomele, precii - - - - vj mar.
Thomas de Viſpont de eodem comitatu habet j runcinum
nigrum liardum, precii - - - - vij mar.
Hugo de Biltoñ de eodem comitatu habet j runcinum brunum
badium, precii - - - - - C s.
Ricardus Mauncel de eodem comitatu habet j runcinum
ferrandum pomele, precii - - - - v mar.
Robertus de Blaby de comitatu Midd. habet j runcinum ſorum,
precii - - - - - - viij mar.

xviij die Julij.   Dñs Johannes de Haveringge habet j equum badium cum
ſtella in fronte, precii - - - - xxx mar.
Dñs Johannes de Ligero, miles ejuſdem, habet j equum nigrum
cum ſtella in fronte et ij pedibus albis, precii - xxv mar.
Dñs Willelmus de la Pole, miles ejuſdem, habet j equum
nigrum, precii - - - - - xx mar.
Dñs Robertus de Londoñ, miles ejuſdem, habet j equum ſorum
bauzain, precii - - - - - xxx mar.

Redd. ad elem. apud Strivelyn,xxvj die Julij.   Dn's *Walterus de Beſſy*, miles ejuſdem, habet j equum *nigrum*,
precii - - - - - - *xxv mar*
Frater Edeneuet', Magiſter Hoſpitalis,[1] habet j equum
nigrum bauzain cum iiij pedibus albis, precii - x li.
Nicholaus de Langun, vallettus ejuſdem, habet j runcinum
ferrandum pomele, precii - - - xxv mar.
Nicholaus de Haveringge, vallettus ejuſdem, habet j runcinum
powis, precii - - - - - x li.

---

[1] Not the Prior of St. John's, who at this time was William de Tothale.

	Robertus de la Mare, vallettus ejufdem, habet j runcinum badium, precii - - - -	xij mar.
	Johannes de la Mare, vallettus ejufdem, habet j runcinum favum cum lifta nigra et ftella in fronte, precii - -	x mar.
	Simon de Chiltoñ, vallettus ejufdem, habet j runcinum doign' cum ftella in fronte, precii - - - -	xij mar.
	Milo Lalemaunt, vallettus ejufdem, habet j runcinum favum cum ftella in fronte, precii - - - -	viij mar.
	Johannes le Butiller, vallettus ejufdem, habet j runcinum liardum, precii - - - - -	x mar.
	Philippus Squirtt, vallettus ejufdem, habet j runcinum ferrandum pomele, precii - - - -	vj mar.
	Griffith' de la Pole, vallettus ejufdem, habet j runcinum nigrum bauzain, precii - - - -	xij mar.
	Rogerus Springehoefe, vallettus ejufdem, habet j runcinum nigrum, precii - - - - -	viij mar.
	Leulinus ab Griffith', vallettus ejufdem, habet j runcinum nigrum, precii - - - - -	vij mar.
	Ricardus Clericus, vallettus ejufdem, habet j runc' doygn', precii	vj mar.
Mortuus primo die Sept.	Oylardus de Welles, vallettus ejufdem, habet j *runcinum badium*, precii - - - - -	xj mar.
	Thomas de Londoñ, vallettus ejufdem, habet j runcinum ferrandum pomele, precii - -- -	xx mar.
	Johannes Pavy, vallettus ejufdem, habet j runcinum album pomele, precii - - - -	x mar.
	Robertus de Elcalewe, vallettus ejufdem, habet j runcinum nigrum, precii - - - - -	vj mar.
	Ignon ab Yevan, vallettus ejufdem, habet j runcinum ferrandum pomele, precii - - - -	x mar.
	Nicholaus de Burewardefle, vallettus ejufdem, habet j runcinum powis, precii - - - -	x mar.
	Ricardus Banaftre, vallettus ejufdem, habet j runcinum album pile, precii - - - -	C s.
	Meuruk' Atteben, vallettus ejufdem, habet j runcinum album pile, precii - - - -	iiij mar.

	Hugo Hakelute de comitatu Hereford. habet j runcinum forum bauzain cum iiij pedibus albis, precii - -	xxiiij mar.
Pres. di. mar.	Henricus de Staneie de comitatu Ceftr. habet j runcinum forum, precii - - - - -	vj mar.
Pres. di. mar. Item x¹.	Jacobus de Bofeville de comitatu Ebor. habet j runcinum nigrum, precii - - - - -	C s.
xx die Julij.	⎧ Dñs Reginaldus de Cartrel habet unum equum rough' liardum, precii - - - - -	xij mar.
	Philippus Lengleis, vallettus ejufdem, habet unum runcinum badium, precii - - - - -	Lx s.
	⎩ Philippus Fundan, vallettus ejufdem, habet j runcinum ferrandum pomele, precii - - - -	xl s.
	Robertus de Mufegrave de comitatu Weftmerl. habet j runcinum morellum, precii - - - -	C s.
	Robertus Buet de eodem comitatu habet j runcinum badium, precii - - - - -	Lx s.
	Henricus Buet de eodem comitatu habet j runcinum morellum, precii - - - - -	xl s.
	Walterus de Bamptoñ de eodem comitatu habet j runcinum forum, precii - - - - -	Lx s.
	Walterus de Tokyntoñ de eodem comitatu habet j runcinum ferrandum pomele, precii - - - -	xij mar.
	Ricardus de Hockele habet unum runcinum badium, precii -	C s.
	Reginaldus de Suttoñ de Pecke[1] habet j runcinum ferrandum pomele, precii - - - - -	viij mar.
Pres. di. mar.	Petrus de Lincoln. habet j runcinum badium bauzain cum pedibus posterioribus albis, precii - - -	Lx s.
	Nicholaus de Lafceles de comitatu Ebor. habet j runcinum album, precii - - - - -	Lx s.
	Alanus de Widridle de comitatu Leycestr. habet j runcinum ferrandum pomele, precii - - - -	vj mar.
	Ricardus le Butiller de comitatu Ebor. habet j runcinum badium, precii - - - - -	v mar.
	Johannes Burel de comitatu Wyltefh' habet j equum forum, precii -	C s.

---

[1] That is, of the Peke, co. Derby.

Rolls of the Horses. 231

	Dñs Johannes Ruffel habet j equum nigrum cum iiij pedibus albis, precii - - - - -	L mar.
	Henricus de Sancto Audoeno, vallettus ejufdem, habet j runcinum badium, precii - - - -	x li.
	Jakeminus de Buffy, vallettus ejufdem, habet j runcinum badium bauzain cum pede finiftro pofteriori albo, precii	xij li.
	Dñs Reginaldus de Caupañ habet j *runcinum* equum ferrandum pomele, precii - - - - -	Lx mar.
	Petrus de Sancto Martino, vallettus ejufdem, habet j runcinum badium cum ftella in fronte cum pedibus pofterioribus albis, precii - - - - -	xvj mar.
Redd. ad apud Arc, xxix die Aug.	Petrus de Burnelle, vallettus ejufdem, habet j runcinum *ferrandum pomele*, precii - - - -	*xvj mar.*
Mortuus apud Jedd. menfe Oct.	Petrus de Montofee, vallettus ejufdem, habet j *runcinum ferrandum pomele*, precii - - - -	*x mar.* aʺ xxvij.
Mortuus apud Faukirke, xxij die Julij.	Dñs Oto de Cafnawe habet j *runcinum equum liardum*, precii -	xxx mar.
	Dñs Reymundus de la Roke, miles ejufdem, habet j equum ferrandum pomele, precii - - - -	xl mar.
	Arnaldus de Tewe, vallettus ejufdem, habet j runcinum clarum badium cum ftella in fronte, precii - -	xij li.
	Jordanus de Niueret, vallettus ejufdem, habet j runcinum forum bauzain, precii - - - - -	x mar.
	Reginaldus de Afke, vallettus ejufdem, habet j runcinum liardum pomele, precii - - - -	xx mar.
	Reymundus de Fungenange *vallettus ejufdem* habet j runcinum ferrandum pomele, precii - - -	xvj mar.
	Gaillardus de Madelle, focius ejufdem, habet j runcinum ferrandum pomele, precii - - -	xij li.
xxvij die Julij.	Petrus de Tadecaftre de comitatu Ebor. habet unum runcinum nigrum cum ftella in fronte, precii - -	iiij mar.
	Robertus de Etoñ de eodem comitatu habet unum runcinum nigrum liardum, precii - - - -	v mar.
	Walterus Ifaac de eodem comitatu habet unum runcinum badium, precii - - - - -	xl s.

26 *Edw. I.* 1298.

Hugo de la Sale de Danecaftre habet j runcinum badium cum
ftella in fronte, precii - - - - C s.

Ricardus Toufchet, vallettus dñi Willelmi Toufchet, habet
unum runcinum album, precii - - - xij mar.
Johannes Picard, vallettus ejufdem dñi Willelmi, habet unum
runcinum badium, precii - - - - x mar.
Robertus Maucovenaunt, vallettus ejufdem, habet unum runcinum badium bauzain, precii - - - x li.
David le Marefchal, vallettus ejufdem, habet unum runcinum
badium, precii - - - - - x mar.

Redd. ad clem.
apud Karliolum,
xxiiij die Sept.
Mortuus ibidem
xiij die Sept.

Galfridus de Loveyn, vallettus dñi Mathei de Loveyn,
habet j *runcinum rough' liardum, precii* - - *xij mar.*
Ranulphus de la Houne, vallettus ejufdem, habet *j runcinum
nigrum, precii* - - - - - *viij mar.*

Johannes *Cocus* (Crouke) de comitatu Oxon. habet j runcinum
badium cum ftella in fronte, precii - - - C s.
Nicholaus Larcher habet unum runcinum nigrum bauzain cum
uno pede pofteriori albo, precii - - - vj mar.
Thomas Stuteville de Londoñ habet j runcinum ferrandum, p'cii vj mar.
Willelmus de Stuteville de comitatu Ebor. habet j runcinum
liardum pomele, precii - - - - x li.
Thomas de Stuteville, frater ejufdem, habet j runcinum ferran-
dum, precii - - - - - C s.
Stephanus de Tudemerfhe habet j runcinum powis, precii - C s.
Robertus Haket de comitatu habet j runcinum album
piole, precii - - - - - Lx s.

vj die Aug.

Petrus de Burdeg[ala] habet unum equum badium cum iiij
pedibus albis, precii - - - - iiij^{xx} mar.
Arnaldus de Fice, vallettus ejufdem, habet j runcinum nigrum
cum ftella in fronte, precii - - - - xx mar.
Baldewynus Bruyn, vallettus ejufdem, habet j runcinum badium
cum ftella in fronte, precii - - - - xx li.
Johannes de Artigemal, vallettus ejufdem, habet j runcinum
forum bauzain, precii - - - - xx mar.

Rolls of the Horses. 233

	Gerardus de Lectore, vallettus ejufdem, habet j runcinum forum bauzain, precii - - - -	xx mar.
Mortuus apud Are, xxvj die Aug.	Willelmus Reym[undi] de Ornun, vallettus ejufdem, habet j *runcinum forum*, precii - - - -	x li.
	Dñs Willelmus Corlyn, miles ejufdem, habet j equum badium, precii - - - - -	xij mar.
	Willelmus Arnaldi, vallettus ejufdem, habet j runcinum forum precii - - - - -	C s.
xxviij die Julij.	Dñs Johannes de Affheburñ habet j equum forum bauzain, precii - - - - -	x li.
	Walterus de Shiltoñ, vallettus ejufdem, habet j runcinum forum, precii - - - - -	vj mar.
Redd. ad elem. apud Karliolum.	Willelmus Cocus, vallettus ejufdem, habet j *runcinum forum* precii - - - - -	*vj mar.*
	Dñs Robertus de Coniers habet j equum rough' liardum bauzain, precii - - - - -	xij li.
	Radulphus de Sengletin, vallettus ejufdem, habet j runcinum nigrum, precii - - - - -	viij mar.
vij die Aug.	Dñs Edmundus de Maulee habet j equum nigrum, precii -	xx mar.
	Humfridus de Tours habet j equum nigrum cum ftella in fronte, precii - - - - -	xvj mar.
	Bertramus de Veer, vallettus ejufdem, habet j runcinum doign', precii - - - - -	xij mar.
	Willelmus de Comerhou, vallettus ejufdem, habet j runcinum nigrum, precii - - - - -	viij mar.
	Willelmus Coton, vallettus ejufdem, habet j runcinum album liardum, precii - - - - -	vj mar.
	Thomas Dyngo habet j runcinum nigrum, precii -	vj mar.
	Johannes de Penbrigge habet j runcinum favum, precii	xvj mar.
xº die Augufti.	Dñs Hugo de Mortuo mari habet j equum nigrum bauzayn cum iij pedibus albis, precii - - -	xxx mar.
Redd. ad elem. apud Karliolum, xxij die Sept.	Hugo de Mortuo mari, valle&tus ejufdem, habet j *runcinum ferrandum pomele*, precii - - - -	*xij mar.*

Falk.   2 H

	Robertus la Soche, valleƌtus ejuſdem, habet j runcinum ferrandum pomele, precii - - - -	xij mar.
	Thomas de la Mare, valleƌtus ejuſdem, habet j runcinum doignum, precii - - - -	xxx mar.
	Galfridus de Bureforde, valleƌtus ejuſdem, habet j runcinum doignum, precii - - - -	xxiiij mar.
	Ricardus Bacun, valleƌtus ejuſdem, habet j runcinum nigrum, precii - - - - -	x li.
Mortuus apud Karliolum, xviij die Septembris.	Henricus le Galeys, valleƌtus ejuſdem, habet j runcinum, *clarum badium, precii* - - - -	*xv mar.*
	Stephanus de Feyfes, valleƌtus ejuſdem, habet j runcinum favum cum liſta [precii] - - -	vj mar.
	Henricus de la Hyde, valleƌtus ejuſdem, habet j runcinum ferrandum pomele, precii - - - -	viij mar.
	Johannes de Tonedebury, valleƌtus ejuſdem, habet j runcinum favum, precii - - - -	vj mar.
Redd. ad karv. apud Jeddeworthe, menſe Octobris. Ad elem. ix die Septembris.	Dñs Thomas de Chaucombe habet j equum nigrum veyroun', precii - - - - -	xxxv mar.
	Johannes de Calentyn, valleƌtus ejuſdem, habet j runcinum *album piole*, precii - - - -	*vj mar.*
	Robertus de Bryngeſle, valleƌtus ejuſdem, habet j runcinum badium, precii - - - -	x mar.
xxviij die Julij. xiiij die Aug. Mortuus apud Arc, menſe Sept. Redd. ad karvann. apud Dunolm. viij die Nov. et admiſſus per preceptum Regis.	Du's Engelelmus de Fluvia habet *j equum liardum pomele cum iij pedibus albis*, precii - - - -	L mar.
	Dñs Senianicus de Reudegoy, miles ejuſdem, habet *j runcinum liardum pomele*, precii - - - -	xx mar.
	Jocominus Turryl, valleƌtus ejuſdem, habet j runcinum album, precii - - - - -	xxvj mar.
	Bernardus de Vignol, valleƌtus ejuſdem, habet j runcinum liardum, precii - - - -	xxx mar.
	Bertrandus del Aos, valleƌtus ejuſdem, habet j runcinum, clarum badium, precii - - - -	xxv mar.
Mortuus apud Carlaveroke, menſe Sept.	Bertrandus de Pontine, valleƌtus ejuſdem, habet j *runcinum roughe liardum*, precii - - - -	ix mar.
	Poncinus de Bruere, valleƌtus ejuſdem, habet j runcinum nigrum, precii - - - - -	xxx mar.

Rolls of the Horses. 235

	Beningeron de Fluvia, vallectus ejusdem, habet j runcinum badium, precii - - - -	Lx s.
	Dns Beningerus de Los, miles ejusdem, habet j equum badium, precii - - - -	xxx mar.
Mortuus apud Are, mense Sept.	Petrus Calaghe, vallectus ejusdem, habet *j runcinum album pomele*, precii - - - -	x mar.
	Arnaldus de Los, vallectus ejusdem, habet j runcinum forum cum stella in fronte, precii - - - -	xvj mar.
	Petrus Gauceran, vallectus ejusdem, habet j runcinum badium cum stella in fronte, precii - - - -	xij mar.
Redd. ad karvannum apud Dunolm., viij° die Nov., et admissus per preceptum Regis.	Dns Bernardus de Mont Senys, miles ejusdem, habet j runcinum *nigrum liardum*, precii - - -	xl mar.
	Bernardus de Caldes, vallectus ejusdem, habet j runcinum forum bauzayn cum pedibus posterioribus albis, precii -	xxx mar.
	Beningerus de Mont Senys, vallectus ejusdem, habet j runcinum nigrum, precii - - - -	x li.
Mortuus apud Karliolum, mense Sept.	Petrus de Fygus, vallectus ejusdem, habet *j runcinum ferrandum pomele*, precii - - -	xij li.
	Guilelmus de Mont Senys, vallectus ejusdem, habet j runcinum album, precii - - - -	xxx mar.
	Poncinus Gauceran, vallectus ejusdem, habet j runcinum liardum pomele, precii - - - -	xxiiij mar.
Redd. ad clem. apud Roule, ultimo die Sept.	Arnaldus de Villa majori, vallectus ejusdem, habet j runcinum *badium bauzan*, precii - - -	xij mar.
Mortuus apud Karliolum, mense Sept.	Dns Jacobus de la Rike, miles ejusdem, habet *j equum badium cum iij pedibus albis*, precii - - -	L. mar.
	Arnaldus de la Rike, vallectus ejusdem, habet j runcinum album, precii - - - -	xij li.
	Willelmus Dieu, vallectus ejusdem, habet j runcinum badium bauzain cum iiij pedibus albis, precii - -	x mar.
	Bernardus Baddle, vallectus ejusdem, habet j runcinum ferrandum pomele, precii - - - -	xij mar.
	Jacobus de Benaske, vallectus ejusdem, habet j runcinum badium clarum, precii - - - -	viij mar.
	Dns Johannes de Purget habet j equum badium bauzan, precii -	xxx mar.
	Manfredus de Pavia, vallectus ejusdem, habet j runcinum ferrandum pomele, precii - - - -	x mar.

	Thomas de Verlay habet j runcinum badium bauzain cum iij pedibus albis, precii - - -	xx mar.
	Robertus de Maner' de comitatu Ebor. habet j runcinum ferrandum pomele, precii - - -	vj mar.
	Robertus de Calmethorpe de eodem comitatu habet j runcinum album, precii - - - -	viij mar.
Ad elem. menſe Sept. in principio.	Willelmus de Gopeſhulle habet j runcinum *badium*, precii -	xl s.
xvij die Augufti.	Willelmus de Sou habet j equum nigrum cum ſtella in fronte, precii - - - -	xxv mar.
	Arnaldus Guilelmi de la Caffein, focius ejufdem, habet j runcinum ferrandum pomele, precii - - -	xxiiij mar.
	Augerus de Sis, focius ejuſdem, habet j runcinum badium cum ſtella in fronte, precii - - -	xx mar.
Eſt in comitiva dñi Euſtachij de Hacche, et idem dñs E. percipit vadia pro eodem.	Dñs Robertus Giffarde de comitatu Cornub. habet j equum album pomele, precii - - -	xij mar.
	Ricardus de la Forde, valleƈtus ejufdem, habet j runcinum forum cum ſtella in fronte, precii - - -	x mar.
xxij die Augufti.	Dñs Robertus de Brante, miles dñi Simonis de Monte acuto, habet j equum nigrum liardum, precii - -	xx mar.
	Dñs Galfridus de Alba marlia, miles ejufdem, habet j equum ferrandum pomele, precii - - -	x li.
	Dñs Johannes de Blakeforde, miles ejufdem, habet j equum doign' liardum, precii - - -	x mar.
	Wincanus de Gildeforde, valleƈtus ejufdem, habet j runcinum favum cum ſtella in fronte, precii - -	C s.
	Walterus de Hyuhyſhe, valleƈtus ejufdem, habet j runcinum album piole, precii - - -	x mar.
	Robertus de Brente, valleƈtus ejufdem, habet j runcinum griſium liardum, precii - - -	vj mar.
	Thomas de Bikeforde, valleƈtus ejufdem, habet j runcinum album powys, precii - - -	viij mar.
	Robertus Pygod, valleƈtus ejufdem, habet j runcinum ferrandum pomele, precii - - -	vj mar.
	Thomas de Bikebury, valleƈtus ejufdem, habet j runcinum nigrum liardum, precii - - -	vj mar.

Rolls of the Horses. 237

xxiiij die Augufti.

Dñs Reymundus de Seiruan habet j equum badium cum ftella in fronte, precii - - - - - xl li.

Willelmus de Biancourt, valleétus ejufdem habet j runcinum badium cum pedibus pofterioribus albis, precii - - xl mar.

Arnaldus de Peu, valleétus ejufdem, habet j runcinum ferrandum pomele, precii - - - - - x mar.

Affaldus de Efcuffan, valleétus ejufdem, habet j runcinum badium, precii - - - - - x li.

Lumbardus de Efquafe, habet j runcinum roughe liardum, precii - - - - - xx mar.

Bertramus de Sefcars, focius ejufdem, habet j runcinum badium cum ftella in fronte, precii - - - - xij li.

Bernardus de Ofze, habet j runcinum nigrum cum ftella in fronte, precii - - - - - C s.

memb. 1, dorfo.

Memorandum quod Dñs Robertus de Haftangge, vicecomes de Rokefborughe, habuit equos fubfequentes interfeétos in fervicio Regis anno xxvj^{to}, quando idem Dñs Robertus cum garniftura diéti caftri fecerunt exitus fuos per vices contra inimicos Regis, videlicet :

Equi interfeéti et amifsi per garnifturam de Rokefborughe.

Unum equum badium pro corpore fuo, precii - x li.

Item unum alium equum badium pro corpore fuo, precii - xx mar.

Item unum alium equum forum bauzan pro corpore fuo, precii - - - - - x li.

Item Yvo de Aldeburghe, vallettus de garniftura ejufdem caftri, habuit j equum nigrum badium [precii] - C s.

Simon de Hauden, vallettus ejufdem garnifture, habuit j [equum] grifium, precii - - - vj mar.

Adam de Mindrom, vallettus ejufdem garnifture, habuit unum equum nigrum, precii - - - v mar.

Item Yvo de Aldeborugh, vallettus ejufdem garnifture, habuit j alium equum grifum, precii - - v mar.

[*Endorfed*] Rotulus de equis forinfecis appreciatis.

26 *Edw. I.* 1298.

[1298], *July* 22.

ACCOUNT OF THE BATTLE OF FALKIRK.

MS. Digby 168, *fo.* 197*b*.   *Bodleian Library, Oxford.*[1]

K. Edward having crossed to Flanders, 1297.

ANNO vero Domini M. CC. 97, cum dictus Rex Edwardus transfretasset in Flandriam circa videlicet festum Decollacionis sancti Johannis Baptiste,[2] iterum rebellaverunt Scoti duce quodam riballo dicto Willelmo Waleys, frequenter eciam a suis propter scelere sua forbannito, quem Rex propter illius maliciam ad pacem suam non admiserat. Scoti igitur ipsius ducatu nimia crudelitate sevientes Nothahumbr. et Westmoriam invadentes omnia devastant ac succedunt etati non parcentes nec sexui . . Rediit Rex Edwardus in Angliam et eciam exercitus illius qui fuerat in Wasconia. Rex, congregato exercitu copioso, adivit Scociam, contra rebelles sibi ac perjuros pugnaturus, quos in multitudine gravi contra se coadunatos reperiens aggreditur et commisso prelio, annuente Deo, victoria potitur. Et fuit hujus modi bellum.

the Scots, under Wallace, invade Northumberland, etc. Edward returns; raises troops, and marches into Scotland.

The battle of Falkirk.

Anno Domini M. CC. 98, in die sancte Marie Magdalene, inter primam et terciam, ad vii. miliaria de Strivelyn, in loco qui Anglice vocatur *ye sowe Chapel*, ubi ceciderunt de Scotis circiter 80 milia, reliquis illa vice se fuga salvantibus. Anglici vero nullam jacturam suorum habuerunt preter equorum qui in primo gressu vulnerabantur, excepto Magistro Templariorum in Anglia, Briano de Jay vocabulo, qui, indiscrete Willelmum Walensem prosecutus ducem Scotorum, interemptus est.

---

[1] This is a Chronicle of England from Brute to the year 1305. It has been ascribed to Peter de Ickham. The author, whoever he was, was present at the funeral of William de Beauchamp, Earl of Warwick, in the church of the Minorites at Worcester, 1298.

[2] The king embarked on Thursday, 22 August, 1297, at Winchelsea. *Patent Roll*, 26 *Edw.* I., *part* 2, *m.* 7.

[1298], *July* 26—*Oct.* 20.

PRESENTATIONS TO ECCLESIASTICAL BENEFICES IN SCOTLAND.[1]

Privy Seals, 26 *Edw. I. File* 8. *No.* 378.

EDWARDUS, *etc.* Dilecto clerico et fideli suo Johanni de Langetoñ cancellario suo vel ejus locum tenentibus salutem. Mandamus vobis quod dilectum clericum nostrum Johannem de Wynton. ad ecclesiam de Stobhou, Glasguensis diocesis, vacantem et ad nostram donacionem spectantem, per litteras sub magno sigillo nostro in debita forma presentetis. Datum sub privato sigillo nostro apud Strivelyn, xxvj die Julij anno regni nostri vicesimo sexto. *Of John de Wynton to the church of Stobo, co. Peebles.*

Patent Roll, 26 *Edw. I., m.* 10.

‡ JOHANNES de Wynton. clericus habet litteras Regis de presentacione ad ecclesiam de Stubhou, vacantem et ad donacionem Regis spectantem. Et diriguntur littere . . Glasguensi Episcopo.[2] Teste Rege apud Strivelin, xxvj die Julij. *De presentacione.*
                    Per breve de privato sigillo. Duplicatur.

Privy Seals, 26 *Edw. I. File* 7. *No.* 358.

EDWARDUS *etc.* Johanni de Langetoñ *etc.* salutem. Mandamus vobis quod dilectum clericum nostrum Galfridum de Stokes ad ecclesiam de Douglas, Glasguensis diocesis, vacantem ed ad nostram donacionem spectantem, per litteras sub magno sigillo nostro in forma debita presentetis. Datum sub privato sigillo nostro apud Strivelyn, xxvj die Julij anno regni nostri vicesimo sexto. *Of Geoffrey de Stokes to the church of Douglas, co. Lanark.*

Patent Roll, 26 *Edw. I., m.* 10.

‡ GALFRIDUS de Stokes, habet litteras Regis de presentacione ad ecclesiam de Douglas, vacantem et ad donacionem Regis spectantem. Et diriguntur littere . . Glasguensi Episcopo. Teste ut supra. *De presentacione.*
                    Per breve de privato sigillo. Duplicatur.

---

[1] Continued from page 118. Such of these entries as are marked ‡ are printed in Stevenson's *Documents*, vol. II. pp. 283-290, but without annotation, and with some errors, which are here corrected.

[2] Robert Wishart, Bishop of Glasgow, 1272-1317.

26 Edw. I. 1298, July 26—Oct. 20.

Privy Seals, 26 Edw. I. File 9. No. 401.

Of Walter de Bedewynde to the church of Kilpatrick, co. Dumbarton.

EDWARDUS etc. Johanni de Langetoñ etc. falutem. Mandamus vobis quod ad ecclefiam de Kirkpatrike fuper Cludam, Glafguenfis diocefis, vacantem et ad noftram donacionem spectantem, dilectum clericum noftrum Walterum de Bedewynde per litteras fub magno figillo noftro in forma debita prefentetis. Datum fub privato figillo noftro apud Strivelyn, primo die Augufti anno regni noftri vicefimo fexto.

Patent Roll, 26 Edw. I. m. 10.

De prefentacione.

‡ WALTERUS de Bedewynde habet litteras Regis de prefentacione ad ecclefiam de Kilpatrike fuper Cludam, vacantem et ad donacionem Regis fpectantem. Et diriguntur littere . . Glafguenfi Epifcopo. Tefte Rege apud Strivelyn, primo die Augufti. Per breve de privato figillo.

Privy Seals, 26 Edw. I. File 8. No. 400.

Of John Boufhe to the church of Kynkell, co.

EDWARDUS etc. Johanni de Langetoñ etc. falutem. Mandamus vobis quod dilectum clericum noftrum Magiftrum Johannem Boufhe de London, ad ecclefiam de Kynkelle, Aberdenenfis diocefis, vacantem et ad noftram donacionem fpectantem, in forma debita prefentetis. Datum fub privato figillo noftro apud Strivelyn, quarto die Augufti anno Regni noftri vicefimo fexto.

Nunciante Johanne de Chauvent.

Patent Roll, 26 Edw. I., m. 9.

De prefentacione.

‡ JOHANNES Boufhe de London, habet litteras Regis de prefentacione ad ecclefiam de Kinkelle, vacantem et ad donacionem Regis spectantem. Et diriguntur littere . . Aberdenenfi Epifcopo. Tefte Rege apud Abercorn, xv die Augufti. Per breve de privato figillo. Dupplicatur.

Privy Seals, 26 Edw. I. File 9. No. 409.

Of Robert de Carteret to the church of Monimail, co. Fife.

EDWARDUS etc. Johanni de Langetoñ etc. falutem. Mandamus vobis quod ad ecclefiam de Monymel, Sancti Andree diocefis, vacantem et ad noftram donacionem, racione epifcopatus Sancti Andree vacantis et in manu noftra

Presentations to Benefices in Scotland.

exiftentis, fpectantem, dilectum clericum noftrum Robertum de Cartereto per litteras fub magno figillo noftro in forma debita prefentetis. Datum fub privato figillo noftro apud Torphighyn, ix° die Augufti anno regni noftri vicefimo fexto.

Patent Roll, 26 *Edw. I., m.* 8.

‡ ROBERTUS de Cartereto habet litteras Regis de prefentatione ad ecclefiam De prefentacione. de Monymel, vacantem et ad donacionem Regis fpectantem, racione epifcopatus Sancti Andree in Scocia vacantis,[1] et in manu Regis exiftentis. Et diriguntur littere cuftodi fpiritualitatis epifcopatus predicti. Tefte Rege apud Torphigkyn, ix die Augufti. Per breve de privato figillo. Dupplicatur.

Privy Seals, 26 *Edw. I. File* 8. *No.* 391.

EDWARDUS, *etc.* Johanni de Langetoñ *etc.* Cum dilecto clerico noftro Of Walter Bakon Waltero Bakon precentoriam in ecclefia cathedrali Dunkeldenfi, vacantem et ad to the precentor-noftram donacionem, racione epifcopatus Dunkeldenfis vacantis[2] et in manu dral of Dunkeld. noftra exiftentis, fpectantem, duxerimus caritatis intuitu conferendam; vobis mandamus, quod eidem Waltero litteras noftras fuper collacione hujufmodi habere in forma debita faciatis. Datum fub privato figillo noftro apud Torfighyn, x die Augufti anno regni noftri vicefimo fexto.

Patent Roll, 26 *Edw. I., m.* 10.

REX omnibus ad quos etc. falutem. Sciatis quod dedimus et conceffimus De prebenda data. dilecto clerico noftro Waltero Bakun precentoriam in ecclefia cathedrali Dunkeldenfi, vacantem et ad donacionem noftram fpectantem, racione epifcopatus Dunkeldenfis vacantis et in manu noftra exiftentis, habendam cum fuis juribus et pertinenciis quibufcumque. In cujus etc. Tefte Rege apud Torfighyn, x die Augufti. Per breve de privato figillo. Et dupplicatur.

Privy Seals, 26 *Edw. I. File* 10. *No.* 29.

EDWARDUS *etc.* Johanni de Langetoñ *etc.* falutem. Mandamus vobis quod Of John de Croffe-dilectum clericum noftrum Johannem de Croffeby ad ecclefiam fancte Marie de by to the church Forefta de Selkyrke, Glafguenfis diocefis, vacantem et ad noftram donacionem Foreft of Selkirk.

---

[1] William Lamberton had been confecrated to this fee at Rome in June.
[2] Matthew de Crambeth, Bifhop of Dunkeld, was, it feems, recently deceafed.

spectantem, per litteras sub magno sigillo nostro in forma debita presentetis. Datum sub privato sigillo nostro apud Karliolum, ix die Septembris anno regni nostri vicesimo sexto.

Patent Roll, 26 *Edw. I., m.* 9.

De presentacione.   ‡ Johannes de Crosseby habet litteras Regis de presentacione ad ecclesiam sancte Marie de foresta in Selkirke, vacantem et ad donacionem Regis spectantem. Et diriguntur littere . . Glasguensi Episcopo. Teste Rege apud Karliolum, ix die Septembris.   Per breve de privato sigillo. Dupplicatur.

Patent Roll, 26 *Edw. I., m.* 5.

De presentacione.
Of Robert de Wodehouse to the church of Ellon, co. Aberdeen.   ‡ Robertus de Wodehouse habet litteras Regis de presentacione ad ecclesiam de Elon, vacantem et ad donacionem Regis spectantem. Et diriguntur littere Episcopo Aberdenensi.[1] In cujus etc. Teste Rege apud Karliolum, ix die Septembris.   Per breve de privato sigillo.

Privy Seals, 26 *Edw. I. File* 11. *No.* 521.

Of Henry de Braundeftone to the church of Portesloe, co. Perth.   Edwardus *etc.* Johanni de Langeton *etc.* salutem. Mandamus vobis quod dilectum clericum nostrum Henricum de Braundeston ad ecclesiam de Fertevyot, Sancti Andree diocesis, vacantem et ad nostram donacionem, racione episcopatus predicti vacantis et in manu nostra existentis, spectantem, per litteras sub magno sigillo nostro in forma debita presentetis. Datum sub privato sigillo nostro apud Carliolum, decimo die Septembris anno regni nostri vicesimo sexto.

Privy Seals, 26 *Edw. I. File* 11. *No.* 502.

Of Adam Pouray (or Povcray) to the church of Kirktoun, co. Roxburgh.   Edwardus *etc.* Johanni de Langeton *etc.* Mandamus vobis quod dilectum clericum nostrum Adam Pouray[2] ad ecclesiam de Kirketon, Sancti Andree diocesis, vacantem et ad nostram donacionem spectantem, per litteras sub magno

---

[1] Henry le Chen, Bishop of Aberdeen.
[2] Afterwards a Baron of the Exchequer. An account of him will be found in Foss's *Biographia Juridica.*

Presentations to Benefices in Scotland. 243

figillo noftro in forma debita prefentetis. Datum fub privato figillo noftro apud Karliolum, x° die Septembris anno regni noftri vicefimo fexto.[1]

Patent Roll, 26 Edw. I., m. 5, in cedula.

ADAM Poueray clericus habet litteras Regis de prefentacione ad ecclefiam de Kyrketoñ, vacantem et ad donacionem Regis fpectantem. Et diriguntur littere cuftodi fpiritualitatis epifcopatus Sancti Andree, fede vacante. Tefte Rege apud Karliolum, x die Septembris. Per breve de privato figillo.

Privy Seals, 26 Edw. I. File 11. No. 503.

EDWARDUS etc. Johanni de Langetoñ etc. Mandamus vobis quod ad ecclefiam de Aberbuthenote, Sancti Andree diocefis, vacantem et ad noftram donacionem fpectantem, racione epifcopatus Sancti Andree in manu noftra exiftentis, dilectum clericum noftrum Henricum de Grayftoke per litteras fub magno figillo noftro in forma debita prefentetis. Datum fub privato figillo noftro apud Karliolum, x die Septembris anno regni noftri vicefimo fexto.

Of Henry de Greyftoke to the church of Arbuthnot, co. Kincardine.

Privy Seals, 26 Edw. I. File 10. No. 16.

EDWARDUS etc. Johanni de Langetoñ etc. falutem. Mandamus vobis quod ad ecclefiam de Parva Yetham, Glafguenfis diocefis, vacantem et ad noftram donacionem fpectantem, dilectum clericum noftrum Thomam de Chelreye[2] per litteras fub magno figillo noftro in forma debita prefentetis. Datum fub privato figillo noftro apud Karliolum, xj die Septembris anno regni noftri vicefimo fexto.
Nunciante . . Epifcopo Ceftrenfi.[3]

Of Thomas de Chelreye to the church of Little Yetholm, co. Roxburgh.

Patent Roll, 26 Edw. I., m. 8.

‡ THOMAS de Chelreye habet litteras Regis de prefentacione ad ecclefiam de Parva Yetham, vacantem et ad donacionem Regis fpectantem. Et diriguntur littere Glafguenfi Epifcopo. Tefte Rege apud Karliolum, xj die Septembris.
Et dupplicatur. Per breve de privato figillo.

De prefentacione.

---

[1] There is a duplicate of this Writ of the fame date (No. 528) in which the name is written "Poueray," and the church said to be "Glafguenfis diocefis." On the fame day was iffued a Writ of Privy Seal for the amendment and renewal of the grant of the provoftfhip of St. Andrew's to John de Benftede. See p. 117.

[2] In Stevenfon's *Documents*, the name is mifprinted "Chelfeye" and "Chelfay." Little Yetham is Kirk-Yetholm, in Roxburghfhire, but clofe to Northumberland.

[3] Walter de Langton, Bifhop of Coventry and Lichfield, Lord Treafurer.

244   26 *Edw. I.* 1298, *Sept.* 17-20.

Privy Seals, 26 *Edw. I. File* 10. *No.* 2.

Of William le Rus to the church of Auchtermuchty, co. Fife.

EDWARDUS *etc.* Johanni de Langetoñ *etc.* Mandamus vobis quod dilectum clericum noftrum magiftrum Willielmum le Rus ad ecclefiam de Ughtremokedy, Sancti Andree diocefis, vacantem et ad noftram donacionem fpectantem, per litteras fub magno figillo noftro in forma debita prefentetis. Datum fub privato figillo noftro apud Carliolum, xvij die Septembris anno regni noftri vicefimo fexto.

Patent Roll, 26 *Edw. I.,* m. 4.

De prefentacione.

MAGISTER Willelmus le Rus habet litteras Regis de prefentacione ad ecclefiam de Ughtremokedy, vacantem et ad donacionem Regis fpectantem, et diriguntur littere cuftodi fpiritualitatis epifcopatus Sancti Andree in Scocia. Tefte Rege apud Karliolum, xvj[1] die Septembris.

Per breve de privato figillo.

Privy Seals, 26 *Edw. I. File* 11. *No.* 517.

Of Thomas de Querle to the church of Rathe, co. Edinburgh.

EDWARDUS *etc.* Johanni de Langetoñ *etc.* falutem. Mandamus vobis quod ad ecclefiam de Ratheu, Sancti Andree diocefis, vacantem et ad noftram donacionem fpectantem racione Epifcopatus Sancti Andree vacantis et in manu noftra exiftentis, dilectum clericum noftrum Thomam de Querle per litteras fub magno figillo noftro in forma debita prefentetis. Datum fub privato figillo noftro apud Karliolum, vicefimo die Septembris anno regni noftri xxvj°.

Patent Roll, 26 *Edw. I.,* m. 1.

De prefentacione.

‡ THOMAS de Querle habet litteras de prefentacione ad ecclefiam de Ratheu, Sancti Andree diocefis, vacantem et ad donacionem Regis fpectantem. Et diriguntur littere cuftodi fpiritualitatis epifcopatus predicti. Tefte Rege apud Karliolum, xx die Septembris.

Privy Seals, 26 *Edw. I. File* 10. *No.* 3.

Of Hugh de Burgh to the church of Stonehoufe, co. Lanark.

EDWARDUS *etc.* Mandamus vobis quod ad ecclefiam de Stanhus, Glafguenfis diocefis, vacantem et ad noftram donacionem fpectantem, dilectum clericum

---

[1] This date muft be that of the Privy Seal.

Presentations to Benefices in Scotland. 245

noftrum Hugonem de Burgo per litteras fub magno figillo noftro in forma debita prefentetis. Datum fub privato figillo noftro apud Staynwegges,[1] xxv[o] die Septembris anno regni noftri vicefimo fexto.

Patent Roll, 26 Edw. I., m. 1.

Hugo de Burgo habet litteras Regis de prefentacione ad ecclefiam de Stanhus vacantem et ad donacionem Regis fpectantem. Et diriguntur littere Epifcopo Glafguenfi.[2]   Per breve de privato figillo. Et dupplicatur.

De prefentacione.

Privy Seals, 26 Edw. I. File 13. No. 617.

Edwardus *etc* Johanni de Langetoñ *etc.* falutem. Mandamus vobis quod ad ecclefiam de Eglifmalifhou, Glafguenfis diocefis, vacantem et ad noftram donacionem fpectantem, dilectum clericum noftrum Robertum de Afkeby per litteras fub magno figillo noftro in forma debita prefentetis. Datum fub privato figillo noftro apud Jeddeworthe, xvj[o] die Octobris anno regni noftri vicefimo fexto.

Of Robert de Afkeby to the church of Eglifmaolluach, or Carluke, co. Lanark.

Patent Roll, 26 Edw. I., m. 3.

‡ Robertus de Afkeby clericus habet litteras Regis de prefentacione ad ecclefiam de Eglifmalefhou, vacantem et ad donacionem Regis fpectantem. Et diriguntur littere . . Glafguenfi Epifcopo. Tefte Rege apud Gedeworthe, xvj die Octobris.   Per breve de privanto figillo. Dupplicatur.

De prefentacione.

Privy Seals, 26 Edw. I. File 12. No. 4.

Edwardus *etc.* Johanni de Langeton *etc.* falutem. Mandamus vobis quod dilectum clericum noftrum Walterum de Wynton. ad ecclefiam de Tyningham, Sancti Andree diocefis, vacantem et ad noftram prefentacionem racione epifcopatus predicti vacantis et in manu noftra exiftentis fpectantem, per litteras fub magno figillo noftro in forma debita prefentetis. Datum fub privato figillo noftro apud Jeddeworthe, xvij die Octobris anno regni noftri vicefimo fexto.

Of Walter de Wynton. to the church of Tynyngham, co. Haddington.

---

[1] Stanwix, or Stanewick, near Carlifle.   [2] The *tefte* is omitted on the Roll.

26 Edw. I. 1298, Oct. 17-20.

Patent Roll, 26 *Edw. I., m.* 3.

De prefentacione.

‡ Walterus de Wynton. habet litteras Regis de prefentacione ad ecclefiam de Tynyngham, Sancti Andree diocefis, vacantem et ad donacionem Regis racione epifcopatus predicti vacantis et in manu Regis exiftentis fpectantem. Et diriguntur littere cuftodi fpiritualitatis epifcopatus fancte Andree, fede vacante. In cujus etc. Tefte Rege apud Gedeworthe, xvij die Octobris.

Per breve de privato figillo.

Privy Seals, 26 *Edw. I. File* 13. *No.* 627.

Of John de Sandale to the next vacant church of 100 marks or more.

Edward par le grace de Dieu Roi dEngleterre, Seigneur dIrlande e Ducs dAquitaigne a noftre chier clerke a feal Johan de Langetone noftre Chanceler e a fon lieu tenantz faluz. Come nous coms donez pouer par nos lettres overtes a . . levefque de Ceftre noftre Trefourier, de doner depar nous a noftre chier clerke Johan de Sandale la procheine efglife au provende de cent mars, ou de plus, qui a doner nous efcherra ; vous mandoms qe de noftre Chancelerie ne fueffrez iffir nule lettre de prefentement ne de collacion, par quei ce peuft eftre deftourbez, fi vous ne eez fur ce mandement de nous, qui en face efpeciale mencion. Donees fouz noftre prive feal a Jeddeworthe, le xvij jour de Octobre lan de noftre Regne xxvj.

Privy Seals, 26 *Edw. I. File* 12. *No.* 3.

Of Robert de Maners to the church of Criech, co. Fife.

Edwardus, *etc.* Johanni de Langetoñ *etc.* falutem. Mandamus vobis quod ad ecclefiam de Creegh, Sancti Andree diocefis, vacantem et ad noftram donacionem fpectantem racione cuftodie terre et heredis Duncani quondam Comitis de Fyfe in manu noftra exiftentis, Robertum de Maners clericum per litteras fub magno figillo noftro in forma debita prefentetis. Datum fub privato figillo noftro apud Chevelyngham, xx die Octobris anno regni noftri vicefimo fexto.

Letters of Protection. 247

[1298], *Aug.* 2-*Nov.* 19.

LETTERS OF PROTECTION.[1]

Scotch Roll (Chancery) No. 3.   26-27 *Edw. I.*

Protecciones Scocie de anno regni Regis Edwardi filii Regis Henrici vicefimo fexto. xxvij.

Anno vicefimo fexto.

Ricardus filius Philippi de Wyke, qui cum Jacobo de Muletoñ profecturus   Aug. 2.
 eft ad partes Scocie, habet confimilem proteccionem.   m. 5, dorfo.
Robertus Malet, qui in obfequium Regis etc. profecturus *etc.*
Adam Bernard, qui cum Johanne de Berewico etc. profecturus *etc.*
Johannes de Sindlefham, qui cum prefato Johanne etc. profecturus *etc.*
Stephanus de Depham, Sewallus de Herft, Henricus de Dennarftoñ, et Henricus de Bradelve clericus, qui in obfequio Regis *etc.* morantur in partibus Scocie, habent litteras Regis de proteccione *etc.*
Ricardus de Borhunte, qui cum Johanne de Berewico ad Regem etc. venturus eft ad partes Scocie, habet *etc.*
Ricardus de Goldefburghe, qui cum Radulpho de Monte Hermeri Comite Glouc. moratur in partibus Scocie, habet *etc.*
Willelmus de Whitchurche, qui cum Waltero de Sturtoñ etc. moratur, *etc.*
Matheus de Redeman, qui cum Epifcopo Dunelmenfi etc. moratur, *etc.*
Willelmus de Cheyny miles, qui in obfequium Regis etc. profecturus eft ad partes   m. 4.
 Scocie, habet litteras Regis de proteccione duraturas ut fupra [ufque ad feftum Natalis Domini proximo futurum] cum claufulis predictis.
Galfridus de Alba marlia, qui in obfequium Regis etc. profecturus ut fupra, habet confimilem proteccionem.

Tefte Rege apud Strivelyn, ij die Augufti.

Ricardus de Hudeleftoñ, qui in obfequium Regis profecturus eft ad partes Scocie,   Aug. 4.
 habet litteras Regis de proteccione duraturas ufque ad feftum Natal'.   m. 5, dorfo.
Galfridus de Lopintoñ, qui cum eodum Ricardo *etc.*
Johannes de Yelande, qui cum Epifcopo Dunelmenfi etc. moratur, habet litteras Regis de proteccione.

Tefte Rege apud Strivelyn, iiij die Augufti.

---

[1] In continuation of the extracts relating to Letters of Protection granted before the battle of Falkirk, pp. 14-51, fupra.

26 *Edw. I.* 1298.

Aug. 6.
m. 4.
Robertus de Grendon miles, qui cum Radulpho de Monte Hermeri Comite Glouc̃. et Hertf. etc. moratur, *etc.*
Thomas de Hellebeke, Robertus Lengleys, Hugo de Myton, et Gilbertus Maudut milites, qui cum Roberto de Clifforde etc. morantur *etc.*
Teste Rege apud Strivelyn, vj die Augusti.

Aug. 11.
m. 5.
Ricardus de Dockeseye, qui in obsequium Regis per preceptum Regis profecturus est ad partes Scocie, ad dilectum nepotem Regis Thomam Comitem Lanc. cum Rege in obsequio Regis in eisdem partibus commorantem, habet litteras de proteccione duraturas ut supra cum clausulis predictis.
Teste Rege apud Abercorn, xj die Augusti.

Aug. 14.
m. 4.
Nicholaus de Aldithelege } qui cum Rege etc. in partibus Scocie
Willelmus le Butiller de Wemme } morantur, habent litteras Regis *etc.*
Robertus la Zousche, qui cum Hugone de Mortuo mari etc. moratur *etc.*
Edmundus de Cornubia, qui in obsequio Regis moratur *etc.*
Teste Rege apud Abercorn, xiiij die Augusti.

Sept. 14.
Galfridus de Monte Revelli, qui a partibus Vasconie in obsequium Regis pro expedicione Regis in presenti guerra Scocie ad Regem venit, habet litteras Regis de proteccione duraturas usque ad festum Nativitatis Domini proximo futurum cum clausulis Volumus etc. Presentibus etc.
Rusteyn de la Rokele et Amaneus de la Rokele, qui a partibus Vasconie etc. ut supra venerunt, habent confimiles protecciones *etc.*
Teste Rege apud Karliolum, xiiij die Septembris.

Oct. 3.
Radulphus filius Willelmi, qui ad Regem in obsequium Regis etc. venturus est ad partes Scocie, habet litteras Regis de proteccione duraturas *etc.*
Teste Rege apud Gedeworthe, iij die Octobris.

Oct. 4.
Willelmus de Monte Revely, qui ad Regem in obsequium Regis proficiscitur ad partes Scocie, habet litteras Regis *etc.*
Ricardus Frende de Ebor., qui in comitiva Willelmi de Monte Revelli ad Regem ad partes Scocie est venturus, habet litteras *etc.*
Edmundus de Hastinges, qui cum Rege etc. in partibus Scocie moram facit, habet litteras Regis *etc.*
Teste Rege apud Gedeworthe, iiij die Octobris.

Letters of Protection.

Serlo filius Radulphi Ernys de Elmedeñ, qui cum Waltero de Huntercumbe moratur in municione caftri Regis de Edenburghe, habet litteras Regis de proteccione ufque ad feftum Natalis Domini proximo futurum duraturas, cum claufulis predictis. 10 Oct. m. 4.

Walterus de Huntercumbe, qui per preceptum Regis moratur in municione caftri predicti, habet confimiles litteras Regis de proteccione, duraturas ut fupra, cum claufulis predictis.

Tefte Rege apud Gedworthe, x die Octobris.

Willelmus filius Warini,[1] qui ab inimicis Regis captus, et in prifona in partibus Scocie detinetur, habet litteras Regis de proteccione duraturas ufque ad feftum Nativitatis fancti Johannis Baptifte proxime futurum, cum claufulis Volumus etc. Prefentibus etc.   Per breve de privato figillo. 12 Nov.

Tefte Rege apud Dunolmum, xij die Novembris.

Philippus de Verney, qui in obfequio Regis per preceptum Regis in partibus Scocie moratur, habet litteras Regis de proteccione ufque ad feftum Pentecoftes proximo futurum duraturas, cum claufulis Volumus etc. Prefentibus etc. Per teftimonium Walteri de Bello campo. 19 Nov.

Tefte Rege apud Novum Caftrum fuper Tynam, xix die Novembris.

---

[1] This William FitzWarine feems to have been a younger fon of the eminent family of the fame name who were Barons by tenure of lands in Salop, at leaft from the time of Richard I., and Barons by writ from 1295. Thefe Barons, who all bore the Chriftian name of Fulke, had for arms, *Quarterly per fefs indented, argent and gules.* William le FitzWarine appears from the Rolls to have changed the tinctures to *argent and fable*. On a later page (253) will be found a mandate of the King for the fafe cuftody of his lands and goods, in England and Ireland, during his captivity. His wife, Mary of Argyll, Queen of Man and Countefs of Strathern, had (10 Apr. 1299) a fafe conduct to fee him, ftill a prifoner. At her prayer the King had allowed (7 Apr. 1299) that he fhould be exchanged for Sir Henry de St. Clair. (Bain's *Calendar of Documents relating to Scotland*, vol. II. pp. 280, 270.) He died before 1 Dec. in the fame year. (*Inq.* 28 Edw. I. No. 11.)

Falk.   2 K

[1298], Aug. 2.

LETTERS OF SAFE-CONDUCT FOR ANDREW DE WAUNE, CONVEYING PROVISIONS TO SCOTLAND.

Patent Roll, 26 *Edw. I., m.* 10.

De conductu.

REX[1] omnibus ballivis et fidelibus suis ad quos etc. salutem. Cum Andreas de Waune, civis et burgensis noster de Ebor., blada, vina, victualia et alia necessaria versus partes Scocie tam per mare quam per terram ducat, vel duci faciat, pro sustentacione nostra et fidelium nostrorum in obsequio nostro ibidem commorancium; Vobis mandamus quod eidem Andree aut hominibus suis in ducendo blada, vina, victualia et alia necessaria versus partes predictas, tam per mare quam per terram, ut predictum est, ibidem morando et inde redeundo, non inferatis, seu quantum in vobis est inferri permittatis, injuriam, molestiam, dampnum, impedimentum seu gravamen: dum tamen blada, vina, victualia et alia necessaria ad Scotos inimicos nostros non deferat, seu cum eis in aliquo communicet de eisdem. In cujus rei testimonium has litteras nostras fieri fecimus patentes duraturas usque ad festum Natalis Domini proximo futurum. Teste etc. apud Stryvelyn, secundo die Augusti anno etc. vicesimo sexto.

---

[1] Printed in Stevenson's *Documents,* vol. II. p. 298. A similar document in favour of Adam de Andevre, de Parva Jarnemuthe (*i.e.* Yarmouth), dated at Carlisle, 8 Sept., occurs on the same roll, *m.* 8.

There is in the Public Record Office (*Exchequer, Q.R., Miscellanea (Army), No.* 22/23, *m.* 13), a Memorandum indented, respecting the delivery, on Friday 8 Aug., 26 Edw. I., by Sir John de Drokenesford, Keeper of the Wardrobe, by order of the King, under the inspection of Sir Walter de Beauchamp, Steward of the Household, to John Sampson, constable of Stirling castle, of certain church vestments and furniture, provisions, and other articles. It is printed in Stevenson's *Documents,* vol. II. p. 299.

[1298], *Aug.* 10.

LETTER OF THE KING TO THE TREASURER AND THE CHAMBERLAINS
OF THE EXCHEQUER RESPECTING THE VICTUALING OF
STIRLING CASTLE.

Privy Seals, 26 *Edw. I. File* 8. *No.* 395.

EDWARD par la grace de Dieu Roy dEngleterre, Seignur dIrlaunde e Ducs dAquitaigne, au Treforer e as chaumberleins del Efcheker faluz. Sachiez qe a noftre venue a Strivelyn nous eftoioms fi fenglement eftorez de vivres de noftre purveance propre, qe nous nen avioms dont nous puffiens garnir le chaftel de meifme le lieu, einz nous covenoit prendre e avoms pris, pur eftorer meifme le chaftel, plufoures maneres de vivres de marchaundz qui les avoient meneez es parties dEfcoce pur vendre a gentz de noftre ouft; as queux marchaundz le Senefchal e le Treforer de noftre hoftel ont premis certeinement de par nous, qil ferroient preftement paez pur meifme les vivres parmi les premiers deniers qe nous vendroient de vous hors dEngleterre: E pur ceo qe les deniers qe vous nous ferrez venir nous ferront mout bufoignables, e la fomme trop petite pur le bufoigne qe nous en avoms, ficome vous bien favez, fi avoms ja requis les avantditz marchaundz qil voillent retenire leur paement pur les ditz vivres de noftre Efcheker, ou aillurs de voftre affignement, en tieu manere qe lur gre en ferra fait pleinement avant la fefte de la Nativite Noftre Dame precheinement a venir; a la queu chofe il fe font affentuz a noftre requefte. Pur la queu chofe nous vous maundoms e chargeoms, en la foi qe nous nous devez, fermement enjoignauntz qe a Geffrey Brun, a qui nous devoms xxx fouz pur iij quartiers de farine de furment, qe nous feimes prendre de lui pur garnir le dit chaftel, ficome piert par une bille quil en ad de noftre Garderobe, la quele nous voloms qe vous preignez devers vous quant vous ferrez leur paiement, faciez en faire fon gre a plus toft qe vous unqes purrez, felonc la premeffe qe nous li en avoms faite, iff[int] . . ¹ fe tenir appaez par reifon. Car vous favez bien qe, fi le dit Richard² e les autres marchaundz, de qui les chofes font enfi prifes a noftre oeps, . . ¹ t paez, ficome nous leur avoms premis, eux e autres marchaundz aufint efchivereient deforemes de faire venir vivres as parties³ . . chose ferroit a graunt grevaunce de nous e de noftre oft, e a graunt arierriffement de nos bufoignes. Donees fuz noftre prive feal a Torfighyn, [le] x jour dAugft lan de noftre regne vint e fififme.

The King urges the Treafurer and Chamberlain to furnifh the money due to thofe who have provifioned the caftle of Stirling, he having promifed them payment by the Nativity of the B.V.M. (8 Sept.)

---
¹ A hole here.
² Read " Geffrey," as above. Endorfed—" pro Galfr'o Brun ;" and in another line—" perfolvitur xxvᵗᵒ die Octobris aᵒ Regis E. xxvjᵗᵒ."
³ The words wanting are probably "dEfcoce, la queu" (for quelle).

26 Edw. I. 1298, Aug. 21-Sept. 28.

[1298], *Aug.* 21.

PRECEPT TO THE SHERIFF OF YORK, TO TAKE 60 CARTS FOR THE KING'S SERVICE, AND TO SEND THEM TO CARLISLE BY THE THURSDAY AFTER THE FEAST OF ST. BARTHOLOMEW.

Memoranda Roll (Exch. Q.R.), 26 *Edw. I., m.* 119.

De carectis capiendis ad opus Regis.

PRECEPTUM est vicecomiti Ebor. xxj die Augusti, quod sub omni eo quod Regi forisfacere poterit, omni dilacione pretermissa, lx carectas infra ballivam suam ad opus Regis capi, et eas usque Carliolum transmitti faciat ; Ita quod eas habeat ibidem ad ultimum die Jovis proxima post festum sancti Bartholomei apostoli proximo futurum, illis quos Rex ex parte sua ad eas recipiendas assignavit, liberandas. Et hoc nullo modo omittat. Teste J. de Insula etc. die supradicto.

Per breve sub privato sigillo.

[1298], *Sept.* 7-28.

ORDERS FOR PAYMENTS TO THE KEEPER OF THE WARDROBE.

Liberate Roll, 26 *Edw. I., m.* 3, in cedulis.

£24,235 4*l.* 1*d.*

REX Thesaurario et camerariis suis salutem. Liberate de thesauro nostro dilecto clerico nostro Johanni de Drokenesforde[1] custodi Garderobe nostre viginti et quatuor milia ducentas triginta et quinque libras, quatuor solidos et unum denarium ad expensas hospicii nostri inde faciendas. Teste Rege apud Westm.[2] vij die Septembris anno etc. vicesimo sexto. Per billam de Garderoba.[3]

£6,575 1*l.* 10*d.*

REX Thesaurario et camerariis suis salutem. Liberate de thesauro nostro dilecto clerico nostro Johanni de Drokenessforde custodi Garderobe nostre sex milia quingentas sexaginta et quindecim libras, et viginti et duos denarios ad expensas hospicii et excercitus nostri inde faciendas. Teste Rege apud Casteltoñ, xxviij die Septembris anno etc. vicesimo sexto. Per billam de Garderoba.[3]

---

[1] Bishop of Bath and Wells, 1309-29. See No. 85[b], page 148.
[2] The King was not at Westminster on 7 Sept. 1298, but near Carlisle.
[3] Attached to *m.* 3, with the words (in each instance) on the Roll:—"Respice cedulam pendentem pro Johanne de Drokenesforde."

Provisions for Scotland. 253

[1298], *Sept.* 12.

PROVISIONS FOR SCOTLAND.   ORDERS FOR PAYMENT.

Privy Seals, 26 *Edw. I. File* 11.   *No.* 515.

EDWARD par la grace de Dieu Roi dEngleterre, Seignur dIrlande e Ducs   To Robert de
dAquitaine, au Treforer e as chamberleyns del Efcheker faluz.   Pur ceo qe nous   Foston, for flour
fumes tenuz a Robert de Foftone en xxvij livres e xviij deniers pur Lxiij quarters   Abercorn.
e vij buffeals de farine de furment, ficome piert par une taille qui lui en eft fur
ceo faite; la quele farine nous feimes prendre de lui a Abercorn a noftre oes a
noftre grant bufoign, e lui feimes premettre en bone foi quil enferroit paie
haftivement: vous mandoms fermement enjoignantz qe vous facez faire le gre
au dit Robert de la fomme defuys dite, a plus en hafte qe vous porrez, recevantz
de lui la dite taille, quant vous ferez fon paement.   Donces fouz noftre prive
feal a Kardoille, le xij jour de Septembre lan de noftre regne vint e fififme.

Privy Seals, 26 *Edw. I. File* 11.   *No.* 518.

EDWARD *etc.* au Treforer *etc.*   Pur ceo qe nous fumes tenuz a Johan de   To John de Tike-
Tikehulle en xxxvj s. e vj deniers, ficome piert par une taille qui luy eft four ceo   hulle, for fifh de-
faite, pur peiffon, le quel nous feifmes prendre de ly a Eftrivelyn a noftre oes a   livered at Stirling.
noftre grant bufoign, e lui feifmes premettre en bone foy quil en ferroit pae
haftivement: vous mandoms fermement enjoignantz qe vous facez faire le gre
au dit Johan de la fomme de fuys dite, a plus en hafte qe vous porrez, refcevantz
de luy la dite taille, quant vous ferez fon paement.   Donces fouz noftre prive feal
a Kardoille, le xij iour de Septembre lan de noftre regne xxvj.

[1298], *Sept.* 16.

MANDATE TO THE CHANCELLOR RESPECTING THE LANDS AND GOODS
OF WILLIAM FITZWARINE, TAKEN PRISONER BY THE SCOTS.

Privy Seals, 26 *Edw. I. File* 11 (*end*).

EDWARD *etc.* a fon chier clerk e foial Johan de Langetoñ fon Chancelier ou   The King com-
a fon lieu tenantz faluz.   Nous vous mandoms qe, par lettres de noftre grant feal   mands the Chan-
mandez a touz nos vifcontes dEngleterre, en qui baillies font les terres e les   cellor to fend
                                                                                    letters under the

26 *Edw. I.* 1298, Sept. 16-20.

great seal to all the sheriffs of England, for the safe custody of the lands and goods of William FitzWarine, and to the Treasurer and Chancellor of Ireland, for the safe custody of the lands and goods there of the said William, and of his son John,[1] who had died in the Scottish wars.

tenementz, biens e chateux mons. Guilliam le fuiz Waryn, qui eſt pris par nos enemys dEſcoce, qe eux meiſmes les terres e tenementz, biens e chateux, preignent en noſtre meyn, et puis les baillent depar nous a Johan de Berkewaye, a garder al oeps du dit William ſelonc ce quil en ad ordenez. Et mandez auſſit depar nous a noſtre Treſourier e au Chancelier dIrlande qe eux totes les terres e tenementz, biens e chateux, qui le dit Guilliame tient en fie ou a ferme en Irlande, enſemblement ove les terres e tenementz, biens e chateux, qui furent a Johan fuiz meiſme celi Guilliame qui morouſt en noſtre ſerviſe es parties dEſcoce, facent prendre en noſtre meyn, e les baillent a Alixandre de Eſtanforde, a garder en la forme avantdite. Et mandez as ditz Treſourier e Chancelier dIrlande quil aſſignent au dit Alexandre aucun compaignon qui ſoit homme fiable, qui ſurvee e contreroulle ce qe le dit Alexandre en fra, e qe entre eux enpreignent tieu garde, qe ce ſoit au profit du dit Guilliam. Et volons qe meiſme celi Alexandre oveſque ſon compaignon preignent aconte des recevours e des baillifs le devantdit Guilliam du temps quil ne ont acontez. Et pur ce qe le dit Guilliam ſe ad bien portez en noſtre ſerviſe de qui nous nous looms, ſi volons qe vous eez les buſoignes qui li touchent eſpecialment recommendez, e qe vous les eſploitez tant come a vous en affiert, en la meilloure manere e en la plus gracioufe qe vous porrez ſelonc reſon. Donees ſouz noſtre prive ſeal a Cardoille, le xvj iour de Septembre lan de noſtre regne xxvj.

[1298], *Sept.* 20.

MANDATE TO THE CHANCELLOR TO ISSUE LETTERS PATENT TO THE MEN OF CUMBERLAND AND WESTMORLAND, AS PROMISED ON THE KING'S BEHALF BY HENRY DE PERCY AND ROBERT DE CLIFFORD.

Privy Seals, 26 *Edw. I. File* 11. *No.* 508.

Letters to be issued, as promised, on account of an action performed in the year preceding.

EDWARD *etc.* a ſon chier clerk Johan de Langeton *etc.* Come nos feaux e loiaux Henri de Percy e Robert de Clifforde, par acheiſon dune chevauchee, que les gentz des contez de Cumberlande e de Weſtmerlande firent en leur compaignie ſur nos enemys en Eſcoce en lan de noſtre regne vintiſme quint, euſſent

---

[1] This John does not appear to be elſewhere noticed. Alan was heir to his father, 1299.

premis e foient obligez, par leur lettres overtes a les gentz des avantditz contez, de leur faire avoir lettres overtes fealees de noftre feal; qe la dite chevauchee, quil empriftrent enfuit[1] de leur bone volunte, ne devereit torner en fervage a eux ne a leur heirs; ne qe nous ne nos heirs, chalengerions fervife envers eux ne envers leur heirs, par acheifon de la chevanchee defufdite; ficome piert plus pleinement par les lettres overtes qui les avantditz Henri e Robert enont faites, les queles nous vous enveoms fouz noftre prive feal: Nous eantz ferm e eftable la premeffe e lobligacion qui meifmes ceux Henri e Robert ont faites de par nous en cele partie, vous mandoms qe, a les gentz des avantditz contez, faciez avoir fur ce nos lettres overtes fouz noftre graunt feal en due fourme.[2] Donees fous noftre prive feal a Cardoyl, le xx jour de Septembre lan de noftre regne vint e fififme.

[1298], *Sept.* 25.

GRANT TO GUY DE BEAUCHAMP, EARL OF WARWICK, OF LANDS IN SCOTLAND, LATE OF GEOFFREY DE MOWBRAY, AND OF OTHERS, THE KING'S REBELS AND ENEMIES, TO THE ANNUAL VALUE OF 1000 MARKS.

Chapter Houfe (*Scots Documents*). *Box* 93. *No.* 16.

EDWARD[3] par la grace de Deu Reys dEngleterre, Seignur dIrlande e Dux dAquitaynne, a tuz fes baillifs e fes feals faluz. Sachez nous, pur le bon e loable fervife qe noftre feal e leal Gwy de Beauchaump Counte de Warwyke nous ad fet, aver done e graunte, e par cefte noftre prefente chartre conferme a meifme celi Counte, Les chafteus e totes les terres e les tenemenz, ove les apurtenanz, qe furent a Geffrey de Moubray, noftre enemy e rebel, en la terre e en le reaume de Efcoce, forpris le maner de Ekeforde pres de Rokefburgh, ove les apurtenanz; E totes les terres e les tenemenz, ove les apurtenanz, qe furent a Johan de Strivelyn, e le chaftel de Ameffelde e la terre de Drungrey, qe furent a Andreu de Chartres, aufi nos enemys e rebels, en le dit reaume; e les queus il tindrent le jour de la Maudeleyne lan de noftre regne vint fififme; E totes les terres e les

The King, for the good fervice of the Earl, grants to him, The caftles, lands, etc. which belonged to Geoffrey de Mowbray, in Scotland (except the manor of Ekeforde); And all the lands, etc. which belonged to John de Striveryn; And the caftle of Ameffelde, and the

---

[1] This word doubtful, becaufe not fairly legible.
[2] The Letters Patent are not found on the *Patent Roll* for this year.
[3] Printed in Sir F. Palgrave's *Documents and Records*, vol. I. p. 202.

26 *Edw. I.* 1298, *Sept.* 25.

land of Drungrey, which belonged to Andrew de Chartres, and which they held on the day of St. Mary Magdalene last; And all the lands, etc. which were then held of them:

To hold of the King and his heirs,

By the customary services.

Provisions in the event of the premises falling short of, or exceeding, the yearly value of 1000 marks.

tenemenz, ove les apurtenanz, qe furent tenuz de ditz Goffrey, Johan e Andreu, en meisme le reaume lan e le jour sufdiz : A aver e a tenir de nous e de nos heirs ceo qe de nous est tenu, e de autres ceo qe de eus par nostre graunt [ser]a tenu, au dit Counte de Warwyke e a ses heirs, les avantditz chasteus, terres e tenemenz, ove feez des chevalers, avoesons des esglises, dowaires quant eschuerunt, eschetes e forfetures de tuz nos enemys e rebels, qe de diz Geffrei, Johan e Andreu, tindrent en meisme le reaume lan e le jour sufdiz, e ove totes autres choses qe au diz tenemenz avant apurteneayent en value de mil marchees de terre par an, par renable extente; Fesant a nous e a nos heirs, e as autres seignurs sufdiz, les servises de ceo dues e custumez a touz jours. E si les terres e tenemenz avantdiz, ove les forfetures e les autres choses, sicom sus est dit, nateignent la dite value de mil mars par an, nous ou nos heirs ceo qe ent defaudra au dit Counte de Warwyke ou a ses heirs parfroms aillors des terres des enemys, a plus pres qe hom purra covenablement, en meisme le reaume. E si iceles terres e tenemenz, ove forfetures e les autres choses sufdites, passent icele value, dunke le surplusage outre la dite extente a nous e a nos heirs demorge a nostre volunte. Forpris nequident les terres e les tenemenz purpris sur nous ou sur [nos heirs] par les diz Geffrei, Johan e Andreu, ou par les lurs si nuls y ad, peus le tens de ceste gere commencee, les queus nous volums qe demorgent en nostre mayne tanke dreit ent seit fet ; E forpris les terres e les tenemenz ove avoesons des esglises e totes autres apurtenaunces, qe furent tenuz des diz Geffrei, Johan e Andreu, en meisme le reaume lan e le jour sufditz, si nules de ceus avioms done ou graunte a nos autres feals avaunt le Joedi prochein devant la feste seint Michel a houre de nounc lan avantdit, Issi qe eus e leur heirs les teignent du dit Counte de Warwyke e de ses heirs par les servises de ceo dues e custumes a touz jours. En testmoigne de queu chose a ceste nostre presente chartre avoms fet mettre nostre seal. A ices testmoignes les honurables peres Wauter[1] de Coventre e de Lycheffelde, Johan[2] de Cardoylle, Evesks, Johan Counte de Warenn, Henri de Lascy Counte de Nicole, nostre chere nevu Thomas Counte de Lancastre, Henri de Percy, Robert le fiz Wauter, Robert de Clifforde, Willam le Latymer, e autres. Done par nostre mayn a Cardoylle le vintime quint jour de Septembre lan de nostre regne vint sisme.

The great seal for Scotland is appended, nearly perfect, in green wax. *Obv.* The King on his throne, sceptre in right hand. *Rev.* Shield of England. Legend (running round both faces of the seal) :—

✠ SIGILLVM EDWARDI DEI GRACIA REG[IS ANG]LIE D'NI HIBERNIE
✠ ET DVCIS AQVITANIE AD REGIMEN REGNI SCOCIE DEPVTATVM.

---

[1] Walter de Langton, consecrated 1296. [2] John de Haluclon, consecrated 1291.

[1298], Oct. 8.

SAFE-CONDUCT TO WILLIAM DE MONTREVEL AND WILLIAM BELE-
BUCHE HIS MERCHANT, BRINGING VICTUALS TO SCOTLAND.

Patent Roll, 26 *Edw. I., m.* 6.

REX omnibus ballivis et fidelibus suis ad quos etc. salutem. Sciatis De conductu. quod suscepimus in salvum et securum conductum nostrum dilectum valletum nostrum Willelmum de Monte Revelli et Willelmum Belebuche mercatorem ipsius Willelmi, in ducendo ad nos et fideles nostros, nobiscum in partibus Scocie commorantes, vina, blada et alia victualia, tam per terram quam per mare, ibidem morando et inde redeundo; dum tamen cum inimicis nostris non communicent de eisdem; Et ideo vobis mandamus quod eisdem Willelmo et Willelmo, aut eorum hominibus vel servientibus, in ducendo ad nos et fideles nostros hujusmodi victualia, ibidem morando et inde redeundo, sicut predictum est, non inferatis etc. injuriam, molestiam, etc. In cujus etc. usque ad festum Pasche proximo futurum duraturas. Teste Rege apud Gedeworthe, viij die Octobris.

[1298], Oct. 18.

MANDATE TO WALTER DE LANGTON, BISHOP OF COVENTRY AND
LICHFIELD, LORD TREASURER, CONCERNING A DEBT OWING TO
SIR ROBERT DE TONY.

Privy Seals, 26 *Edw. I. File* 12 (*end*).

EDWARD par la grace de Dieu Roi dEngleterre, Seignour dIrlaunde e Ducs dAquitaigne, al honurable peere en Dieu W. par la meisme grace Evesque de Cestre nostre Tresourier saluz. Pur ce qe nous sumes tenuz a monsr. Robert de Touny en grandz deniers, pur restor de chevaux e pur ses gages qui ariere li soit ausuit; vous mandoms qe vous li en aidez ce qui vous porrez bonement si quil se peusse tenir appaez, car nous savoms bien quil en ad grant mestier. Donees souz nostre prive seal a Werke, le xviij jour dOctobre lan de nostre regne xxvj.

Falk.

26 *Edw. I.* 1298, *Oct.* 20-25.

[1298], *Oct.* 20.

LETTER OF RALPH DE MANTON TO THE LORD TREASURER CERTIFYING THE AMOUNT DUE TO SIR ROBERT DE TONY.

Privy Seals, 26 *Edw. I. File* 12 (*end*).

REVERENDO in Chrifto patri domino W. Dei gracia Coventrenfi et Lichfeldenfi Epifcopo fuus clericus, Radulphus de Mantone, feipfum totum cum omni qua poteft fubjeccione. Preceptus fummam debiti que debetur in Garderoba Regis domino Roberto de Touny vos litteris meis cerciorare, veftre dominacioni notifico quod, computato cum eodem in Garderoba predicta, debentur eidem, tam de vadiis quam reftauro equorum fuorum amifforum in guerra Scocie proximo preterita, centum decem et octo libre, fexdecim folidi et octo denarii. Dominus vos confervet per tempora longa. Scriptum apud Chivelingham, xx die Octobris.

[1298], *Oct.* 25.

GRANT TO WALTER DE MOUNCY FOR HIS LIFE OF ALL EYRIES OF GENTIL FALCONS IN THE KING'S DEMESNE LANDS IN SCOTLAND.

Privy Seals, 26 *Edw. I. File* 13. *No.* 608.

EDWARD *etc.* a fon chier clerk e foial Johan de Langetoñ *etc.* faluz. Come nous eoms grantez a monf. Gautier de Moncy totes les eyres de falcons gentilz parmy nos demeynes terres en Roiaume d'Efcoce, davoir a tote fa vie, Iffuit totes voies quil nous en rende chefcun an a la gule Auguft deux piers bien affaitez; vous mandoms qe fur ce li faciez avoir lettres overtes de noftre grant feal, tielles come vous verrez qe li foient covenables. Donees fouz noftre prive feal a Ceftre en levefche de Dureme, le xxv jour d'Octobre lan de noftre regne xxvj.

Patent Roll, 26 *Edw. I., m.* 4.

REX omnibus ad quos etc. falutem. Sciatis quod conceffimus dilecto et fideli noftro Waltero de Mouncy omnes aerias falconum gentilium in omnibus dominicis

Mandate as to the Great Seal.   259

terris noftris in regno Scocie habendas ad totam vitam ejufdem Walteri; Ita videlicet, quod idem Walterus reddat nobis fingulis annis ad feftum fancti Petri ad vincula duos falcones pares bene aptatos.   In cujus etc.   Tefte Rege apud Dunolmum xxv^{10} die Octobris.   Per breve de privato figillo.

[1298], *Nov.* 15.

Mandate to the Chancellor's Deputies to bring the Great Seal to the King at Finchale.

Privy Seals, 26 *Edw. I. File* 13.   *No.* 640.

Edward par la grace de Dieu Roi dEngleterre, Seigneur dIrlande e Ducs dAquitaine, a fes chiers clers, meftre Johan de Craucumbe,[1] meftre Johan de Caam[2] e Willam de Birlay,[3] tenantz le lieu Johan de Langeton noftre Chaunceler, falutz. Nous vous mandoms fermement enjoignantz qe vous feez a nous a Fynkhale ove noftre grant feal yceft Dymeinge avant le feyr en totes maneres; e qe vous facez porter ovefque vous de la verte cire pur dys poire de lettres. E ce ne foit leiffez en nule manere. Donees fouz noftre prive feal a Fynkhale,[4] le xv[5] jour de Novembre lan de noftre regne vint e fififme.

[1] Archdeacon of the Eaft Riding. See Fofs, *Biographia Juridica*.
[2] John de Caen. See Fofs.   [3] See Fofs, under "Byrlay."
[4] Finchale is in the parifh of St. Ofwald, Durham. Here was a Benedictine Priory, fubordinate to that of Durham.   [5] This day was Saturday.

Appendix.

ENGAGEMENTS BETWEEN SIR AYMER DE VALENCE[1] AND
SIR THOMAS DE BERKELEY.[2]

– –

[1297], *July* 7.

INDENTURE BETWEEN AYMER DE VALENCE[1] AND SIR THOMAS DE
BERKELEY, FOR THE RETAINER OF THE LATTER WITH FIVE
KNIGHTS, ETC.[3]

Exchequer, Treasury of Receipt. Miscellanea, No. $\frac{4.3}{5}$.

At London; 25 Edw. I.; on Sunday after the oct. of Nat. St. John Baptist.

It is agreed that Sir Thomas, with the company of 5 knts. (himself une) under his banner, is retained by Sir Aymer, and shall take, as well in peace as in war, in England, Wales, and Scotland, £50 a year with robes for the same five; and diet (bouche a court) for himself and them, also for 2 esquires to serve himself, and 4 esquires to serve his 4 knights, and for 3 valets "de meyster" to carry the baggage of himself and his knights.

In war he shall have wages as a banneret 4s. a day; and each of his

LE Dymeygne prochein apres les utaves de la Nativite sein Johan le Baptist, en le an del regne le Rey Edward fiz le Rey Henry vintequint a Londres, a-convenu est entre Eymar de Valence fiz e heir sire Williame de Valence de une part, e mon sire Thomas seignur de Berkele de autre part, ceo est a saver: qe meme celi mon sire Thomas est demore ove lavaunt dit Eymar, de son mennage a banere, sey cinkyme de chivalers; e prendra de ly par an, taunt come demort ove ly, aussi ben en pes come en guerre, en Engletere, en Gales, e en Escoce, cinkaunte livres, e robes pur sei cinkyme de chivalers; e bouche a court pur li e pur memes les chivalers, e pur deus esquiers a li memes servir, e pur quatre esquiers pur ses quatre chivalers servir, e pur trois vallez de meyster portaunz les males memes celi mon sire Thomas e ses chivalers. E si guerre est, il prendra gages come a banret, ceo est assaver, quatre souz le jour ; e pur checun de ses chivalers, deus souz le jour ; e pur checun esquier arme ove chival covert, doze deners le jour: issi qe le avauntdit mon sire Thomas avera vint e quatre chivaus

---

[1] See page 152, No. 98. After the accession of Edward II. he was recognized as Earl of Pembroke.   [2] See page 152, No. 100.

[3] This document does not immediately relate to the campaign of 1298; but it is necessary to a right understanding of the succeeding instruments.

coverz partut en le fervife lavaunt dit Eymar. E fil veet en guerre ove lavaunt dit Eymar, aylours qe en Engletere, Gales, ou en Efcoce, il prendra de li par an cent mars, e fes gages pur li e pur fes chivalers, e pur fes efquiers, ficome eft avaunt dit; e bouche a court pur li e pur fes genz avaunt nomeez. E lavauntdit Eymar aquitera le paffage pur li e pur fes genz, e pur fes chivalers, ceo eft affaver; louwage de neef, e lur gages come en tere: e les chivaus de armes pur lavaunt dit mon fire Thomas e pur fes genz ferrunt prifees avaunt ceo qil les mettent en la neef. E fil les pert apres ceo, ou en mer ou en tere, en le fervife lavaunt dit Aymar, ou tuz ou partie, lavauntdit Eymar li rendra le pris de ceus qe ferunt perduz dedenz les quaraunte jors apres la perte. Eftre ceo, fil avent qe mon fire Morice fiz lavauntdit mon fire Thomas feit a banere en fa compaignie, qe de cel oure ne prenge lavauntdit mon fire Thomas dil avauntdit Eymar fors qe pur fey quart de chivalers, ove quinze chivaus coverz partut; e mon fire Morice a banere, fei terz de chivalers, ove unze chivaus covers partut. E prenge de cel oure mon fire Thomas, en tens de pes e de guerre, en Engletere, Gales, e en Efcoce, trente livers e robes pur fei quart; e lavauntdit mon fire Morice, vint livres e robes pur fes terz. E fi fi avauntdiz mon fire Thomas e mon fire Moriz, ou un de eus, vount en guerre ove lavauntdit Eymar aylours qe en Engletere, Gales, ou Efcoce, prendra lavauntdit mon fire Thomas dil avauntdit Eymar par an feiffaunte mars, e lavauntdit mon fire Morice quaraunte mars, e gages pur checun de eus come pur banret; e pur lur chivalers, e pur lur efquiers, gages aufi come avaunt dit eft. E donke lavaunt dit mon fire Morice avera bouche a court pur li e pur fes deus chivalers, aufi come lavaunt dit mon fire Thomas; ceo eft afaver, deus efquiers pur li memes fervir en fon hoftel, e deus efquiers pur fes deus chivalers: e fil pert fes chivaus en fon fervife, qil li rendra le pris, aufi come avaunt dit eft de mon fire Thomas. E eyent les avaunt diz mon fire Thomas e mon fire Morice chaumbre de liveree en le houftel lavauntdit Eymar, pur eus e pur lur chivalers faunz plus, fil y eit mefons entre les genz de fon houftel ke lem le pufe fere, pur eftre preft a fon maundement, aufi ben de nuyt come de jour. E fil avent qe les avauntdiz mon fire Thomas e mon fire Morice, ou un de eus, veignent a lavauntdit Aymar par fon mandement, a fes maners, ou aylors en Engletere a viles champ-eftres, ou il ne pufent trover vitayle a vendre pur eus, e pur lur genz, e pur lur chivaus; qil feyent a touz couftages lavaunt dit Eymar la primere nuyt, e nent plus. En temoigne de queu chofe les parties en ceft efcrit endente entre-chaunjablement ount mis lur feaus. Done lan, jour e leu avaunt nomeez.

knights 21.; and for each efquire, with barbed horfe, 12d; fo that he fhall have 24 fuch horfes in Sir Aymer's fervice. In war elfewhere he fhall take 100 marks yearly, befides wages and diet as aforefaid for his people. And Sir Aymer fhall pay for their paffage by fea, and their wages; their horfes being firft valued; and, if loft, Sir Aymer fhall pay their value within 40 days. And if Sir Maurice, fon of Sir Thomas, fhall become a banneret, then Sir Tho. fhall take from Sir Aymer only for his 4 knights and 15 horfes, and Sir Maurice for his 3 knights and 11 horfes: and Sir Thomas fhall take, in peace or war, in England, Wales, or Scot-land, £30, and robes for his 4; and Sir Maurice £20, and robes for his 3. If Sir Thomas and Sir Maurice, or either, fhall follow Sir Aymer elfewhere in war, Sir Thomas fhall take 60 marks and Sir Maurice 40, yearly, befides wages as bannerets; and for their knights and efquires as aforefaid. And Sir Maurice fhall have diet at table for himfelf and 2 knights, like Sir Thomas, viz. 2 efquires to attend him, and 2 for his 2 knights, and compenfation for horfes loft. Sir Thomas and Sir Maurice fhall have "chaumbre de liveree" in Sir Aymer's huftel, for themfelves and their knights, and no more (if there are houfes for the people of Sir Aymer's own houfehold), to be at his command by night and day. And if Sir Thomas or Sir Maurice fhall come, at Sir Aymer's command, to his manors or elfewhere in England, where victuals and provender cannot be bought, they fhall be at his charge for the firft night only.

One tag remains, but no feal.

[1298], *May* 5.

INDENTURE BETWEEN SIR AYMER DE VALENCE AND SIR THOMAS DE BERKELEY, REGARDING AN ACCOMPT FOR SERVICES OF THE LATTER IN THE PAST, AND THE MOUNTING, PAYMENT, ETC. OF SIR THOMAS, HIS SON SIR MAURICE,[1] AND THEIR RETINUE, DURING THIS EXPEDITION TO SCOTLAND.

Exchequer, Treasury of Receipt. Miscellanea, No. 14/5.

At Bampton) 26 Edw. I.; eve of St. John A.P.L.

The parties reckon the wages of Sir Thomas from the gule (first) of Aug. last year to St. John A.P.L. (May 6) this year. Sir Aymer owes £50 for arrears of wages, payable on the oct. of St. Michael (Oct. 6) next at the Friars Preachers, London:

Le Lundy en la veyle feint Johan ante portam Latinam, lan du regne le Rey Edward fiz le Roy Henry vintefyme, eft aconvenu entre mon fire Aymar de Valence de une part, e mon fire Thomas de Berkeleye de autre part, kyl eunt acounte lurgent,[2] de quel acounte tot deus fe payent, de gages qe mon fire Aymar luy eft tenuz, de la gule de Auft lan du regne le Rey Edward vintequynt, jekes le Mardi en la fefte feint Johan ante portam Latinam lan du regne le Roy Edward vintefyme. E connyft lavauntdit mon fire Aymar clerement eftre endette en cynkaunte lyvers de bons efterlings dil tens avauntdit des arerages des gages apayer a mon fire Thomas de Berkele, ou a fon attorne portaunt fa lettre patente, as outtaves de feint Michel en lan du regne le Rey Edward vintefyme, a Lundres a les Freres Precheurs faunz plus long delay. E de autre part, connyft mon fire

di. £15 6s. 8d. advanced by Sir Thomas, and payable on demand at the Feaft of Trinity next.

Aymar aver refceou de appreft, devaunt fun paffer en Flaundres, quinze lyvers, fis fous e out deners de efterlings, de mon fire Thomas de Berkele a Lundres en argent counte, arendre les avaunt diz quinze livers, fis fous e out deners ala fefte dela Trinite lan du regne le Rey Edward vintefyme, .n quel lou qil foit a tel houre e luy feyent demaundez de mon fire Thomas, ou de fon attorne fa lettre patente portaunt. E ala foute[3] des avauntdiz cynkaunte livers, e de les quinze livers, fis fous e out deners avaunt nomez, au jour e alou defus dit, leaumentes fere fe fufmette fire Aymar ala deftrefce de fenefchauz, e de marefchauz, e de toz autres miniftres le Roy qil luy puffent deftreindre e juftizer de jour en jour par toz fes mobles, ou qil foyent trovez, fil en partie ou en tout, au jours e a luys avaunt nomez, defaylye (qe Deu defend). E a greindre fourte fere, ad lavantdit

For thefe two fums Sir Aymer agrees to allow diftrefs to be made.

---

[1] See page 154, No. 110.   [2] Read "l'argent."   [3] Read "fourte," *i.e.* fureté.

mon fire Aymar prie fire Roger de Ingepenne,¹ qil fe mette e fe oblige ficom defus eft dit, iffi qe ben lyft a mon fire Thomas a qy qil voudra cefte dette avant nome aver e demaunder ; e le quel des deus cefte dette avauntdite paye, tot deus foyent quites. E de autre part, voyt mon fire Aymar qe des fis livers qe fire Geffrey fon chapeleyn ad refceou des gages mon fire Thomas de Berkele, qe lem regarde les roules le Roy, e qe hom acounte les jours dil comencement ke nos chivaus furent prifez a Wynchilfe jekes a fon departir de Gaunt; e fi trove foit par les roules qil funt torcenoufement retrettes, e autrement nent qe a droit, lavauntdit mon fire Aymar e lavantdit fire Roger volunt eftre tenuz a rendre ceus fis livers as outtaves de feint Michel, quant les avantdiz cinkaunte livers deyvent eftre payez par la fourte avauntdite. E de autre part, lavantdit mon fire Aymar eft tenuz a mounter covenablement le cors mon fire Thomas de Berkele, e le cors mon fire Moriz fon fiz, a ceft alee en Efcoce durant la guerre, jekes as outtaves de feint Michel ; ceft affaver, fi la guere dure fi lungement ; e de rendre le pris des chivaus de trois autres chivalers, fil feyent mors en cel fervife, e les chivaus de fefze efquiers autrefi, fil foyent morz, le pris qil ferunt prifeez par les gens le Roy, e entre en le roule le Roy.² E payera gages a mon fire Thomas pur fon cors quatre fouz ala journee, e pur le cors mon fire Moriz quatre fouz ala journee, e pur trois autres chivalers fis fouz ala journee, e pur fefze efquiers fefze fous ala journee. E li fra robes pur fey quint de chivaler, com avaunt ad fet, entre ci e les outtaves de feint Michel. E luy e fes chivalers mangerunt en le houftel mon fire Aymar, com avaunt ount fet, e deus efquiers pur fervir devant mon fire Thomas, e deus devant mon fire Morice fon fiz, e pur checun des autres chivalers un efquier, e trois vadlez de mefter pur trois males. E gyfera en le houftel mon fire Aymar, e avera vin e cervoyfe, e tortiz, chaundele e fu, e litere, com il ad devaunt eu. E quant ceft efcrit fu enfeele, mon fire Thomas rendit a mon fire Aymar un efcrit, par quey il luy fu tenu en cent mars dargent e de plus. E mon fire Thomas fervera mon fire Aymar entre ci e les outtaves de feint Michel faunz fee prendre. En temoigne de cefte chofe mon fire Aymar e fire Roger a ceft efcrit ount mis lur feaus. Done a Bamptone le jour e lan defus efcrit.

Two tags remain, but no feals.

Sir Roger de Ingepenne made joint furety with Sir Aymer.

Agreement as to £6 wages of Sir Thomas, to look at the King's Roll, and to reckon the time from their horfes being valued at Winchelfea down to leaving Ghent.

Sir Aymer is bound fittingly to mount Sir Thomas, and Sir Maurice his fon on this expedition to Scotland, during the war, till the oct. of St. Michael, (Oct. 6) if the war laft fo long ; and to pay their value of the horfes of 3 other knights, and of 16 efquires, if killed on ferviee, as appraifed by the King's officers, and on the Roll ; and to pay Sir Thomas for himfelf 4s. a day, Sir Maurice the fame, 3 other knights 6s. a day, and to find robes for 5 knights as before, till the oct. of St. Michael, we [Sir Tho.] and his knights eating as before in Sir Aymer's hoftel, 2 efquires ferving him, and 2 for Sir Maurice and 1 for each of the other knights, and 3 valets etc. Sir Thomas to lie in the faid hoftel, and to have wine, beer, diet, candle, fire and litter as before. Sir Thomas reftores to Sir Aymer his bond for 100 marks of filver and more. Sir Thomas to ferve Sir Aymer till the oct. of Michaelmas without fee.

---

¹ See page 217.
² See pp. 216, 217. Sir Thomas de Berkeley (Lord Berkeley), Sir Maurice de Berkeley, Sir Thomas de Berkeley the fon, and feveral other knights are there mentioned as in the following of Sir Aymer de Valence. John de Berkeley, valet (another fon of the Baron), is mentioned in the fame divifion of the Roll. It is not apparent which of the knights and others

[1298], *Aug.* 15.

INDENTURE BETWEEN SIR AYMER DE VALENCE AND SIR THOMAS DE BERKELEY, REGARDING THE FUTURE WAGES, ETC. OF THE LATTER AND HIS RETINUE IN THIS EXPEDITION.

Exchequer, Treasury of Receipt. Miscellanea, No. 14/14.

At Aberkorn; 26 Edw. I, Assumption of our Lady.

The parties agree that the wages of Sir Thomas shall be reckoned from Monday after Midsummer last until the morrow of the Assumption. Sir Thomas to have his "banere" of 5 knights, with 16 esquires and barbed horses.

He has released to Sir Aymer the said wages up to £40, engaged to be paid at Candlemas next ensuing.

He will take no more wages for himself or his people who remain after him, than the cost of his knights, esquires etc. their grooms, horses etc. with expenses to their homes.

Le Vendredy, en la feste del Affumpcion noftre Dame lan du regne le Rey Edward vint e fime, au chaftel de Aberkorn en Efcoce, aconvint entre mon fire Eymar de Valence, Seignur de Montinac, de une part, e mon fire Thomas Seignur de Berkele de autre part, ceft afaver ; qe les avantdis mon fire Eymar e mon fire Thomas unt aconte des gages le avantdit mon fire Thomas, du Lundy prechein apres la Nativite de la feint Johan le Baptift en meme lan, jekes lendemeyn del Affumpcion noftre Dame avantdit en le avantdit an, ceft a faver ; pur mon fire Thomas, fey autre a banere, od fey quint des chivalers, e od fey fezze efquiers od chivaus covers : Iffi qe mon fire Thomas ad releffe al avantdit mon fire Eymar les gages avantdis, jekes a karante liveres defterlings del tens avantdit, en quele karante liveres lavantdit mon fire Eymar luy conuft eftre tenuz a paier a lavantdit mon fire Thomas a la Chandeloure prechein a venir ; e a ceo fe futhmet a la deftrefce de feneschaus, e de marefchaus, ou des queus autres miniftres le Rey, queus ke lavantdit mon fire Thomas vodra elyre, a les termes avaunt nomes lewement garder e tenir. E lavantdit mon fire Thomas nent plus de gages ne prendra pur luy, ne pur les chivalers, ne pur les efquiers qe derere luy demorent, fors qe le couft de fes chivalers, de fes efquiers, de fes gens de mefter, de fes garcons, de fes chivaus, e de defpenfes ver lour pays. Iffi com mon fire Eymar e mon fire Thomas font acordez en la prefence mon fire Moryz de Berkele, mon fire Johan de Columbers, mon fire Nichole de Karreu, mon fire Thomas de Gurnay, mon fire Johan de la Rivere e mon fire Willeme de Wautone.[1] En temonyance de la quele chofe a ceft efcrit en manere de cyrograff fet entrechangablement unt mis lour feals. Done le jour e lan avantdit.

One tag remains, but no feal.

---

there mentioned were in the immediate following of Lord Berkeley. He and his eldeft fon, Sir Maurice, difplayed their banners on the field of Falkirk. (In both copies of the Falkirk Roll of Arms the latter is erroneoufly ftyled Sir Thomas. The arms fhew that the heir-apparent is intended.)

[1] All thefe names occur at page 216.

Appendix.

Temp. Edw. II.

ACCOMPT OF WALTER DE AGMONDESHAM (RENDERED BY HIS EXECUTOR)
FOR MONEY RECEIVED IN THE PARTS OF NORTHUMBERLAND.

Exch. L.T.R.   Foreign Accompts.   Roll 1, *m.* 47 *(*24*).*

COMPOTUS Walteri de Agmondesham de denariis Regis Edwardi patris Regis Edwardi per ipfum Walterum in partibus Northumbrie a diverfis receptis anno xxvj°.

COMPOTUS Walteri de Agmondefham[1] (Thome de Woubourne executoris teftamenti ejufdem Walteri pro eo) de denariis Regis Edwardi patris Regis nunc, per eundem Walterum in partibus Northumbrie a diverfis receptis anno dicti Regis Edwardi patris xxvj^{to}, et tam circa municionem et tuicionem parcium predictarum, quam circa expedicionem guerre dicti Regis patris Scocie ; tam de mandato Radulphi filii Willelmi, quam juxta ordinacionem Johannis de Warenna Comitis Surrie liberatis et expenditis, per vifum et teftimonium Roberti Heyroun contrarotulatoris ejufdem Walteri, per breve Regis in quo continetur: quod—cum Dominus Rex[2] pater affignaffet predictum Walterum receptorem denariorum ipfius Regis patris in dictis partibus Northumbrie, et predictum Robertum contrarotulatorem ; Ita quod idem Walterus denarios illos, de precepto dicti Radulphi et per vifum et teftimonium dicti Roberti, liberaret et expenderet : et poftmodum idem Rex pater affignaffet predictum Johannem de Warenna Comitem Surrie cuftodem expedicionis guerre fue Scocie, et mandaffet per diverfa brevia fua prefato Waltero quod, de denariis ipfius Regis patris in cuftodia ipfius Walteri exiftentibus, juxta ordinacionem ipfius Comitis pro expedicione guerre

26 Edw. I.
1297-98.

---

[1] The lateft mention (yet obferved) of him, as Chancellor of Scotland and living, is on 2 Dec. 1302, when the King by writ commanded him to order, by letters under the Royal Seal then ufed for Scotland, every fheriff to publifh in cities, boroughs, market-towns, and other places, the truce entered into 25 Nov. 1302, at Amiens, between himfelf and the King of France, which was to endure until Eafter following (*Clofe Roll*, 31 *Edw. I., m.* 19 dorfo). No Inquifition *poft mortem* is found ; probably, becaufe he had aliened all his property held of the King in chief, confifting of three meffuages with land, meadow, wood, and rent in Agmondefham, Bucks, to Sarra atte Nefhe for life, with remainder to Thomas de Woubourne and his heirs for ever : as appears by an Inquifition (30 Edw. I. No. 111), taken at Agmondefham, 18 Sept. 1302.

[2] See pages 55, 63, 64, 71.

Falk.

predicte liberaret—Rex per idem breve mandat Thefaurario et Baronibus quod, vifis litteris et brevibus predictis, compotum ejufdem Thome, executoris teftamenti predicti Walteri, de denariis per prefatum Walterum receptis et per eundem, tam circa municionem et tuicionem predictas de mandato dicti Radulphi per vifum et teftimonium dicti contrarotulatoris, quam circa expedicionem guerre predicte juxta ordinacionem predicti Comitis liberatis, audiant et eidem Thome inde debitam allocacionem, prout iidem Thefaurarius et Barones juxta difcreciones fuas fore viderint faciendum, fieri faciant.

Receipts.—From John Byroun.

IDEM reddit compotum de v. Millibus, CCCiiij^{xx} xij li. xiij s. vij d., receptis diverfis vicibus de Johanne Byroun, quondam vicecomite Ebor.; ficut continetur in libro de particulis quem idem Thomas liberavit in thefauro, et in contralibro predicti Roberti Heyroun contrarotulatoris predicti Walteri, videlicet: CCCC xxvj li. de quinta cleri, et DCCxxxij li. xv s. viij d. de quinta Cleri et fine Rogeri de Lafceles (fcilicet; de quinta cleri, DCiiij^{xx}xiij li. dimidia mar. et de fine dicti Rogeri, xxxix li. ix s.); et M^{l}CCCClxix li. xiij s. iiij d. de quinta cleri; et DCCxiij li. de quinta cleri et exitibus terrarum Johannis de Britannia (fcilicet; Dxiij li. de predicta quinta cleri, et CC li. de exitibus terrarum predicti Johannis); et DCiiij^{xx}xiiij li. de quinta cleri; et CCiiij^{xx}vj li. de quinta cleri et de nona et de efcaetria per Johannem de Lythegreyns (fcilicet; Cxlv li. j mar. de dicta quinta cleri, et vij li. de predicta nona, et CC mar. de dicta efcaetria, per predictum Johannem de Lythegreyns); et M^{l}lxxj li. iiij s.

—From him and others.

vij d. de exitibus ballive predicti Johannis Byroun, ficut continetur in predictis libris de particulis. Et xx li. receptis de eodem Johanne Byroun de arreragiis quinte cleri archidiaconatus Notingh., ficut continetur ibidem. Et xxx li. xix s. vj d. receptis de Roberto de Balliolo vicecomite Norhumbrie, ficut continetur ibidem. Et Cxlv li. receptis de Luca Tailleboys et Adam de Benton collectoribus none in comitatu Norhumbrie, ficut continetur ibidem. Et DCxix li. v s. v d. receptis de Willelmo de Walecote et Roberto Playce collectoribus none in comitatu Ebor., ficut continetur ibidem. Et C li. receptis de hominibus ville Novi Caftri fuper Tynam, ficut continetur ibidem. Et Cvj li. xiij s. iiij d. receptis de Hayfculfo de Clefeby de exitibus terrarum Comitis Richemundie, ficut continetur ibidem. Et Cl li. receptis de Ricardo de Byffhopton clerico, quas recepit de Johanne de Harunville et Willelmo de Stafforde collectoribus none in comitatu Staff., ficut continetur ibidem. Et CCCCl li. receptis de Henrico Scot et focio fuo collectoribus nove cuftume apud Novum Caftrum fuper Tynam, ficut continetur ibidem. Et CCCxxxiij li. vj s. viij d. receptis de Johanne de Lythegreyns efcaetore de exitibus ballive fue, ficut continetur ibidem. Et CCxix li.

Appendix.

xvj s. viij d. receptis de Priore Dunolm. de denariis per Petrum de Donewico eidem Priori liberatis in depofito, ficut continetur ibidem.   Et iiij^{xx}xij li. receptis de Roberto Beaufey clerico, ficut continetur ibidem.   Et xx li. receptis de Priore de Sancto Ofwaldo[1] de quinta cleri in archiepifcopatu Ebor. de propriis bonis ejufdem Prioris, ficut continetur ibidem.   Et DCxx li. receptis de Johanne de Reygate et Ricardo de Linth'[2] collectoribus none in comitatu Ebor. in Weftrithing', ficut continetur ibidem.   Et CC li. receptis de Willelmo de Sancto Quintino collectore none in comitatu Ebor. in parte de Eftrithing', ficut continetur ibidem.   Et Clxxvj li. receptis de Thoma de Metham collectore none in comitatu Ebor. in parte de Eftrithing', ficut continetur ibidem.   Et C li. receptis de Rogero Maudut et Roberto de Merleye collectoribus duodecime in comitatu Norhumbrie, ficut continetur ibidem.   Et Clx li. receptis de magiftro Ricardo de Abyndoñ, de denariis quos idem Ricardus recepit de denariis Regis, ficut continetur ibidem. Et DCCiiij^{xx}xix li. ij d. receptis de Radulpho de Daltoñ clerico, ficut continetur ibidem.   Et CClij li. xiij s. xj d. receptis de Roberto Heyroun de exitibus cuftume apud Berewicum, ficut continetur ibidem.   Et iiij^{xx}xij li. receptis de Gerardo Orgoyl cuftode vinorum Regis, ficut continetur ibidem.   Et xvij li. receptis de Johanne de Cambhou cuftode ville Berewici de exitibus ejufdem ville, ficut continetur ibidem.   Et CCClxxiiij li. xiij s. receptis de Gilberto de Arderne clerico, de denariis Regis receptis in comitatibus Derb. et Warr. de collectoribus none in comitatibus predictis, ficut continetur ibidem.

Summa—x Mill. DCCCxxviij li. xix s. ix d.   In thefauro nichil.

Et in vadiis diverforum peditum ; tam fagittariorum, quolibet percipiente per diem ij d.; vintenariorum eorundem fagittariorum, quolibet percipiente per diem iiij d.; baliftariorum, cuilibet per diem iiij d.; vintenariorum eorundem baliftariorum, cuilibet eorundem per diem vj d.; quam centenariorum omnium eorundem peditum, quolibet percipiente per diem xij d.; tam pro tuicione et municione parcium predictarum, quam eciam in expedicione predicte guerre predicti Regis patris Scocie, commorancium per diverfa tempora dicto anno xxvj; ficut continetur in predicto libro de particulis quem idem Thomas liberavit in thefauro, et in contralibro predicti Roberti Heyroun contrarotulatoris predicti Walteri—viij Millibus, DCCCCxxxiiij li. iij s. x d., per breve Regis predictum fuperius in titulo annotatum, et per ordinacionem predicti Johannis de Warenna Comitis Surrie, et

Payments.— Wages: archers, 2d. per diem; their vintenars, 4d. ; balifters, 4d.; their vintenars, 6d.; centenars, 12d.

---
[1] Noftell, in the parifh of Wragby, co. York, W.R.
[2] "Lyne." *Parliamentary Writs*, vol. I. p. 63.

eciam per vifum et teftimonium predicti Roberti Heyroun contrarotulatoris dicti Walteri. Et in vadiis Comitis Arundellie et diverforum banerettorum, quolibet percipiente per diem iiij s.; militum, quolibet percipiente per diem ij s.; fervientum ad arma et armigerorum, quolibet percipiente per diem xij d.; in expedicione predicte guerre Scocie per diverfa tempora dicto anno xxvj commorancium, ficut continetur in libris predictis—M^l iiij^{xx} iij li. v s. per idem breve, et per ordinacionem predicti Comitis Surrie, et per vifum et teftimonium contrarotulatoris predicti. Et diverfis militibus per convencionem per predictum Comitem Surrie cum eis factam, et pro vadiis quorundam valettorum in caftris Berewici et Rokefburghe commorancium, pro expedicione guerre predicte dicto anno xxvj, ficut continetur in libris predictis—Clxxij li. v s. vj d. ob.; per idem breve, et per ordinacionem predicti Comitis Surrie, et per vifum et teftimonium contrarotulatoris predicti. Et in factura pontis, porte, foffati, et bretachii caftri et ville Berewici, pro tuicione eorundem anno predicto, ficut continetur in eifdem libris— Cxlix li. xviij s. ob. q^a. per ordinacionem predicti Comitis Surrie, et per vifum et teftimonium contrarotulatoris predicti. Et Radulpho de Monte Hermeri et Johanne uxori ejus, filie Regis, Comitiffe Glouceftrie et Hertfordie, de preftito eis facto per preceptum dicti Comitis Surrie vj^{to} die Februarij dicto anno xxvj—lx li.; per idem breve et per litteras patentes eorundem Radulphi et Johanne in burfa hujus compoti exiftentes, ficut continetur in libris predictis, et per vifum et teftimonium contrarotulatoris predicti. De quibus lx li. debent refpondere; et refpondent infra. Et eifdem Radulpho et Johanne, de confimili preftito eis facto fecundo die Marcij anno predicto, per preceptum dicti Comitis Surrie—xx li.; per idem breve, et per litteras patentes eorundem Radulphi et Johanne in burfa hujus compoti exiftentes, ficut continetur ibidem. Et de quibus xx li. iidem Radulphus et Johanna debent refpondere; et refpondent infra. Et Patricio Comiti Marchie, de preftito ei facto anno eodem per preceptum dicti Comitis Surrie—C s., ficut continetur ibidem per idem breve, et per litteras patentes ejufdem Comitis Marchie in burfa hujus compoti exiftentes. De quibus C s. idem Patricius debet refpondere; et refpondet infra. Et Rogero de Cheyni valletto de comitatu Salopie, de preftito ei facto primo die Aprilis eodem anno xxvj per preceptum ejufdem Comitis Surrie—vj s. viij d.; per litteras patentes ejufdem Rogeri in burfa hujus compoti exiftentes, ficut continetur ibidem per idem breve. De quibus vj s. viij d. idem Rogerus debet refpondere; et refpondet infra. Et Thome de Roffale militi, de preftito ei facto fecundo die Aprilis anno xxvj per preceptum ejufdem Comitis Surrie—xxvj s. viij d.; per idem breve, et per litteras patentes ejufdem Thome in burfa hujus compoti exiftentes, ficut

continetur ibidem. De quibus xxvj s. viij d. idem Thomas debet refpondere ; et
refpondet infra. Et prediêto Roberto Heyroun contrarotulatori pro expenfis fuis —to Robert
per idem tempus, ficut continetur in libris prediêtis—xx li. ; per idem breve, et Heyroun.
per ordinacionem prediêti Comitis Surrie. Et debet CCCiiij^{xx}ij li. xiij s. xj d. ob.
Set refpondet in Rotulo vj^{to} in Buk. Bedef.

    RADULPHUS de Monte Hermeri et Johanna uxor ejus, filia Regis, Comitiffa
Glouceftrie   lx li., de preftito eis faêto de denariis Regis Edwardi patris
Regis hujus per Walterum de Agmondefham anno xxvj^{to}, ficut fupra continetur.
Et xx li. de confimili preftito eis faêto per eundem anno eodem; ficut fupra
continetur.
    PATRICIUS Comes Marchie   C s., de confimili preftito ei faêto per
eundem Walterum anno xxvj, ficut continetur ibidem.
Et refpondent in Rotulo vij. in Glouceftria.

    ROGERUS de Cheyni de comitatu Salopie   vj s. viij d., de confimili
preftito ei faêto anno eodem per eundem Walterum ibidem.
    THOMAS de Roffale, miles   xxvj s. viij d., de confimili preftito
ei faêto per eundem anno eodem; ficut fupra continetur.
Et refpondent in Rotulo vij. in Salopia.

[1312-13.]

FURTHER ACCOMPT OF THE SAME WALTER DE AGMONDESHAM.

Pipe Roll, 6 Edward II.

BEDFORD', BUK'.

    WALTERUS de Agmodefham, receptor denariorum Regis Edwardi patris
Regis hujus in partibus Norhumbrie, reddit compotum de CCCiiij^{xx}ij li. xiij s.
xj d. ob., de remanenti compoti fui de denariis diêti Regis patris per ipfum Remainder from
receptis in partibus Norhumbrie, ficut continetur in compoto ejufdem Walteri de former Accompt.
denariis prediêtis in Rotulo tercio Regis hujus, Rotulo compotorum. In thefauro

270   *Temp. Edw. II.*

Further payments. CCClxix li. xv s. iiij d.   Et debet xij li. xviij s. vij d.   Idem reddit compotum
Balance due £12. de eodem debito.   In thefauro xviij s. vij d.   Et debet xij li.

    Quere Refiduum hujus Compoti poft Refiduum Bedef' Buk' poft Adhuc Item Lond' Midd'.

Residuum Bedeford', Buk'.

Accompt re-ftated in detail.

  WALTERUS de Agmodefham clericus Regis debet vij Millia, CCCxxxv li. vij s. j d. de pluribus debitis, ficut continetur in Rotulo principali,[1] et in Rotulo quinto, et in Rotulo xxxv[2] Regis Edwardi patris Regis hujus: videlicet—xxx li. xix s. vj d. receptos de Roberto de Balliolo ad expenfas excercitus Regis patris in Scocia, ficut continetur in dicto Rotulo xxxv; et Cxlv li. receptas de Luca Tailleboys et Adam de Bentoñ collectoribus none in comitatu Norhumbrie ad idem, ficut continetur ibidem; et DCxxix li. receptas de Willelmo de Walecote et Roberto Plaiz collectoribus none in comitatu Ebor. ad idem, ficut continetur ibidem; et C li. receptas de hominibus Novi Caftri fuper Tinam ad expenfas municionis Regis patris in partibus Norhumbrie ibidem, et v Millia, CCCiiij^{xx}xij li. iij s. vij d. receptos de Johanne Byroun quondam vicecomite Ebor. ad idem, ficut continetur ibidem; et Cvj li. xiij s. iiij d. receptos de Afculpho de Clefeby de exitibus terrarum Comitis Richemundie ad idem, ficut continetur ibidem; et Cxlviij li. iiij s. receptos de Ricardo de Biffhopefton de denariis quos idem Ricardus recepit de collectoribus none in comitatu Staffordie, ficut continetur Ibidem; et CCCCI ll. receptas de Henrico le Scot et Hugone de Cardoyl collectoribus cuftume apud Novum Caftrum ad idem, ficut continetur ibidem; et CCCxxxiij li. dimidiam marcam receptas de Johanne de Lythegreyns, ficut continetur in Rotulo xxxv. Summa—vij Millia CCCxxxv li. vij s. j d.

Accomptant difcharged in full.

  Sed idem Walterus refpondet de eifdem denariis in dictis particulis, in compoto fuo de denariis dicti Regis patris receptis in partibus Norhumbrie de diverfis, in Rotulo tercio, Rotulo compotorum. Et quietus eft.

---

  [1] 'This is the entry alluded to:—"Walterus de Agmondefham clericus Regis debet vij Millia CCCxxxv li. viij s. j d. de pluribus debitis, ficut continetur in Rotulo xxxv, et in Rotulo precedente. Sed refpondet in Refiduo Bedef.'"
  [2] On this roll, under "Bedf. Buk.," the details are fet out, and the total amount here is—£7,345 7s. [altered from 8s.] 1d.   In the *Pipe Roll*, 5 Edw. II., the fame amount (with the error of 8s.), but reduced afterwards by a payment of £10.

Appendix. 271

[1312-14.]

ACCOMPT OF RALPH DE DALTON FOR MONEY RAISED FOR THE PURCHASE OF CORN IN YORKSHIRE.

Pipe Roll, 6 Edw. II.

COMPOTUS Radulphi de Daltoñ clerici, affignati per Dominum E. quondam Regem Anglie, patrem Regis nunc, ad blada ad opus ipfius Regis patris emenda et providenda in comitatu Ebor., ad fuftentacionem fidelium ejufdem Regis patris in excercitu fuo in marchia Scocie anno regni fui xxv. et xxvi. exiftencium, de denariis per ipfum receptis pro empcione bladorum predictorum, et de eifdem bladis fic per ipfum emptis et provifis; per breve Regis Thefaurario et Baronibus fuis de Scaccario inde directum in hec verba: *De denariis Regis receptis ad blada pro excercitu Scocie annis xxv. et xxvi. providenda per Radulphum de Daltoñ.*

EDWARDUS Dei gracia etc. Thefaurario et Baronibus fuis de Scaccario falutem: Cum celebris memorie dominus E., quondam Rex Anglie pater nofter, quinto die Novembris anno regni fui xxv. affignaverit dilectum clericum noftrum Radulphum de Daltoñ, ad quatuor milia quarteria frumenti et quatuor milia quarteria avene infra comitatum Ebor., ad opus ipfius patris noftri juxta forum patrie emenda et providenda, prout idem Radulphus fore viderit faciendum; Ita quod prefatus Radulphus blada illa fic capta, per vicecomitem ballivos et ceteros miniftros comitatus predicti, ad proximos portus maritimos cariari faceret, ibidem in manibus ponenda, et ufque villam Novi Caftri fuper Tynam per mare ducenda, ad fuftentacionem fidelium ipfius patris noftri tunc ibidem accedencium: ficut per infpeccionem rotulorum Cancellarie ipfius patris noftri nobis conftat: Dictufque Radulphus diverfas pecunie fummas de quinta a clero Ebor. diocefis dicto patri noftro conceffa et aliunde in comitatu predicto receperit, ad providencias predictas inde faciendas, de quibus ad dictum Scaccarium, prout debuit, nondum computavit, et inde quingenta quinquaginta octo quarteria et tres buffellos frumenti, trefcenta triginta et octo quarteria pifarum, et *[1315] July 29, 9 Edw. II. Mandate to the Treafurer and Barons of the Exchequer, reciting that K. Edward I., on 5 Nov. anno 25 [1297], appointed R. de Dalton to take corn and oats in Yorkfhire;*

to be fent by fea to Newcaftle;

—and that the faid Ralph received divers fums of money from the Fifth of the clergy of York, etc., for which he had not yet accounted;
—and that out of

such sums he had bought certain quantities of corn, etc., which he had sent to Scarborough and Whitby and thence to Newcastle:

—part for the castle of Berwick:

—the residue to be sold, and the proceeds delivered to W. de Agmondesham.

The accompt disallowed at the Exchequer.

The King directs it to be audited, and justice to be done.

ducenta quater viginti et unum quarterium avene emerit, in diversis locis comitatus predicti, et omnia blada illa usque villam¹ de Scardeburghe et Whitebi per terram cariari, et deinde usque villam Novi Castri super Tinam per mare duci fecerit, ac ea preterquam quater viginti quarteria avene que ibidem vendidit ulterius, de precepto bone memorie Johannis de Warrenna nuper Comitis Surrie, tunc tenentis locum dicti patris nostri oretenus sibi facto, per mare duci fecerit usque Berewicum super Twedam, et de eisdem bladis Johanni de Pothou, constabulario castri de Berewico, sexaginta et duodecim quarteria frumenti et sexaginta et octo quarteria et iij. bussellos pisarum, pro municione ejusdem castri de mandato dicti Comitis liberaverit, et blada residua per ordinacionem ejusdem Comitis ibidem vendiderit, et denarios inde provenientes Waltero de Agmondesham, tunc receptori denariorum ipsius patris nostri in partibus illis liberaverit; de quibus idem Walterus se in compoto suo ad dictum Scaccarium nuper reddito ut dicitur oneravit:² Ac dictus Radulphus nobis jam dedit intelligi quod vos, pretendentes ipsum Radulphum fines mandati ipsius patris nostri excessisse, dicta victualia usque dictam villam Berewici ducendo, ac trescenta triginta et .viij. quarteria pisarum, loco tot quarteriorum avene emendo, allocacionem sibi inde ad dictum Scaccarium facere recusastis, in ipsius Radulphi grave dampnum et depauperacionem manifestam, supplicando nobis, ut ejus indempnitati in hac parte congruo remedio providere curaremus: Nos igitur, eundem Radulphum nolentes indebite pregravari, sed tam pro nobis quam pro ipso quod justum fuerit volentes fieri in hac parte, vobis mandamus quod compotum ejusdem Radulphi, de providenciis predictis, ac de denariis ea occasione per ipsum receptis, ad dictum Scaccarium audiatis; et scrutatis rotulis de compoto dicti Walteri ad dictum Scaccarium reddito, eidem Radulpho, tam de denariis ab illo Radulpho collectore bladorum in comitatu predicto receptis, de quibus inveneritis eundem Walterum se in eodem compoto suo onerasse, quam de predictis bladis prefato J. de Pothou, ut premittitur, liberatis; necnon de cariagio dictorum bladorum a dicta villa Novi Castri usque dictam villam Berewici, ac eciam de aliis misis et expensis per ipsum racionabiliter appositis, et vadiis suis, prout juxta discreciones vestras fore videretis faciendum, debitam allocacionem fieri, ac prefatum Johannem de Pothou

---

¹ Read "villas." ² See pages 265-270.

Appendix. 273

de dictis bladis sibi per dictum Radulphum, ut predictum est, liberatis, onerari, et ipsum Radulphum inde exonerari faciatis. Teste me ipso apud Langele, xxix die Julij, anno regni nostri nono.

IDEM reddit compotum de xxxv li. vij s. viij d. receptis de Abbate de Recepta. Jerovalle collectore quinte in archidiaconatu Richemundie, domino E., quondam Regi Anglie patri Regis nunc, annis regni sui xxv. et xxvj. a clero Eboracensis diocesis concesse, pro providenciis predictis inde faciendis; et de Clj li. xv s. xj d. receptis de Priore de Malton et Simone de Barneby collectoribus ejusdem quinte in archidiaconatu Estridinge in diocesi predicta, in precio diversorum bladorum; et de xxv li. receptis de Johanne Biroun vicecomite Ebor. de exitibus ballive sue; et de CCxlij li. xv d. de CCCCiiij^{xx} vj quarter. iij bussellis frumenti, precium quarterii, dimidia marca; CClxix quarter v buss. pisarum, precium quarterii, xl d.; et CCiiij^{xx} quarteriis avene, precium quarterii, ij s. vj d., venditis.   Summa, CCCliiij li. iiij s. x d.

IDEM computat in Dlviij quarteriis, iij buss. frumenti; unde CCCCvj quar. Expense. iij buss. prec. quar. iij s. iiij d., Cxxiiij quar. prec. quar. iij s. viij d., et xxviij quar. prec. quart. iij. s., et CCCxxxviij quar. pisarum, prec. quar. ij s.; et CCiiij^{xx}j quar. avene, prec. quar. xx d.; emptis ad opus Regis in diversis locis in comitatu Ebor. Clj li. xv s. x d.; sicut continetur in rotulo de particulis quem idem Radulphus liberavit in thesauro: et in eisdem bladis cariandis per terram de diversis locis dicti comitatus usque portus de Scardeburgh et Whiteby, cum x s. de granariis locatis ibidem pro dictis bladis imponendis, antequam deinde ducta fuerunt per mare xv li. ix s.; sicut continetur ibidem: et in eisdem bladis in dictis portubus mensurandis et portandis ad naves, frecto navium eadem blada deinde ducencium usque Novum Castrum super Tinam, dennagio earundem navium, Clviij quar. frumenti et iiij^{xx} quar. avene de dictis bladis portandis de navibus in dicto portu Novi Castri ad granaria in eadem villa, granariis pro eisdem locatis, frettagio dictarum navium omnia blada predicta, preter dicta iiij^{xx} quarteria avene ibidem vendita, deinde ducencium, per ordinacionem Johannis Comitis Warenne, tunc locum tenentis Regis ibidem, usque Berewicum super Twedam, eisdem bladis portandis de navibus ibidem ad granaria in eadem villa, granariis ibidem locatis pro eisdem bladis imponendis, xlj li. xij s. iiij d.; sicut continetur ibidem: et in vadiis Roberti de Belvero clerici, existentis circa providenciam et cariagium bladorum predictorum et custodiam eorundem, tam in comitatu Ebor. quam alibi per viam, usque adventum eorundem apud Novum Castrum a x. die Novembris dicto anno xxv. finiente ufque vj diem Marcii proximo fequentis per Cxvij dies, utroque die computato, videlicet, per diem viij d.; et Gilberti Haukin clerici, euntis cum bladis predictis de portu dicte ville Novi Caftri ufque Berewicum, et morando ibidem circa cuftodiam et liberacionem eorundem bladorum, capientis per diem vj d., a xx die Januarii anno xxvj ufque xxviij diem Aprilis proximo fequentis, per iiij^{xx} xix dies, utroque die computato, vj li. vij s. vj d.; ficut continetur ibidem; et Waltero de Agmondefham receptori denariorum Regis, apud Berewicum fuper Twedam, in denariis numeratis fibi liberatis xxviij die Aprilis dicto anno xxvj., CCxxviij li. xix s. x d.; de quibus idem Walterus onerat fe in compoto fuo de receptis fuis de eodem anno: et eidem, per manus Roberti de Clifforde, de precio bladi eidem Roberto liberati die et anno predictis, lx s.; de quibus idem Walterus onerat fe in forma predicta: et eidem Radulpho de Dalton pro mifis et expenfis fuis, a quinto die menfis Octobris anno xxv. ufque vj diem Maii proximo fequentis, xx li.

     Summa expenfarum, CCCClxvij li. iiij s. vij d.

  Et habet de fuperplufagio xij li. xix s. ix d. De quibus allocantur eidem Radulpho in Rotulo fequenti in Item Ebor. lx s. et remanent allocand' ix li. xix s. ix d. De quibus allocantur eidem Radulpho in Rotulo primo Regis E. tercii filii Regis hujus in Adhuc Item Ebor., lxxiiij s. vj d.

Pipe Roll, 7 *Edw. II.*

ITEM EBOR'.

De oblatis. RADULPHUS de Dalton reddit compotum de lx s. receptis de Johanne de Waldeby et fociis fuis, collectoribus tallagii in Bruftwike et Efington; ficut continetur in Rotulo quinto. In thefauro nichil. Et in fuperplufagio quod idem Radulphus habet in compoto fuo de denariis Regis receptis ad blada providenda pro excercitu Scocie annis xxv. et xxvj. in Rotulo fexto, Rotulo Compotorum, lx s.

                      Et quietus eft.

𝔉𝔦𝔫𝔦𝔰.

Index.

THIS Index, being a very important portion of the volume, has been compiled with special care. Still it is quite possible that the difficulty of distinguishing between certain letters in the writing of the period may occasionally have led to a surname, or a local name, being incorrectly printed. For instance, c is often not distinguishable in itself from t, nor u from n, which is frequently only a form of v. This last letter has been used throughout in printing, where it is obviously the letter meant, as in the word "privato." The letter i, not being dotted in the records, may have been taken for one stroke of an m, or n, or u. A well-known example of the uncertainty resulting from this style of writing is the various reading in the hymn "Te Deum," some copies of which have in a certain clause "nunerari," others "muneravi." As instances of similar ambiguity in names occurring in this Index, the following may be specified:—

Hamull, Hanvill, Hauvill, which might also be read in several other ways. From the fact that in one instance, by counting the number of the strokes, the name may be read *Hawrille*, or *Hauwille*, and that the solitary occurrence which has been noticed of this form is amidst a number of cases in which the name may be read *Hanrille*, and that this appears to be merely a form of *Hanteville*, it may be concluded that *Hauville* is the spelling which is intended. On page 36 of the present volume mention is made of a "Galfridus de Hautevile," and also of a "Galfridus de Hanvile" (misprinted "Hamule"), who was clearly a different person. The letter w, where it occurs, is equivalent in sound to v. The termination "wille" is not unfrequent, and the name "Hervey" occurs spelled with a w. In the case of *le Keu*, or *le Ken*, the latter form is the correct one, as is proved by other spellings which have been found such as *le Qu* (1300), and *le Cu* (1341), as well as by the alias *Cocus*. "Botemleyn," as apparently written, is a name which has given rise to various speculations. In Carte's Gascon Rolls it is printed Botenyleyn and Botenelcyn, so the m is disposed of, and the word is believed to be Botevileyn. In all doubtful cases cross references are inserted. The spelling of Gascon names is especially uncertain, it being evident that they were written down from the sound.

Ab Adam (John): v. Ap Adam.
Abel (John), knt.: chamberlain of the Exchequer; employed to conduct the rolls and treasure to York, 104; to be paid expenses, 123; protection, 40 [Afterwards a Baron of the Exchequer, Foss, *Biog. Jurid.*]
Abe[n]hale (Reginald de): 201
Abenhale (Thomas de): 224
Aberconway, co. Carnarvon: a paymaster there, 60

Abercorn, co. Linlithgow: horses there, 199, 207; K. Edward there, xii, xxiv, 240, 248; flour delivered, 253
Aberdeen, diocese: 240, 242
Abergavenny, co. Monmouth: troops raised there, 93, 111; W. de Bergeveni, 206
Abernoun (J. d'): v. Dabernoun.
Abetot (Alexander de): 223
Ab Griffith (Ll.): v. Ap Griffith.
Ab Yevan (I.): v. Ap Yevan.

Abyndon (Richard de): ordered to pay troops, 64, 66; to be safely kept at Newcastle, 79 (Apinton); clerk of the Abp. of Canterbury; money to be delivered to him at Newcastle, 82; money received from him. 267
Acarde (Peter): 201
Acharde (Robert): protection, 29; knt., his horse. 200
Acton (William de), or Aketon: protection, 36; horse, 218
Adam, the King's goldsmith: 200
Adam (John ap): v. Ap Adam.
Addington (Henry), clerk: 130 n
Adrian (Peter): protection (bis), 29; his horse, 163
Agmondesham, co. Buck'm; v. Amersham.
Agmondesham (Walter de): receives and pays monies, 2, 4, 55, 63, 64, 66, 71, 76, 77, 78, 79; protection, 50; K. Edward's Chancellor in Scotland, 55 n, 265 n; accompt rendered by his executor, 265; further accompt, etc., 269, 270, 272, 274
Aketon (William de): v. Acton.
Alba marlia (Geoffrey de): protection, 247; horse of Sir G.: 236
Albiniaco (E. de): v. Daubeney.
Albret: arms, 142
Album monasterium: v. Whitchurch.
Aldborough, co. York, W.R.:
  Boroughbridge: troops there on march. Dec. 1297 (Pons Burgi), 60; Humphrey E. of Hereford slain there, 1321-2, 130
Aldeburghe (Yvo de): 237
Aldham (R. de): v. Andham.
Alditheley: v. Audley.
Aldwinckle (R. de): v. Audewyncle.
Alenzoun (William de): 44
Alesaundre (John): 200
Aleyn (William): protection, 21
Allerton (North), co. York, N.R.: troops there on march, 60; K. Edward there, 43, 116, 123, 124
Almari (Richard): 20
Alnwick, co. N'land: K. Edward there, ix, 48, 53, 124 n, 125

Alreby (William de), co. York: 223
Alta ripa: i.e. Dealtry, or Hawtrey.
Alta ripa (Drocus de): 169
Alta ripa (William de): summoned to York, 86
Alton: v. Aulton.
Amanevi (Sir Peter), Captal de Buch: 205
Ambelforde (Geoffrey de), co. York: 228
Ambesace (W.) v. Aumbesas.
Amoney (Frarius de): 171
Amersham, co. Buck'm: land of W. de Agmondesham there, 265 n
Amiens, France: William Wallace seized there, xxii; a truce concluded there, 1302, 265 n
Amisfield, co. Dumfries: the castle granted to Guy, Earl of Warwick, 255
Ampleforth (G. de): v. Ambelforde.
Andevre (Adam de), Little Yarmonth: 250 n
Anglesey (Isle of): troops raised there, 91, 109, 111
Angoulême (Aymer Count of):
  His dau. and h. Isabel, wife of K. John, (q.v.), aft. of Hugh le Brun (q.v.), Count de la Marche.
Angus, Scotland: Gilbert de Umfraville appointed Governor, 134
Angus (Gilbert Earl of): v. Umfraville.
Annandale, Scotland: Robert de Brus, Lord of Annandale, 39; English forces there, xix, xxx, xxxii; no grant of it made by Edward, xxxi
Aos (Bertrand de): 234
Ap Adam (John), Baron of Beverstone: summoned to York, 85; protection (Abadam) 23; protection to some in his company (J. de Badham), 45; horse (Sir J. de Badeham), 187; arms, 146
Ap Adam (John), or Ivan ab Adam; horse, 225
Ap Griffith (Jerewarde): his horse valued, 184
Ap Griffith (Llewellyn): his horse valued, 229
Apinton (Richard de): v. Abyndon.
Apletrefelde (Henry de): summoned to York with horse and arms, 85; (Appeldorfelde), his horse, 185
Ap Meredu (Morgan): to raise troops in Wales 92; writ to him, 111; his horse, 199

Index.   277

Appeldorfelde (H. de): v. Apletrefelde.
Apperle (William de): protection, 32
Ap Treharn (Ries): his horse valued, 129
Ap Yevan (Iguon): his horse valued, 229
Aquarius (Hugh): 183
Arbuthnot, co. Kincardine: Henry de Greystoke presented to the church, 243
Arcant (Nicholas): protection, 27
Arcas (A.): v. Harcas.
Archer (Nicholas le), or Larcher: protection, 15; horse, 232
Arela: v. Harela.
Arcy (R. de): v. Darcy.
Ardern (Bartholomew de): protection, 31
Arderne (Gilbert de), clerk: appointed to pay wages, etc., 57, 58, 61, 66, 92 n, 267
Ardern (John de), emptor Regis: 193
Arderne (Ralph de), Essex: summoned to York, 86
Ardern (Robinet de): 194
Arderne (Thomas de): letters of protection, 20, 31
Aree, an island: granted to Thomas Bisset, xiii n. xxxi
Arewostly, Wales; troops raised there, 91, 93, 110; otherwise Arwystli, 91 n
Argenteyn (Giles de): his horse valued, 189
Argentein (Reginald de): summoned to attend, 68
Arksey, co. York, W.R.; Bentley: K. Edward there, 29
Arms: roll of arms of the English commanders at Falkirk, 129–157; mentioned, xiii; other rolls of arms of about the reign of Edward I. enumerated, 159; reference to a roll (of 1310?) written on the back of the Falkirk roll, 157 n; labels usually of 5 points in early rolls, 130 n
Armurer (Manekin le): protection, 32
Army: v. Troops.
Armytage (George J.): editor of certain rolls of arms, 159
Arnaldi (William): 233
Arnaud (Nicholas): 52
Arnaud (Raymond): 167

Arra: "ad arras," for earnest money, 98
Artigemal (Auger de), or Artica mala: 205
Artigemal (John de): 232
Arundel, co. Sussex: the title Earl of Arundel used by the FitzAlans instead of E. of Sussex, 152
Arundel (John de): 202
Arwystli, Wales: v. Arewostly.
Ashby (J. de): v. Essheby.
Ashton: v. Asshcton.
Aske (Reginald de): his horse valued, 231
Askeby (Robert de): presented to the church of Eglismaollunch, 245
Asshe (Thomas de or del): protection, 47; his horse, 224
Assheburn (Sir John de): 233
Assheburne (John de), valet: 162
Asshenden (John de): 182, 210
Assherugge (Roger de): protection, 28
Assheton (John de): 169
Assheton (Sir Simon de): protection, 45; horse 193
Astley (Andrew de), or Estleye, a Baron: protection, 50; summoned to York, 85; arms at the battle of Falkirk, 140
Astley (John de): protection, 31
Astley (Nicholas de): protection (Estleye), 50
Aston (Richard de): summoned to York (of co. So'ton), 86; protection, 24; Sir R. his horse, 213 (see 178)
Aston (Roger): v. Eston.
Athole (John Earl of): v. Strathbolgie.
Atteben (Meurnk): 229
Atte Nesshe (Sara): v. Nesshe.
Atte Welle (W.) v. Welle.
Attorney (Letters of): 52, 53
Auchtermuchty, co. Fife: William le Rus presented to the church, 244
Audewyn (Elias): 225
Audewyncle (Richard de): 172
Audham (Roger de): 203
Audley (Nicholas de), or Alditheley, 6th Baron by tenure: summoned to York, 85; arms at the battle of Falkirk, 134; horse, 219 protection, 248

Aulton, co. . . . . : Robert Randolfe, 50
Aulton (John de): 177
Aulton (Peter de): presented to the church "Albi monasterii," dio. Sarum, 76
Aumbesas (William), Surrey: summoned to York, 86
Anngers (Jordan de): protection, 40
Aunsell (John): protection, 41
Aurifaber: v. Goldsmith.
Austan co. . . . : John de Eyville, 43
Avenebury (John de): protection, 30
Avesyn (Eustache de): protection, 50
Aynho (W. de): v. Eynho.
Aynou (Richard de): 181
Ayr, co. Ayr: Nicholas Hastange presented to the church, ix n, 115; K. Edward there, xii; horses there, xii n, 164, 167, 175, 180, 184, 185, 190, 227, 231, 233, 234, 235; the castle attacked by the English, xix; burned and deserted by Bruce, xxx, xxxii; the burning of the barns, xii. (See also Aroc.)

Bacon (Bartholomew): protection, 13
Bacon (Edmund), or Bacun: protection, 27; letters of attorney, 52
Bacon (Richard): protection, 50; horse, 234
Bacoun (Thomas) or Bacun—two or more : protection, 37, 42; horses, 169, 188, 189
Bacun (Walter): protection, 16; W. Bakon presented to the precentorship of Dunkeld, 241
Baconsthorpe, co. Norfolk: Robert de Hengham, 87
Baddle (Bernard): 235
Badeham (John de), or Badham: v. Ap Adam.
Badenoch, co. Inverness: John Comyn, 83
Badewe (William de): protection, 40
Badlesmere (Bartholomew de): letters of protection to one in his company, 22; Sir B., his horse, 190
Badlesmere (Guncelin de), Kent: summoned to York, 86
Bagod (William): protection, 51

Bagpuze (J. de): v. Bakepuz.
Bain (Joseph), F.S.A. Sc.: xlvi, 249 n
Bainarde (R.): v. Baynard.
Bakepuz (John de): 207
Bakers: ordered to provide for forces on their march, 56, 57
Bakewell, co. Derby: troops there on march, 59, 60
Bakon: v. Bacon.
Balfour (Duncan): sheriff of Fife; slain, ix
Balistarius (Basculus): 165, 166
Balliol (Alexander de): protection, 34; letters of attorney, 53; appoints attorneys, 53; notice of him (A. de B. of Cavers, son of Henry), and his arms, 136
Balliol (Alexander de), elder brother of John, King of Scots: his arms, 136
Balliol (Edward), King of Scots: v. Edward.
Balliol (Guy de): slain at Evesham, 1265, 136
Balliol (Henry de), son of John, aft. K. of Scots: slain in battle, 1332, 106 n
Balliol (Henry de): his sons Guy and Alexander, 136
Balliol (John de), King of Scots: v. John.
Balliol (Robert de): sheriff of Northumberland, 121, 124 n, 128 n, 218, 266, 270
Bampton (Maurice de): 181
Bampton (Walter de), co. Westm'd : 230
Banastre (Richard): 220
Bannebury (Stephen de): 174, 175
Bannebury (Thomas de): protection, 38
Bannerets (Knights): list of those in command at Falkirk, 129—157
Barber (Maurice le): 188
Barber (Richard le): 217
Bardolf (Hugh), Baron of Wirmegeye: arms, 132; horse, 221
Bardolf (Sir John): horse, 221
Bardolf (Robert), Norfolk: summoned to York 86
Bardolf (Sir Roger): horse, 221
Baredenne (John de): protection, 22
Baret (Walter): protection, 45
Bareville (William de): 199

Index. 279

Barge: K. Edward's, 21
Baril (Walter): 215
Barinton (Giles de): 162
Barneby (Simon de): collector of money, 1, 273
Barons: notices of their letter to the Pope, 1300-1, 130, 158
Barr (. . . Count de): an ally of K. Edward, 142
Barr (Sir John de): arms, 142
Barry (Robert): protection, 50; Sir R., his horse, 220
Barry (Simon): 220
Bartholomeu (William): 182
Barton, co. . . . .: John de Roma parson, 42
Barton (Sir John de): 222
Barton (Robert de), clerk: 226
Bascarville, Bascreville: v. Baskerville.
Basculus Balistarius, q. v.
Basinges (John de): protection, 23
Basingge (William de): 180
Baskerville (Andrew de), or Bascreville: 195
Baskerville (Richard de), or Bascarville: summoned to attend, 68
Basset, of Wycombe: the arms of Lovel derived from theirs, 132
Basset (John): 201
Basset (Ralph), of Drayton, 2nd Baron by writ: arms, 136; horse, 224; at Falkirk; his reply to the Bp. of Durham, xxix; [ob. 1299.]
Basset (Ralph), of Drayton, 3rd Baron by writ: horse, 224; [ob. 1343.]
Basset (Richard), of Weldon, 1st Baron by writ: summoned to York, 85; [ob. 1314.]
Bassingbourn, co. Camb.: K. Edward there, 28
Bassingborne (Warin de): 221
Bassingburn (John de), son of Alexander: protection, 38
Bassingburn (John de), another: protection, 38
Bateleie: v. Batteley.
Bathonia (Nicholas de), co. Glouc.: summoned to York, 86
Bathonia (Walter de): protection, 26; Sir W.'s horse, 179
Batteley (William de): protection, 44; horse (Buteleie), 207

Bavent (John de): 167
Bavent (Ralph de): 183
Bavent (Robert de): protection, 22; Sir R.'s horse, 166
Bavent (Thomas), Suffolk: summoned to York, 86
Baynard (Fulke), Norfolk: summoned to York, 86
Baynard (Robert): summoned to York (Baygnard, of Norfolk), 86; protection (Bainarde), 46
Beacons: ordered to be provided throughout the northern counties, 128
Beauchamp, de Bello campo.
Beauchamp (Guy de), Earl of Warwick: protections to him (r.p.), 17, 33; to some in his company, 38, 41; he succeeds as Earl, and as sheriff of Westmerland, 128 n; his arms at Falkirk, 140; grant to him of lands in Scotland, 255; ob. 1316, 140
Beauchamp (Humphrey de): protection, 45; Sir H.'s horse, 193
Beauchamp (John de): summoned to York, 85
Beauchamp (John de), Baron of Hache: summoned to York, 86 (described as of Norton, co. Som.), 86; arms (vair), 154; (Sir John, of Som.) his horse, 193
Beauchamp (John de), Cant.: summoned to York, 86
Beauchamp (John de): letters of protection to persons of the name, 18, 21, 38, 45, 47; and to followers, 45
Beauchamp (Roger de): protection, 20, 33
Beauchamp (Walter de), Lord of Alcester and Powick, Steward of the Household: protection to him, 31; and to some in his company, 31, 32, 33; his arms at Falkirk, 148; horse, 183; witness, 249; articles delivered under his inspection at Stirling, 250 n
Beauchamp (Walter de), son of Walter: protection, 30; horses, 183, 184
Beauchamp (William de), Earl of Warwick: to receive wages for 30 horse for 3 months, 65; protection to him, 17; to some in his com-

pany, 17, 26; summoned to York, v. 86; in the Parliament there, viii, xviii; sheriff of Westmorland; ob. 1298, 128 n; his funeral at Worcester, 238 n

Beauchamp (William de), son of Walter: protection, 31; Sir W.'s horse, 183

Beauchamp (William de), another: protection, 39; horse (valet), 183

Beaufey (Robert), clerk: pays money. 267

Beaumaris, co. Anglesey: William de Felton constable, 91, 109, 111

Beaumond (John de), Suffolk: his name erased from list of those summoned to York, 86

Beaumont, de Bello monte.

Beaumont (Sir Henry de): 172

Beaumont (Sir Henry de), another: 172

Beaupel (Ralph): protection (Beupel), 38; horse, 208

Beaupel (Richard), or Beupel: 212

Beaupel (Robert): protection, 38; horse, 208

Beauseant: the banner of the Templars, 160 n

Beautrip (John): 210

Beauvais, France: v. Belvaco (P. de).

Bedale, co. York, N. R.: tomb of Brian FitzAlan, 136

Bedewynde (Walter de), clerk: his horse, 175; he is presented to the church of Kilpatrick, 240

Bedford, county: precept to the sheriff of Beds and Bucks to proclaim the rendezvous at Roxburgh, 113

Beguey: an hereditary office at Bordeaux, 150

Beke (Anthony), Bp. of Durham: with K. Edward in Flanders, 136; protections for Scotland to some in his company, 25, 28, 34, 41, 42, 44, 46, 47, 50, 51, 247; protection to himself, 50; in the Parliament of York, xviii, xxvi; he repairs to Roxburgh, xxvi; takes Dirleton castle, viii n, xviii, xxvi; gives the King intelligence of the enemy, xxviii; his command at Falkirk, x, xxix; his arms there, 134 [His arms impaled with a patriarchal cross, for Jerusalem, were lately in a window of Howden church, Yorkshire. Longstaffe, *The Old Heraldry of the Percys*, 11]

Bekingham (Elias de), Justice: summoned to the Council, 81

Bekles (Roger de): 198

Belebuche (William): safe conduct, 257

Belhons (Richard de), Norfolk: summoned to York, 86

Belinges (William de): letters of protection, 20, 33

Bello campo (— de): v. Beauchamp.

Bello monte (— de): v. Beaumont.

Beltesham (John de): protection, 18

Belton (Robert de): 192

Beltz (George F.), Lancaster: his *Mem. of the Garter* corrected, 142

Belvaco (Philip de): 200

Belvaco (Philip de): the son, 200

Belvero (Robert de), clerk: agent for victualling the English army, 4, 273

Benaske (James de): 235

Bende (Robert): 217

Benefices: v. Churches.

Beneit (R.): v. Bente.

Benestede (J. de): v. Benstede.

Benete (Meurike de): leads troops from Snowdon to Chester, 59; and Newcastle, 60

Benetfelde (John de): 190

Benetle (Richard de): 224

Benett (Bartholomew), co. York: 226

Benett (Richard), co. York: 226

Bengham (R. de): v. Bingham.

Benneys (Philip de): protection, 41

Benstede (Sir John de), or Benestede: account of him and his offices, 148; dean of the King's free chapel of Tettenhale, 117 n; letters of protection to some in his company, 34, 49; he receives attornments, 52; is presented to the provostship of St. Andrew's, 117, 118, 243 n; his arms at Falkirk, 148, 157; his horses, 177, 178

Bente (Robert de): protection, 40; R. Beneit's horse, 162

Bentley, co. York, W. R.: in the parish of Arksey, q. v.

Benton (Adam de): collector in Northumberland, 266, 270

Index.

Benyuger (Sir Ingeram): 171
Berele: *v.* Berkeley.
Bereforde (William de), Justice: summoned to the Council, 81
Berewico (J. de): *v.* Berwick.
Bergavenny, co. Monmouth: *v.* Abergavenny.
Bergoveni (William de): 206
Berkeley, Berkele, Berele, etc.
Berkeley (Giles de), co. Glouc.: summoned to York, with horse and arms, 86
Berkeley (John de), son of Thomas Lord Berkeley: on service, 263 n; his horse, 217; his arms, 154
Berkeley (Maurice de), son of Thomas Lord Berkeley: to be retained, if he became a banneret, by Aymer de Valence, 261; on service, 263 n; accompt with Sir A. de Valence for services in Scotland, 262; protection, 35; his horse, (Sir M.), 216; arms at Falkirk, 154, 264 n; witnesses an agreement, 264
Berkeley (Thomas de), a Baron: agreement to serve Aymer de Valence with 5 knights, 260; summoned to York, 85; accompt with A. de Valence for services in Scotland, 262; agreement as to further wages, 264; protection, 36; horse (Sir T.), 216; arms at Falkirk, 152; his three sons there, and at Carlaverock, 154, 263 n
Berkeley (Thomas de), son of Thomas Lord Berkeley: protection, 36; horse (Sir T.), 216; on service, 263 n; arms and descendants, 154
Berkeley (William de), co. Glouc.: summoned to York, 86
Berkeway (John de): 254
Berkshire: precept to the sheriff of Oxon and Berks to proclaim the rendezvous at Roxburgh, 113
Bernard (Adam): protection, 247
Bertram (William): 225
Berwick (John of): going to Scotland (de Berewico), 247
Berwick-upon-Tweed: the town taken by the Scots, iii; and entered by William Wallace, Falk.

xix; but not the castle, xxiv; accompt of Ralph de Dalton as to victuals for the English army there, 1—5; payments out of the revenue of the town to W. de Agmondesham, 267; John de Pothon, constable of the castle, 5, 272; pay of soldiers there, and cost of fortification, 268; corn received from Newcastle, 272—274; John E. of Surrey there, 12; the army there, xxxi; K. Edward wrongly stated to have landed there, xx; letters from him to the Lords there, requiring their attendance at York, and commanding them to provide for the safety of the town during their absence, vii, xxvi, 95, 97; victuals to be sent thither, viii, 99; Patrick E. of Dunbar appointed captain of the garrison, ix, 115; orders about provisions, 121, 122, 125; the garrison, xxvi; ships arrive with provisions, xviii; in September they proceed to Queensferry, xxiv; horses there, 162, 210, 214, 223
Besilles (Matthew):
Elizabeth [de Havering] his wife, 148
Bessy (Sir Walter de): 228
Betesle (William de): 210
Betingham (William de): 213
Beton (Robert de): protection, 31
Beton (William de): protection, 31
Benfour (Geoffrey de), co. Hereford: 206
Beupel: *v.* Beaupel.
Beverley, co. York, E.R.: William Daket of Beverley, 3; K. Edward there; he visits the shrine of St. John of Beverley, xviii, xxvi, 36, 37; Robert de Scorebourgh of that place, 52
Beverley (Sir Gilbert de): 199
Beverley (Robert de): presented to the church of Carnemool, 116
Bevery (Albinus de): 166
Beysyn (Walter de): ordered to raise troops in certain parts of Wales, 92; writ to him, postponing their arrival at Carlisle, 110; protection, 35
Biancourt (William de): 237
Bibington (William de): 209

2 O

Bideforde (J. de): v. Bydeforde.
Bigod, Bygod, Bigot.
Bigod (Hamo): 190
Bigod (John le), Norfolk: summoned to York, 87; protection, 37
Bigod (Ralph le): protection. 37; Sir R. B.'s horse, 168
Bigod (Roger le), Earl of Norfolk and Marshal: letters of protection (Dec. 1297), 16; to receive wages for 130 horse for 3 months, 65; protections to persons in his company (Dec. 1297 and later), 16—20, 25, 33, 34, 37—41, 47; letter of the King requiring his attendance at York, vii. 95; further protection to him, 33, 35; one for Ireland, 48; letters of attorney, for him and a follower, 53; order for the payment of Welshmen led by him, 64; at York he demands confirmation of the charters, viii, xviii, xxvi; his command at the battle of Falkirk, x. xxix; his arms there, 130; he leaves the King at Carlisle, xix, xxxi, xxxii; he surrendered his earldom 1302, and d. 1307, 130
Bikebury (Thomas de): 236
Bikeforde (Thomas de): 236
Bikenore (John de): 162, 191
Bikenore (Roger de): 212
Bikenore (Thomas de): protection to T de Bykenore, 26; Sir T.'s horse, 162
Bikerton (T. de): v. Bykerton.
Bilneye (Roger de): protection. 34; Sir R.'s horse, 209
Bilsby: the office of usher of the Exchequer hereditary in this family. 102 n
Bilton (Hugh de), co. York: 228
Bilton (Richard de): 164
Bingham (Richard de): summoned to attend with horse and arms (Bengham), 68; Sir R. Byngham, 215
Binleie (William de): 209
Birkin (W. de): v. Byrkyn.
Birlay (William de): ordered to bring the great seal to Finchale, 259
Biron (J. de): v. Byron.

Biscaye (J. de): v. Byscaye.
Biset (John): protection (Byset), 44; horse, 182
Biset (Richard): 182
Biset (William): 182
Bisset (Thomas): obtains a grant of the isle of Arce, xiii n, xxxi
Bisshopeston (John de): protection (Bysshopedon), 25
Bisshopeston (Richard de), clerk: appointed to pay troops, 58, 62, 266, 270; his wages, 62, 63
Bittringe (J. de): v. Byttringe.
Blaby (John de): protection, 35
Blaby (Robert de), co. Midd'x.: 228
Black Ironside, co. Fife(?): v. Ironside.
Blair (Arnold): his *Relationes* referred to, iv n, ix n
Blake (William le), Lincoln: protection, 42
Blakeburne (John de): guardian of the E. of Lincoln's lands in Ros and Rowynoke, 6
Blakeforde (John de): protection, 40; Sir J.'s horse, 236
Blakenham (Benedict de): 175
Blakeshale (Simon de): protection. 39; horse, 226
Blakhom (William de), co. York: 227
Blankeforde (Bernard de): 168
Blecche (William): 167
Bledelawe (John de): attorney for Robert de Brus, 59
Bleyt (William): protection, 22
Blida (Sir Adam de): 175
Blount, Blunt, Bland.
Blount (Hugh le), Essex: summoned to York, 86; Sir Hugh, 214
Blount (Thomas le), or Blunt: brother of Sir William, 185
Blount (Walter le), or Blunt: 184
Blount (William le): protection (Bland), 31; Sir W.'s horse, 183
Bluet (John): protection, 20
Bluet (Ralph): protection, 51
Blund, Blunt, v. Blount.
Blynne (Richard de): 190
Blyth, co. Notts.: the rolls and treasure there on the way to York, 105

Index. 283

Blyth (A. de): r. Blida.
Bockestede (John de): 195
Bocloud (John de): protection to him, 46; to one in his company, 48 n; Sir J. de Boclaude's horse, 200
Bocton (Walter de), co. York: 228
Bodenham (Walter de): 191
Boeles (John de): protection, 36
Bohun (Henry de): summoned to attend with horse and arms, 68
Bohun (Humphrey de), 3rd Earl of Hereford, 2nd Earl of Essex, and Constable of England: letters of attorney, 53; letters of protection, 16; mandate for payment of Welshmen led by him, 64; to receive wages for 90 horse for 3 months, 65; protection to himself, 21, 32; to persons in his company, 18, 20, 22, 44, 46, 47, 49, 51, (and see below); the King requires his attendance at York, vii, 96; he there demands confirmation of the charters, viii, xviii, xxvi; his command at the battle of Falkirk, x, xxix; arms there, 130; he leaves the King at Carlisle, in September, xix, xxxi, xxxii; ob. 31 Dec. 1298, 130
Bohun (Humphrey de), 4th Earl of Hereford, 3rd Earl of Essex, and Constable of England: protections to persons in his (or perhaps in his father's) company, 17, 21, 23, 24, 33, 34, 49; arms at Falkirk, 130; succ. 31 Dec. 1298, ib. slain at Boroughbridge, 1321-2, ib.
Elizabeth [of England] his wife, ib.
Bolde (Adam de la): protection, 37
Bolweby (Thomas de): 210
Boniface VIII., Pope: mediates between France and England, iii; the Barons' letter to him, 1301, noticed, 130, 158
Bonkill (Alexander):
His dau. Margaret, wife of Sir John Stewart, x n
Bonyngton (Robert de), knt. protection for him applied for, 13; granted, 34
Bonynton (William de): 181
Bordeaux, France: the hereditary office of "beguey" or "vigier" there, 150
Bordeaux (Piers de), Lord of Puy-Paulin: his arms at Falkirk, 150; P. de Burdegala, his horse, 232; afterwards he was Captal de Buch, ib.
Bordeaux (William de), or Burdegala: 205
Bordesden (Robert de): 222
Bordesden (Thomas de): protection, 33
Borham (John de), clerk: appointed to pay certain troops, 57, 58, 60, 66, 92 n, 94; protection, 24
Borhunte (Richard de): protection, 247
Borhunte (Thomas de), or Burhunto: 174
Boroughbridge, co. York, W.R.: in the parish of Aldborough, q.v.
Bosard (J.): r. Bussarde.
Bosco (— de): r. Boys.
Boseville (James de), co. York: 230
Bosse (John): 167
Boteler: r. Butiller.
Botelesforde (William de): protection, 21
Botemleyne (Robert): r. Botevileyne.
Botencombe (Thomas): 189
Botetourte (Guy), or Buteturte: summoned to attend with horse and arms, 68; protection, 22; brother of John; his horse, 166
Botetourte (John), 1st Baron: brings a writ, 67; of Suffolk; summoned to York, 86; protection, 22; arms at Falkirk, 146; Sir J.'s horse, 166
Boteturte (William): protection, 22; horse, 166
Botevileyne (Robert): 209
Botevylein (William), co. N'ton.: summoned to York, 86
Bothebi (Andrew de): 164
Bothwell, co. Lanark: Ralph de Manton presented to the church, 118
Botiller: r. Butiller.
Botley, co. . . . : Ralph Swetinge of Botteley, 43
Botreaus (William de): protection, 20; W. Botreus, of Devon, summoned to York, 86
Boulton (John de): protection, 42
Boulton (Thomas de): protection, 41; horse, 204
Bourdun (Sir John): 163
Boushe (John): presented to the church of Kynkell, 240
Boutell (Charles), clerk: 159

2 o 2

Bovyngton (Nicholas de), co. York: 228
Bower (Walter): his history referred to, xi n
Bowet (John): 108 n
Box (Henry de): 217
Boylonde (Richard de): protection, 28
Boys (Henry de), or Bosco: protection applied for, 13; granted, 34
Boys (John de), called, like all that follow, de Bosco: summoned to attend with horse and arms, 68; protection, 25; his horse (Sir John, of co. Linc.), 206
Boys (Sir Nicholas de): 187
Boys (Richard de): protection, 29
Boys (Robert de): 161
Boyton (William de): letters of protection, 19, 47
Boyville (William de): summoned to York, 85; horse, 198
Brabazun (Roger), Justice: summoned to the Council, 81
Bracebrigge (Geoffrey de), co. Linc.: 209, 215
Bracebrigge (John de): protection, 34; Sir John's horse, 209
Bracy (Robert): held the shrievalty of Westmerland, "nt custos," 128 n
Bracy (Roger de): 221
Bradden (Geoffrey de): protection, 47
Bradden (William de), co. N'ton.: summoned to York, 86; protection, 17
Bradefelde (Robert de): 211
Bradele (Walter de): 192
Bradelye (Henry de), clerk: protection, 247; horse, 187
Brademere (William de): 201
Bradenston (Thomas de): 171
Braibofe (Hugh de), co. S'ton.: summoned to York, 87; protection to H. de Brayboef, 35
Braid, near Edinburgh: K. Edward there, ix, xii, 50, 116, 117
Brampton (Peter de): 163
Branche (Nicholas): summoned to attend with horse and arms, 68; Sir N. Branche, his horse, 213
Brandon (R. de): r. Braundon.
Brante (Sir Robert de): 236

Braose (Giles de): protection (de Brewosa), 47; [ob. 1305.]
Braose (Richard de): protection (de Breuse), 17; another, apparently to the same (de Brewosa), 33
Braose (William de), Baron of Gower: summoned to York (de Breousa), with horse and arms, 85; ordered to raise 300 foot on his lands of Gower, and to lead the same to Carlisle (de Breuosa), 94; his arms at Falkirk, 136; [ob. 1326.]
Braunche (N.): r. Branche.
Braundon (Reginald de): summoned to the Council, being one of the clerks, 81
Braunteston (Henry de): appointed to pay wages to certain Welsh troops, 91 n, 94; H. de Braundeston, presented to the church of Forteviot, 242
Bray (Adam de): 173
Bray (Roger de): 181
Brayboef (Hugh de): r. Braibofe.
Brecon, district: troops raised there, 92. 110
Brecon, town: r. Trecastle.
Bredsall, co. Derby: R. le Curzun, 29
Bredwardine, co. Hereford: Richard le Bret, lord thereof, 68
Bremmesgrave (William de), co. Worc'r: 212
Breouts (Robert de): 236
Bret: v. Brett.
Bretagne: v. Britanny.
Breteyn (Thomas): protection, 31
Breton (Alan), or le Bretoun: protection, 39; horse, 187
Breton (Archibald le): protection, 41
Breton (Henry le): 170
Bretun (Hugh le): protection, 34
Bretun (William le): summoned to York, 85
Brett, Bret, Brit.
Brett (Sir Amaneu de la): horse of Sir A. de la Bryt, 167; his arms at the battle of Falkirk, simply *gules*, like Albret, 142
Bret (Richard le), Lord of Bradwarden: summoned to attend with horse and arms, 68
Brett (Roger le): called le Brit, 193

Bret (Thomas): 227
Breonsa, Breuosa, Breuse (- de): v. Braose.
Brewers: ordered to provide for forces on their march, 56, 57
Brewosa (— de): v. Braose.
Briane (Guy de): v. Bryan.
Briddeshale (Sir Gilbert de): 199
Briggeforde (Geoffrey de): 192
Brigham, co. York, E.R.; in the parish of Foston-upon-the-Wolds, q. v.
Brightwell (Richard de), co. Berks: 209
Brimpsfield, co. Glouc.: John Giffard, 81
Bringesle (Robert de): 175, 234
Brit: v. Brett.
Britanny (John II., Duke of) and Earl of Richmond: of the house of Drenx: 142; his lands of Richmond seized; the profits to be expended on fortifications, 76, 77, 128 n, 266, 270; [ob. 1305.]
Beatrice [of England] his wife: 142
Britanny (John IV., Duke of), and Earl of Richmond, K.G.: arms, 142
Britanny (John de), aft. Earl of Richmond: protection to Eustache de Avesyn in his company, 50; his arms at Falkirk, 142; [created E. of Richmond, 1306; ob. 1333-4.]
Brockett (Sir John): tomb at Wheathamstead, 148
Broke (Henry de): 193
Brokenburghe (Richard de): protection (Broukenbury), 36; horse, 217
Brom (Adam de), clerk: notice of him, viii n. 101
Brom (Roger de), Norfolk: summoned to York, 87
Bromfeld (Hugh de): 162
Bromfelde (Richard de): 184
Bromfelde (Roger de): 184
Bromfelde (William de): protection, 37
Bromfield, co. Denbigh: now a hundred. It was called Maelor Cymraeg, in distinction from Maelor Saesneg, 7 n, 91 n; the E. of Surrey's lands there, 91, 93, 103, 104, 110, 111 [The lordship of Bromfield and Yale was granted in 1281 to John de Warenne, and passed to his descendants until the reign of Henry VII.]; troops raised there, 57, 59, 60, 91, 93, 103, 104, 110, 111

Brompton (Adam de), co. Stafford: summoned to York (Brumpton), 87
Brompton (Peter de): 163
Brompton (Walter de): 184
Bromwyche (Thomas de): protection, 38
Broomsgrove (W. de): v. Brommesgrave.
Bronkenbury (Richard de): v. Brokenburghe.
Brown: v. Brun.
Bruce: v. Brus.
Bruere (Poucin de): 234
Brumpton (A. de): v. Brompton.
Brun (Adam): protection, 33; slain at Falkirk (Brown), xi [From the protection it would seem that he fell on the English side.]
Brun (Geoffrey): order for payment to him in respect of the victualling of Stirling castle, 251
Brun (Henry le): protection, 42
Brun (Hugh le), Count de la Marche:
Isabel [of Angoulême] his wife, widow of King John, 83 n
Brun (William le): 33
Brunton, co. N'land, in the parish of Gosforth, q. v.
Brus (Bernard de): protections to him, 17, 41; to one in his company, 19; he was at Falkirk, xi
Brus (Robert de), senior: letters for respite of crown debts, 54; R. le Brus, of Essex, summoned to York, 87; protection, 16; supposed to have fought for the English at Falkirk, xi; his castle of Lochmaben taken, xi n, xiii; chosen a Regent of Scotland, xii n
Brus (Robert de), Lord of Annandale: letters of attorney, 53; protection to him, 39; to some in his company, 40; he burns and deserts the castle of Ayr, xxx, xxxii; [E. of Carrick, jure ux.; ob. 1304.]
Bruyn (Baldwin): 232
Bruyn (Sir Maurice le), son of William; 176
Bruyn (Thomas le): 171
Bruyn (Sir William le): 176
Bryan (Guy de): summoned to attend with horse and arms (Briane), 68

Bryane (Sir William): 137—an error.
Bryngesle (Robert de) v. Bringesle.
Bryt (Sir A. de la) v. Brett.
Buch (La Tête de), near Bordeaux : 142 ; Captals de Buch ; one at the battle of Falkirk ; his arms, ib.; he is called " D'ns Petrus Amanevi," 205; Piers de Bordeux bore the title somewhat later, 150 ; afterwards it was in the family of Grailly, and in that of Foix. ib.
Buchan (J. Earl of): v. Comyn.
Buckingham, county: letters to the sheriff for respite of crown debts, 54; precept to the sheriff of Beds and Bucks to proclaim the rendezvous at Roxburgh, 113
Buckland (J. de) v. Bocland.
Budos (Peter de): 168
Buet (Henry), Westm'd : 230
Buet (Robert), Westm'd : 230
Builth, co. Brecon : troops raised there, 92, 110
Buntinge (Alexander), Staunford : protection to him, 22 ; to A. de Staunforde (probably the same person), 23
Burd' (Thomas): 192
Burdegala (— de): v. Bordeaux.
Burdeleys (Geoffrey de): summoned to York, 85, 87; protection (de Burdele), 29
Burdell (Booz de): 168
Burdet (Bernard), son of Peter : 186
Burdet (William) : protection, 40
Burdon (Sir John): 226
Bureford (G. de): v. Burford.
Burel (John): 179, 200; of Wilts, 230
Bures (Sir Robert de): 161
Burewardesle (Nicholas de): 229
Burewell (Thomas de): 175
Burford (Galfrid de): protection, 50 ; horse, 234
Burgasshe (S. de) : v. Burghersh.
Burgh (Hubert de), clerk : commissioned to provide victuals in Lancashire, 98, 99
Burgh (Hugh de) : paymaster of forces, and a clerk in Chancery, 98 ; presented to the church of Stonehouse, 245
Burgh (John de): 168

Burgh (William de), clerk : 193
Burghersh (Stephen de): called Burgasshe, 190
Burghope (Richard de): horse, 224; protection, 51
Burghulle (Roger de), co. Hereford : summoned to York, 87
Burgo (— de): v. Burgh.
Burgoyllonn (Robert le), Norfolk : summoned to York, 87 ; horse (Burgoillon), 219
Burgundi (Lupus): 168
Burhunte (T. de) : v. Borhunte.
Burke (Sir J. Bernard), C.B., Ulster : his *General Armory* referred to, xi n
Burne (Richard de la), of Farnham ; protection, 33
Burnel (William), Salop : 182, 223
Burnell (Nicholas, Lord) : his arms assumed by Robert de Morley, 154
Burnelle (Peter de): 231
Burneville (Robert de), Suffolk : summoned to York, 87
Burnham (Thomas de) : protection, 46
Burstowe (John de), Surrey : summoned to York, 87
Burstwick, co. York, E.R.: money received there, 274
Burton (John de) : 176
Burton (Robert de) : v. Byrton.
Burton (Thomas de): 196
Burton (William de), co. York : 223
Bury St. Edmund's, co. Suffolk : K. Edward there, viii, 28
Bush (J.) : v. Bonshe.
Bussarde (John): 207
Bussy (Jakemin de): 231
Bute, county : the men of Bute who fell at Falkirk commemorated by a cross, xi n
Butencumbe (Thomas de): 169
Buterwyke (John de) : protection, 47
Buteturte : v. Botetourte.
Butiller (Fulke le): 220
Butiller (John le) : protection, 31 ; horses, 183, 229
Butiller (Ralph le), of Weumme : protection, 46 ; called Rawlin, 220

Butiller (Richard le), co. York: 230
Botillier (Robert le): protection, 38
Butiler (Theobald le): hereditary Constable of Ireland, 140; assumed the surname of his wife,
  Rohese [de Verdon], *ib.*
Butiller (William le), or Botiller, of Wemme: summoned to attend with horse and arms, 68; horse, 219; protection, 248
Bydeforde (Jordan de): protection, 44
Bygod: *v.* Bigod.
Bygrave, co. Herts: K. Edward there, 27, 55
Bykenore (T. de): *v.* Bikenore.
Bykerton (Thomas de): protection, 31
Byngham (R. de): *v.* Bingham.
Byrkyn (William de): master of a ship, 127
Byron (Sir John de): sheriff of Yorkshire, 1, 78, 120, 266, 270, 273
Byron (John de), co. Chester: 212
Byrton (Robert de): letters of protection, 16
Byscaye (John de): summoned to attend with horse and arms, 68
Byset (J.): *v.* Biset.
Bysshopedon: *v.* Bisshopeston.
Byttringe (John de): protection, 47

Caam (J. de), or Cadomo: *v.* Caen.
Cadewy, co. . . . : perhaps Caer-Dewi: troops raised there, 91, 93, 110
Caen (John de). or de Cadomo: bearer of an order. 123; directed to take the great seal to Finchale, 259
Caer-Dewi, co. . . . : *v.* Cadewy.
Caer-Estyn, co. Flint (?): identical with Hope, *q. v.*
Caer-Mahalt, co. . . . (Castrum Matillidis): troops raised there, 92, 110; belonged to Robert de Tony, 144
Cailly (Adam de), Norfolk: summoned to York (Kaylly), 87
Calaghe (Peter): 235
Caldes (Bernard de): 235
Calentyn (John de): 234

Calmethorpe (Robert de), co. York: 236
Caltofte (John de): protection, 37; Sir J's horse, 172
Caltoft (William de): 173
Calvele (William de): 221
Cambhou (John de), or Camhow: warden of the town of Berwick, 51, 267
Cambhou (William de): 182
Cambridge, county: precept to the sheriff regarding two Scottish prisoners at Wisbeach. 75; to conduct the rolls and treasure towards York, 105; to proclaim the rendezvous at Roxburgh, 113
Camden (William), Clarencieux: 102 n, 159
Camera (— de), *v.* Chambre.
Camhow (J. de): *v.* Cambhou.
Cammoys (R. de): *v.* Kemmeys.
Campania (— de): *v.* Champayne.
Camville (Geoffrey de): summoned to attend with horse and arms, 68
Camville (Thomas de): 185
Candele (Alexander): 163
Candida casa, co. Wigton: *v.* Whithorn.
Cane (John de): protections, 16, 46; horse, 176
Canterbury, co. Kent: K. Edward there, 21, 67 n, 82
Canterbury, province: moneys granted by the clergy. 64
Cantilupe (Alan de): protection, 37; Sir Alan's horse, 223
Cantilupe (John de): protection to him and some in his company, 25; arms at Falkirk, 138
Cantelupe (Nicholas de), Baron: seal, 146
Cantilupe (Sir Robert de): 204, 227
Cantilupe (St. Thomas de), Bishop of Hereford: 146
Cantilupe (William de), Baron of Ravensthorpe: protection, 32; arms at Falkirk, 146; horse, 177
Cantelupe (William de), son of the last: 146
Cantoke (Sir Henry): 161
Cantoke (Thomas), Bp. of Emly: Chancellor of Ireland, (aft. Bp.), vii. 100, 254
Capella (Alexander de): protection, 39
Carbonel (Adam): protection, 13, 42

Cardiff (Raulin de), or Kerdife: 209
Cardigan, co. Cardigan: troops raised there, 92, 110
Cardoyl (Hugh de): v. Carlisle.
Careswelle (Richard de), co. Stafford: summoned to York, 87; horse (Kersewelle), 173
Carew (John de), or Carru: protection, 48; horse (Cary), 171
Carew (Nicholas de), or Karru: letters of attorney, 53; protection, 48; Sir N. de Carry, 216; witness (Sir N. de Karreu), 264
Carkedon, co. . . . : Hugh de Mortimer, 50
Carlaverock, co. Dumfries: mentioned, 234; the poem of Carlaverock referred to, 129, etc.
Carleton (William de), Baron of the Exchequer: summoned to the Council, 81
Carlisle, co. Cumberland: mandate to the Justiciary of Ireland, etc., about provisions for the castle, 5; persons in garrison, 19, 45; writ to the Bp., as constable, for the fortification of the castle, 70; corn from Ireland to be conveyed thither, 83; Welsh troops to be led thither, v, 90, 93, 94; victuals to be conveyed thither, viii, 98, 100; mandates to the Exchequer of Dublin touching the same, 107, 108; the march of the Welsh troops to this place postponed, 108-112; precept to the sheriff of York, 21 Aug., to send carts thither, 252; K. Edward there, in September, xiii, 117, 212, 243, 244, 248, 253, 254, 255, 256; a Parliament held, xiii, xxxi; certain Lords leave the King, xiii n, xix, xxxi, xxxii; horses there, 162, 164, 165, 167, 170, 175, 177, 178, 180, 182, 183, 185, 186, 187, 194, 195, 199, 200, 211, 222, 225, 226, 232, 233, 234, 235
Carlisle (Eudo of), or de Karliolo: protection, 46
Carlisle (Hugh of), or de Cardoyl: collector at Newcastle, 270
Carlisle (Michael of), or de Karliolo, serjeant: 83
Carlisle (William of), or de Karliolo: protection to him, 24; to one in his company, 33
Carluke, co. Lanark: formerly Eglismnolluach; also known as Forest-kirk: 245

Carnemool, co. . . . : Robert de Beverley presented to the church, 116 [Perhaps identical with Carmonole, mentioned in Walcott's *Scoti-Monasticon*, 225.]
Carru (J. de): v. Carew.
Carry (N. de): v. Carew.
Carter (Roger le): shipmaster of Scarborough, 2
Carteret (Robert de): presented to the church of Monimail, 240, 241
Cartrel (Sir Reginald de): 230
Cary (J. de): v. Carew.
Casa nova (Otho de): K. Edward (in 1294) urges him to aid in recovering Gascony, 150; Sir O. de Casnawo's horse, 231; his arms at the battle of Falkirk, 150
Cassoin (Arnaldus Guilelmi de la): 236
Castellion (Sir P. de): v. Chastillon.
Castello (John de), co. Norfolk: 207
Castello (Philip de): protection, 37; horse, 172
Castello (Robert de): 223
Castern (Hugh de): 180
Castle Martin (Ralph de): 246
Castle Maud: v. Caer-Mahalt.
Castleton, co. Roxb.: K. Edward there, 252
Castro Martini (R. de): v. Castle Martin.
Castrum Matillidis: v. Caer-Mahalt.
Cateby (Adam de): protection (Kateby), 23; horse, 211
Catefelde (John de): attorney for Edmund Bacon, 52
Catston (Robert de), Norfolk: summoned to York, 87
Caufe (John le): 212
Caumont (Arnold de): 172
Caunville (G. de): v. Camville.
Cauncefelde (John de), son of Walter: protection, 41
Caune (Thomas de): protection, 48
Caunville (Galfrid de): v. Camville.
Caupan (Sir Reginald de): 231
Caus (William): 213
Causade (John de la): 204
Cavalry: v. Horses.
Caylly (A. de): v. Cailly.

Cayton (Robert de): 207
Centenarii: captains of hundreds, vi
Ceri, co. Montgomery: v. Kery.
Chabenore (Sir William de): 164
Chalfhunte (William de): protection, 32; horse (Shalfhonte), 183
Chalouns (Peter de): summoned to York. 85
Chamberlain of England: v. Vere (R. de), Earl of Oxford. — — of the King: v. Helle (T. de).
Chamberlayn (Henry le): protection (Chaumberlayn), 38
Chamberleyn (Richard le): 193
Chamberleyn (Simon le): protection (Chaumberleyn), 31; Sir S., his horse, 183
Chambre (— de la), or Chaumbre, or de Camera.
Chambre (John de la): 217, 220
Chambre (Richard de la): 167
Chambre (William de la): protection, 39; horse, 169, 226
Champayne (John), or de Campania: 194
Champayne (Peter), or de Campania: protection, 35
Champayne (Robert), or de Campania: summoned to attend with horse and arms, 68; protections, 19, 22, 50
Champeneys (William): 182
Champvent, Chauvent, etc.
Champvent (Gerard Dorums de): v. Dorum.
Chauvent (Sir John de): his horse, 169; bearer of a writ, 240
Champvent (Peter), or Chauvent, a Baron: protection to him and some in his company, 37; horse, 168; arms at the battle of Falkirk, 148; summ. to Parliament, 1299; ob. 1302, ib.
Chancellor of England: v. Langton (J. de). — of Ireland: v. Cantoke (T. de). — of Scotland, for K. Edward: v. Agmondesham (W. de).
Chandel (John): v. Chaundeler.
Chandos (John de): protection, 35; horse, 170
Chapel (The Fowe): Falkirk so called, 238
Charles (Edward), Norfolk: summoned to York. 87; protection, 44; horse of Sir E. de Charles, 195
Charles (Nicholas), Lancaster Herald: 129, 131, 156, 157, 159

Falk.

Charnel (John de): his horse valued, 211
Charron (Ranulph le): 165
Charters: confirmation of them promised at York, viii, xvii, xviii, xxvi
Chartres (Andrew de), a Scot: summoned to attend K. Edward to Flanders, 76 n; forfeits the patronage of a church, 76; lands of his in Scotland granted to Guy E. of Warwick, 255
Chartres (Nicholas de): protection, 48
Chartres (Robert de): resigns the benefice "Albi monasterii," 76
Chastelyn (Hugh de): summoned to York, 85
Chastillon (Ponce, Sire de): arms at the battle of Falkirk, 142; Sir Pontius de Castellion, his horse, 204
Chaucer (Geoffrey): 160
Chaucombe (Sir Thomas de): 175, 234
Chaumpayne: v. Champayne.
Chaunceux (William de): 223
Chaundeler (John le): protection, 30; J. Chandel's horse, 172
Chaundos (J. de): v. Chandos.
Cheigny (W. de): v. Cheyny.
Chelesfelde (William de): summoned to York, 85
Chelre (Henry de): 190
Chelreye (Thomas de): his horse, 222; he is presented to the church of Little Yetholm, 243
Chen (Henry le), Bp. of Aberdeen: 242 n
Chenduit (William), of Schirland or Stirke-lande: summoned to attend with horse and arms, 68
Cheululle (Thomas de), son of Thomas: protection, 31
Chenny (W.): v. Cheyny.
Chester, county: orders for raising infantry there, iv, 6, 9; provisions respecting payment of the troops and their march to Durham, Newcastle, etc., 57—61, 63; more troops to be raised there, v, 92, 93; mandate to the sheriff touching provisions for the Earl of Lincoln's troops, 101; further proceedings as to the levies, 103, 104, 106; the march postponed, 109, 111; Reginald de Gray, Justiciary, 9, 90, 92, 94, 103, 109, 111
Chester, city: troops from Wales march thither.

2 P

and thence towards Newcastle, 59; also Cheshire troops, 60, 61; Walter de Langton, Bp. of Coventry and Lichfield, styled Bp. of Chester, 243, 246

Chester-le-Street, co. Durham: K. Edward there, 45, 258; a horse there, 167

Chetewynde (Adam de), co. Stafford: 215

Cheval (R.): v. Chival.

Chevelingham, co. N'land.: v. Chillingham.

Chevereston (John de): protection, 38; horse (Chevreston), 208

Cheveroil (Alexander), Wilts: summoned to York, 87

Cheyny (Roger de): letters of protection, 17; payments made to him, 268, 269

Cheyny (William de): summoned to attend with horse and arms. (Cheigny), 68; protection (Sir W.), 247; horse (Chenny), 177

Chichester (— of): v. Cicestre.

Chilcham (Nicholas de): protection, 37

Chillingham, co. N'land: K. Edward there, ix. xiii, 48, 124 n, 246

Chilton (Simon de): 229

Chipchase, co. N'land: in the parish of Chollerton, q. v.

Chival (Robert), or Cheval: protection to him, 28; to one in his company, 32; his horse, 163

Chollerton, co. N'land;
Chipchase: Robert de Insula, 31

Chronicles: extracts from Chronicles, xv-xxxii, 238

Churches: presentation to the church " Albi monasterii" forfeited by a Scottish patron, 76; presentations by K. Edward to ecclesiastical benefices in Scotland, 115-118, 239-246

Cicestre (Peter de): 186

Cicestre (Thomas de): 186

Cinque Ports: protections for mariners, 13

Cirencestre (Thomas de): protection, 38; Sir T.'s horse, 208

Cireneye (Jakemino de): 182

Cissor (R.): v. Tailor.

Claneboye, co. . . . : lands, xxvi n

Clare (Gilbert de), Earl of Gloucester and Hertford:
Joan [of England] his wife, aft. wife of Ralph de Monthermer, 152

Clare (Richard de): appointed to obtain provisions for Carlisle, 100

Clarel (William): protection, 23; horse, 211

Claris vallibus (— de): v. Clervaux.

Clarou (Sir John de): 172

Clanton (Alan de), co. Lanc.: 215

Claveringe (Alexander de): protection, 18

Clavering (John de), 2nd Baron by writ: protection, 47; arms at the battle of Falkirk, 132; this is John FitzRobert, who assumed the surname of Clavering, 130, 132 [From the protections, etc., it would appear that he and his brothers bore this name in 1298, though it has been stated that he assumed it at Carlaverock, two years later.]

Claveringe (Robert de): protection, 29; horse, 163

Claville (John de): 200

Clay (Nicolas del): protection applied for, 13; granted, 34

Cleasby, co. York, N.R.: 128 n

Clenhille (Thomas de), knt.: protection, 31

Clergy: sums received from the fifths and ninths of the clergy of York, 266, 267, 270, 273

Clerk (Richard the), or Clericus: 229

Clervaux (William de), or de Claris vallibus. son of John: protection, 34

Cleseby (Ascnlph de), or Cliseby: keeper of the lands of John, Earl of Richmond, 76, 77, 266, 270; charged to defend his bailiwick against the Scots, 128

Cleye (William de): protection, 17

Clife (John de): protection, 37

Clifford (Richard de): 196

Clifford (Robert de), 1st Baron by writ: money paid to him by Ralph de Dalton, 4, 274; protection to some in his company, 18, 19, 35; protection to himself, 24; horse, 196; arms at the battle of Falkirk, 142; further protections to followers, 248; he had promised a reward to the men of Cumberland and

Index. 291

Westmorland, 254; witness to a grant, 256; Marshal of England in 1308, 142; slain at Bannockburn, 1314, 142
Clifford (Robert de), valet: protection to him (?), 51; horse, 195
Clifford (Sir Simon de): 196
Clifford's tower: in York castle, 102
Clifton (Gervase de): summoned to attend with horse and arms, 68; his horse, 189
Clifton (Robert de): protection, 21
Clyfton (William de): protection, 44
Clinton (John de): protections, 17, 38; appointed to lead certain Welshmen, 110
Clippeston (Robert de): protection, 47
Cliseby (H. de): v. Cleseby.
Clive: v. Clyve.
Clopton (Thomas de): 174
Cluburi (Richard de): 220
Cluno (Walter de): to pay certain Welsh troops, 92 n, 94
Clyve (Guneelin de), Kent: summoned to York, 87
Clyve (John de): 194
Cobham (Henry de), 1st Baron Cobham, of Kent: summoned to attend with horse and arms, 68; summoned to York, 87; [called to Parliament, 1313—36; ob. 1339.]
Cobeham (John de): letters of protection, 20
Cobeham (John de), Justice: summoned to the Council, 81; a Baron of the Exchequer; attests writ for preparation for the King's courts at York, 102; attests order for release of three barges detained on their way to Berwick with corn, 126
Cobham (John de), junior: letters of protection, 19; son of John de Cobeham; protection, 39
Cobeham (Reginald de): letters of protection, 16, 20, 40
Cobeham (Roger de): 188
Cockpen, co. Edinburgh:
Dalhousie: K. Edward there, ix, 49, 52
Cocus: v. Cook.
Coggeshale (Ralph de), Essex: summoned to York, 87

Cokefelde (Simon de): protection to one in his company, 28; to himself, 29
Cokefeud (John de): summoned to York, 85
Cokefeud (Richard de): summoned to York, 85
Cockerel (Richard): protection, 48
Cockerel (Thomas): 166
Colebroke (William de): 178
Coleshulle (Richard de), Wilts: summoned to York, 87; horse, 175
Coleville: arms, 146
Coleville (John de): protection, 18
Coleville (Robert de): protection, 38
Coleville (Roger de): summoned to attend with horse and arms, 68; summoned to York (R. de C. senior, Norfolk), 87; protection, 26
Coleville (Roger de), junior, Suffolk: summoned to York, 87
Colville (Thomas de): protection, 35
Coleville (William de), of Knapton: protection, 41
Collewen (P. de): v. Kollewen.
Columbers (John de), or de Columbariis: protection, 36; Sir J.'s horse, 216; Sir J. a witness, 264
Colyngburn (Peter de), clerk: 177
Comerhou (William de): 233
Compton (John de), or Cumpton: 165
Comyn (John), Earl of Buchan: crosses the sea to Glasgow, xliii
Comyn (John), of Badenoch, the younger: called the Red Comyn: slain, 1305-6, at Dumfries, 83 n
Joan [de Valence] his wife: pedigree showing her consanguinity with K. Edward I. *ib.*; letter from the King to her, requiring her to come to Loudon, 83
Comyn (William): of the King's son's household, 213
Comyn (William): provost of Saint Andrew's, 117, 118
Condyt (John): protection, 13, 18
Conestable (Thomas le): protection applied for, 13; granted, 34
Congresbury (Walter de): 193
Coniers (Sir Robert de): 233
Coningsby (William de), or Cunynggesby: 206

2 p 2

Index.

Constables: the Constable of England: v. Bohun; the Bp. of Carlisle constable of the castle there, 70, 84; Theobald de Verdun Constable of Ireland, 140; a constable in the army had the command of 100 men, 59 n
Convers (Alexander le): 178
Convers (John le): 165
Convers (Ralph le), son of John: a serjeant-at-arms, 165
[These were, no doubt, converted Jews. Henry III. founded in London a "domus conversorum." In 1290 the unbelieving Jews were banished.]
Conyngeston (John de), Templar: 53
Cook (Alexander the): protection to A. le Keu, 21
Cook (John the): protections to persons called J. le Keu, 42, 43; horse of J. Cocus, 207
Cook (Richard the): horses of R. Cocus, 186, 222
Cook (Robert the): protection to R. le Keu, 39
Cook (Roger the): protection to R. le Keu, of Stanes, 35; R. cook (cocus) to Richard de Munden, 217
Cook (William the): protection to W. le Keu, 42; horses of W. Cocus, 170, 190, 233; of W. cook (cocus) to Sir W. de Leybourne, 194
Corbet (Piers), Baron of Cauz: summoned to York, 85; protection, 51; arms at the battle of Falkirk, 134
Corbet (Roger): protection, 42
Cork, Ireland: provisions obtained there for Carlisle, 108
Corlyn (Sir William): 233
Corn: not to be exported, 66, 67; to be purchased in Yorkshire, 80; to be conveyed from Ireland to Carlisle, 83; account of Ralph de Dalton concerning the purchase of corn in Yorkshire, 271
Cornbrigge (John de): 195
Cornere (Richard de la): horse, 164
Cornerthe (Richard de): protection (Cornherde, Cornerde, Cornerthe), 19, 23, 47; of Essex; summoned to York, 87
Cornwall, county: writs to the sheriff, iii. 100, 113

Cornwall (Edmund de), or Cornubia: horses, 182, 185; protection, 248
Cornwall (John de), or Cornubia: protection, 44
Cortlyngstoke (John de): protection, 31
Cossale (Adam de): protection, 18
Costyn (John): protection, 33
Cotel (Elias), or Cotele: protection, 41; horse, 178
Cotes (North), co. Lincoln: barges detained there, 125
Cotes (Robert de): protection, 21
Cotingham (Robert de): presented to the church of Sanquhar, 116, 117; his horse, 190
Coton (William): 233
Cottingham, co. York, E.R.: K. Edward keeps Christmas there, xix, xxxi, xxxii
Cotton (Bartholomew de): his *Historia Anglicana* cited, xv
Coudray (Thomas de): protection, 45; horse of Sir T. de Condrey, 187
Couele (John de): 221
Congate (John de): a shipmaster, 3
Council: one to be held at York, 95—98
Council (Privy): summons to a Council, 80; clerks of the Council, 81 n
Counteville (Humphrey de): 203
Courtenay or Curtenay: arms, 156
Courtenay (Hugh de), 1st Baron by writ: summoned to attend with horse and arms, 60, 38; Sir H. de C. his horse, 208; his arms at the battle of Falkirk, 156; [Earl of Devon, 1335; ob. 1340.]
Courthope (William), Somerset herald: his *Historic Peerage* referred to, 130, etc.
Conrzon (H.): v. Curzon.
Cowper (George A. F.), 6th Earl Cowper: ob. 1856. Anne Florence, his wife, Baroness Lucas: ob. 1880, 129
Coyken (Roland de): protection, 12, 20, 23
Crake (William): protection, 39
Crambeth (Matthew de), Bp. of Dunkeld: ob. c. 1298, 241 n
Crancumbe (John de), archdeacon of the E. Riding: ordered to bring the great seal to Finchale, 259

Index.   293

Crawford, co. Lanark: granted to Sir A. Lindsay, 144
Cray (Roger de): 202
Cray (Sir Simon de), or Crey: 202
Craye (William de): protection, 27
Creppinges (John de): protection, 32
Cressy (Roger de): 222
Cressy (William de): protections, 12, 18, 33
Creton (Simon de): 178
Creuker (Sir Robert de): 166
Crey (S. de): v. Cray.
Cricch, co. Fife: Robert de Maners presented to the church, 246
Criketot (Michael): 171
Criketot (Robert de): protection, 30
Crioll (Nicholas de): summoned to attend with horse and arms, 68; protection, 46; Sir N. de Kyriel, his horse, 219
Crispyn (Roger): protection, 25
Cristeshale (Peter): protection, 18
Croke (Andrew): protection, 32
Croke (John), or Crouke, co. Oxon: 232
Croke (Peter), co. Glouc'r: summoned to York, 87
Cromwelle (John de): protection (Crumwell), 18; Sir J.'s horse, 196
Crossaby (John de): presented to the church of St. Mary in the Forest of Selkirk, 241, 242
Crown debts: letters for their respite, 54, 55
Cruket (Michael): protection, 45; horse 215
Cu (— le): v. Cook.
Crumwell (J. de): v. Cromwelle.
Culeworthe (Richard de): 163
Culford, co. Suffolk: K. Edward there, 28
Cumberland, county: Richard de Abyndon receiver, 64, 66; cavalry there, 65; troops raised there, iv. 66, 71; precept to the sheriff to convey corn to Carlisle, 83; another, as to provisions for the E. of Lincoln's troops, 101; another, for the defence of the county against the Scots, 128; mandate to the Chancellor for letters patent to the men of the county, 254
Cumpton (J. de): v. Compton.
Cundy (Thomas): 212

Cunynggesby (W. de): v. Coningsby.
Curtenay (H. de): v. Courtenay.
Curzon (Henry) or Courzon: 189
Curzun (Richard le), of Breydeshale: protection, 29
Cussans (John E.): his *Hist. of Hertfordshire* referred to, 148

Dabernoun (John), Surrey: summoned to York, 87; [ob. 1327: brass at Stoke-Dabernon.]
Dacre (William de), or Dakre: to raise infantry in Lancashire, 55; protection, 42
Daingnottus (John): protection, 33
Daket (William): shipmaster, of Beverley, 3
Dalgarnock, co. Dumfries: K. Edward there, xiii; mentioned as Dalkarno, 186
Dalhousie, co. Edinburgh, in the parish of Cockpen, q. v.
Dalrymple (Sir David), Bart., Lord Hailes: his *Annals of Scotland* referred to, xi n, xviii n
Dalton (South), co. York, E.R.: Robert de Uffynton, parson, 34; K. Edward there, 37
Dalton (Ralph de): his accompt as to victuals for the English army at Berwick, iii n, 1—5; protection, 34; to receive money for buying corn in Yorkshire, 78, 80; pays money to W. de Agmondesham, 207, 272; his accompt for money raised for the purchase of corn in Yorkshire, 271; it is disallowed, and ordered to be audited, 272; discharged, 274
Dangolon (P.); v. Daugolon.
Darcy (Norman): arms, 138
Darcy (Philip), Baron of Nocton: summoned to York, 85; protection, 43; arms at the battle of Falkirk, 138
Darcy (Robert), or de Arcy: protection, 48
Darel (William), co. York: 227
Darlington, co. Durham: troops there on march, 60
Daubeney (Elias), or de Albiniaco, 1st Baron by writ: protection to him, and to some in his company, 20; letters of attorney, 53; further protection, 12, 23

Daudele (Sir N.): v. Audley.
Daugolon (Perrot): 202
Daundely (John), co. S'ton : summoned to York, 87
Daunteseye (Richard de): summoned to York (as R. de Tauntesoye, Wilts), 88 ; protection, 37
Daventry, co. N'ton : Robert FitzWalter, 85
Davies (Robert), F.S.A.: 130 n
Dealtry : v. Alta ripa.
Debts: v. Crown debts.
Deffreneloed, N. Wales : v. Dyffryn-Clwydd.
Deincourt (Edmund), 1st Baron by writ : arms at the battle of Falkirk, 140
Deincourt (Edmund), son of Edmund : sent by his father to Carlaverock, 140
Deincourt (John), son of Edmund : probably sent by his father to Carlaverock, 140
Deivill: v. Deyville.
De la Launde : v. Launde ; and so with others.
Denarston (Henry de), Suffolk : horse, 212 ; protection (Dennarston), 247
Denarston (Peter de), Suffolk : summoned to York, 87
Denet, co. . . . . : troops raised there, 92, 110
Dengayne (J.) : v. Engaine.
Dennarston (H. de) : v. Denarston.
Denton, co. . . . . ; John de Wodrington, 31
Depe (John de) : a trumpeter, 198
Depham (Stephen de) : protection, 247 ; Sir Stephen's horse, 169
Derby, county : precept to the sheriff of Nottingham and Derby respecting victuals for the Welsh forces, 56 ; taxers and collectors of the ninths to deliver money for payment of troops, 58 ; the sheriff to conduct the rolls and treasure towards York, 105
Derby (John de), dean of Lichfield : summoned to the Council, being one of the clerks, 81
Dering (Sir Edward), 1st Bart.; his copy of a roll of arms, 158
Derneforde (John de): 171
Derwentwater, (Thomas de) : summoned to appear before the Exchequer at York, 121

Deserters : ordinance for their punishment, 119 ; note of a commission for the same, 120 n
Despenser (Hugh le), 1st Baron by writ : slain at Evesham, 142
Despenser (Hugh le), 2nd Baron by writ : summoned to York, 85 ; Richard de Lughteburghe goes forward to make provision for him in Scotland, 22 ; protections to some in his company, 23, 42 ; protection to himself, 29 ; his horse, 187 ; his arms at the battle of Falkirk, 142 ; Earl of Winchester, 1322 ; hanged, 1326, ib.
Deure : v. Eure.
Devereux (John), or de Ebroicis : protection, 44 ; horse (de Everous), 190
Devereux (Roger), or de Ebroycis : protection, 51 ; horse (de Everois), 224
Devon, county : writs to the sheriff, vii, 100, 113
Deygod (William Raymond): 167
Deyville (Eustace): 208
Deyville (Gocelin): protection (de Eyville), 43
Deyville (Henry): protection, 42
Deyville (John), 1st Baron by writ : arms, 152
Deyville (John), or d'Eivill, Baron : protection to him, 43 ; to some in his company, ib.; his arms at the battle of Falkirk, 152, 157
Deyville (John), of Austan : protection (de Eyville), 43
Deyville (Peter): protection, 32 ; Sir P.'s horse, 176
Deyville (Sir Thomas): 211
Dieu (Roger): 215
Dieu (William): 235
Dilton (Hervey de): 164
Dingley, co. N'ton (?) : Thomas atte Welle of Dingele, 29
Dirleton, co. Haddington : the castle taken by Bp. Bek, viii n, xvii, xviii, xxvi
Disy (Stephen de): 180
Dockeseye (Richard de): 248
Doilly (T.) : v. Oiley.
Dokesforde (Adam de), co. N'land : 214
Doncaster, co. York. W.R. : Hugh de la Sale, 38, 232

Index.   295

Donewico (— de): *v.* Dunwich.
Dorchester, co. Oxon: stained glass in the abbey-church, 130, 152
Dorgoyl (Gerard): *v.* Orgoyl.
Dorset, county: writ to the sheriff, vii, 100
Dorum (Gerard), or Dorums, of Champvent: 176, 194
Douglas, co. Lanark: Geoffrey de Stokes presented to the church, 239
Donnedale (J. de): *v.* Dovedale.
Donneur (Robert): protection, 39
Dovedale (John de), or Donvedale: protection (printed Dounedale). 29; horse, 163
Dover, co. Kent: mentioned, xvii; Walter Teband, 13, 18
Doyly: *v.* Oiley.
Draycote (Richard de): summoned to York, 85; sheriff of Lincolnshire, 126 n
Draycote (William de), or Droycote: 176
Drayton (Richard de), co. Stafford: summoned to York, 87
Dreaz (Adam de): 225
Dreux: *v.* Britanny.
Droycote (W. de): *v.* Draycote.
Drillincloythe, N. Wales: *v.* Dyffryn-Clwydd.
Drochesford (J. de): *v.* Drokenesford.
Drogheda, Ireland: provisions brought thence, 108 n
Drokenesforde (Sir John de), aft. a Bp.: signs himself "Johan de Rokenesford," 13; keeper of the Wardrobe; charged with the expenses of the Balliols in the Tower, 73, 107; protection to some in his company, 27, 41, 151; orders concerning troops witnessed by him, 103; charged as to provisions, 107, 121; his horse valued, 174; his arms at the battle of Falkirk, etc., 148, 157; certain articles delivered by him at Stirling, 250 n; orders to him for payments, 252; Bp. of Bath and Wells, 1309; ob. 1329, 148
Drokenesforde (Michael de): brother of John, 174
Drungrey, co. . . . : lands of Andrew de Chartres there granted to Guy, Earl of Warwick, 255
Dryffyncloythe, N. Wales: *v.* Dyffryn-Clwydd.

Dublin, Ireland: mandates to the Exchequer there about provisions, vii, 5, 100, 107, 108
Dufferin, co. Down: lands, xxxi n
Dukesworthe (John de): protection, 32
Dumfries, Scotland: John Comyn (called the Red) slain there, 83 n
Dunbar, co. Haddington: prisoners taken there, 1296, 75
Dunbar (Patrick de), 8th Earl of Dunbar, or of March: claimed the crown of Scotland, 1291, 134; appointed captain of the garrison of Berwick, ix, 115; brings Edward intelligence, xxviii; his arms at the battle of Falkirk, 134; in the roll of Carlaverock, he is called E. of Laonis, i.e. Lennox; ob. 1309, *ib.*
Dunbar (Patrick de), 9th Earl of Dunbar: his arms at the battle of Falkirk, 138; succ. 1309, *ib.*; payments to him (?). 268, 269; in 1334 he renounced allegiance to England: ob. c. 1368, *ib.*
Dundee, co. Forfar: lands granted to Alex. Scrimgeour, v
Dune (Thomas de la): 203
Dunkeld, co. Perth: Walter Bakon made precentor of the cathedral, 241
Dunolm' (A. de): *v.* Durham.
Dunstanville (Edmund de): 203
Dunwich (John of), or de Donewyco: protection, 16
Dunwich (Peter of), or de Donewyco: protections to him, 16, 47; to some in his company, 16; he is ordered to raise infantry in Lancashire, 55; Sir P.'s horse, 198; amount deposited by him with the prior of Durham, 267
Dureme (John): 175
Dureme (Jolland de), of Essex: summoned to York, 87
Durham, city: rendezvous for troops, iv, 6—9, 55, 56, 57, 60, 62, 63; money paid by the prior, 267; K. Edward there in June, 1298, ix, 43, 44, 45; and after the campaign, xix, xxxi, 240, 259; horses there, 167, 196, 204, 234, 235
Finchale, in the parish of St. Oswald: K. Edward there, 259

Durham (Alexander of), or de Dunolm'; 226
Durisdeer, co. Dumfries:
 Tibres, or Tibbers; Sir R. Siward builds a house there, xliv; K. Edward there, xiii; a horse died there, 182
Dutton (Sir Robert de): 177
Day (Kenewreke): leads Welsh troops to Chester, 59, 60; (comp. Kenewerday de Weper, 6, 7)
Duzon (Oger de): 168
Dyffryn-Clwydd, N. Wales; [the Vale of Clwydd, where St. Asaph and Denbigh are; variously spelled:] troops raised there, 90, 91, 94, 103, 109, 111
Dymmoke (John): usher of the court of Exchequer, 102
Dynet, co. . . . : r. Denet.
Dyngo (Thomas): 233
Dynneslcy (Temple), co. Hertford ; in the parish of Hitchin, q.v.
Dyve (John): protections, 17, 24

Earlham (T. de); r. Erlham.
Earlston. co. Berwick:
 Redpath: K. Edward there, ix, 49
Easington, co. York, E.R.: money received there, 274
Ebroicis (— de): r. Devereux.
Eccleshale (Robert de): protection, 23
Echingham (Robert de): protection, 43; horse, 213
Echingham (Simon de): protection, 43
Echingham (William de): summoned to attend with horse and arms, 68; protections to him and some in his company, 43; horse of Sir W., 213
Echingham (William de): horse, 163
Eckford, co. Roxburgh: lands of Geoffrey de Mowbray, 255
Edenuetus, Master of the Hospital: 228
Edenham (Nicholas de): 221
Edereston (Roger de): attorney for Alexander de Balliol, 53
Edinburgh: Walter de Huntercumbe, governor, iv; Serlo Erneys in garrison in the castle, 18; likewise W. de Huntercumbe and others, 249; John de Kingston in charge of the castle, xii n, xliii; it was not taken by the Scots, xxiv; K. Edward at Braid, near Edinburgh, ix, xii, 50
Edward I., King of England: pedigree shewing his consanguinity with Joan Comyn, 83 n; he crosses to Flanders, Aug. 1297, 238; returns to England, 21, 238; lands at Sandwich (14 Mar. 1298), xv, xvii, 21, 82; at Canterbury, 21; his letter to the Earls and Barons in Scotland, announcing his return to England (Canterbury, 17 Mar.), 81; letter to Joan Comyn (Thurrock, 26 Mar.), 83; at Westminster, etc., 21, 84, etc.; his expedition into Scotland described, viii, etc.; accounts thereof, from Chronicles, xv, etc.: at Harrow, St. Alban's, and various other places in his way to York, viii, 25, etc.; his practice of visiting places of devotion, xii, xvii, xviii, xxvi; at York, where he holds a Parliament, viii, xv, xvi, xvii, xviii, xxv, xxvi, 109, etc.; he proceeds to Wilton, Durham, Alnwick, etc. ix, 53; at Roxburgh, where his army mustered, ix. xviii, xxvi, xxxi; at Redpath, Fala, Lauder, Dalhousie, Braid, ix; at Temple-Liston, x, xvii, xviii, xxvi—viii, xxxi; on the moor of Linlithgow, where he was injured by his horse, x, xvii, xviii, xxviii, xxxii; at the battle of Falkirk (22 July), x, xv, xvi, xvii, xix, xx, xxi, xxiii, xxiv, xxv, xxix, xxxii; he commands the third of four battalions there, x, xv, 140; his arms. ib.; he is laid up at Stirling, in the Black Friars', xi, xxiv; at Torphichen, xii; at Stirling again, xii; at Abercorn, xii, xxiv; at Braid, Glencorse, Linton-Roderick, and Ayr, xii; at Troqueer, Tibbers, and Dalgarno, xiii; at Lochmaben, where he takes the castle, xiii, xix, xxx, xxxii; his great seal for Scotland described, 256; at Carlisle, xiii, xvi, xix, xxxi; at Jedburgh, xiii; at Wark, Chillingham, Durham, etc., xiii, xix, xxxi, xxxii; his command at Carlaverock, 1301, 140

Index. 297

Edward I.
  His dau. Joan, wife of Gilbert de Clare, E. of Gloucester, aft. of R. de Monthermer, *q. v.*
  His dau. Elizabeth, wife of John, Earl of Holland, aft. of Humphrey de Bohun (*q. v.*), Earl of Hereford and Essex
Edward II., King of England: as Prince, he attests writs at Westminster and elsewhere, iv, etc.; Adam de Brom his almoner, 101 n; his expedition into Scotland, 1310, 157 n; mandate of 29 July, 1315 recited, 271
Edward, son of John (Balliol), King of Scots: with his father in the Tower of London, 72, 106; his reign, etc., 106 n; he grants the earldom of Strathern to John, E. of Surrey, 150
Eginton (William de): protection, 35
Egleston (Hugh de), or Eggeston: protection, 39; horse, 213
Egleston (Nicholas de), or Eggeston: protection, 39; horse, 213
Eglishbrechk, or Eglysbryth, *i.e.* speckled church: the ancient name of Falkirk, xxv n
Eglismaolluach, co. Lanark: Robert de Askeby presented to the church (otherwise Carluke), 245
Eincourt (— d'): *v.* Deincourt.
Eivill (— d'): *v.* Deyville.
Eketon (Peter de): protection, 35
Elande: *v.* Yeyland.
Elande (Hugh de), or Eylande: protections to him and some in his company, 16, 33; respite of crown debts, 54
Elcalewe (Robert de): 229
Elem.: explained, 162 n
Elle: *v.* Elleye, Helle.
Elle (Andrew de): letters of protection to one in his company, 48
Ellerburn, co. York, N.R.:
  Wilton: K. Edward here, probably, 14, 39, 53, 123
Ellesfende (Gilbert de): 197
Elleye (Stephen de): 221
Falk.

Ellen, co. Perth: Robert de Wodehouse presented to the church, 242
Elmdon, co. . . . : Ralph and Serlo Erneys, 18 ,24
Elmham (Herbert de), co. Norfolk: 223
Elveby (William de), co. York: 225
Ely, co. Cambridge: K. Edward there, viii, 28
Enefeude (Henry de), Essex: summoned to York, 87
Engaine (John de), Baron of Abington: summoned to York, 85; protection to him and to some in his company, 44; his horse, 190; arms at the battle of Falkirk, 144
Enginneur (Nicholas l'), co. Chester: 211
Engleby (William de): protection, 20
Englefelde, a part of Flintshire: 7 n; troops raised there, 7, 8, 57, 59, 90, 91, 94, 103, 109, 111
Engleis (John le): 197
Engleis (Philip le): 230
Engleys (Sir Robert le): his horse, 190; protection, 248
Ensinge (Ralph de): protection, 22
Erlaueston (J. de): *v.* Orlauston.
Erlham (Thomas de): 186
Erneys (Ralph), or Ernys, of Elmedon: 24, 249
Erneys (Serlo), of Elmedon, son of Ralph: protections, 18, 24, 249
Eschalers (J. de): *v.* Scalers.
Escussan (Assald de): 237
Esington (Robert de), co. York: 211
Esquasse (Lumbard de): 237
Esquires: scutiferi, 59
Essendon (William de): *v.* Estdene.
Essex, county: letters to the sheriff for respite of crown debts, 54, 55; precept to the sheriff of Essex and Herts to conduct the rolls and treasure towards York, 104; to proclaim the rendezvous at Roxburgh, 113
Essex (H. Earl of): *v.* Bohun.
Essex (William de): 213
Essheby (John de): protection, 47
Estanforde (A. de): *v.* Stanforde.
Estdene (William de), or Essendon: Treasurer of Ireland, vii, 100

2 Q

Estforde (William de): 179
Estleye: *v.* Astley.
Eston (Roger de): 195
Esturmi: *v.* Sturmy.
Ete (John de): 192
Etlingg' (Sir William de): 194
Eton (Robert de, co. York): 231
Eure (John de), or Evre: protection, 39; horse (of J. de Doure, co. York), 226
Eure (Nicholas de): protection, 39
Eure (Ralph de): summoned to attend with horse and arms, 69
Evenle (Robert de), co. N'ton: 206
Everle (Richard de): 188
Everle (William de), of Uglebardeby: protection, 40
Everois, or Everous (— de): *v.* Devereux.
Evesham, co. Worcester: Guy de Balliol slain in the battle there, 1265, 136; also Hugh le Despencer, 142
Exchequer: letters of respite for crown debts, addressed to the Barons of the Exchequer, 54; mandate for the removal of the Exchequer to York, 89; preparations to be made there, 102; precepts to sheriffs for safe conduct of the rolls and treasure, 104, 105; mandates to appear before the Barons at York, 120, 121; the removal, viii, xvi; order for payment of expenses of removing treasure and rolls, 123; letter to the Treasurer and Chamberlains about victualling Stirling Castle, 251; the office of usher hereditary in certain families, 102 n
Exchequer in Dublin: mandate to the Treasurer, 5; writs to the Exchequer to provide victuals for Carlisle, vii, 100, 107, 108
Extraneus: *v.* Strange.
Eylande, *v.* Elande, Yeylande.
Eynho (Walter de): protection, 26
Eyville (— de): *v.* Deyville.

Fairfax (John): protections, 18, 48, 49

Fairfax (William): protection, 18
Fala, co. Edinburgh: K. Edward there, ix, 52
Falconer: *v.* Fauconer.
Falconer (George the): 200
Falcons: grant to Walter de Mouncy of eyries of gentil falcons, 258
Falkirk, co. Stirling: of old called Eglysbryth, *i.e.* speckled church, xxv n; hence, in Latin, Variata capella, xxv; and, in French, la Chapelle de Fayerie, xv; or Vaire chapelle, 307; styled, in English, Faukirke, xv; or Fowkirke, xviii; or Fowchirche, xxxii; or the Fowe chapel, 238; K. Edward and his army reach Falkirk, x, xxviii; roll of arms of the English commanders, 129—157; rolls of the horses in the English army, 160—237; see 205 n; accounts of the battle, from various Chronicles, xv—xxxii, 238; leaders slain on the English side, xi; on the Scottish, *ib.*; horses of the English killed; many noted on the rolls, 161—231, 238; a horse returned, 184; the grave of Sir John Stewart in the churchyard, x n; the monument of Sir John Graham, xi; of the men of Bute, *ib.*
Farnhulle (Henry de): *v.* Fernhil.
Fattinge (Thomas): 209
Fauconberge (John de): letters of protection, 49; of attorney, 52; Sir J.'s horse, 219
Fauconberge (William de): 175
Fauconer (George le): *v.* Falconer.
Fauconer (German le): a Scot; taken prisoner at Dunbar, and confined at Wisbeach, 75
Fauconer (John le): respite of crown debts, 54; protections, 16, 28; horse, 185
Fauconer (Roger le): 191
Fausclion (Robert): 202
Favel (Sir William): 219
Felmingham (William de), Norfolk: summoned to York, 87
Felton (Gilbert de): 196
Felton (John de): 167
Felton (Nicholas de): 195

Index. 299

Felton (Sir Robert de): the marriage of Patrick Graham granted to him, 67; protections, 22, 33; his horse, 166

Felton (William de): constable of Beaumaris; raises troops in Anglesey, 91, 109, 111; Sir W.'s horse, 195; his company, 195—6, 227

Feringge (John de): 208

Ferlington (John de): summoned to join the King at Roxburgh, ix, 113

Fernhill (Henry de), or Faruhulle: 174

Fernhil (Robert de): protection, 35

Ferrars (John de): protections to him, 19, 43; to some in his company, 43, 51; his horse, 189

Ferrars (William de), Baron of Groby: summoned to York, 85; his arms at the battle of Falkirk, 142; his horse, 189

Ferrier (Elias le), or Ferrator: 218

Ferrier (Walter le): 224

Feudalism: the constitution of armies under the feudal system, vi

Fevre (William le), son of John; protection, 22

Foyles (Stephen de): 234

Fico (Arnald de): 232

Fife, county; alleged defeat of the English by Wallace, ix

Fife (Duncan, Earl of): his land and heir in the King's hands, 246

Fifths: granted to the King by the clergy of York, 1, 73, 75, 266—7, 273

Fileby (Robert de), of Foulbourn: protection 49

Filliol (John): summoned to attend with horse and arms, 69

Finchale, co. Durham: v. Durham.

Finchingfield (R. de): v. Fynchingfelde.

Fisshaere (Giles de): protection, 47

Fisshebourne (John de), or Fysseburn: protection, 22; horse, 194

FitzAlan (Brian), Baron of Bedale; guardian of Scotland, iii; captain of fortifications in Northumberland, 71; protection to him, 20, 42; to some in his company, 20, 42, 44, 46; his arms at the battle of Falkirk, 136, 154; his tomb, 136

FitzAlan (Richard), Earl of Arundel: protection to him and some in his company, 17; the King requires his attendance at York, iii, 96; protection to him thereupon, 26; and to followers of his, 27, 30, 44; his and their daily pay, 268; arms at the battle of Falkirk, 152

FitzAlan (Roald): protection, 25

FitzAlan (William): protection applied for, 13; granted, 34

FitzBaldwin (Gilbert): 182

FitzBernard (Ralph), co. Cambridge: summoned to York, 87

FitzBertram (William), co. Salop: 223

FitzEustace (Thomas): summoned to attend with horse and arms, 69

FitzGeoffry (Marmaduke), Lord of Hordene: father of John FitzMarmaduke, 138

FitzGeoffrey (Richard): 218

FitzGuy (John), co. Oxon; summoned to York, 87

FitzHenry (Hugh), of co. York: summoned to York, 87

FitzHerbert (John): 207

FitzHerbert (William): 207

FitzHumphrey (Richard): protection, 42

FitzJohn (Sir John): horse, 170

FitzJohn (John): horse, 207

FitzJohn (Matthew): summoned in Jan. 1297, to Salisbury, 158; summoned, 1298, to attend with horse and arms, 69

FitzMarmaduke (John): sent from Dirleton to the King for orders, xxvii; arms at the battle of Falkirk, 138, 157

FitzMichael (Ralph), of London: protection, 32; horse, 206

FitzNigel (Robert): his ship of Scarborough, 3; Sir R.'s horse, 221

FitzOsbert (Roger): summoned to York, 85

FitzPayn (Robert), Baron of Lammer: summoned to York, 85; protection to him, 42; to some in his company, ib.; his horse, 171; his arms at the battle of Falkirk, 144

FitzPayn (Robinet), valet: 171

FitzRalph (Giles): 182

2 Q 2

FitzRalph (John): 182
FitzRalph (Ralph): 221
FitzRalph (Simon): conveys moneys to Lincoln, 82
FitzRalph (William), Essex: summoned to York, 87
FitzReginald (John): summoned to attend with horse and arms, 69; Sir J.'s valets, 207
FitzReginald (Thomas): summoned to York, 85
FitzRichard (Robert): 161
FitzRoger (Robert), Baron of Clavering: letters of protection, 16; respite of crown debts, 54; protections to some in his company, 18, 19, 23; further protection to him, 23; to some in his company, 27, 28, 32, 42; another protection to him, 47; others, to followers, 47; arms at the battle of Falkirk, 130; ob. 1310, *ib.*
FitzSimon (John), co. Hertford: summoned to York, 87
FitzSimon (Richard), Essex: summoned to York, 87
FitzWalter (Robert), Baron of Woodham: summoned to York (as of Daventry), 85; arms at the battle of Falkirk, 130; witness to a grant, 256
FitzWarine, notice of the family; their arms, etc. 249 n
FitzWarine (Alan de): son of William, and heir, 1299, 254 n
FitzWarine (Fulke), 1st Baron by writ: summoned to attend with horse and arms, 69; horse, 215
FitzWarine (Geoffrey): 184
FitzWarine (John), son of William: died in Scotland, 254
FitzWarine (William): taken prisoner by the Scots, 249, 253; mandate to the Chancellor concerning his lands and goods, 253; protection to him, 249; ob. 1299, *ib.* n; his arms, *ib.*
    Mary of Argyll his wife, Queen of Man and Countess of Strathern: procures her husband's release, *ib.*

FitzWilliam (Ralph), Baron of Grimthorpe: superintends expenditure, 265; protection to him, 39; to some in his company, 41; arms at the battle of Falkirk, 138; further protection, 248; ob. 1316; ancestor of the Barons Greystock, 138
FitzWilliam (Warine): protection, 44; horse, 191
FitzWilliam (William): apparently miscalled "Fluman;" arms at the battle of Falkirk, 146
FitzWy (Wyard): 217
Flambarde (John): 174
Flambart (Lawrence): 162
Flamstede (John de): protection, 35
Flanders: Scottish nobles summoned to attend K. Edward thither, 1297, 76 n; he goes there, iii, 238; Bp. Beke there and Alexander de Balliol, 136; also Aymer de Valence, 262; corn allowed to be exported thither, 67; orders issued thence, etc., 84, 90; in March 1298 Edward returns to England, xv, 21, 81
Flanders (Guy, Count of): at war with France, iii
Flemenge (Baldwin le): 211
Flemenge (Baudet le): 204, 205
Flemmynge (Giles le): 195
Flemenge (John le): protection (to one of Southampton), 34; protection, 44; horses, 177, 224
Flemenge (Michael le): 210
Flet (Thomas de): protection, 27
Fletwike (Benedict de): 165
Flint, county: Englefelde, a district; Maelor Saesneg, etc., 7 n; troops raised in several districts there, 7, 8, 57, 59, 90, 91, 94, 103, 109, 111
Flintham (W. de): *v.* Flyntham.
Flitton, co. Bedford:
    Silsoe: Wrest Park: MS. there, 129
Fluman (William): apparently an error for FitzWilliam, 146
Fluvia (Beningeron de): 235
Fluvia (Engelelm de): 234
Flyntham (William de): 167

Fohun (Richard): protection, 38
Foix family: arms, 142
Foix (John de), Earl of Kendal, K.G.: was Captal de Buch, 150
Foleburn (M. de): r. Fulbourn.
Foleville (Ralph de): protection, 25
Foliot (Edmund), or Folyot: protections, 23, 39; Sir E.'s horse, 211
Foliot (Jordan): summoned to York, 85
Forde (Adam de la): protection, 35, 36; Sir A.'s horse, 164
Forde (Reginald de): 176
Forde (Richard de la): 191, 236
Fordun (John): his *Scotichronicon* referred to, xi n
Forester (Roger le), of Gainsborough: protection, 42
Forest-kirk, co. Lanark: v. Carluke.
Forteviot, co. Perth: Henry de Braundeston presented to the church, 242
Fortifications: Brian FitzAlan captain of fortifications in Northumberland, 71; fortifications at Berwick, 268
Foston-upon-the-Wolds, co. York, E.R.: Brigham: a council held there, 140
Foston (Robert de): to be paid for flour delivered at Abercorn, 253
Fowe chapel: Falkirk so called, 238
Foy (Peter de la): 204, 205
Frampton, co. . . . : Thomas de Multon of Fraunton, 49
Fraser (Sir Simon), Frasel, Fresel, or Frisel: arms at the battle of Falkirk, 146; his horse K. Edward's gift, 173; his fidelity suspected, xii n, xliii
Frauncéis (John le): 188
Fraunke (Philip): protection, 32; horse, 163
Fraunke (Roger): protection, 49
Fraunke (William le), Grimsby: commissioned to obtain provisions in Yorkshire and Lincolnshire, 11; protections, 15, 34
Fraxino (T. de): v. Frene.
Freude (Richard), of York: protection, 248
Frene (Thomas de): protection, (de Fraxino), 51
Frenyngham (John de): protection, 19

Frescheville (Ralph de): summoned to York, 85
Freville (Alexander de), or Friville: summoned to attend with horse and arms, 69; protections to him, and to some in his company, 44; Sir A.'s horse, 190
Freyne (T. de): r. Frene.
Friville (A. de): v. Freville.
Fulbourn, co. Cambridge: Robert de Filchy, 49
Fulbourn (Matthew de): protection (Foleburn) 37; horse (Fulebourne), 169
Fulco (William): 215
Fulham, co. Midd'x: K. Edward there, vii, 23, 24, 98, 99
Fundan (Philip): 230
Fungenange (Reynaud de): 231
Furneaus (Matthew de), Somerset: summoned to York with horse and arms, 87
Furneux (Thomas de): 211
Furnivalle (Gerard de): summoned to attend with horse and arms, 69
Furnivall (Thomas de): 1st Baron by writ: protections to him, 18, 23; to one in his company, 39; his horse, 211; horsemen in his company, 222; arms at the battle of Falkirk, 144
Fygus (Peter de): 235
Fynchingfelde (Richard de): attorney for Robert de Brus, 53
Fysseburn (J. de): r. Fisshebourne.

Gascelin: r. Gascelin.
Gainsborough, co. Lincoln: Edmund Culynge, 41; Roger le Forester, 42
Galeys (— le): r. Waleys.
Galloway, district: John de Hodleston appointed governor, iv; the Scots take refuge there after the battle of Falkirk, xvi; the English fail to penetrate this country, xvi, xxx; no grant of Galloway made by Edward, xxxi
Gamage (William): 218
Gandavo (S. de): v. Ghent.
Gardinis (Sir Humphrey de): 227
Gardinis (William de): 227

302   Index.

Gare (Luke de la): summoned to attend with horse and arms, 69
Garsake (Gaillard de): his horse valued, 225
Gascelyn (John), or Gacelin: protection, 36; horse, 217
Gascelyn (Roger): protection, 45; horse (Goscelyn), 188
Gascelyn (Walter), or Gacelyn: protection, 36; horse, 216; horse of W. Wascelyn, co. York, 206
Gascony: K. Edward, in 1294, urges Otho de Casa nova to aid in recovering the province, 150; corn allowed to be exported thither, 1298, 67; some going thence to serve in Scotland, 248
Gastencys: v. Wasteneys.
Gatecumbe (Reginald de): to pay wages of Cheshire troops, 92 n, 93
Gatton (Hamo de): summoned to attend with horse and arms, 69; summoned to York, 85; possibly two persons of the name, 69 n, 84
Gauceran (Peter): 235
Gauceran (Poncin): 235
Gaveston (Perrot de): 186
Gayton (J. de): v. Geyton.
Geneveys (Achard de): 205
Gentilcors (Robert): 187
Geoffrey: chaplain to A. de Valence, 200
George the Falconer, q.v.
Georg[ii] (John): 171
Georg[ii] (Robert): 181
Gerberde (William), Norfolk: summoned to York, 87
Gerleston (Robert de), co. York: protection, (Gertheston) 16; horse, 214
Gernagon (Peter): protection, 44
Gertheston (R. de): v. Gerleston.
Gervais (Richard), co. Stafford: 215
Geyt (Adam le): protection, 34
Geyton (John de): protection, 30
Ghent, Flanders: Aymer de Valence goes thither, 263; K. Edward there, 1297-8, 13, 67
Ghent (Simon of), Bishop of Salisbury: 76 n
Ghisnes (Gilet de), or Gynes: 202

Ghisnes (Ingelram de): protection (Gynes), 22; another (Guynes), 49
Giffarde (George): 220
Giffard (John), 1st Baron by writ: of Brimsfield; summoned to the Council, 81; his horse, 220
Giffarde (Matthew de): summoned to attend with horse and arms, 69
Giffarde (Osbert): summoned to York, 85
Giffarde (Robert): protection, 50; Sir R., of Cornwall, 192, 236
Gildeforde (Wincan de): 236
Gillingge (Walter de), co. York; 212
Gillingham (Hugh de): summoned to attend with horse and arms, 69
Glantingdon (Sir Robert de): protection, 31
Glasgow, co. Lanark: great Lords there, xliii
Glasgow, diocese: presentations to churches, 115—118, 239—245
Glaston (Sir Henry de): 179
Glencorse, co. Edinburgh: K. Edward there, xii
Gloucester, county: letters to the sheriff for respite of crown debts, 54; as to victuals for Carlisle, vii, 100; to proclaim the rendezvous at Roxburgh, 113
Gloucester (R. Earl of): v. Monthermer.
Gloucestre (Nicholas de): 184
Gloucestre (William de): protection, 22
Glover (Robert), Somerset herald: 150
Gnoddeshale (Nicholas de): 183
Goberd (John): 219
Gobyon (Hugh): protections to him, 19, 32; to one in his company, 42
Gobyon (Robert): 185
Godard (Hugh): protection, 51; Sir Hugh's horse, 224
Godarde (Ralph): protection, 44
Godarde (Thomas): 225
Godeshulle (Hugh de): 176
Godingham (J. de): r. Goldingham.
Godstone, co. Surrey:
    Lageham: John de St. John, 86
Goghe (Owen): 208
Goldesburghe (Richard de): protection, 247
Goldingham (Alan de): summoned to York, v, 85

Goldingham (John de): protection, 38; horse (Godingham), 202
Goldsmith: Adam, the King's goldsmith (aurifaber), 200
Goldston (Gilbert): 186
Gonnerton (Nicholas de): protection, 31
Gounoys (Philip de): 206
Gopeshulle (William de): 236
Gorges (Sir John de): 201
Gorwarret (Robert): protection, 47
Goscelyn (R.): v. Gascelyn.
Gosehale (John de): summoned to attend with horse and arms, 69
Gosforth, co. Northumberland: Brunton: K. Edward there, 46
Got (Gerard de): horse (de Gut), 168
Got (William Reym. de): horse (Doygod), 167
Gough (O.): v. Goghe.
Goushill (Peter de): protection, 47
Goushille (Walter de): summoned to attend with horse and arms, 69
Gower, co. Glamorgan: troops raised there, 94
Graham (Sir John): slain at Falkirk, xi
Graham (Patrick de), son and heir of David: his marriage granted to Sir Rob. de Felton, 67
Grailly family: Captals de Buch, 150
Granaries: at Scarborough, 2, 3
Grand (J. le): v. Graund.
Grandison (Sir Peter de), or Grauntzon: 179
Grandison (William de), a Baron: arms at the battle of Falkirk, 148; horse, 201
Grant (David le), or Graunt: appointed to raise and inspect troops in Salop, etc., 8, 62; Sir D. le Grant, 210
Grant (John le), or Graunt: protection (Graund), 44; horse, 191
Grant (Thomas le), or Graunt: 169
Grantham, co. Lincoln: the rolls and treasure there on the way to York, 105
Gras (John le): 218
Gras (Walter le): protection, 41
Graund (J. le): v. Grant.
Graundram (Richard): 183
Graunt: v. Grant.

Grauntzon (P. de): v. Grandison.
Grave (William de la): 210
Gravesend (Richard de), Bishop of London summoned to a Council, 81
Greenstreet (James H.): editor of several rolls of arms, 129 n, 157 n, 158, 159
Greilly: v. Grailly.
Grendale (Nicholas de): 180
Grendale (Walter de): protection, 33
Grendon (Ralph de): his arms at the battle of Falkirk, 154
Grendon (Sir Robert de): protection, 248
Grenefelde (William de): summoned to the Council, being one of the clerks, 81
Greneforde (Henry de): protection, 27; H. de Grenewude, probably the same, 178
Gresoleye (Geoffrey de), co. Stafford: summoned to York, 87
Gresoleye (Peter de): protection, 30
Gretton (William de): 163
Grey, Earls and Duke of Kent: the family, 129 n
Grey (Henry de), of Codnor, 1st Baron by writ: summoned to York (as of Essex), 87; protections to him, 42, 44; to some in his company. 44, 45; arms at the battle of Falkirk, 132
Grey (John de), Baron of Rotherfield: summoned to York, 85; protection, 42; arms at the battle of Falkirk, etc., 138; ob. 1312, ib.
Grey (John de), of Wilton, 2nd Baron by writ: probably the person who was ordered to raise forces in Flintshire, 7, 8; [succ. 1308, ob. 1323.]
Grey (Reginald de), of Wilton, 1st Baron by writ: Justiciary of Chester; to raise forces there, 9; summoned to York (as of Beds.), 87; to raise troops in Wales, etc., 90, 92—94; his letter to the King, praying for further orders, 103; authorised to raise troops in Lancashire, 104; his letter, before mentioned. forwarded to the Chancellor, 106; writs to him postponing the arrival of the Welshmen, etc. at Carlisle, 109, 111; letters of protection to some in his company, 47; arms at the battle of Falkirk, 144; ob. 1308, ib.

Grey (Thomas de): protection, 44
Grey (William de), Suffolk: summoned to York, 87
Greystock (Ralph de), Baron: assumed the surname, 138
Greystoke (Henry de), clerk: presented to the church of Arbuthnot, 243
Grignaghe (Bernard de): 165
Grisnaghe (Peter de): 225
Grimet (John): protection, 39; horse (Grymet), 213
Grimsby, co. Lincoln: William le Fraunke, 11, 15; William de Ponte, 41
Grimstede (A. de), v. Grymstede.
Grisnaghe: v. Grignaghe.
Gros (— le): v. Gras.
Gros (Reginald le), Norfolk: summoned to York, with horse and arms, 87
Grouby (Maurice de): 189
Grascy (Hamo de): commissioned to try deserters, 120 n
Grym (John): protection, 38; of Selby; conducts a ship, 127
Grymet, v. Grimet.
Grymstede (Andrew de), Wilts: summoned to York, 87
Guichard, a knight: 167
Gumband (Guy): 107
Gunnildthwet (John de), co. York: 223
Gurneye (Thomas de): protection, 35; Sir T.'s horse, 216; Sir T. witness, 264
Gut (Gerard de): v. Got.
Guy, Count of Flanders, q. v.
Gynes: v. Ghisnes.
Gyney (Roger de), Norfolk: summoned to York, 87
Gyvelton (Richard de): 193

Haccombe (Stephen de): protection (Haccum), 38; Sir S. his horse, 208
Hache (Eustache de), or Hacche, a Baron: protections, 46, 49; arms at the battle of Falkirk, 146; horses, 191, 236

Hackeluttel (W.): v. Hakelutel.
Haconeshoghe (Dicon de): 202
Haiwarde (J.): v. Hayward.
Hakelute (Hugh), co. Hereford: 230
Hakelutel (Edmund): 162
Hakelutel (Richard): 162
Hackelutel (Walter): protection, 32; horse, 162
Haket (Robert): 232
Haket (Sir Walter): 187
Halaughton (J. de): v. Halueton.
Haldenby (John de): 214
Haloule (William de): 188
Halstede (Robert de): protection, 23
Halton: v. Haulton.
Halueton (John de), Bishop of Carlisle: constable of the castle; ordered to repair the fortifications, 70; corn to be delivered to him, 84; witness to a grant, 256
Ham (Bernard de): 167
Hamelden (Sir Laurence de): 192
Hamme (John de): protection, 50; horses of Sir J., 187, 201
Hamme (Robert de): protection, 40; horse, 175
Hamme (William de): horses, 164, 202
Hampshire: v. Southampton, county.
Hamslape (Roger de): 184
Hamslape (Thurstan de): to procure victuals for Carlisle, 100
Hanuille: v. Hauville.
Hankyn (G.): v. Haukyn.
Hanlegh (— de): v. Haunleghe.
Hanleye (Thomas de): leads troops from Snowdon to Chester, 59; wages for the march to Newcastle, 60
Haulon (John de): 187
Hauville: v. Hauville.
Harcas (Alexander), or Arcas: horses, 180, 189
Harcla (Andrew de), or Arcla, Earl of Carlisle: 83 n
Harcla (Michael de), or Arcla: sheriff of Cumberland, 83 n, 128 n
Harcla (William de), or Hertela: 197
Harden (Geoffrey de): 171

Index.

Hard[r]eshulle (Giles de): 191
Hardreshull (William de): protections, 24, 49; horse (Sir W.), 191
Harecourt (Henry de): protection, 43
Harle (Malcolm de): to inspect infantry raised in Salop, Stafford, and Powys, 8; to raise troops there, 63
Harlesden (Thomas de): 195
Harleston, co. Cambridge: K. Edward there, 28
Harpeden (Henry de): 189
Harpeden (Sir William de): 187
Harpour (John le): protection (Harpur, of Hesel), 33; horses, 178, 181
Harpour (Nicholas le): protection, 39
Harpour (Richard le): 184
Harrow, co. Midd'x: K. Edward there, viii, 25
Harunville (John de): collector in Staffordshire, 266
Hastang (Sir John de): 187
Hastange (Nicholas): presented to the church of Ayr, ix n, 115
Hastange (Robert), Stafford: summoned to York, 87; mentioned, 15 n; sheriff of Roxburgh; horses lost by him and his garrison in sallies, 237; [summoned to Parl., 1311.]
Hastingge (Roger de): his horse valued, 172
Hastingge (Theobald de): his horse valued, 169
Hastings (Edmund de), Baron of Inch-Mahomo: letters of protection, 248; arms at the battle of Falkirk, 136;
Isabel, his wife, widow of an Earl of Monteith, *ib.*
Hastings (Henry de), 1st Baron by writ: 136
Hastings (John de), 2nd Baron by writ: an Earl of Mentieth prisoner in his custody, 136
Hastinges (William de), Sussex: summoned to York, 87
Hatfield, co. Hertford: letter of John de Warenne dated at Heitfend, 12
Hathewy (William): 192
Hatrewyke (Andrew de): protection, 31
Hauard (Thomas): 215
Hauden (Simon de): his horse lost at Roxburgh, 237
Haukyn (Gilbert): carries corn to Berwick, 4, 274
Falk.

Hauleye (T. de): *v.* Hanleye.
Haulton (William de), N'land: 214
Haunleghe (Gilbert de): 184
Haunleghe (John de): 218
Haustede (John de): 170
Haustede (Robert de): protection to him, 35; to one in his company, *ib.*; horse (Sir R.), 170
Haustede (Sir Robert de), the younger: 196
Haute (William de): summoned to attend with horse and arms, 60
Hauteclou (Thomas de): 197
Hantevile (Geoffrey de): protection, 36 (Another G. de Hauvile printed "Hamule"—is named on the same page.)
Hauville. This name is several times printed "Hamulle." The true spelling is determined by its occurrence in one case as Hawville.
Hanville (Geoffrey de): protection, 36; horse, 186; see also G. de Hautevile, above.
Hanville (John de): 218
Hanville (Thomas de), Norfolk: summoned to York, 87; protection to him, 41; to some in his company, 42; horse (Sir T.), 182
Hanville (Thomas de), son of Thomas: protection, 42; horse, 183
Haveringe (John de), Baron: Justiciary of N. Wales; ordered to raise infantry, 7, 9, 89; writs to him, postponing their arrival at Carlisle, 108, 111; arms at the battle of Falkirk, 148; horse, 228; summoned to Parl., 1299, etc., 148
Haveringges (John de): bore different arms, 148
Haveringge (Nicholas de): 228
Haveringe (Richard de): to pay wages of certain troops, 90, 91, 92, 93, 103; employed in other matters, 106; writ to him, postponing the arrival of the Welshmen at Carlisle, 111; to pay wages of troops from Lancashire, 114; horses, 178, 200; arms, 148
Hawarde (William), J.C.P.: summoned to the Council, 81; ancestor of the Dukes of Norfolk, *ib.*
Hawstead: *v.* Haustede.
Hawtrey: *v.* Alta ripa.

2 R

Hawville: v. Hauville.
Hay (John de la): 212
Haywarde (John): protection (Heywarde), 26; horse (Haiwarde), 186
Hazlerigg (G. de): v. Heselrygge.
Hceche (E. de la): v. Hache.
Hedeu (John de), co. Lincoln: 207
Hedlegho (John de): 214
Helle: v. Elle, Elleye.
Helle (Thomas de): chamberlain to K. Edward; protection, 30; horse (Helles), 185
Hellebeke (Sir Thomas de): horse, 196; protection, 248
Helyon (Henry de), or Helyun: protection, 37; horse, 166
Helyon (John de): protection, 36; horse, 217
Helyoun (Walter de), co. Glouc'r: summoned to York, 87
Hemenhale (Ralph de), Norfolk: summoned to York, 87
Hemgrave (Edmund de): protection, 28
Hemingburgh (Walter de), or Hemingford: cited, xxv-xxxi
Hengham (Sir Andrew de): 227
Hengham (Robert de), Bacunsthorpe, Norfolk: summoned to York, 87
Henry III., King of England: William de Valence, his cousin, 69 n
Heppeden (William de): conveys moneys to Lincoln, 82
Hercy (Hugh de): summoned to attend with horse and arms, 69; protections, 21, 43; horse (Sir H.), 212
Hereford, county: precept to the sheriff to proclaim the rendezvous at Roxburgh, 112
Hereford (H. Earl of): v. Bohun.
Hereforde (David de): protection, 22; horse, 166
Hereforde (Roger de): 164
Hereforde (William de): protection, 20
Heremy (Richard), son of John: protection, 22
Herix (Hugh de): protection, 18
Herle (John de), N'land: 223
Herlle (Thomas de): protection, 31

Heron (Robert), or Heyroun: controller of the King's moneys, 71, 265, 266, 267, 269
Herst (Roger de): 219
Herst (Sewal le): protections, 37, 247
Hert (Adam): K. Edward entertained by him, xiii n
Hertcla (W. de): v. Harcla.
Hertford, county: the sheriff of Essex and Herts to conduct the rolls and treasure towards York, 104; to proclaim the rendezvous at Roxburgh, 113
Hertford (R. Earl of): v. Monthermer.
Hertforde (Richard de): protection, 21
Herthille (Richard de), or Herthulle: protection to him, 30; to one in his company, 44
Herun (R.): v. Heron.
Hesefeude (John de): 198
Hesclarton (John de): protection to him, 46; to one in his company, ib.
Hoselrygge (Gerard de): 195
Hessle, co. York, E.R.: John le Harpur of Hesel, 33
Heyroun (R.): v. Heron.
Heytham (Roger de): protection, 39
Heywarde (J.): v. Haywarde.
Hibernia (G. de): v. Ireys.
Hikelingge (Walter de): 177
Hilton (Robert de), a Baron: protection, 27; his arms at the battle of Falkirk, 138
Hilton (Thomas de): 198
Hiraeryton, S. Wales: troops raised there, 92, 110; thought to be Hirvryn, a comot in the vale of Tywi, 92 n
Hitchin, co. Hertford: Temple-Dynnesley: K. Edward there, 27
Hobrigge (William de): 202
Hockele (Nicholas de): 222
Hockele (Richard de): 230
Hodeleston (John de): governor of Galloway, iv; protection to him and to some in his company, 44; arms at the battle of Falkirk, 134
Hodelestone (Richard de): protection (Hudelestone), 247
Hodenet (William de): summoned to York, 85

Hoese (Henry), 1st Baron by writ: summoned to attend with horse and arms (Huse), 69; horse (Sir H.), 208
Hoese (Sir John): 171
Hoese (Nicholas): 189
Hoke (John de), Wilts: summoned to York, 87
Holande (John de): 197
Holande (Robert de): protection, 44; horse (Hollande) 180
Holdelonde (Hugh): protection, 32
Holderness, co. York, E.R.: mandate to the bailiff to convey corn to Berwick, 121
Holebroke (John de), Suffolk: summoned to York, 87; protection, 40
Hollande (R. de): v. Holande.
Holl', co. . . . : John de Ros, 42
Holne (Richard de): 193
Holte (John de): 180
Holte (William de): protection, 44
Hoo (Simon de): 192
Hope, co. Flint: troops raised there, 7, 8, 57, 59, 90, 91, 94, 103, 109, 111
Hopton (Walter de): protections, 17, 44
Horebure (John de), son of Ralph: protection, 46
Hornelive (Geoffrey de), N'land: 225
Hornmede (Walter de): 192
Horsbroke (Sir Simon de): 173
Horses: writs of summons to various persons to attend the King with horse and arms, 68; others to attend the King at York at Pentecost, 84, 86; see also 113; William de Wyght appointed to survey the King's studs, 123; horses, carts, etc. to be sent to Newcastle, 124; a horse to be kept there for the King, 125; the horses of the army valued, 160; terms descriptive of various breeds and colours, 160, 161; roll of horses belonging to the Royal Household, 26 Edw. I., 161—205; roll of horses not belonging to the Royal Household, 206—237; mention of these rolls, xiv; horses appraised and paid for if lost, vi, 261, 263; many horses lost by the English at the battle of Falkirk, 238; cavalry, how organised, vi

Horton (Alan de): 197
Hospitalers (Knights): Edencuctus, Master of the Hospital, 228; William de Tothale, Prior of St. John's in England, ib. n
Hotot (Robert le): summoned to York, 85; protection, 46
Houel (William): 170
Houlande (Simon de), co. Lanc.: 211
Houne (Ranulph de la): 232
Household, of K. Edward I.: Sir Walter de Beauchamp steward, 148, 250; list of bannerets, knights, esquires, and valets belonging to the Household, 161
Honton (John de): protection, 38
Houtoun (Richard de), prior of Durham: 267
Howard, Dukes of Norfolk: William Hawarde, J. C. P., their ancestor, 81
Howden, co. York, E.R.: arms of Bp. Beke in the church: see under Beke.
Hoyland, co. . . . : Simon de Kyrketon, 42
Hudelestone (R. de): v. Hodelestone.
Hugham (Robert de): summoned to attend with horse and arms, 69
Hulcote (William de): 181
Hulle (William de): 204
Huntele (Walter de): 192
Huntercombe (Walter de), a Baron: governor of Edinburgh, iv; protection, 24; arms at the battle of Falkirk, 136; [in a petition to the King. 35 Edw. I., he states that he was at the "Naire chapelle," i.e. Falkirk, with 30 horse, in the retinue of the Bp. of Durham, Carlaverock, ed. Nicolas, 226;] protection to him in garrison at Edinburgh, 249; ob. 1312, 136
Huntingdon, county: letters to the sheriff for respite of crown debts, 54; the sheriff of Cambridge and Hunts to conduct the rolls and treasure towards York, 105
Huntingfelde (Peter de), Kent: summoned to York, 87
Huntingfelde (Robert de): protection, 32
Huntingfelde (Roger de), a Baron: summoned to York (as of Suffolk), 87

2 R 2

Huntingfelde (Roger de), junior: summoned to York, 85
Huntingfelde (Sner de): the E. of Surrey applies for protection for him, 12; protection granted to him, 32; and to one in his company, 42
Huntingfelde (Walter de): protection, 47
Huntley (W. de): r. Huntele.
Hurst: v. Herst.
Huse (H.): v. Hoese.
Hustweyt (John de): protection to one in his company, 41
Hyde (Henry de la): protection, 50; horse, 234
Hyubyshe (Walter de): 236

Ickham (Peter de): the Chronicle ascribed to him, cited, 238 n
Iffoud (William de): 194
Illey (Philip de): protection, 19, 23
Ingaldesthorpe (Thomas de), Norfolk: summoned to York, 87; protection (Ingelthorpe), 40
Ingaldesthorpe (William de): protection (Ingelthorpe), 40
Ingepenne (Roger de): horse, 217; surety for a debt, 263
Ingepenne (Roger), junior: protection, 36
Ingleby (W. de): v. Hugleby.
Inglefelde, co. . . . : v. Englefeld.
Ingow (Thomas de): protection, 31
Insula (— de): v. Lisle.
Ireland: orders about sending provisions to Carlisle, vii, 5, 83, 100, 107, 108; protection to several persons for Ireland, 46, 48, 50; the Treasurer and Chancellor of Ireland directed to take care of the estate of William Fitz-Warine, 254; John Wogan, Justiciary, 100, 108; Thomas Cantoke, Bp. of Emly, Chancellor, 100; William de Estdene (or Essendon) Treasurer, 100; Theobald de Verdun, Constable, 140
Ireys (Geoffrey le), or de Hibernia: 188
Ireys (William le): 213
Irish: many in K. Edward's army, xxvi

Ironside (Black), co. . . . : the English defeated there by Wallace, ix
Isaac (Walter), co. York: 231
Ixinynge (John de): 214

Janitor (R.): v. Porter.
Jay (Brian le), Master of the Templars in England: protection to him, and to some in his company, 48; letters of attorney, 53; slain in the battle of Falkirk, xi, xvi, xix, xxiv, xxv, xxx, xxxii, 238
Jay (Thomas le): 200
Jedburgh, co. Roxburgh: formerly called Jeddeworth; horses there after the battle of Falkirk, 163, 164, 167, 175, 179, 183—186, 190, 191, 194, 198, 202, 203, 231, 234; K. Edward there, xiii, 245, 246, 248, 249, 257
Jeremy: v. Heremy.
Jernegan (P.): v. Gernagon.
Jervais (R.): v. Gervais.
Jervaulx abbey, co. York, N.R.: money paid by the abbot, 273
Jews: v. Convers.
Joce (John): 188
John, King of England:
Isabel [of Angoulême] his wife, 83 n
John (Balliol) King of Scots: prisoner of K. Edward I., iii; orders concerning the expenses of himself and his son Edward, while in the Tower of London, 72, 106; Alexander de Balliol of Cavers erroneously called his brother, 136
John the Cook, q.r.
Jolife (Robert): 165
Jorz (Robert): 181
Joze (Anger): 208
Joze (William): protection (Jouse), 21; horse, 192
Justices, or Justiciaries: of Chester, Reginald de Grey, 9, 90, 92, 94, 109, 111; of North Wales, John de Haveringe, 7, 9, 108, 111; of West Wales, Robert de Tybetot, 92, 110; of Ireland, John de Wogan, 5, 100, 108

Index. 309

Kancia (J. de): v. Kent.
Karbonel (A.): v. Carbonel.
Karrou (N. de): v. Carew.
Karvannum: the baggage-train, 162 n; karvannarius, 163 n
Kateby (A. de): v. Cateby.
Kaylly (A. de): v. Cailly.
Kedewy, co. . . . : v. Cadowy.
Kekingwyke (John de): protection, 39
Kekyndon (Nicholas de): protection, 16
Kele (Ralph de): protections, 19, 27
Kelly (John de): summoned to York, 85
Kelwendon (John de): protection, 27
Kemmeys, Kemeys, or Cemmaes, co. Pembroke: the barony of William Martin, 140; troops raised there, 92, 110
Kemmeis (Maurice de): 184
Kemmeys (Ralph de), or Cammeys; 188
Ken (— le); v. Keu.
Kendal (John Earl of); v. Foix.
Kendal (Robert de): protection, 36
Kendale (Andrew de): 200
Kendale (John de): 184
Kenermond: the office of usher of the Exchequer hereditary in this family, 102 n
Kenilworthe (John de): 180
Kenleye (John de): protections, 25, 27; horse, (Kenle), 200, 201
Kent, county: the sheriff to proclaim the rendezvous at Roxburgh, 113
Kent (John de), or Kancia: protections, 19, 28
Kepier, near Durham: K. Edward there, ix, 45
Kersewelle (R. de): v. Careswelle.
Kery, or Ceri, co. Montgomery: troops raised there, 91, 93, 110
Keu (— le): several times misprinted "le Ken." Equivalent to Cocus, or Cook, q.v. The forms le Cu, le Qu, and le Cok occur elsewhere.
Kidwelly, co. Caermarthen: troops raised there, 92, 110
Kilkenny (William de): summoned to the Council, being one of the clerks, 81
Kilpatrick, co. Dumbarton: Walter de Bedewynde presented to the church, 240

Kimbolton, co. Huntingdon: John de Kynebauton, 16
King's Bench: writ to the Justices for respite of pleas affecting John E. of Surrey, 56; mandate for the removal of the King's Bench to York, 89; preparation to be made for the same, 102; the removal, viii, xvi; order for payment of expenses, 123
Kingston: v. Kyngeston.
Kinkell, co. Aberdeen: John Boushe presented to the church, 240
Kirkby (South), co. York, W.R.: v. Sutbkirkeby (H. de).
Kirkebride (Sir Richard de): horse, 196 [He was at Carlaverock, in 1300.]
Kirkebride (Walter de): 198
Kirkeby (John de): late sheriff of Northumberland; summoned to appear before the Exchequer at York, 120; his horse, 196
Kirkby (Sir William de), co. N'ton: 210
Kirketon (Simon de), of Hoylande: protection (Kyrkton), 43
Kirketon (William de): protection, 33
Kirkham, co. York, E.R.: K. Edward there, xi n, 40
Kirkliston, co. Linlithgow: v. Liston.
Kirkpatrike (Sir John): 228
Kirkepatrike (Sir Roger de): 196
Kirktoun, co. Roxburgh: Adam Pouray, or Poveray, presented to the church, 242, 243
Kitchen: Sir Richard de Wynton, clerk of the Kitchen, 198
Knapton, co. . . . : William de Coleville, 41
Knighton (Henry): *Chronica* cited, xxxi
Knights: bannerets and simple knights, 161, 206; knights of shires, 96: v. Hospitalers, Templars.
Knilby (John de): 181
Knokyn (John de): protection, 31; horse (Knoky), 185
Knotte (Stephen): protection, 21
Kollewen (Patrick de): protection, 44
Kylkenny (W. de): v. Kilkenny.
Kynebauton (John de): protection, 16

Kyngeshemede (Walter de): 187
Kyngeston (John de): protections to him, 31, 40; to some in his company, 40; Sir J.'s horse, 185; governor of Edinburgh castle; reports his suspicions of Simon Fraser, xii n, xliii
Kyngeston (Osbert de): 185
Kyriel (N. do): v. Crioll.
Kyrketon: v. Kirketon.

Labanke (Richard): protection, 51; perhaps identical with
Labaud (Richard): 224
Label (Jordan): 179
Lacy (Henry de), Earl of Lincoln: troops raised from his lands of Ros and Rowynoke, 6, 59, 90; mandates to certain sheriffs touching provisions for his troops, 101, 103; protection, 26; writs postponing the arrival of the troops at Carlisle, 109, 111; protections to some in his company, 33, 35, 42, 43, 45, 48, 50; at York he promises confirmation of the charters, xxvi; at the battle of Falkirk, x, xxix; his arms there, etc. 130; witness to a grant, 256
Lacy (John de): summoned to the Council, 81; protection (Lacey), 16
Laflite (Sir Oliver de): 205
Lageham, co. Surrey: in the parish of Godstone, q.v.
La Launde: v. Launde.
Lalemaunt (Miles): 229
Lalleforde (John de): protection, 32
Lalleforde (Nicholas de): 209
Lambert (Loveric), or Lamberd: protection, 13, 18
Lamberton (William), Bishop of St. Andrew's: consecrated, 117 n, 241 n; he crosses the sea to Glasgow, xliii
Lamboke (Richard): protection, 18
Lambruscayt. co. Cumberland: K. Edward entertained there by Adam Hert, xiii n
Lanark, co. Lanark: a horse there, 199

Lancaster, county: troops to be raised there, iv, ix, 55; letters to the sheriff for respite of crown debts, 54; precept to the same respecting victuals for the Welsh forces, 57; directions for payment of troops, 64; the Lancashire troops ordered to advance with the Earl of Surrey, 71; writs to the sheriff touching victuals, vii, 98, 101; more troops to be raised, and orders respecting them, ix, 104, 106, 111, 114; precept to the sheriff for the defence of the county against the Scots, 127
Lancaster (Henry of), younger brother of Earl Thomas: his horse the King's gift, 179; arms at the battle of Falkirk, 142
Lancaster (Thomas Earl of): protections to some in his company, 22, 26, 30, 41; his horse the King's gift, 179; arms at the battle of Falkirk, 140; protection to one in his company, 248; witness to a grant, 256; beheaded, 1322, at Pontefract, 140
Lande (— de la): v. Launde.
Landuho, co. . . . : v. Lanhudo.
Lanercost, co. Cumberland: *Chronicon de Lanercost* cited, xxiv
Langeforde (John de): protections, 23, 30
Langley (King's), co. Hertford: P. Edward (afterwards K. Edward II.) at Langley, iv, 16, 17, 18, 19, 20, 53, 54, 68, 70, 76; there when King, 273
Langley (Sir Edmund de): 179
Langeleye (John de): protection, 34
Langeleye (Thomas de), or Langele: protection, 39; horse, 226
Langele (Walter de): protection applied for, 13
Langholm, co. Dumfries: John de St. John there, xliii
Langters (William), of Sandwich: protection, 18
Langton (John de), afterwards Bishop of Chichester: Lord Chancellor; applications to him for protections, 12; mandate to him for the removal of the Exchequer and King's Bench to York, 89; letter of the Treasurer to him for letters patent to Reginald de Grey

Langton (John de).
106; having been elected to the see of Ely, he departs from York to the Abp. of Canterbury, 36; goes to Rome for confirmation, but fails, *ib.*; letters of protection to one in his company, 39; writs of privy seal to him respecting presentations to benefices in Scotland, 116—118, 239—246; writs for letters of attorney, 52; one respecting William FitzWarino, 253; another for letters patent to the men of Cumberland and Westmoreland, 254; another for a grant to Walter de Mouney, 258; his deputies ordered to bring the great seal to Finchale, 259; consecrated Bp. of Chichester, 1305, 36 n; excommunicates John E. of Surrey [the 2nd John], *ib.*; [ob. 1337.]

Langton (Walter de), Bishop of Coventry and Lichfield: Lord Treasurer; as such he attests various writs, 55, 57, 58, 63—66, 72—75, 77—80, 82; writes to Richard de Apinton, 82; is ordered to remove to York, 89; letter of the King to him, referring to a letter of Reginald de Grey, 103; he attests precepts concerning the conduct of the rolls and treasure to York, 105; letter from him to the Chancellor for letters patent to Reginald de Grey, 106; attests various precepts, 107, 121, 122; Sir J. Kingston writes to him concerning Fraser, xii n, xliii; sometimes styled Bp. of Chester, 103, 243, 246; witness to a grant, 256; mandate and letter to him concerning a debt to Sir Robert de Tony, 257, 258

Langan (Nicholas de): 228

Lanhado, co. . . . : troops raised there, 57, 59, 60, 91, 94, 110, 111, 112; sometimes Landaho, 91, 110

Lanlandron (Suier), Devon: summoned to York, 87 [Probably the same as Serlo de Lanslandron, who was summoned to Parliament, 1299—1306.]

Larcher (N.): *v.* Archer.

Lasceles (Nicholas de), co. York: 230

Lasceles (Robert de): protection, 36

Lasceles (Roger de): pays a fine, 266

Lascy: *v.* Lacy.

Latham (Richard de): protection, 44

Lathum (Robert de): protections to him, 19, 42; to some in his company, 44

Lathum (Thomas de): protection, 44

Latimer (Richard le): 197

Latimer (Thomas le): protections, 19, 33 (senior), 45; letters of attorney, 53; protection to one in his company, 29

Latimer (Thomas le), junior: some of the above particulars may refer to him.

Latimer (William le), senior: protection to him, 43; to some in his company, 33, 45, 46; arms at the battle of Falkirk, 144; witness to a grant, 256 [All presumed to refer to the senior.]

Latimer (William le), junior: protection to him, 33; to some in his company, 24, 33; his arms at the battle of Falkirk, 154

Lauder, co. Berwick: K. Edward there, ix, 49

Launay (Baldwin de): summoned to York, 85

Launcelyn (Robert): 191

Launcelyn (Thomas), or Launcelencie: 174

Launcelyn (William): 191

Launde (John de la): protection, 14

Launde (Sir Nicholas de la): 226

Launde (Roger de la): protection, 14

Launfas (William): 218

Lectore (Gerard de): 233 (le Leuteur?)

Ledes (William de): 191

Lee (— de la): *v.* Leye.

Lee (Geoffrey de la): valet of the pantry, 187

Leeke (John de), co. York: 225

Leeke (Nicholas de), co. Notts: 206

Le Fevre: *v.* Fevre.

Le Geyt: *v.* Geyt.

Legho (Thomas de): 203

Leghton (Philip de): 186

Leicester (P. de): *v.* Leycestre.

Leland (R. de): *v.* Leyland.

Lengleis: *v.* Engleis.

Lenham (John de): summoned to attend with horse and arms, 69
Lenn (Anger de): 162
Lenne (Andrew de): protection, 32
Lennox (Patrick Earl of), or Dunbar, q.v.
Lerlingge (Robert de): 227
Lescot: v. Scot (— le).
Lesmahago, co. Lanark: a horse returned there, 162
Lestmor (Hamo): 174
Lestrange: v. Strange.
Letters, of Attorney, q v.: see also Crown-debts, Protection, Safe-conduct
Leukenore (Thomas de), Sussex: summoned to York, 87
Loutour (John le): 173 (de Loctore?)
Levenake (Burnet de): 201
Lewes (John de): 222
Leyburne (Simon de): protection, 44
Leybourne (Sir Thomas de), son of Sir William: 194
Leyburn (William de), of Kent: summoned to York, 87; protection to one in his company, 44; Sir W. de Leybourne, 194; [summ. to Parliament, 1299; ob. 1309.]
Leycestre (Peter de), Baron of the Exchequer: summoned to the Council, 81
Leye (G. du la): v. Lee.
Leye (Nicholas de la): 182
Leye (Philip de la): protection, 27
Leykeburne (Henry de): protection, 46
Leylaude (Richard de): 215
Leyns (Sir Peter de): 168
Leys (Sir Roger de): 162
Libant (Peter de): 225
Liber Quotidianus: v. Wardrobe.
Lichfield, co. Stafford: troops there on march, 61, 62
Ligero (Sir John de): 228 (St. Leger?)
Lillon (Thomas de): 173
Lincoln, county: victuals to be obtained there, 11; precept to the sheriff against exporting corn, 66; taxes raised there for the war, 78, 79, 82; orders to the sheriff, touching provisions, vii, 99, 101; to conduct the rolls and treasure towards York, 105; to proclaim the rendezvous at Roxburgh, 113; respecting provisions for the army in Scotland, 122; to release certain barges detained on their way to Berwick, 125; Peter de Molington appointed to provide corn, 99, 126
Lincoln (H. Earl of): v. Lacy.
Lincoln, city: called Nicole, 103 n; K. Edward there, viii, 29; William le Blake of Lincoln, 42; the Barons' letter to the Pope, Feb. 1300—1, dated thence, 130, 158
Lincoln (Peter de): 214, 230
Linde (Geoffrey de la): 171
Lindsay (Sir Alexander), probably of Luffness: arms at the battle of Falkirk, 140; the lands of Crawford granted to him, 144
Lindesy (Gilbert de), or Lyndeseye: protections, 24, 49
Lyndeseye (Philip de): protections, 20, 24
Lyndeseie (Richard de): horse, 173
Linlithgow, co. Linlithgow: K. Edward encamps on the moor, x, xvii, xxviii
Linth' (Richard de), or Lyne: collector in the W. Riding, 267
Linton-Roderick, co. Roxburgh: K. Edward there, xii
Lisle, or de Insula.
Lisle (Baldwin de): summoned to York (as of co. S'ton), 87; protection, 42
Lisle (Henry de): 206
Lisle (Hugh de): protection, 31
Lisle (John de): ordered to aid in collecting moneys from the clergy of dio. York, 73, 74; attests a precept to the sheriff, 252; is commissioned to try deserters, 120 n
Lisle (Robert de), of Chipchesse: protection, 31
Lisle (Warin de): summoned to York (as of Berks), 87; protection, 34
Lisle (William de), of Thorneton: protection, 31
Liston (Kirk-), co. Linlithgow, formerly called Liston-Temple: K. Edward there, x, xvii, xviii, xxvi, xxviii, xxxi, 51, 117, 118, 127; horses returned thither, 166, 190

Index. 313

Lithegreyns (John), or de Lithegrenis: escheator beyond Trent; ordered to deliver moneys for fortifications, 71; sums paid by him, 266, 270; horses in Sir J.'s retinue, 213

Loans: authorised, if necessary, 58, 107

Lochmaben, co. Dumfries: the castle taken by K. Edward, xi n, xiii, xix, xxx, xxxii; horses there, 165, 168, 180, 190, 204

Logore (T. de): r. Lughore.

London, city: troops march thence, 60, 61; precepts to the sheriffs, 72, 106; Joan Comyn required to come thither to the King, 83; expenses of removing treasure and rolls thence to York, 123; Thomas Stuteville of London, 232; rejoicings for the victory at Falkirk, xii

Tower: P. Edward (aft. K. Edward II.) there, 11, 15, 16, 53, 54, 56, 57; Ralph de Sandwych, constable, 72, 106; John de Balliol and Edward his son prisoners, 72, 106

Friars Preachers: a payment to be made there, 262

London (John de): 166

London (Ralph son of Michael de): 206

London (Sir Robert de): 228

London (Thomas de): 229

London (Walter de): 204

Longe (Sir William le): 179

Lopinton (Geoffrey de): protection, 247

Loreun (Geoffrey de): 193

L'Orti, de Ortinco, or de Urtiaco.

L'Orti (Henry), 1st Baron by writ: summoned to attend with horse and arms, 69; protection to H. de Ortyey [perhaps the same], 42; [ob. 1321.]

L'Orti (Walter): summoned to York (as of Somerset), 88; Richard le Chamberleyn his substitute, 193

L'Orti (Sir William): 223

Los (Arnald de): 235

Los (Sir Beninger de): 235

Losana (Reginald de): 194

Loumere (John de): 175

Louth (Sir John of), or de Luda: 163

Louth (William of), Bishop of Ely: summoned to the Council, 80

Falk.

Louther (Hugh de): protection, 35

Lovayn (Geoffrey de), or Loveyn: 232

Lovayn (Matthew de): summoned to York (as of Suffolk), 87; Sir. M., his valet's horse, 232

Lovel (John), Baron of Tichmarsh: protections to him, 18, 34; to some in his company, 17, 34; arms at the battle of Falkirk, 132

Lovel (John): summoned to the Council, being one of the clerks, 81

Lovel (Richard), or Luvel: protection, 25; horse, 179

Loveyn: r. Lovayn.

Loveloke (John): 194

Lovetot (John de), or Luvetot: summoned to York (as of Suffolk), 87; protections, 17, 22

Lovetot (Nicholas de): protections, 40

Loweder, co. Berwick: r. Lauder.

Lowther, co. Westm'd: Robert de Torkeseye of Lond, 37

Lowther (H. de): r. Louther.

Loye (Thomas): protection, 21

Loyth (Griffin): employed to raise troops in Snowdon, 89, 108, 111

Luc (John de): 166

Lucy (Geoffrey de), Baron of Newington: summoned to York, 85

Luda (— de): r. Louth.

Ludelawe (Richard de), co. Salop: 208

Lughore (Thomas de): summoned to the Council, being one of the clerks, 81

Lughteburghe (Richard de), clerk: protections, 22, 26; horse, 179

Lughteburghe (William de): 180, 181

Lulleforde (Hugh de): 221

Lundreforde (Simon de): 213

Lungnynes (Sir Arnold de): 204

Luvel: r. Lovel.

Luvetot: r. Lovetot,

Luzake (Reymund de): 204

Lymar (John de): 165

Lynuforde (Ralph de), clerk: 221

Lynuforde (Richard de): 182

Lynacre (Roger de): 197

2 s

Lynau (Sir Ebulo de), a knight of Sir Amaneu de la Brett: 167
Lynan (William Amaneu de): 168
Lyndeseye: v. Lindsay.
Lync (R. de): v. Linth'.
Lynn, co. Norfolk: William Wys, 34
Lyons (William de): 220
Lythegreyns (John de): v. Lithegreyns.

Macclesfield, co. Chester: troops there on march, 59, 60
MacDuff (Duncan f): slain at Falkirk; great-uncle to Duncan, Earl of Fife, xi
Macray (W. D.), clerk: xlvi
Maddele (Simon de): 219
Madelle (Gaillard de): 231
Maelor Cymraeg, co. Denbigh: the district otherwise called Bromfield; the name (variously spelt) means Welsh market, 7 n
Maelor Saesneg, co. Flint: a district; the name (variously spelt) means English market, 7 n; troops raised there, 7, 8, 57, 59, 90, 91, 94, 103, 109, 111
Magnus (St.): his festival, xii
Mahermer: v. Monthermer.
Mailgon (Resus): 208
Makarewy (Geoffrey): 199
Mal[h]erbe (Ralph): summoned to York, 85
Malemeyns (John): summoned to attend with horse and arms, 69
Malemeyns (Nicholas): protection, 26; horses, 182, 223
Malet (Robert): protection, 247
Malet (Thomas): protection, 30
Malo lacu (— de): v. Mauley.
Malore (Peter), Justice: summoned to the Council, 81 [Wallace was tried before him, 1304; ob. 1310.]
Malore (Robert): 163
Maltby (R. de): v. Manteby.
Malton, co. York, N.R.: a prior, 1, 273
Man (Isle of): Mary Q. of Man, etc., 249 n [See *Liber Quot. Contr. Garderobæ*, p. lviii.]

Mancel: v. Mauncel.
Mandeville: v. Maundevill.
Maners (Baldwin de): protection (de Maneriis), 28
Maners (Robert de), co. York: horse (Manor'), 236
Maners (Robert de), clerk [perhaps the same]: presented to the church of Crieeh, 246
Manham (Robert de): 178
Manneby (Thomas de): protection applied for, 13; granted, 34
Mansel: v. Mauncel.
Manton (Sir Ralph de): horses, 178, 213; J. de St. John writes to him, xliii; letter from him certifying the amount due to Sir Robert de Tony, 258
Manton (Ralph de), clerk [perhaps the same]: presented to the church of Bothwell, 118
Maravs (Geoffrey du): protection, 20
March of Scotland: an advance ordered thither, 71
March (P. Earl of), or of Dunbar, q.v.
Marchys (W. le Rey): v. Rey.
Marcle (Roger de): 192
Mare (Edmund de la), clerk: 183
Mare (Edward de la): protection, 31
Mare (Geoffrey de la): 220
Mare (Hugh de la), co. York: 214
Mare (John de la), a Baron: protection, 60, horse (Sir J.), 203; arms at the battle of Falkirk, 144
Mare (Sir John de la), another: horse, 203
Mare (John de la), valet: horses, 209, 229
Mare (Robert de la): horses, 188, 229
Mare (Roger de la): protection, 31; horse, 183
Mare (Thomas de la): protection, 50; horses, 183, 188, 234
Mare (William de la): 176
Mareschal (Adam le): 220
Mareschal (David le): 227, 232
Mareschal (John le): protection, 37; horses, 169, 175, 189, 227
Mareschal (Peter le): 167, 171
Mareschal (Ralph le): 220
Mareschal (Ralph le), junior: 221

Index. 315

Mareschal (Richard le): 219
Mareschal (Robert le): 188
Mareschal (William le): summoned to attend with horse and arms, 69; horses, 172, 173, 194, 201
Mariners: protection for mariners of the Cinque Ports and other places, 13
Marines (Thomas de): summoned to attend with horse and arms (Marrines), 69
Marinis (William de): protection, 40
Marmyun (John): summoned to York, 85
Marsh (W. de): v. Mershe.
Marshals of England: Roger le Bigod (q.v.), Earl of Norfolk; Robert de Clifford, under Edward II., 142
Martin (Warin), or Martyn: raises troops in certain parts of Wales, 92, 110; Sir W.'s horse, 212
Martin (William), or Martyn: summoned to York (as of Devon). 87: protection to him, 47 (bis); to some in his company, 47; arms at the battle of Falkirk, 140
Marton (Richard de), co. York: 223
Mary, Queen of Man, etc.: v. Man.
Mary, Queen of Scots: her husband Henry Lord Darnley, x n
Marzan (Reymund de): 205
Masey (Hamo de): leads troops from Chester to Newcastle, etc., 9, 57, 60, 61
Masey (Richard de): to raise infantry in Flintshire, 7, 8
Maskyn, co. ....: troops raised there, 91, 94, 110, 111, 112
Maucovenaunt (Robert): 232
Maudnyt (Gilbert), or Maudnt: horse, 197; protection (Sir G.), 248
Maudnt (Nicholas): summoned to York, 85
Maudnt (Roger), or Mauduyt: collector in Nor'land, 267; protection to one in his company, 39
Maudnt (Warin): protections, 17, 29, 32
Mauger (Roger), co. York: 223
Maulerrard (William): protection, 41
Mauleverer (Sir Richard): 177

Mauley, Maulee, de Malo lacu.
Mauley (Sir Edmund de): 233
Mauley (Henry de): protection (Maule), 48
Mauley (Peter de), Baron of Mulgrave: privy seal for protection, 14: protection to him and to some in his company, 38; arms at the battle of Falkirk, 134
Mauley (Robert de): protection, 38
Maulouel (Stephen): 224
Maunccl (John), co. York: 223; perhaps the Mancel mentioned, 225
Maunccl (Richard), co. York: 228
Maundevill (John de): 163
Maundeville (Thomas de), Essex: summoned to York, 87
Maureake (Seigneron de): 167
Manteby (Robert de), Norfolk: 87
Manvaysin (Henry): summoned to York, 87
Mazere (Bidal de): 225
Measures: chaldron (celdra) or 4 quarters, or 32 bushels, 2, 3; quarter, 8 bushels, 1—5
Meanx: v. Meux.
Medwe (Galfrid atte): protection, 37
Mehermor: v. Monthermer.
Meinill (Nicholas de), 1st Baron: protection (Meygnil), 48; horse (Sir N. de Meyny), 222; arms at the battle of Falkirk, 146; ob. 1299, ib. [s. p. leg. according to Nicolas, Synopsis, but this is corrected by Courthope.]
Meinill (Nicholas de), 2nd Baron: horse (Sir N. de Meyny, son), 222; probably the N. de Meynlyl, Lord of Wherleton, who joined in the letter to the Pope, 1301, and d. 1332, 146 [Omit "base-born," which is a mistake, through following Dugdale and Nicolas. This 2nd Baron left a natural son of the same names, who was summ. to Parl. in 1336, and d. 1342, s. p. m.; hence the error.]
Melebourne (Richard de): 180
Melsa: v. Meux.
Melton (William de): protection, 29
Menage (Gilles): vi n
Menteith (... Earl of):
Isabel his wife, aft. wife of Edm. de Hastings, 136

2 s 2

316

Mentrigge (John de): 162
Meny (Robert de): 219
Meones (William de), clerk: appointed to obtain provisions in Ireland, 108
Mere (Sir William de): 177
Meredu (M. ap): r. Ap Meredu.
Merewelle (Nicholas de): 199
Merewell (Richard de): protection, 46; horse, 199
Meriet (John de): protection (junior), 42; horse, 165
Merke (John de): protection to him, 32; to one in his company, ib.; Sir J.'s horse, 183
Merleye (Robert de): collector in Nor'land, 267
Mershe (William de), co. York: 228
Mervaux (Guichard de): 169
Meskyn, co. . . . : v. Maskyn.
Messager (Simon le): 210
Meteker (Robert): privy seal for protection, 13
Metham (Thomas de): collector in the E. Riding, 267
Metingham (John de), Justice: summoned to the Council, 81
Metingham (Walter de): protection, 33
Meux abbey, co. York, E.R.: in the parish of Waghen, q.v.
Meux (Gilbert de), or Melsa: protection, 19
Meysy (Robert de): 178
Midelton (John de): 219
Midleton (Matthew de): protection, 41
Mildehale (Simon de): 172
Milymar (Bertram de): 168
Mindrom (Adam de): 237
Misne (Edmund de): 211
Mitforde (Sir Jordan de): 190
Miton (H. de): r. Myton.
Moeles, Moels, de Molis.
Moels (John de), Baron of Caddebury: protection to him and to some in his company, 19; letters of attorney, 53; summoned to York, 85; further protections to him and to another, 24, 28; arms at the battle of Falkirk, 144
Moels (Roger de): protection, 19
Moel-y-famma, co. Flint: a hill near Mold, 7 n

Moghelan, co. . . . : troops raised there, 91, 94, 110, 111, 112
Mohautesdale (vallis Montis alti), co. Flint: the valley of Mold, 7 n; troops raised there, 7, 8, 57, 59, 90, 91, 94, 103, 109, 111
Mohun (John de), Baron of Dunster: protection, 29; another, also for Ireland, 50; his arms at the battle of Falkirk, 154
Moigne (Geoffrey le): 203
Moigne (Robert le): protection to R. de Moyne, 43; R. Mowyn's horse, 213
Moigne (Thomas le): 215
Moigne (William le), co. Notts.: 209, 211
Mold, co. Flint: Mohautesdale, and the Barons of Mold, 7 n
Molecastre: r. Mulcastre.
Molendino (James de): protection, 34; horse (de Molendinis), 74
Molendinis (Nicholas de): protection, 51
Molington (Sir John de): horse (Molinton), 203
Molington (Peter de): to provide victuals in Lincolnshire vii, 99, 122, 125, 126
Molis (— de): r. Moels.
Molton: r. Multon.
Monceaux (Ingeram de): 227
Monceaux (John de): 191
Monimail, co. Fife: Robert de Carteret presented to the church, 240
Monmouth: troops raised there, 92, 110
Monsauns (William de): protection, 51
Montacute (Simon de), a Baron: protections to him and to some in his company, 40; arms at the battle of Falkirk, 150; horses, 236
Montalt, Mons altus: the hill Moel-y-famma near Mold, 7 n
Montalt (Adam de): protections,33, 49; horse, 163
Montalt (James de): protections, 18, 48, 49
Montalt (Nicholas de): 209
Montalt (Robert de), Baron of Montalt: to raise infantry in Flintshire, 7; they march to Chester, 59; he is summoned to York (as of Norfolk), 88; protections to him and some in his company, 34; horses, 209, 215; arms at the battle of Falkirk, 132

Index. 317

Moutchensi (Ralph de), or de Monte Caniso: protections, 16, 33, 34
Moutchensi (William de), Essex: summoned to York, 88
Monte acuto (— de): v. Montacute.
Monte alto (— de): v. Montalt.
Monte Caniso (— de): v. Montchensi.
Monte forti (— de): v. Montfort.
Monte Giscardi (— de): v. Montgiscard.
Monte Gomeri (— de): v. Montgomery.
Monte Hermeri (— de); v. Monthermer.
Monte Revelli (— de): v. Montrevel.
Montfort (Alexander de): protection, 26; horse, 221
Montfort (John de), co. Somerset: 214
Montfort (Simon de), Earl of Leicester: Guy de Balliol his standard bearer slain at Evesham, 136
Montfort (William de): summoned to York, 85; horse, 203
Montgiscard (Isarnus de): 165
Montgomery (John de), brother of Sir W.: 207
Montgomery (Owen de), clerk: to raise troops in certain parts of Wales, 91, 110; his horse, 216
Montgomery (William de), co. Stafford: summoned to York, 88; Sir W.'s horse, 207
Monthermer, sometimes Mahermer.
Monthermer (Ralph de), Earl of Gloucester and Hertford: letters of protection, 15; respite of crown debts, 54; troops led by him, 64; to receive wages for 100 horse for 3 months, 65; protections to him, 17; and to some in his company, 17, 19, 20, 21; ordered to raise troops in Wales, 92; further protections, 22; the King requires his attendance at York, vii, 96; more protections to his followers, 23, 27, 29, 30, 31; he promises confirmation of the charters, viii, xviii, xxvii; another protection to him, 32; others to his retinue, 33, 35, 36, 41, 42; another to himself, 47; others to followers, 47, 50, 51; arms at the battle of Falkirk, 152; protections to followers, 247, 248; payments to him, 268, 269

His wife Joan, daughter of K. Edward I., and widow of Gilbert de Clare, E. of Gloucester and Hertford, bore those titles during her life, 152; payments to her, 268, 269
Montjoye (Ralph de), co. Stafford: summoned to York, 88; to raise troops in Lancashire, ix, 114
Montlon (Ernald de): 204
Montoseo (Peter do): 231
Montpellier (R. de): v. Mounpelers.
Montpinson (Giles de): protections, 19, 41
Montrevel (Geoffrey de): protection, 248
Montrevel (William de): protections, 248, 257
Mont Senys (Beninger de): 235; or Sir Bernard, ib.
Mont Senys (William de): 235
Montz (Henry de), son of Peter: 215
Montz (Peter de): protection, 49; of co. N'ton, 215
Morcote (Walter de): protection, 38
More (Duket de la): protection, 35
More (Richard de la): protection, 40; horse, 175
More (Robert de la): 222
More (Stephen de la): protection, 31; Sir S., his horse, 183
Morganwg, co. Glamorgan: troops raised there, 92, 111
Morham (Sir Thomas de): 164
Morice (Hugh), of Drogheda: 108 n
Morley (Bartholomew de), or Morle: 209
Morley (Robert de), son of William: assumes the arms of Nicholas Lord Burnell, 154
Morley (William de), or Morle: protections to him, 21, 29; to some in his company, 19, 29, 47; his arms at the battle of Falkirk, 154
Mortayne (Roger de): summoned to attend with horse and arms, 69; protections, 18, 48, 49; horses of Sir R.'s valets, 226
Morteyne (William de): 212
Mortimer, de Mortuo mari.
Mortimer (Edmund de), Baron of Wigmore: summoned to attend with horse and arms, 69; troops raised from his lands in Wales, 91, 93, 110; [ob. 1303.]

Mortimer (Henry de): protection, 51; Sir H.'s horse, 224
Mortimer (Hugh de), Baron of Richard's Castle: summoned to attend with horse and arms, 69; protection to him, 50; to some in his company, ib.; his arms at the battle of Falkirk, 130; Sir Hugh's horse, 233; protection to one in his retinue, 248; [ob. 1304.]
Mortimer (Hugh de), of Carkedon: protection, 50
Mortimer (Hugh): valet to Sir Hugh, 233
Mortimer (Sir John de): 224
Mortimer (Roger de), Baron of Chirk: ordered to raise troops in certain parts of Wales, 91, 94; protection to him, 26; to some in his company, 26, 51; writ to him postponing the arrival of the Welshmen at Carlisle, 110—112; horse, 224; arms at the battle of Falkirk, 144; [summ. to Parliament, 1299, ob. 1336.]
Mortimer (Roger), another: horse, 225 [Probably the 1st E. of March, 1328—30.]
Mortimer (Walrand de): summoned to attend with horse and arms, 69
Mortimer (Sir William de), of Richard's Castle: his horse, 223
Mortimer (William de), another: 222
Morton (John de): 193
Morton (Richard de): 193
Mothom (John de): 180
Moubray (R. de): v. Mowbray.
Mouncy (W. de): v. Muncy.
Mounpelers (Richard de): protection, 48
Mountague (William): arms, 150
Mounteny (Adam de): 197
Mounteny (John de): 197
Mounteney (Thomas de): 197
Mountpizoun (G. de): v. Montpinson.
Mowbray (Geoffrey de): his lands in Scotland granted to Guy E. of Warwick, 255
Moubray (Roger de), co. York: 208
Mowyn (Robert): probably Moyne, 213
Moyne: v. Moigne.
Mulecastre (Robert de): protection (Molecastre), 44

Mulecastre (William de): protection (Molecastre), 19; summoned to appear before the Exchequer at York, 121; sheriff of Cumberland, 128 n
Multon (Hugh de): protections, 18, 45; in garrison at Carlisle, 45
Multon (James de): protection, 51; going to Scotland, 247
Molton (John de), co. Richmond: 227
Multon (Thomas de), Baron of Egremont: summoned to York, 85; protection, 34; another (of Fraunton), 49; another, to one in his company, ib.; arms at the battle of Falkirk, 140; ob. 1322, ib.
Muncy (Walter de), Baron of Thornton: protection to one in his company, 29; arms at the battle of Falkirk, 132; grant to him of gentil falcons in Scotland, 258
Munden (Richard de): 217
Munster, province: provisions obtained there for Carlisle, 108
Muntjoie (R. de): v. Montjoie.
Muntpinzun (G. de): v. Montpinson.
Muscenus (John de): summoned to attend with horse and arms, 69
Musegrave (Robert de), co. Westm'd: 230
Mynnot (Roger), Norfolk: summoned to York, 88
Myton (Sir Hugh de): protection, 248; horse (Miton, of co. York), 198, 207

Nafferton (Robert de): 195
Nansladron (Serlo de): protection, 47; [summ. to Parliament, 1299—1306]: v. Lanlandron.
Naparo (Bartholomew): 176
Nasarde (Henry): 165
Naveneby (Roger de), co. Leic'r: 211
Nefrile (Stephen de): 199
Neketon (Peter de): 164
Neketon (Robert de): protection, 27; horse, 166
Nemede (Robert de): protection, 25
Nesshe (Sarra atte): 265 n
Noubalde (Richard): protection, 19

Index.   319

Neville (John de): protection, 32; horse, 178
Neville (Sir Richard de): 177
Neville (Robert de), of Stoke Dry: 17
Neville (Theobald de): summoned to York (as of co. Stafford), 88; protection, 25
Neville (Thomas de): protection to T. son of Robert, of Stoke Dry, 17; another protection, 25; horse, 224
Newark, co. Notts: the rolls and treasure there on the way to York, 105
Newark (Henry de), Archbishop of York (elect): to collect arrears of moneys due from the clergy, 73; John de Lisle to aid him, 74
Newbald (R.): v. Neubalde.
Newcastle-upon-Tyne, co. N'land: victuals carried there for the English army at Berwick, etc., 2, 3, 271—274; troops from various parts assemble there, iv, 6—9, 55—57, 59—63; customs collected there, 266, 270; money received by W. de Agmondesham, ib.; Richard de Abindon, with certain moneys, to be safely guarded in the castle, 79; the sheriff of Lincoln ordered to convey the tenth of the clergy thither, 82; provisions sent thither, 122; also horses, carts, etc., 124; a horse to be kept there for the King, 125; horses returned there, 165, 196 n, K. Edward there in Nov. 1298, 249; K. Edward II. there, 1310, on his way to Scotland, 157 n
Newton (Thomas de): summoned to appear before the Exchequer at York, 121
Newton (Walter de): 194
Newmarket (John of), or de Novo mercato: protection, 45
Newmarket (Thomas of): 197
Newport, co. Salop: troops there on march, 61
Neyrforde (William de): summoned to attend with horse and arms, 69, summoned to York, 85
Nicholas, emptor Regis: 193
Nichols (John Gough), F.S.A.: his *London Pageants* cited, xiii n
Nicolas (Sir Nicholas H.): his *Synopsis of the Peerage* referred to, 130, 158, 159; his view of the writ of 26 Jan. 1297—summons to Salisbury, 158; he edits Glover's roll, 159; also the roll of Carlaverock, 129; describes the seals on the Barons' letter to the Pope, ib.
Nicole: Lincoln so called, 103
Ninths: v. Taxes.
Nineret (Jordan de): 231
Nonewyke (Robert de), junior: protection, 42
Nony (Ralph de): 213
Norcys (H. le): v. Norreys.
Norfolk, county: letters to the sheriff for respite of crown debts, 54; mandate to the same touching provisions for the E. of Lincoln's troops, 101; to proclaim the rendezvous at Roxburgh, 113
Norfolk (R. Earl of): v. Bigod.
Norfolk (Robert de): 186
Normanville (John de): protection, 31; horse, 200
Norreys (Henry le): protection, 39; horse, 226
North-Allerton, co. York, N.R.: v. Allerton.
Northampton, county: precept to the sheriff to proclaim the rendezvous at Roxburgh, 113
Northampton, town: a horse there, 165
Northumberland, county: invaded by the Scots, xix, 238; Walter de Agmondesham receiver of the King's moneys there, 52 n, 63, 71, 265, 269; cavalry to march thither from York, 67; infantry raised there, iv, 66; and ordered to advance with the E. of Surrey, 71; Robert Heron controller there, 71; mandate to the sheriff concerning Richard de Abindon, 79; John de Shefelde employed there, 99; mandate to the sheriff touching provisions for the E. of Lincoln's troops, 101; the lands of certain Scots in this co. in the sheriff's hands, 121; writ to the sheriff to send horses and carts to Newcastle, 124; another, to send carpenters and excavators to the King, ib.; another, for the defence of the county against the Scots, 128
Northwode (John de): summoned to attend with horse and arms, 69

Northwode (John de), junior: summoned to York (as of Kent), 88
Northwolde (Nicholas de): protection, 28
Norton, co. Somerset: John de Beauchamp, 86
Norton (Alexander de): 177
Norton (Walter de): leads troops from Snowdon to Chester, 59; and to Newcastle, 60
Norwich (Robert de): protection (de Norwico), 32
Nostell priory, co. York, W.R.: in the parish of Wragby, *q. v.*
Nottingham, county: precept to the sheriff of Notts and Derby respecting victuals for the Welsh forces, 56; letters for respite of crown debts, 55; the sheriff to conduct the rolls and treasure towards York, 105; money paid by the clergy of the archdeaconry, 266
Novo mercato (— de): *v.* Newmarket.
Nowel (Thomas), co. York: 207

Oakley (N. de): *v.* Okle.
Obehall: arms, 146
Ockendon: *v.* Wokindon.
Offynton (R. de): *v.* Uffynton.
Offynton (William de): protection, 43
Oiley (Thomas de): protection (de Oylly), 21; another (Doilly), 23; horse (de Ooyly), 211
Okham (Nicholas de): employed, as chamberlain, to conduct the rolls and treasure to York, 104, 123
Okle (Nicholas de): protection, 21
Olney (R.): *v.* Holne.
Orewell (Walter de): protection, 48
Orgoyl (Gerard): keeper of the King's wines, 267; G. Dorgoyl's horse, 202
Orkesleghe (Henry de): 203
Orkesleghe (Sir William de): 203
Orlauston (John de): summoned to attend with horse and arms (Erlaueston), 69
Ormesby (William de), J. C. P.: late Justiciary of Scotland; summoned to the Council, 81

Ornun, a place abroad: 233
Orti (— l'), or de Ortiaco: *v.* L'Orti.
Ortyey (Henry de): protection, 42
Oseneye (William de), of York: shipmaster, 3
Osgodeby (Matthew de): 170
Osgodeby (Robert de): 170
Osze (Bernard de): 237
Otleye (William de): 195
Oueseie (John de): 168
Oulynge (Edmund), of Gainsborough: protection, 41
Overton, co. ...: Richard de Overton, parson, 43
Oxford, county: the sheriff ordered to conduct Joan Comyn to London, 83; to proclaim the rendezvous at Roxburgh, 113
Oxford (R. Earl of): *v.* Vere.
Oxford, city: A. de Brom, founder of Oriel college, etc., viii n. 101 n

Packere (John le), of Sandwich: protection, 21
Paganel: *v.* Paynel.
Page (Geoffrey): 104
Pageham (William de): summoned to York, 85; and, as of Sussex, 88
Paignel: *v.* Paynell.
Pakeham (William de), Suffolk: summoned to York, 88
Palefreur (William le): protection, 21; perhaps the same as W. Payforer, *q.v.*
Palgrave (Sir Francis): *Documents and Records*, annotated, 120 n
Palmer (P. le): *v.* Paumer.
Palue (William), son of William: protection, 21
Panetarius (Robert): 186
Papworth (J. W.): rolls of arms noticed by him, 157 n, 159
Parco (Robert de): 199
Parco (Simon de): 202
Parent (William): 221
Paris, city: the palace, 157

Index. 321

Paris (Gilbert de): protection (Parys), 35; horse, 217
Paris (Perrot de): 218
Parker (Hamo le), Essex: summoned to York, 88
Parker (Richard le): 219
Parker (Robert le): 191
Parles (Eustace de), co. N'ton: 214
Parliament: a Parliament or assembly at Salisbury, Feb. 1296—7; not properly a Parliament, 158; summons to John E. of Surrey and others to attend an assembly at York, at Pentecost (25 May, 1298), 95; writ for the election of knights, citizens, and burgesses to attend the same, 96; this assembly mentioned, vii, viii, xvi, xvii, xxv; a Parliament or assembly at Carlisle (15 Sept.), xiii, xxxi; the Parliament at Lincoln (20 Jan. 1300—1), 159; *Parliamentary Writs*, referred to frequently; corrected, 87 n
Parys (G. de): v. Paris.
Pastorel (William): 203
Patrick (Earl): v. Dunbar.
Paulyn (Robert), of Winchelsea: privy seal for protection, 13
Paumer (Peter le): 164
Pauncefot (Richard): 218
Pavely (Reginald de): 171
Pavely (Walter), Wilts: summoned to York, 88
Pavia (Manfred de): 235
Pavy (John), or Pavyot: protection, 40; horse, 229
Paxhulle (William de): protection, 43
Paxton (John de): 212
Payforer (Fulke): protection, 44; Sir F. Peyferer's horse, 194
Peyferer (Richard): 190, 217
Payforer (William): summoned to attend with horse and arms (Peyforer), 69; summoned to York, 84; perhaps identical with W. le Palefreur, who had a protection, 21
Payn (John): 221
Paynell (John), Baron of Drax: doubt as to his identity, 138; [summ. 1299—1318; d. before 1326.]

Paynell (John), Baron of Otley: sealed the Barons' letter to the Pope, 1301 [with the arms .. 2 bars .. between 8 martlets ..] 138; [summ. 1317—18; ob. s. p. m.]
Paynell (John): summoned to York, as of Suffolk, 88; his arms at the battle of Falkirk and the siege of Carlaverock, *Vert, a maunch or*, 138; therefore considered a different person from the Baron of Otley, *ib.* [*Sed qu.* Otley is probably in Suffolk. The coat with the maunch appears to be a variation from the arms of Lord Hastings, who was over-lord of Otley, and of Lyttelton-Paynell, Wilts.]
Paynel (Philip): summoned to York, 85; protections, 28, 37; horse of Sir P. Paignel, 172 [Probably the Baron of co. Dorset, who d. 1298 or 1299.]
Paynel (Robert): protections, 48, 49
Paynell (Stephen): horse (Paignel), 173
Paynel (William): summoned to York, 85; protection, 41; protections to some in his company, 42 [He, or the William next mentioned, was the Baron of Tracington, who sealed the letter to the Pope, 1301, with the *bars* and *martlets*, was summ. to Parl. 1303—15, and d. 1317, s.p.]
Paynel (William), Sussex: summoned to York, 88
Paynet (John): protection, 31; horse (Paynot), 183
Peak (The), co. Derby: Robert de Wynefeld del Peke, 18; Reginald de Sutton de Pecke, 232 n
Peche (Gilbert), Lord of Brunne, co. Cambridge: arms at the battle of Falkirk, 146; Sir G.'s horse, 202
Peche (John), or Pecche: protections, 17, 38; horse, 203
Peche (Sir Robert): summoned to Parliament 1321, 146
Pederton (Walter de): deputy of Robert de Tybetot, Justice of W. Wales; ordered to raise troops, etc., 92, 110

2 T

Pedewardyn (Roger de): protection, 17
Pel (William le): 219
Pembroke, county: the hundred of Rhôs, 6 n
Pembroke (A. Earl of): v. Valence.
Penbrygge (Henry de): the King's bailiff in Morgannwg; raises troops in Wales, etc., 92, 111
Penbrigge (John de): horses, 201 (Penebrigge), 233
Penbrigge (William de): 185
Penkridge, co. Stafford: troops there on march, 61
Penne (John de la): protections, 18, 24, 25
Pennington: v. Penyton.
Peny (Stephen), of Sandwich: detained on his voyage to Berwick with corn, 125
Penyton (Alan de), Suffolk: his name erased from the list of those summoned to York, 88
Penyton (William de): protection, 39; horse, 226
Perceval (Charles S.): joint editor of certain rolls of arms, 159
Percy (Henry de), Baron of Topclive: promises a reward to the men of Cumberland and Westmoreland for an action performed by them, 254; protection to him, 15; respite of crown debts, 54; to receive wages for 50 horse for 3 months, 65; protections to some in his company, 17, 20, 24; another to himself, 24; others to followers, 24, 26, 28, 29, 31, 38, 48; his arms at the battle of Falkirk, 152; witness to a grant, 256
Percy (Peter de): protection, 43
Perers (Richard de): protection, 48
Perham (James de): 171
Perot (Ralph): summoned to York, 86; protection, 24
Persore (William de), chamberlain: employed to conduct the rolls and treasure to York, 104
Perth, or St. John's Town, co. Perth: wasted by the Scots, destroyed by the English, xxiv, xxx; John FitzMarmaduke, governor, 138
Pesson (Henry): 200

Peter, the King's surgeon: 175
Petri (Alfonsus): 225
Petryne (Geoffrey): 217
Peu (Arnald de): 237
Peverel (Robert): protection, 37
Peverel (Thomas): summoned to York (as of Sussex), 88; horse, 176
Peyferer: v. Payforer.
Peyvre (John): summoned to attend with horse and arms, 69
Philip IV., King of France: at war with Guy Count of Flanders, iii; makes a truce with K. Edward, xxii; seizes Wallace, ib.
Picard: v. Pychard.
Piccheforde (John de): 192
Piccheforde (Sir Ralph de): 192
Pichardo: v. Pychard.
Picot (Baldwin), knt.: protection for him applied for (Pycot), 13; granted, 34
Picot (Peter): protection (Pycot), 27; respite of crown debts (Pycote), 55; horse of Sir P Pigot, 189
Pierrepont (S. de): v. Pirpount.
Pigot (Sir P.): v. Picot.
Pigot (Robert), or Pygod: 236
Pikeworthe (Hugh de): 176
Pinkeny (Henry de), Baron of Wedon: protection to him and some in his company, 18; summoned to York (as of Northants), 88; further protections to himself, etc., 21, 43; horse, 222; arms at the battle of Falkirk, 144; he sells his barony to the King, ib.
Pinsake (Gaillard de): 168
Pinsake (Raymond de): 167
Pipard (Ralph), Lord of Linford: summoned to attend with horse and arms (Pypard), 69; protection, also in Ireland (Pypard), 46; horse, 220; another protection for Ireland, 50; arms at the battle of Falkirk, 154
Pirpount (Simon de): summoned to York (as of Sussex), 88
Pirpount (Stephen de): horse, 162
Pitt, family: origin of their arms, 102 n
Place (Adam): 209

Index. 323

Plaiz (Robert), or Playce: collector in Yorkshire, 266, 270
Planché (James R.), Somerset herald: 129 n, 159
Plater (William le): protection, 35
Plaunche (Sir James de la): 199
Playz (G. de): summoned to York (Pleitz), 86
Pleas: writ for respite of pleas, 56
Plessetis (Hugh de), 1st Baron by writ: protections, 19, 25
Plukenet (Alan), 1st Baron: 190
Pocklington, co. York, E.R.: Thomas Post, 120
Poer (John le): protection, 38
Poer (Walter le), or Poure: 167
Pointz (Gilemot de), or Poyntz: 172
Pointz (Hugh), 1st Baron: summoned to York, 86; protections to him (Poinz) and some in his company, 45; horse, 215; his arms at the battle of Falkirk, 154
Pointz (Nicholas), 2nd Baron: protection (Poinz), 45; horse of Sir N. Poyntz, 215
Pole (La), co. Montgomery: v. Pool.
Pole (Griffith de la): 229
Pole (William de la), knt.: to raise infantry in Powys, 8, 9; to control payment of troops, 58; leads troops from Powysland to Lichfield, 61; and thence to Newcastle, 62; wages, 63; to raise troops in certain parts of Wales, 91, 94; writs to him postponing the arrival of the Welshmen at Carlisle, 110, 111, 112; protection, 32; horse, 228
Poleter: v. Pulcter.
Poleyn (John): protection, 42
Polgrim (John): 203
Pomerai (Henry de la), a Baron: summoned to York (H. de la Pompreye, of Devon), 88
Ponte (William de), Grimsby: protection, 41
Pontefract, co. York, W.R.: troops there on march, 60; the rolls and treasure to be conducted by that place to York, 105; Thomas E. of Lancaster beheaded, 1322, 140
Pontefract (Adam de), or Puntfreit: protection, 41
Pontefract (Richard de): protection, 30
Ponthope (Robert de): 214

Pontine (Bertrand de): 234
Ponynges (Michael): protection, 17; letters of attorney, 53
Pool, or La Pole, a district of co. Montgomery: troops raised there, 91, 94, 110, 111, 112
Popham (Gilbert de): protection, 38
Porcel (Richard): 216
Port (William): 213
Porter (Alexander le): protection, 26
Porter (Reginald le): deputy of the E. of Warwick as sheriff of Westmoreland, 128 n; R. Janitor, his horse, 187
Porteseye (Richard de): summoned to York (as of Southants), 88
Ports (V.): v. Cinque Ports.
Portsmouth, co. S'ton: K. Edward there, 150
Posse comitatus: vi
Post (Thomas): of Pocklington: safe conduct, 120
Pothou (John de): constable of Berwick castle, 5, 272; protection, 28
Pothon (Robert de), co. York: 208
Poulter: v. Pulcter.
Pouray (Adam), or Poveray: presented to the the church of Kirktoun, 242, 243 [Note ² on p. 242 belongs to Wodehouse.]
Ponro (W. le): v. Poer.
Powis, or Powys, a large part of Wales and the Marches: troops raised there, 8, 58, 61, 62; a breed of horses peculiar to that country, 160
Poyn (Robert), junior, of Rotiuton: protection, 44
Poyntz: v. Pointz.
Pracres (John de): protection, 22 Sir J. de Preyeres, his horse, 166
Preieres (Thomas de): 166
Presentations: v. Churches.
Prices: of wheat, pease, oats, 2; of horses, 161, etc.
Privy seal: v. Seal.
Protection (Letters of): applications for such letters, 12, 13; writs of privy seal for them, 13, 14; various sorts, 15; enrolments of letters of protection, before and after the battle of Falkirk, 14—51, 247—249
Provisions: v. Victuals.

2 T 2

Puleston: v. Pyvelesdon.
Puleter (Laurence le): protection, 30
Puleter (Thomas le): protection (Poleter), 32
Pulle (John de): 166
Punchardon (William): 179
Puntfreit (Adam de): v. Pontefract.
Purget (Sir John de): 235
Puvelesdon (T. de): v. Pyvelesdon.
Pychard (John): protection, 47; horse (Picard), 232
Pychard (Miles): protection, 50; Sir M. Pichardc's horse, 195
Pycharde (Roger): protection, 42
Pycot, Pygod: v. Picot, Pigot.
Pykenot (William): 204
Pympe (Philip de): protection, 49
Pypard (R.): v. Pipard.
Pype (Robert de): summoned to York (as of co. Stafford), 88
Pyton (William de): 197
Pyvelesdon (Thomas de), clerk: protection, 17; another (Puvelesdon, not styled clerk), 31

Qu (— le): v. Keu.
Queensferry, co. Linlithgow: ships with provisions there, xxiv
Querindon (Geoffrey de): 189
Querle (Thomas de): presented to the church of Ratho, 244
Quilly (Sir Hugh de): 224
Quincy: the arms of Quincy borne by Ferrars, 142

Radeclyve (William), son of Hugh: protection, 22
Radeclyve (William), son of Reginald: protection, 21
Radeswelle (Robert de): archdeacon of Chester, summoned to the Council, being one of the clerks, 81
Ragan (Hugh): 192

Ralegh (John de), or Raleye: summoned to attend with horse and arms, 69; protection, 50
Raleghe (Simon de): protection, 42; Sir Simon's horse, 171
Ralph, abbot of Jervaulx: 1 n
Rameshulle (William de): 192
Randolfe (Robert), of Aulton: protection, 50
Ranham (John de): 184
Ratho, co. Edinburgh: Thomas de Querle presented to the church, 244
Ratingden (John de): 187
Rede (William): protection, 26; horses, 165 (de Rede), 225; protection (Red), 51
Redehalle (The), co. .... : a horse there, 184
Redeman (Matthew de): protections, 42, 247
Redpath, co. Berwick: in the parish of Earlston. q.v.
Rendham (John de): protection, 31
Reppingham (Adam de): protection, 38
Respite: v. Crown debts, Pleas.
Rettrefe (Eustace de): taken prisoner at Dunbar, 129; confined at Wisbeach, 75
Reudegoy (Senianicus de): 234
Revel (Richard): 186
Rey (Walter le): protection, 17; another, to W. le Rey Marchys, 31 (Rye?)
Roydon (Robert de), Suffolk: summoned to York, 88
Reygate (John de): collector in the W. Riding, 267
Reymes (Robert de): protection, 28
Reymundi (Bernard): 204
Reymundi (William), of Ornun: 233
Rhos, co. .... : v. Ros.
Richmond (John Earl of): v. Britanny.
Ridale (Peter de): 222
Ridel (Geoffrey): 173
Riffoni (Roger): 224
Rihale (Gillot de): 189
Rihale (Richard de): 185
Rike (Arnald de la): 235
Rike (Sir James de la): 235
Ripariis (— de): v. Rivers.

Index.

Ripon (Roger de): 199
Rishanger (William): extracts from his writings, xvii—xxiii
Riston (Adam de): the King's valet; to deliver to the sheriff a horse to be kept for the King at Newcastle, 125; his own horse, 173
Rithre (William de), or Rye, a Baron: protection (Rythre), 39; horse, 226; arms at the battle of Falkirk, 148
Rivere (John de la): v. Rivers.
Rivere (Sir Laurence de la): 163
Rivere (Richard de la): summoned to York (Ryvere, of co. Glouc.), 88; protection (Ryver), 36; horse, 216
Rivers (John de), Lord of Angre: protection (de Ripariis), 27; another (Ryvere), 36; arms at the battle of Falkirk, 150; horses, 202, 216; witness, 264
Rivers (Roger de): 202
Rocelyn: v. Roscelyn.
Rocheforde (Ralph de): protections, 25, 50; horse, 207
Rocheforde (Sir Waleram de): 190
Roches (John de): 176
Roges (John): protection, 36; horse, 218
Roges (R. de): v. Ruges.
Roke (Sir Reynaud de la): 231
Rokele (Amaneus de): protection, 248
Rokele (Humphrey de la): protection, 18
Rokele (Richard de la), Norfolk: summoned to York, 88
Rokele (Rusteyn de la): protection, 248
Rokenesford (J. de): v. Drokenesford.
Rokesleghe (John de), Kent: summoned to York, 88
Rokesleghe (Richard de): summoned to York (as of Kent), 88; protection to R. de Rokesle, 43
Rokesleye (Walter de): protection, 45
Rolleston (William de): 170
Rolls: v. Arms, Horses.
Roma (John de), parson of Barton: protection, 43
Romeseie (Nicholas de): 208

Roos: r. Ros.
Ros, co. . . . : lands of the E. of Lincoln; troops raised there, 6, 57, 59, 90, 94, 103, 109, 111
Ros: see also Rous.
Ros (John de), of Holl': protection, 42
Ros (Peter de): protection, 43; horse, 213
Ros (Robert de): protection, 37
Ros (William de), or Roos, Baron of Hamlake: a claimant, in 1291, of the crown of Scotland. 136; protections to him, 33, 37; to some in his company, 37, 39, 40; his arms at the battle of Falkirk, 136
Roscelyn (Peter): protection to P. Roselin, 20; summoned to York (as P. Rocelyn of Norfolk), 88; further protection, 45
Roscelyn (William), Norfolk: summoned to York, 88
Rosceles (Alan de): 208
Rosceles (Stephen de): 222
Roselin: v. Roscelyn.
Rossale (Sir Thomas de), or Roshale: to raise infantry in Salop and Stafford, and to lead them to the North, 7; to control payment, 58, 62; he leads troops to Lichfield, 61; and thence to Newcastle, 62; his wages, 62, 63; protections, 18, 24; payments to him, 268, 269
Roston (Henry de): bailiff of Scarborough, 122
Rotheclyve (Ralph de), co. York: 212
Rotherham, co. York, W.R.: troops there on march, 59, 60
Rotherhithe, co. Surrey: K. Edward there, 84
Rothewell (John de): 173
Rotinton, co. . . . : Robert Poyn, 44
Roubury (Gilbert de), Justice: summoned to the Council, 81
Roucestre (William de): protection, 35
Rowley, co. . . . : a horse given up at Roule, 235
Rous: see also Ros.
Rous (John le): protection to J. le Rus, 20; J. le Rouse summoned to York (as of Midd'x). 88; protection, 51; horse, 178
Rous (Thomas le): protection, 37
Rous (W. le): v. Rus.

Rowynoke, or Roynoke, co. . . . .: lands of the E. of Lincoln; troops raised there, 6, 57, 59, 90, 94, 103, 109, 111

Roxburgh, co. Roxburgh: forces ordered to assemble there, viii, ix, xxvi, xxxi, xliv, 112; John de Ferlington summoned to join K. Edward there, ix, 113; troops from Lancashire to be brought thither, 114; daily pay of soldiers, 268; horses valued, 213, 214; Robert de Hastangge, sheriff; horses lost by him and his garrison in sallies, 231; the castle not taken by the Scots, xxiv; K. Edward there, ix, xviii, 48

Royston, co. Hereford and Cambridge: the rolls and treasure to be conducted thence towards York, 104, 105

Rudestayn (William de): protection, 46

Rudham (Richard de), clerk: protection, 37

Rudham (Walter de): 169

Ruges (J.): v. Roges.

Ruges (Robert de): 194

Ruley, co. . . . .: Alan de Thornton, parson, 47

Rully (John de): 170

Rus (John le): v. Rous.

Rus (William le): presented to the church of Auchtermuchty, 244

Russel (John): horses, 180, 187; one of Sir J., 231

Russel (Robert): 215

Russel (William): summoned to York, 86; protection, 25; Sir W.'s horse, 185

Rutland, county: precept to the sheriff to proclaim the rendezvous at Roxburgh, 113

Ruylly (Roger de): protection, 39

Ry (Ralph de): summoned to attend with horse and arms, 69

Rye (Walter de), co. S'ton: 209 (Comp. Rey.)

Rye (William de): v. Rithre.

Ryons (Garsias de): 165

Ryvere: v. Rivere.

Sackville: v. Sakeville, Seccheville.

Safe-conduct: letters of safe-conduct 120, 250, 257

Saham (Geoffrey de): protection, 32

Saint Alban's, co. Hertford: K. Edward there, viii, 25, 26, 27, 101

Saint Alban (Reymond de): protection, 39; horse 226

Saint Andrew (Roger de): protections, 17, 25

Saint Andrew's, co. Fife: sacked by the English, xix, xxiv, xxx, xxxii; provosts of the church 117, 118, 243 n; diocese, 240—246

Saint Blimund (Isambert de): 213

Saint Clair (— de), or S. Claro.

Saint Clair (Sir Henry de): exchanged for William FitzWarine, 249

Saint Clair (John de), Suffolk: summoned to York), 88

Saint Clair (Nicholas de): 203

Saint Clair (Robert de), Essex: summoned to York, 88

Saint Clair (William de): 206

Saint George (Hugh de), co. Salop: 216

Saint George (Sir Richard), Clarenceux: 159

Saint George (Theobald de): 187

Saint Ivo (John de): sent to superintend the grinding of corn for the army in Scotland, 122

Saint John (Hugh de): summoned to York, 86; protection to him, 31; to one in his company, 32

Saint John (John de), Baron of Basing: arms in glass at Dorchester, 152; he appears to have been the Lord of Hannak, who sealed the letter to the Pope, 1301, ib; soon after the date of which he died, ib.

Saint John (John de), Baron (1st by writ) of Basing: protection to one in his company (junior), 27; arms at the battle of Falkirk, 152; he (?) writes from Langholm, being sick, xliii; [summ. to Parliament, v.p., 1299; ob. 1329.]

Saint John (John de), Baron of Lageham: summoned to York, 86; [ob. 1316.]

Saint John's Town: v. Perth.

Saint Land (Sir Thomas de): 224

Saint Laurence (John de): 179

Saint Leger (Edmund de), or S. Ligero: 194

Index. 327

Saint Leger (Sir John de), or Ligero: 228
Saint Leger (Thomas de), or S. Leodegario: 194
Saint Lo (John de), Somerset: summoned to attend with horse and arms (Seynlou), 88
Saint Martin (Peter de): 231
Saint Martin (Reginald de): summoned to York (as of Wilts), 88; protection, 22; Sir R.'s horse, 179
Saint Martin (Richard de): protection, 22; horse, 180
Saint Martin (Roger de): summoned to York (as of Norfolk), 88
Saint Maur (Nicholas de): summoned to York (as of Wilts), 88; protections, 26, 30; Sir N.'s horse, 179
Saint Maur (Ralph de): summoned to York (as of Suffolk), 88
Saint Maur (Warin de): 180
Saint Odo (Gerard de): 225
Saint Omer (Matthew de): 162
Saint Omer (William de): 164
Saint Owen (Henry de), or S. Audoeno: 231
Saint Owen (Ralph de), or S. Audoeno: protection, 35
Saint Paul (James de): protections, 18, 48, 49; horse, 226
Saint Philibert (Hugh de): summoned to York, 86; protection to him, 41; protections to some in his company, 40; Sir Hugh's horse, 174
Saint Quintin (Sir Reymund de): 204, 205
Saint Quintin (William de): collector in the E. Riding, 267
Saint Walery (Richard de): summoned to York (as of co. S'ton), 88
Sakeville (Richard de): 216
Sakeville (Roger de): 218
Sale (Hugh de la), of Doncaster: protection, 38; horse, 232
Sale (Thomas de la): protection, 39
Salisbury, co. Wilts: note on the writ of summons to an assembly there, 1296—7, 158
Salop, county: troops raised there, iv, 6, 7, 8, 58, 61—63; precept to the sheriff of Salop and Stafford, 113

Salter (John the), or Salsarius: 186
Saltmarsh (J. de): v. Santemarreis.
Salveyn (Gerard): protection to him, 45; to one in his company, 46
Sampson (John): protection to him, 37; of co. York; his horse, 206; constable of Stirling castle, 250 n
Sampson (William), a Baron: arms at the battle of Falkirk, 136
Sancto Albano (R. de): v. Saint Alban.
Sancto Audoeno (— de): v. Saint Owen; and so with others.
Sandalo (John de): to be appointed to some vacant benefice, 246
Sanderofte (William de): 199
Sandwich, co. Kent: protections to people of that place, 13, 18, 21; K. Edward lands there on his return to England, iv, xvii n, 21 n, 81, 82; three mariners of the port detained on their voyage to Berwick with corn, 125
Sandwich (Ralph de): constable of the Tower of London, 72, 73, 106
Sandwyz (Nicholas de): summoned to attend with horse and arms, 69
Sanquhar, co. Dumfries: Robert de Cotingham presented to the church, 116, 117
Sapy (Robert de): protection, 43
Saunforde (Thomas de): protection, 24
Saunzavoir (Ralph): summoned to York (as of Sussex), 88
Santemarreis (John de): protection (Saute mareys), 31; horse, 184
Sauvage (John le), or Savage: summoned to York (as of Kent), 88; horse, 174
Savage (Robert): 190, 224
Sauvage (Roger le), or Savage: summoned to attend with horse and arms, 69; protection applied for, 13; granted, 27; also to one in his company, 42; Sir Roger's horses, 174
Savynaco (Bertram de): 168
Saxham (William de): protection, 29
Scaccario (Robert de): 191
Scalebroke (John de): 220
Scalebroke (Sir William de): 220

Scalers (John de), or des Eschalers: summoned to York, 85
Scalers (Sir Thomas de), or de Scalariis: 215
Scales (Ralph de): protection, 29; horse of Sir R., 170
Scales (Robert de), Baron of Neuseles: summoned to York, 86; protection to him, 28; to some in his company, 28, 29, 30; horse, 170; arms at the battle of Falkirk, 148
Scalton (Hugh de): protection, 49
Scarborough, co. York, N.R.: provisions stored there for the English army at Berwick, 2, 3; shipped to Newcastle, 122, 272, 273; Henry de Roston, bailiff, ib.
Scardeburghe (Roger de): to deliver corn at Scarborough, 122
Scarlet (Robert): protections, 28, 29,
Schiltrouns: circular defensive formations of infantry, xxx
Scoland (Richard de): summoned to attend with horse and arms, 69
Scone, co. Perth: Edward de Balliol crowned there, 106 n
Scorebourghe (Robert de), of Beverley: attorney, 52
Scot (David le): protection, 42
Scot (Henry): horse, 181
Scot (Henry le): collector at Newcastle, 269, 270
Scot (John le): 189
Scot (Michael le): 169
Scotland: Walter de Agmondesham, K. Edward's Chancellor there, 55 n; Edward's great seal for Scotland described, 256; John E. of Surrey his guardian of the kingdom, 150; certain Scottish nobles summoned to attend Edward to Flanders, 76 n; having returned to England, he prepares for an invasion, iv, etc.; William de Ormesby, Edward's Justiciary of Scotland, 81 n; Edward's letter, after his return, to his Earls and Barons there, 81; the Scottish Lords summoned to attend a council at York, vii; early accounts of the campaign, xv—xxxii, 238; constitution of the army, v; presentations by K. Edward to ecclesiastical benefices there, 115—118; the battle of Falkirk, xv, etc.; further presentations, 239—246; Edward's grants of lands in Scotland, xxxi, 255, 258; K. Edward II.'s expedition thither, 1310, 157 n
Scots: led by Wallace, they invade Northumberland, 238; prisoners in England, 75, 106; the northern counties to be defended against the Scots, 127; any found there to be imprisoned, 128; their military tactics, xxix, xxx; many women shipwrecked, xxi
Scrimgeour (Alexander): standard-bearer to the K. of Scots; lands at Dundee granted to him, v
Scudamore (W. de): v. Skydemor.
Scures (John de): protection, 35; Sir J.'s horse, 174
Seal (Great), of Edward I.: ordered to be brought to Finchale, 259; his great seal for Scotland, 256, 265 n
Seal (Privy) of Edward I.: writs for protections, 13, 14; for letters of attorney, 52; for presentations to churches in Scotland, 116, etc.
Seals: those of the English Barons, 1301, 130, 158
Seamen: v. Mariners.
Seccheville (Ralph de): protection., 47; Sir R.'s horse, 221
Segar (Sir William), Garter: a roll of arms named from him, 159
Segrave (Sir Henry de): 187
Segrave (John de), 2nd Baron by writ: protection to him, 17; to some in his company, 17, 18, 19, 24; further protection to him, 25; to followers, 25, 37; arms at the battle of Falkirk, 132
Segrave (Nicholas de), Baron of Stowe: arms at the battle of Falkirk, 132
Segre (Sir Robert de): 201
Seirman (Sir Reymund de): 237
Seis (Kenewric), or Ses: leads Welsh troops to Chester, 6, 7, 59, 60
Selby, co. York, W.R.: John Grym, master of a ship, 127
Selkirk, co. Selkirk: destroyed by the English, xxxii

Selkirk forest: Wallace and his army concealed there, x; the English march through, xix, xxx; John de Crosseby presented to the church of St. Mary there, 241; a horse there, 173
Selvestre (Nicholas): 199
Seman (Richard): protection, 21
Seman (William): protection, 21
Sengham (William de): protection, 27
Senglotin (Ralph de): 233
Septem fontibus (Bartholomew de): protection, 16
Septvans (Robert de), Kent: summoned to York (Setwentz), 88
Serjeants: M. de Karliolo, 83
Ses (K.): v. Seis.
Sescars (Bertram de): 237
Setwentz (R. de): v. Septvans.
Seynlon (J. de): v. Saint Lo.
Seyton (John de), or Seton: protections, 20, 23, 46, 47
Seyton (Richard de): protections, 20, 23, 46
Seyton (Simon de): protections, 20, 23, 46
Shakeleston (Richard de): protection, 18
Shalfhonte (W. de): v. Chalfhunte.
Shaventon (Richard de): 207
Shefolde (John de): employed to buy provisions in Yorkshire, 78, 80, 99
Sheffelde (Thomas de): attorney for John E. of Surrey, 53
Sheldon (Robert de): 224 (perhaps Shelton.)
Shelton (John de): 202
Shelton (Robert de), Suffolk: summoned to York, 88; (horse, v. Sheldon.)
Shilton (Walter de): 233
Ships: owners or masters; R. le Carter, of Scarborough, 2; W. Daket, of Beverley; R. FitzNigel, of Scarborough; J. de Cougate; A. Skaket; W. de Oseneye, of York, 3
Shirland (or Stirkland), co....: W. Chenduit, 68
Shirley (R. de): v. Shurle.
Shopdon (Walter de): 225
Shoreham (William de): 195

Shotebroke (John de): 189
Shrepolaunde (Roger de): 198
Shrewsbury, co. Salop: troops there on march, 61
Shropshire: v. Salop.
Shurle (Richard de), co. Derby: 227
Sibeton (John de): protection, 30
Silsoe, co. Bedford: in the parish of Flitton, q. v.
Simeon (W.): v. Symeon.
Simonis (Ralph): 197
Sindlesham (John de): protection, 247
Sis (Auger de): 236
Siward (John): 182
Siward (Richard), a Baron: protection, 29; horse (Sir R.), 169; arms at the battle of Falkirk, 146; builds a house at Tibres, xliv
Skaket (Andrew): a shipmaster, 3
Skarle (Boniface): 179
Skaunton (Hugh de), co. York: 207
Skeftington (Geoffrey de): protection, 30
Skeldergate (Henry de): protection, 46
Skelebroke (William de): protection, 50; perhaps mentioned as W. de Sk . . . , 214
Skelton (Adam de): 180
Skirmisour (William le): protection, 31; horse (Skyrmeseur), 183
Skydemor (Walter de), Wilts: summoned to York, 88
Snidlesham (Robert de): protection, 34
Snowdon, co. Carnarvon: troops raised in that district, 57, 59, 60, 66, 90, 109, 111
Soche (R. la): v. Zouche.
Soldiers: v. Troops.
Soleby (Robert de): 226
Solers: arms, 146
Somercote (R. de): v. Sumercotes.
Somerset, county: writ to the sheriff touching victuals to be sent to Carlisle, vii. 100; to proclaim the rendezvous at Roxburgh, 113
Somerset (Philip de): 199
Somerton (Bartholomew de): summoned to York (as of Norfolk), 88; protection, 37 (bis); Sir B's horse, 168
Somerville (Alexander de), co. Warwick: 207

Somerville (Roger de): 218
Sor (Robinet le): 185, 210
Sothille (John de): protection to him, 42; to one in his company, 46
Sou (William de): 236
Southampton, county: the sheriff to proclaim the rendezvous at Roxburgh, 113
Southchurch, etc.: v. Suthchirche, etc.
Southwold (R. de): v. Suwolde.
Spanesby (William de), or Spanneby: protections, 16, 34
Sparkeforde (Richard de): 188
Spina (John de): 163
Spineto (Gerard de): 169
Spot (Elias de): 162
Springe (John): protection to him, and to one in his company, 42
Springehouse (Roger): 229
Sprot (Peter): 213
Squeler (Alexander le): protection, 35
Squirrt (Philip): 229
Stafford, county: troops raised there, iv, 6—8, 58, 61—63; the sheriff of Shropshire and Staffordshire to proclaim the rendezvous at Roxburgh, 113
Stafford, town: the Staffordshire men march thence to Lichfield, 61
Stafforde (Edmund de), Baron of Stafford: summoned to York, 88
Stafforde (James de): 186
Stafforde (John de): 181
Stafforde (William de): collector of the ninths in Staffordshire, 266; summoned to York, 88
Staines, co. Midd'x: Roger le Keu, of Stanes (co. Midd'x ?), 35
Stakepol (Philip de): 216
Stama (Bonettus de): 168
Stamford, co. Lincoln: the rolls and treasure to be conducted by that place towards York, 105; A. Buntinge of Staunforde, 22; A. de Staunforde, 23
Stancic (Adam de): 175
Stancic (Henry de), co. Chester: 230

Stanes (John de): protection, 33
Stanforde (Alexander de): protection (Staunforde, 23; (comp. Alexander Buntinge of Staunforde, 22); horse (A. de Staunforde, co. Linc.) 214; A. de Estanforde appointed guardian of the estate of John FitzWarine, 254
Stanforde (John de): 207
Stanforde (Ralph de): protection, 28
Stanlawe (Richard de): 165
Stanmore, co. ....: A. Blair's mention of an encounter there unfounded, iv n
Stanton: v. Staunton.
Stanwix, co. Cumberland: K. Edward there, 245
Stapleton (Miles de): protection, 43
Staundon (Gilbert de): 192
Staundon (John de): 185, 195
Staundon (Sir Robert de): 219
Staundon (Warin de): 177
Staunforde (A. de): v. Stanforde.
Staunton (Elias de), or Stanton: protections, 23, 30
Staunton (John de): protection (Steynton), 16; horse, 177
Staunton (Robert de): protection, 30
Stayngrave (Robert de): protection, 50
Stephan (John), of Sandwich: 21
Ster (Walter), co. Westm'd: 216
Stevenson (Joseph), clerk: his *Documents* referred to, and occasionally corrected, ix n, 8, etc.
Steward of Scotland: the Stuart arms, 102 n
Steward of the Household: Walter de Beauchamp, 31, 148, 250 n
Stewart (Henry), Lord Darnley: husband of Mary, Q. of Scots, x n
Stewart (James), 7th High Steward of Scotland: x n
Stewart (Sir John), of Bonkill: slain at Falkirk, x, xxx
  Margaret [Bonkill] his wife, x n
Steynton (J. de): v. Staunton.
Stirklande (or Shirland), co. ....: W. Chenduit, 68

Index. 331

Stirling, co. Stirling, (olim Strivelin): the English defeated there by Wallace (Sept. 1297), iii; the battle of Falkirk fought not far from this place, 238; horses given up there, 177, 179, 183, 192, 194, 219, 224, 228; K. Edward there (July—Aug.), sick, at the Black Friars', xi, xii, xxiv, 239, 240, 247, 248, 250; the town recaptured by the Scots, xxii; burnt by them, xv, xxiv; they did not take the castle, xxiv; it was garrisoned by the English, xxii; John Sampson, constable, 250 n; church-goods, provisions, etc. delivered at the castle, xliii; letter from K. Edward about victualling, 251; fish delivered, 253

Stirling (John de), or Strivelyn: his lands in Scotland confiscated, 255

Stiveton (William de): 204

Stivinton (N. de): v. Styvinton.

Stobo, co. Peebles: John de Wynton presented to the church, 239

Stodele (John de): protection, 36; horse (Stodleie), 217

Stoke-Dry, co. Rutland: Thomas de Neville, 17

Stoke (Geoffrey), valet: 220

Stoke (William de): 190

Stokes (Geoffrey de), clerk: his horse, 177; he is presented to the church of Douglas, 239

Stokes (John de): presented to the church of Wigton, 116

Stone (Philip de la): 212

Stonehouse, co. Lanark: Hugh de Burgh presented to the church, 244, 245

Stopham (Robert de), son of William: protection, 48

Stopham (William de): protection, 48

Stopham (William de), son of William: protection, 48

Storteford (John de): sheriff of London, 26 Edw. I., died in office, 72 n

Storteforde (William de): sheriff of London, 26 Edw. I., 72 n

Stourmy: v. Sturmy.

Stourton (Ivo de): 174

Stourton (Walter de), or Sturton: protection, 28; horse, 174; protection to one in his company, 247

Stowe (Baldwin de): protection, 44

Strange (Fulke le), or Extraneus: protection to him, 17; to one in his company, 17, 32; summoned to York (as of Sussex), 87; protections, 24, 29, 32

Strange (John le): protections to him, 19, 29; to one in his company, 39

Strathbolgie (John de), Earl of Athole: with Wallace in Scotland, xxiii

Stratherne (Mary Countess of), and Queen of Man, wife of William le FitzWarine, 249 n

Strath-Tewi, co. Cardigan: troops raised there, 92, 110

Strecche (Richard): 209

Strivelyn (John de): v. Stirling.

Strode (Adam de la): 182

Strode (Robert de): 180

Stuart: origin of the arms, 102 n

Stubbes Waldinge (John de): protection, 39

Studley (J. de): v. Stodile.

Sturdy (John): protection, 31

Sturgeon (Hugh): 179

Sturgeon (Thomas): 164

Sturmy (Robert de): protection, 51; horse (R. Stourmy), 224

Sturmy (William), or Stourmy: 225

Sturton (W.): v. Stourton.

Stuteville (Robert de), Norfolk: summoned to York, 88

Stuteville (Thomas), London: 232

Stuteville (Thomas de), brother of William: 232

Stuteville (William de), co. York: 232

Styvinton (Nicholas de): protection, 40

Subsidies: v. Taxes.

Sudington (Hugh de): protection, 41

Sudington (Thomas de): protections, 16, 33; letters of attorney, 53

Suffolk, county: letters to the sheriff for respite of crown debts, 54; precept to the sheriff of Norfolk and Suffolk to proclaim the rendezvous at Roxburgh, 113

2 v 2

Suleby (Robert de): protections, 48, 49
Sulleye (William de): protection, 38; horse, 208
Sumbourn (Alan de): 190
Sumercotes (Richard de), son of John: protection, 48; horse (Somercot), 200
Summagium: a team of beasts of burden or draught, 2
Summons (Writs of): to attend with horse and arms, 68, 84—88, 113; to the Council, 80
Surgeons: Peter, K. Edward's surgeon, 175
Surilly (Arnoldus Guillelmi de): 201
Surrey, county: letters to the sheriff for respite of crown debts, 54; the sheriff of Surrey and Sussex to proclaim the rendezvous at Roxburgh, 113
Surrey (John Earl of): v. Warren.
Sussex, county: the earldom conferred on Richard FitzAlan, 1289, but the title of Arundel used instead, 152; letters to the sheriff for respite of crown debts, 54; to the sheriff of Surrey and Sussex to proclaim the rendezvous at Roxburgh, 113
Suthchirche (Peter de): protection, 48
Suthkirkeby (Hugh de): protection, 41
Suthwyke (William de): protection, 18, 47; horse, 222
Sutton (Foule), co. . . . ; William Vautre, 43
Sutton (John de), Essex: summoned to York, 88
Suttou (Osbert de): protection, 40
Sutton (Reginald de), of the Peke: 230
Sutton (Richard de): protection, 50; horse, 203
Suwolde (Robert de): 173
Swanelonde (John de): 186
Swetinge (Ralph), of Botteleye: protection, 43
Swyneborn (Sir Adam de): 195
Swynburn (John de): protection, 47
Swyneburne (Richard de): protection, 32
Swyneburn (Robert de): protection, 36
Swyneforde (Thomas de): protection, 28
Swynnreton (John de): 181
Symeon (William): 217

Taborer (Robert le): protection, 45
Taburer (Martin le): 219
Tadecastre (Peter de): protections, 32, 38; horse, 231
Tailleboys (Luke), knt.: collector in N'land, 266, 270; protection, 31
Tailleur (Elias le): 188
Tailleur (Geoffrey le): protection (Taillur), 26; horse, 186
Tailleur (Hugh le): 217
Tailleur (John le), Taillur, or Tailur: protections, 30, 39; attorney for Alexander de Balliol, 53
Tailleur (Robert le): protection (Taillur), 35; horse, 178
Tayllour (Walter le): 201
Tailor (Robinet the), or Cissor: horses, 166, 183
Talebot (Gilbert): protection, 31; Sir G.'s horse, 185
Talebot (Richard), co. Hereford: summoned to York, 88
Talemasche (William), Suffolk: summoned to York, 88
Taleworthe (Peter de), Essex: summoned to York, 88
Tateshale (Hugh de), co. Lincoln: summoned to York, 88
Tateshale (Robert de), 1st Baron by writ: summoned to York (as of Norfolk), 88; protection (senior), 36; arms at the battle of Falkirk, 132; ob. 1298, ib.
Tateshale (Robert de), 2nd Baron by writ: summoned to York (as junior), 86; protection (jun.), 46; the like to some in his company, 46, 48; arms at the battle of Falkirk, 132; ob. 1303, ib.
Tatington (Peter de): protection, 38
Taunteseye (R. de): v. Daunteseye.
Taverner (William le), of Sandwich: detained on his voyage to Berwick with corn, 125
Taxes: instructions to taxers and collectors of the ninths in various counties, 58, 63, 75, 78, 79; sums received, 266, 267, 270; tenths of the clergy, 82; fifths of the clergy, 266, etc. subsidies from the clergy, 64, 65, 73, 75

Tayllebois (Luke): v. Taillebois.
Taylleur: v. Tailleur.
Tebaud (Walter), Dover: protection, 13, 18
Tekno (Breto de): 214
Templars (Knights): their banner called Beauseant, 160 n; Brian le Jay, Master of the Templars in England and Scotland, was in K. Edward's army, with followers, 48; his attorneys, 53; he was slain at Falkirk, xi, xvi, xix, xxiv, xxv, xxx, xxxii, 238
Temple-Dynnesley, co. Hertford: in the parish of Hitchin, q.v.
Temple-Lyston, co. Edinburgh: v. Liston (Kirk).
Terry (Roger): 222
Tottenhale, co. Stafford: John de Benstede, dean of the King's free chapel there, 117 n
Towe (Arnald de): 231
Toye (Walter de), or Teyes, Baron: summoned to York, 86; protection to him, 30; to some in his company, ib.; arms at the battle of Falkirk, 150
Teysedale (Henry de), co. N'land: 196, 227
Teysedale (John de): 197
Thaxton (Peter de): 173
Thedden (Nicholas de): 189
Thetford, co. Norfolk and Suffolk: K. Edward there, viii, 93, 104
Theret (Andrew): brought the Falkirk Roll from Paris, 157
Thirlewalle (John), N'land: 195, 210
Thistledene (Henry de): sheriff of Oxford; required to conduct Joan Comyn to London, 83 n
Tholomer (William): protection, 40
Tholouse (T. de): v. Tuluse.
Tholouse (William de): 186
Thomas, Earl of Lancaster, q.v.
Thoralde (Edmund): 198
Thoralde (John), or Toralde: protection, 33
Thorferande (Sir Thomas): 227
Thornbaghe (William de): 197
Thornhill (John de): protection, 38
Thornton, co. . . . . : William de Insula, 31
Thornton (Alan de), parson of Ruley: protection, 47

Thornton (John de): protection. 30
Thorp (Andrew de), co. York: 214
Thorpe (George de): protection, 42; horse, 165
Thorpe (John de): protection to him, 41; to some in his company, 42; Sir John's horse, 165
Thorpe (Simon de); protection, 19
Thurrock (Gray's?), co. Essex: K. Edward there, 83
Thwenge (Marmaduke de), Baron: protection, 30; confounded with John FitzMarmaduke, 138; arms, ib.
Tibetot (R. de): v. Tybetot.
Tibres, or Tibbers, co. Dumfries: near Drumlanrig, in the parish of Durisdeer, q.v.
Tichborne (J. de): v. Tycheburn.
Tideshale (Robert de): 212
Tikehulle (John de): to be paid for fish delivered at Stirling, 253
Tilleie (John de): 168
Tillol (Sir Robert de), or Tyllol: protections, 13, 34
Tilmanneston (Roger de), Kent: summoned to York, 88
Tilne (John de): protection, 37
Tirel (R.): v. Tyrel.
Titchmarsh, co. N'ton: John Lovel, 18
Titchmarsh (Roger de): v. Tydemershe.
Titemershe (Stephen de): protection, 37 (bis); horses (Tudemershe), 169, 181, 232
Tittele (Thomas de): protection, 17; another (Tytuelye), 27
Toft: an error for Thorpe, 165
Tokynton (Walter de), co. Westm'd: 230
Tollemache (W.): v. Talemasche.
Tonedebury (John de): 234
Tongo (Richard de): protections, 16, 44
Tony (Robert de), Baron of Flamsted: protection to him, 36; to some in his company, 37; horse, 164; arms at the battle of Falkirk, 144; a debt due to him, 257, 258
Topesham (Simon de), of Sandwich: protection, 13, 18
Toppesfelde (Hugh de): 181

Index

Toralde: v. Thoralde.
Torkeseye (Robert de): protection (of Lond'), 37
Torphichen, co. Linlithgow: Sir W. Wallace there, v; K. Edward there, xii, 241, 251; horses there, 171, 186
Torthorald (Sir James de): 196
Tothale (Robert de): protection, 46
Tothale (Sir William de), Prior of St. John's: 228 n
Touchet: v. Tuchet.
Touctone (Thomas de): 222
Touke (Henry): 163
Toulouse (Counts of): their arms, 148
Toulouse (— de): v. Tholouse.
Tours (Humphrey de): 233
Touschet: v. Tuchet.
Tower: v. Turri (R. de).
Trafforde (John de): protection, 47
Treasurer (Lord High) of England: v. Langton (W. de), Bp. — of the Exchequer: letter to him respecting Stirling castle, 251; — of the Wardrobe: W. of Louth, Bp. of Ely, 80 n; — of Ireland: William de Estdene, or Essendon, 100; — of the Exchequer in Dublin, 5
Treaunton (Ralph de): 188
Trecastle, co. Brecon: troops raised there, 92, 110
Tregoz (Henry), Baron, of Goring: summoned to York, 86
Tregoz (John), Baron: summoned to attend with horse and arms, 69; protection, 26; horse, 192; arms at the battle of Falkirk, 146
Tremenel (Alan): protection (Trymenel), 49
Tremenel (Hugh): 192
Tremenel (John): 191
Tremenel (Sir Nicholas): 191
Tremowyn (Sir Roger): 219
Trent, river: the appointment of John E. of Surrey as captain of the expedition against the Scots notified to the counties beyond Trent, 10; the escheator beyond Trent, 71
Treour (Andrew le): 162
Treskuer, or Troskuer: v. Troqueer.

Trescoyte (John de): 193
Trewe (Geoffrey de), or True: 171
Trewe (Richard de): 213
Trewent (William): 218
Trewyke (Simon de): protection, 33
Trimnell: v. Tremenel.
Trivet (Nicholas): his *Annales* cited, xxiii
Troops: the constitution of an army, t. Edw. I. v, vi; wages paid to infantry, 59; to cavalry, 65; to various troops. 267, 268; orders for raising troops, see xxxiii, etc.
Troqueer, co. Kirkcudbright: K. Edward there, xiii
Trouchquen (Thomas de): protection, 31
True: v. Trewe.
Trumewyn (Sir William): 199
Trumpiton (Giles de): summoned to attend with horse and arms, 69; protection (Trumpeton), 42
Trymenel: v. Tremenel.
Tuchet (Richard), or Touschet: 232
Tuchet (William), Baron: summoned to York (as of co. N'ton), 88; protections, 27, 38; one to a person in his company, 38; his valet's horse, 232
Tudeham (Edmund de): 178
Tudemershe (S. de): v. Titemershe.
Tudenham (William de): protections, 48 (Tuddenham), 49
Tudeputte (Reginald de): 176
Tudor (Griffin ap): leads Welsh troops to Chester, etc., 6, 7, 59, 60
Tudham (Oliver de): summoned to York, 86
Tudham (Robert de): summoned to York, 86
Tuluse (Thomas de), a Templar: attorney for Brian le Jay, 53
Tureville (William): 208
Turnetour (William): 202
Turri (Richard de): 170
Turryl (Jocomin): 234
Twenge (M. de): v. Thwenge.
Twyforde (John de): 220
Tybetot (Robert de): Justiciary of West Wales, 92, 110

Index. 335

Tycheburn (John de): protection, 38
Tydemershe (Roger de): 180
Tyes (Henry de), 1st Baron: arms at the battle of Falkirk, 134
Tyeys (Franco le): protection, 46
Tyllol (R. de): v. Tillol.
Tymworthe (Guy de): protection, 22; horse, 166
Tynemouth, co. N'land: K. Edward there, xix, xxxi, xxxii
Tyneteshale (Robert de): protection, 42
Tyningham, co. Haddington: Walter de Wynton presented to the church, 245
Tyrel (Roger): protection to him (Tirel), 31; to one in his company, 39
Tytuelye (T. de): v. Tittele.
Tywi, river: 92 n

Uffynton (Robert de): protection, 33; another, to the same (?) as parson of Suthdalton, 34
Uffynton (William de): v. Offynton.
Ughtrede (Robert), co. York: summoned to York, 88; protection, 33
Ugglebarnby, co. York, N.R.: in the parish of Whitby, q. v.
Umfraville (Gilbert de), Earl of Angus, and a Baron of England: K. Edward requires his attendance at York, vii, 96; protection to him, 30; to some in his company, 30, 31; he brings intelligence to Edward, xxviii; his arms at the battle of Falkirk, 134
Umfraville (Sir Robert de): John Wake applies for letters of protection for him, 13
Uppeshale (John de): 199
Urry (Henry): 175
Urtiaco (— de): v. L'Orti.
Useflot (John de): protection to him, 32; to some in his company, 32, 46; Sir J.'s horse, 176
Usher of the Exchequer: 102
Ussher (William le): protection, 32

Vale (Reginald de la): protection, 20
Valeis (Sir Nicholas de): 201
Valence (Aymer de), 2nd Earl of Pembroke: agreement with Thomas Lord Berkeley for his service with 5 knights, 260; summoned to York, 86; accompt with Lord Berkeley, 262; protection to him, 35; to some in his company, 35, 36, 41, 42, 47, 48; said to have been defeated in Fife, ix; Sir A's horse, 216; his arms at the battle of Falkirk, 152; Lord Berkeley with his three sons were there in his retinue, 154, 263 n; agreement with the same Baron as to further wages, 264; not called E. of Pembroke till 1 Edw. II.; ob. 1324, 152
Valence (William de), 1st Earl of Pembroke: His dau. Joan, wife of John Comyn, q. v.
Valentin (Geoffrey): 200
Valle (Thomas de): protection, 40
Vallibus (— de): v. Vaux.
Valoignes (Warres de): summoned to attend with horse and arms, 69
Valoignes (William de): summoned to attend with horse and arms, 69
Vare (Hugh de la), co. N'land: 214
Vare (Walter de la): 214
Varese (Pontius de): 201
Vautre (William), of Foule Sutton: protection, 43
Vaux, or de Vallibus.
Vaux (John de): protection, 30; Sir J.'s horse, 170
Vaux (Robert de): protection, 46
Vavaceur (John le): 164
Vavasour (William le), Baron: protections to him, 33, 35; to some in his company, 39; arms at the battle of Falkirk, 134
Veneyson (William), of Sandwich: detained on his voyage to Berwick with corn, 123
Venour (William le): 223
Verdekyn (John): protection, 26
Verdon (John de): ob. 1278; his arms at Westminster, 140
Verdon (John de): his horse, 1298, 177
Verdon (Simon de): protection (Verdoun), 31; horse, 184

Verdon (Theobald de), or le Butiler: married Rohese de Verdon, and took her surname, 140

Verdon (Theobald de), Lord of Webbele: joined in the letter to the Pope, 1301, 140

Verdon (Theobald de), the younger: summoned to serve against the Scots; his arms at the battle of Falkirk, 140

Verdon (Thomas de), co. N'ton: summoned to York, 88; protection, 30; horse, 173

Vere (Alfonso de): protection (Ver), 32

Vere (Bertram de): horse (Veer), 233

Vere (Nicholas de): horse (Veer), 210

Vere (Robert de), 6th Earl of Oxford: summoned to York, 86; protection to him, 32; to some in his company, 32, 39; arms at the battle of Falkirk, 152

Verlay (Thomas de): 236

Verney (Philip de): protections, 29, 249; horse (Sir P. de Vernay), 162

Vernon (Ralph de), knt.: leads troops from Chester to Newcastle, 9, 57, 60, 61

Vernoun (Robert de): summoned to attend with horse and arms, 69

Victuals: of the army at Berwick, 1—5; of the garrison at Carlisle, 5; of the Welsh forces on their march, 56, 57; orders concerning provisions for the army, 11, 83, 98—101, 107, 108, 121, 122, 125—127, 250, 251, 253, 257, 271

Vidulator (Walter): perhaps a fiddler, 188

Vienne (John de): protection, 28; horse, 199

Vienne (Luke de), Sussex: summoned to York (Vyenna), 88

Vienne (Robert de): protections, 28, 46 (Vyenna); horse, 199

Vienne (Stephen de): protection (Vyenne), 30; horse, 174

Vigier: the hereditary provost of Bordeaux so called, 110

Vignol (Bernard de): 234

Vilers (Robert de): protection (Vylers), 27; horse (Vilar'), 163

Vileboys (Fulke de): 168

Villa majori (Arnald de): 235

Villariis (John de): 194

Vincent (Augustine), Windsor herald: 158

Vincent (John): clerk to the clerk of the Kitchen, 198

Vincent (John), son of Augustine: cited as to the writ of 1297—8, 158

Vincent (John A. C.): xlvi, 136

Vintenarius: an officer in charge of 19 men, vi, 59, 267

Vispont (Nicholas de): 198

Vispont (Thomas de), co. York: 228

Vitry (Jacques de), Bishop of Acre: his *Hist. Hierosol.* cited, 160 n

Voiel (Jereward): 225

Vyenne: v. Vienne.

Vylers (R. de): v. Vilers.

Wace (Richard): 203

Wachesham (John de): protection, 30; horse, 173

Waferer (J. the): 198

Wagan (J.): v. Wogan.

Wages: of bannerets and knights in peace and war, 260, 261; daily pay of soldiers of various arms and ranks, 65, 267, 268; orders respecting payments, 55—66, 94, 111, 112; wages of victualling agents, 4; of the keeper of 2 prisoners at Wisbeach, 75; relative values of money in 1300, 1700, and now, vi

Waghen, co. York, E.R.:
  Meux abbey: *Chronicon*, cited, xxxii

Wahulle (Thomas de): summoned to York, 86

Wake (Sir Hugh): his brother John applies for letters of protection for him, 13

Wake (John), Baron: applies for protection, 13; protections granted to him, 26, 34; and to some in his company, 34, 41; his arms at the battle of Falkirk, 134

Wake (Ralph), Somerset: summoned to York, 88

Wakerle (John de): 172 [One of the name was perhaps the parson of Wystan (Weston?), 23]

Wakingham (John de), clerk: protection, 41
Waldoby (John de): collector in Brustwick and Easington, 274
Walden (Stubbs), co. York, W.R.: in the parish of Womersley, *q. v.*
Waldeshefe (Sir Alan): 179
Waldeshefe (Richard): 180
Waldingfelde (William de): 178
Wale (Richard): protection, 47
Wale (Thomas): protection to him, 47; to some in his company, *ib.*; Sir T.'s horse, 214
Walecote (William de): collector in Yorkshire, 266, 270
Wales: troops raised there, iv, v, 6—8; victuals to be provided for them on their march, 56, 57; orders for their payment, 57—66; troops thence to be led to Durham and Newcastle, 63; mandates for payment, 64; the army not to wait for the Welsh troops, 70; further orders for raising forces, 80—95; mandates to the sheriffs touching provisions for the E. of Lincoln's troops from Wales, 101; arrival of the Welsh troops at Carlisle postponed, 108—112; (See also Welsh); order to survey the King's studs in Wales, 123
Wales (North): John de Haveringe, Justiciary, 7, 9, 108, 111
Wales (West): Robert de Tybetot, Justiciary, 92, 110
Waleton (Henry de): to be paid for provisions, 108 n
Waleton (Richard de): 226
Waleton (Stephen de), co. Salop: 223
Waleton (Thomas de): 186
Waleweyn (J.): *v.* Walwayn.
Waleys (Brian le): protection, 20
Waleys (Henry le): protection (le Wales), 14; another (H. son of H. le Galeys), 50; H. le Galeys, his horse, 234
Waleys (Ivo le), or Galeys: 202
Waleys (John le): summoned to York, as of Somerset, 88; protection, 45; horses (le Galeis, le Galeys), 188, 204

Waleys (N. le): *v.* Valois.
Waleys (Richard le): summoned to attend with horse and arms, 69; summoned to York, 86; protection (le Walays), 44
Waleys (Roger le): protection (de Wallia), 31
Waleys (Thomas lo): to raise troops at Abergavenny, 93; writ to him postponing the arrival of the Welshmen at Carlisle, 111
Waleys (Sir William le), or Wallace: defeats the English, under the E. of Surrey, at Stirling, iii; heads the Scots, and overruns the North of England, etc., xix, xxiii, xxiv, 238; holds head-quarters at Torphichen, iv; said to have defeated the English in Fife, ix; lurks in Selkirk forest, x; his tactics and defeat at Falkirk, xviii, xx, xxv, xxix, xxx, xxxii, 238; seized in France, xxii, executed in London, 1305, xxiii
Waleys (William le), or Galois, valet: in the English army; horses, 188, 220
Waleys (. . .): accompanies his brother William in Scotland, xxiii
Walinforde (Alan de), co. Berks: 210
Wallace: *v.* Waleys.
Walrand: protection, 44
Walsingham, co. Norfolk: K. Edward there, viii, 29
Walsingham (Richard de), Norfolk: summoned to York, 88
Waltham (John de): 186
Walton: *v.* Waleton, Wauton.
Walton (John de): horse. 218
Walton (Richard de), son of John: protections, 48, 49; horse, 226
Walton (Sir William de): 216
Walwayn (John), clerk: protection, 37; horses, 164, 165
Walweyn (Nicholas): 164
Warde (Robert de la), 1st Baron: protection to him. 30; to some in his company. *ib.*; arms at the battle of Falkirk, 152
Warde (Roger), co. Bucks: 210
Wardington (Richard de): to pay wages of certain Welsh troops, 91 n, 93; writ to him

postponing the arrival of the Welshmen at Carlisle, 112

Wardrobe (The King's): John de Drokensforde, keeper, 41, 73, 107, 148, 250 n, 252; Sir John de Benstede, keeper in 1307, 148; William of Louth, Bp. of Ely, treasurer, 80 n; the *Liber Quotidianus Contrarotulatoris Garderobæ* referred to, v, vi, viii, xiii, 160, 162, 163 nn

Wardyngton (R. de): v. Wardington.

Ware, co. Hertford : the rolls and treasure to be conducted thence towards York, 104

Ware (Hugh de la): v. Vare.

Ware (Luke de la): v. Gare.

Ware (Walter de la): v. Vare.

Warenne: v. Warren.

Wargrave (W. de): v. Weregrave.

Warre (John la), 2nd Baron: protection, 38; horse (la Ware), 181

Warre (Roger la), 1st Baron: protection, (la Ware), 34

Warin (William): 162

Wark, co. N'land : K. Edward there, xiii, 257

Warren (John I. de), Earl of Surrey: styled also E. of Sussex (1282—1297), 150, 152; defeated at Stirling, iii ; appointed captain of the expedition against the Scots, 10 ; letters of attorney, 53 ; appoints an attorney, 53 ; protection, 16 ; respite of crown debts, 54 ; respite of pleas, 56 ; troops from Wales, Salop, Staffordshire, and Cheshire to be given to his command at Newcastle, 63, 64 ; he to receive wages for 100 horse for 3 months, 65 ; captain of the expedition, 66 ; commander of the English army at Berwick, 1. 4, 5 ; applies to the Chancellor, for letters of protection for various persons, 12 ; is ordered to advance immediately, to defend the March of Scotland, iv, 70 ; directs expenditure of money, 265—269 ; orders sale of corn at Newcastle, 272, 273 ; letter from K. Edward to the Earls and Barons in his company (17 March), 81, 82 n ; letters of protection, etc., to persons in his company (Jan.—June), 17—24, 26, 32, 33, 41, 44, 45, 46, 53 ; his bailiff of Bromfield and Yale to raise troops, 91, 93 ; letters of the King to him and other magnates at Berwick requiring their attendance at York (10 April), vi, 95 ; another, to the same effect (13 April), 97 ; another protection to him, 24 ; further orders about raising troops from his lands of Bromfield and Yale, 103, 104 ; their march postponed, 110, 111 ; at York he promises confirmation of the charters, viii, xviii, xxvi; his command at Falkirk, x ; his arms there, 150 ; witness to a grant, 256 ; ob. 1304, 150

Warren (John II. de), Earl of Surrey: excommunicated by John de Langton, Bp. of Chichester, for adultery, 36 n [for " the captain," read "grandson of the captain"]; he obtains the earldom of Strathern, 150 [for "son," read "grandson."]

Warwick, county : taxors and collectors of ninths ordered to deliver money for payment of troops, 58

Warwick (Earls of): v. Beauchamp.

Warwyke (Guy de): v. Beauchamp.

Wascelyn (W.): v. Gascelin.

Wascoyl (John de): protection, 32

Wastehoos (Richard): 200

Wastencys (Edmund le), or Gastencys, knt.: appointed to control payment of wages to certain Welsh troops, 57; leads the troops to Chester, 59 ; his wages, 60

Wastencys (John le): protection, 21 ; summoned to York (as of co. N'ton), 88 ; protection, 30

Water-carrier (Hugh the): 183

Waterfal (Henry de), clerk : 196 n

Waterford, Ireland: provisions obtained there, 108

Waterville (Nicholas de), co. N'ton : 210

Waterville (Robert de): protection, 40

Walford (Weston S.): the roll of arms named from him, 159

Index. 339

Walton: *v.* Wauton.
Watton (John de): 194
Wauno (Andrew de): safe-conduct for him to convey provisions to Scotland, 250
Waure (Robert de): protection, 38
Wauton (Gilbert de): protection, 32
Wauton (William de): protection, 35; Sir W. de Wautone, witness, 264
Weardale (A. de): *v.* Werdale.
Wedon (Thomas de): 164
Weighton (Market), co. York, E.R.: K. Edward there, 35 n, 36, 116, 120
Welande (Richard de): summoned to attend with horse and arms, 69
Weldon, co. N'ton: Richard Bassett, 85
Welle (Thomas atte), son of William, of Dingele: protection, 29
Welles (Sir Adam de), or Welle: protection to him, 36; to some in his company, 37; arms at the battle of Falkirk, 144; horse, 172
Welles (Sir Alexander de): preceptor of Torphichen, v; slain at Falkirk, xi, xxiii, xxiv
Welles (John de): 200
Welles (Oylard de): 229
Welles (Sir Philip de), brother of Adam: 172
Welles (Richard de): protection, 29; Sir R.'s horse, 162
Welsh: many in K. Edward's army, xxvi; the mutiny at Temple-Liston, x, xxvii; their conduct at Falkirk, xix, xxi, xxiii (See also Wales.)
Wem, co. Salop: R. le Butiller, 46; W. le Butiller, 248
Weper (Kenewerdny de): a leader of Welsh forces, 6, 7; (comp. Kenewreke Duy, 59, 60)
Werdale (Adam de): protection, 31
Weregrave (William de): protection, 47
Werington (Adam de): 209
Westacre (Thomas de): 165
Westmerland, county: invaded by the Scots, 238; Richard de Abyndon receiver there, 64, 66; soldiers raised there, iv; cavalry to march thither from York, 65; infantry raised there, 66; the troops ordered to advance with the E. of Surrey, 71; mandate to the sheriff touching provisions for the E. of Lincoln's troops, 101; precept to him for the defence of the county against the Scots, 128; mandate to the Chancellor for letters patent to the men of the county, 254; sheriffs, 128 n
Westminster, co. Midd'x: P. Edward there, iv, 5, 6, 10, 14, 18, 19, 20, 71, 117 n; K. Edward there (Mar.—Apr., 1298), v, vi, xvi, 21, 22, 23, 84, 89, 90, 94, 95; a fire in the palace, xvi; the Exchequer and King's Bench to be removed thence to York, 89; a horse returned there, 165; an order dated there when the King was in the North, 252; the abbey-church: carved and painted shields, 130; tomb of Aymer de Valence, 152
Westminster (Matthew of): *Flores Historiarum*, cited, xvi
Westmorland: *v.* Westmerland.
Weston (Athelard de): 227
Weston (Hugh de), co. Stafford: summoned to York, 88
Weston (John de): horses, 164 (clerk), 170, 177 (valet)
Weston (Roger de): 217
Weston (Simon de): 222
Weston (Thomas de): bailiff of Holderness, 121
Weston (Walter de): 198
Wetherington (John de): 196
Wetwode (Thomas de): 196
Wetwode (Roger de), co. N'land: 214
Weylande (John de): summoned to York, 86; protection to one J. de Weylonde, and to some in his company, 44
Weylounde (John de), Suffolk: summoned to York, 88
Weylounde (Nicholas de), Suffolk: summoned to York, 88
Weylande (Richard de): summoned to York, 86; protection (Weyloud), 24
Wheat: prices, 2
Wheathamstead, co. Hertford: a tomb, 148

2 x 2

Index.

Whiston (John de): 180
Whitby, co. York, N.R.: victuals carried thither for the English army at Berwick, 2; shipped to Newcastle, 272, 273
  Ugglebarnby: William de Everle, of Uglebardeby, 40
Whitchurch-Canonicorum, co. Dorset: presentation to the church "Albi monasterii," supposed to be this place, 76
Whitchurch-Winterbourne, co. Dorset: 76 n
Whitcharche (William de): protection, 247
Whiterigge (Robert de): 197
Whitestone, co. . . . : v. Wytstane.
Whithorn, co. Wigton: Candida casa, the see of the Bp. of Galloway, 116 n
Whitinton (John de): summoned to York, 86
Whyteneye (Eustache de): protection, 43
Widridle (Alan de), co. Leic'r: 230
Wigebere: v. Wygebere.
Wigeford (S. de): v. Wygeford.
Wight (W. de): v. Wyght.
Wigmore (A. de): v. Wygemor.
Wigton, co. Wigton: John de Stokes presented to the church, 116
Wike: v. Wyke.
Willoughby: v. Wylgheby.
Wilington: v. Wylinton.
Wilton, co. York: K. Edward there, 14, 39, 53, 123; probably Wilton in the parish of Ellerburn, N.R., 39 n
Wilton (W. de): v. Wylton.
Wiltshire, county: precept to the sheriff to proclaim the rendezvous at Roxburgh, 113
Winchelsea, co. Sussex: K. Edward embarks there (Aug. 1297) for Flanders, 238 n; mariners, 13; horses valued there, 263
Winchelsey (Robert), Archbishop of Canterbury; R. de Apinton, his clerk, 82; John de Langton, on his election to the see of Ely, goes to him, 36 n
Windsor (W. de): v. Wyndesore.
Wingfield (R. de): v. Wynefeld.
Wingham, co. Kent: P. Edward there, 20
Winslade (T. de): v. Wyncelade.

Wintershull (E. de): v. Wyntershulle.
Winterton (W. de): v. Wynterton.
Winton: v. Wynton.
Wintringham (J. de): v. Wyntringham.
Wisbeach, co. Cambridge: Scottish prisoners confined in the castle, 75
Wise (W.): v. Wys.
Wishart (Robert), Bishop of Glasgow: letters directed to him, ix n, 115, 117, 118
Wither (W.): v. Wyther.
Witton (East), co. York, N.R.: Jervaulx abbey: 1, 273
Wodehouse (Robert de): presented to the church of Ellon, 242
Wodenham (Walter de): 181
Wodrington (John de), of Denton: protection, 31
Wogan (John), Justiciary of Ireland: charged to provide victuals against the King's coming to Carlisle, vii, 100; he witnesses a writ, 108
Wokindon (Nicholas de): protection, 37
Wokindon (Thomas de), or Wokinton: protections, 19, 45
Wolverton (John de): protection, 23
Wolverton (John de), son of John: protection to him, and to one in his company, 35
Womersley, co. York, W.R.: Walden (Stubbs): J. de Stubbes, 39
Wood: v. Boys.
Woodruffe (G.): v. Wudemore.
Worcester, county: the sheriff to proclaim the rendezvous at Roxburgh, 113
Worcester, city: K. Edward's offerings at shrines there, xvii; Annales de Wigornia, cited, ib.; William de Beauchamp, E. of Warwick, buried at the Minorites', 1298, 238 n
Wortley (Nicholas de): protection (Wrtlay), 42
Wortley (Ralph de), or Wurtele: 178
Woubourne (Thomas de): 265
Wragby, co. York, W.R.:
  Nostell priory: money received from the prior, 267
Wrest park, co. Bedford: in the par. of Flitton, q.v.
Wright (Thomas), F.S.A.: edits Political Songs, 140; and the roll of Carlaverock, 129

Index. 341

Writs: v. Summons, etc.
Wuderove (Gilbert): 175
Wygebere (Richard de): 171
Wygebere (William de): protection, 42; Sir W.'s horse, 171
Wygeforde (Simon de): 224
Wygemor (Adam de): 225
Wyght (William de): to survey the King's studs of horses, 123
Wyke (John de), or Wike: 201
Wyke (Richard de), son of Philip: protection, 247
Wyke (William de): 218
Wykeyn (Edmund): protection, 28
Wylgheby (Philip de), Dean of Lincoln: summoned to the Council, as Chancellor of the Exchequer, 81; attests writs (Wylughby, Wileghby), 126, 128
Wylghby (Robert de): protection, 43
Wylinton (Edmund de): protection, 38; horse (Wilington), 181
Wylyngton (Henry de): 181
Wylington (John de), co. Glouc'r: summoned to York, 88
Wylton (Walter de): protection, 51
Wyneelade (Thomas de): 187
Wyndesore (Walter de): 174
Wynefeld (Robert de), of the Peak: protection, 18
Wyntershulle (Edmund de): protection, 51
Wynterton (Walter de): 162
Wynton (Adam de): 174
Wynton (Henry de): 225
Wynton (John de): presented to the church of Stobo, 239; horses, 177
Wynton (Sir Richard de): clerk of the Kitchen, 198
Wynton (Walter de): presented to the church of Tyningham, 245, 246
Wyntoun (Andrew): his *Chronicle* referred to, xi n
Wyntringham (John de): 222
Wyrham (Edmund de): 170
Wyriot (Richard): 218
Wys (William), of Leu: protection, 34
Wyther (William): protection, 41; Sir W. Wither's horse, 179

Wytstane (John, parson of): protection, 23
Wyville (Thomas de): protection, 41

Yale, co. Denbigh: now a hundred, 91 n; the E. of Surrey's lands, 91, 93, 103, 104; troops raised there, 57, 59, 60, 91, 93, 103, 104; writ to the E. of Surrey's bailiff there, etc., postponing the arrival of the Welshmen at Carlisle, 110, 111
Yarmouth (Little), co. Suffolk: Adam de Andevre, 250 n
Yelande: v. Eylande.
Yelande (John de): protections, 47, 247
Yeyland (William de): protection applied for, 13; granted, 34
Yolthorpe (Henry de): protection, 37; horse (Yelthorpe), 172
Yetholm (Little), co. Roxburgh: Thomas de Chelreye presented to the church, 243
York, county: John de Byron, sheriff, 1, 78, 120, 266, 270, 273; the clergy of the East Riding grant a fifth to the King, 1; provisions purchased in the county for the English army, 1, 2, 11; Walter de Agmondesham receiver of the King's moneys there, 55 n, 63, 64; letters to the sheriff for respite of crown debts, 54; precept to the same respecting victuals for the Welsh forces, 57; infantry raised there, iv, 66; precept to the sheriff against exporting corn, 67; the Yorkshire troops ordered to advance with the E. of Surrey, 71; the sheriff to aid in collecting arrears from the clergy, 74, 75; to deliver the profits of the E. of Richmond's lands to W. de Agmondesham for fortifications, 76, 77; corn to be bought there for the army, 78, 80; precept to the sheriff to pay certain moneys for the same, 80; writs to the sheriff, touching elections for the Council at York, 96; about victuals against the King's coming, vii, 99; as to provisions for the E. of Lincoln's troops, 101;

Index.

to prepare for the King's Bench and Exchequer, 102; to send carts to Carlisle, 252; commission for the punishment of deserters. 120 n; receipts from John Byron, formerly sheriff, 266, 267; accompt of Ralph de Dalton concerning the purchase of corn there, 271

York, city: wages of the cavalry to be paid from the day of leaving York, 65; moneys to be sent under safe conduct to the sheriff there, 78, 79; writs of summons (30 March, 1298) to attend there with horses and arms at Pentecost, v, xv, 84—88, 113 n; the Exchequer and King's Bench to be removed thither, viii, 89; letters of the King (10 & 13 April) to the Lords at Berwick requiring their attendance at York, 95, 97; writs for a Council to be held there, vii, 95—98; the treasure to be kept in the castle, 102; precepts to sheriffs for safe conduct of the rolls and treasure thither, 104, 105; proceedings in the Council or Parliament, viii, xvi, xvii, xxv; K. Edward there (May), 29—36, 53, 109—115; the King's council at York to provide for punishment of deserters, 120;

the forces assembled ordered to proceed to Roxburgh, 112; departure of the King, ix; John de Langton, Chancellor, goes thence to the Abp. of Canterbury, 36; mandates to appear before the Exchequer there, 120, 121; order for payment of expenses of removing treasure and rolls, 123; William de Osencye, shipmaster, 3; Andrew Waune, 250

York, archdiocese: Henry de Newark, dean, elected Archbishop, 73 n; mandate to him respecting arrears of moneys due from the clergy, 73; cathedral: stained glass in the chapter-house, 130

York (William of): writ to him to raise foot in Lancashire, ix, 114

Zouche (Alan la), Baron of Ashby: protections, 19, 25; one to Oliver la Zousche in his company, 25; his arms at the battle of Falkirk, 132

Zouche (Oliver la): protection, 25

Zouche (Robert la): protection, 50; R. la Soche, his horse, 234; further protection, 248

NOTE.—On page xl each of the numbers in the last column has dropped a line or more, and the number 114, which was the last, has fallen out.

In the Rolls of Horses (pp. 161—227) the following places are mentioned, besides many of the same without dates:—June 30, *Roxburgh* (valuation); July 18, and without date, *Liston*; — 22, 24, and without date, *Falkirk*; — 26, 27, "mense," 31, and without date, *Stirling*; Aug. 8, *Stirling*; — 10, and "mense," *Torphichen*; — 13, and without date, *Abercorn*; — "mense," *la Redehalle*; — "mense," 26, 27, 29, 30, and "in fine," *Ayr*; — "in fine," *Lesmahago*; Sept. 3, *Dalgarno, Tibres*; — "in principio," and 4, *Lochmaben*; "mense," *Ayr, Carlaverock, Jedworth*; —8-11, 13, 17, 18, 20, 22, 24, and "mense," *Carlisle*; —30, *Rouls*; Oct. 1, 4, 7, 11, 16-18, and "mense," *Jedworth*; — "mense," *Lochmaben*; without date, *Lanark*; Nov. 8, 10, and without date, *Durham*; without date, Chester [-le-Street]; and Newcastle; an. 27, *Berwick*; au. 29, Northampton; an. 30, July 18, Westminster. There are some other dates without names of places; those printed in the larger type being apparently dates of valuation.

Index.

These entries always agree with the locality from time to time of the caravan, or baggage-train, so far as the same is mentioned, and pretty closely with the movements of K. Edward. A few entries, such as the statement that a horse died at Carlisle on July 25, and that another was killed in the *Forest of Selkirk* on Oct. 3, are exceptional. In this enumeration of dates, the italics indicate places in Scotland.

www.ingramcontent.com/pod-product-compliance
Lightning Source LLC
Chambersburg PA
CBHW031414230426
43668CB00007B/310